VOZ HUMANA

Fernando Augusto Fernandes

VOZ HUMANA
Arquivos Secretos da Ditadura

GERAÇÃO

Copyright © by Fernando Augusto Fernandes
Copyright © 2022 by Geração Editorial
2ª edição – Fevereiro de 2023

Grafia atualizada segundo o Acordo Ortográfico da Língua Portuguesa
de 1990, que entrou em vigor no Brasil em 2009.

Editor e Publisher
Luiz Fernando Emediato

Editor
Willian Novaes

Produtora Editorial
Ana Paula Lou

Capa, Projeto Gráfico e Diagramação
Alan Maia

Revisão
Josias A. de Andrade

Dados Internacionais de Catalogação na Publicação (CIP)
de acordo com ISBD

F363v   Fernandes, Fernando Augusto
         Voz Humana: A Defesa Perante os Tribunais da República / Fernando Augusto Fernandes. – 2. ed. – São Paulo : Geração Editorial, 2023.
         480 p. ; 15,6cm x 23cm.

         ISBN: 978-65-5647-005-4

         1. Direito. 2. Advogados. 3. Tribunais. 4. Superior Tribunal Militar. 5. Regime militar. I. Título.

                                                           CDD 340
2020-889   CDU 34

Elaborado por Vagner Rodolfo da Silva – CRB-8/9410

Índices para catálogo sistemático
1. Direito   340
2. Direito   34

TRISTÃO FERNANDES
Rua Joaquim Floriano, 466, sala 2.401 Ed. Office
Itaim Bibi – São Paulo/SP
CEP: 04534-002

Distribuição e Comercialização:
GERAÇÃO EDITORIAL
Rua João Pereira, 81 – Lapa
CEP: 05074-070 – São Paulo – SP
Telefone: +55 11 3256-4444
E-mail: geracaoeditorial@geracaoeditorial.com.br
www.geracaoeditorial.com.br

Impresso no Brasil
Printed in Brazil

DEDICATÓRIA

Dedico este livro aos advogados, homenageando-os na pessoa de Fernando Tristão Fernandes, meu pai, velho advogado que atuou em defesa de estudantes presos no Departamento de Ordem Política e Social (DOPS) do Paraná, como registra sua ficha arquivada na Secretaria Geral da Presidência da República.

Posteriormente, em 1964, foi preso político no Paraná e também no Mato Grosso do Sul, em 1968, época em que foi "confinado" no DOPS, em Ponta Porã, onde nasci, lugar em que acabou por sofrer um atentado político.

Até hoje esse atentado permanece nebuloso, ficando claro, no entanto, que o motivo foi sua atividade profissional como advogado e sua atuação política na região. Talvez seja o advogado em quem o Regime Militar deixou marcas mais profundas, físicas e irreversíveis. O Estado do Paraná, em setembro de 1998, reconheceu-o como perseguido político.

AGRADECIMENTOS

Agradeço à minha família: minha esposa, Rosane, por ter participado ativamente, presenteando-me com livros de grande importância para ultrapassar grandes obstáculos; minha mãe, por ser sempre amorosa; meus irmãos, pelo apoio; meu pai, por tudo.

E a Isabella, que nos seus primeiros dias de vida passou a ser minha companheira de estudo.

Aos colegas do escritório: Wagner, Vitor, Gilson, Ricardo, assim como Milla Marco Antônio e Fernando do Carmo. A Fernanda Pedrosa, cuidadosa revisora das primeiras versões.

Agradeço a Lino Machado, pela oportunidade e amizade.

A Gisálio Cerqueira Filho, que nos tirou do comum com suas "sacações" sempre inovadoras, mudando nosso olhar do mundo.

A Raúl Eugenio Zaffaroni, pela visão criminológica do Direito Penal.

A Juarez Tavares, pelo amigo e doutrinador que é, pelo convívio, pela alegria e pelos ensinamentos.

A Nilo Batista, pelas opiniões e ensinamentos, sempre da maior importância, abrindo horizontes, formando uma geração, pelo encaminhamento na Especialização em Advocacia Criminal; pela orientação no Mestrado e por tudo que representa.

Agradeço, ainda, à luz e força que foi Heleno Fragoso, fervor revolucionário. A Vera Malaguti Batista, pelas aulas, pela voz dos perseguidos.

Ao casal, que tem em nós, seus filhos acadêmicos.

A Rosa del Olmo e Alessandro Baratta, pela convivência e honra de sermos os últimos alunos da América Latina.

A Luís Carlos Prestes, cuja rigidez de caráter e de luta conservou até o último dia, e sempre recebeu em sua casa os jovens que o procuravam, entre estes eu e Alexandre Bittencourt.

A Evandro Lins e Silva, pela inspiração.

Antes não havia qualquer cálculo, mas um vago projeto, um indenifido sentimento, um desejo, uma expectativa, uma esperança, uma utopia de ser advogado criminal. Bons fluidos, ventos de popa empurraram o jovem sonhador para a realização de seu destino vocacional.
Evandro Lins e Silva

NOTA DA
NOVA EDIÇÃO

O livro *Voz Humana* foi lançado em 2004. Descobri os arquivos sonoros e secretos dos julgamentos de presos políticos em 1997. Naquele ano, ainda estagiário de Direito e apaixonado pela luta dos advogados em favor de presos políticos, iniciei a luta pela abertura daquele acervo. Desde o primeiro momento apoiou esta luta Barbosa Lima Sobrinho, que redigiu uma carta que se encontra emoldurada na parede de meu escritório.

O Tribunal Militar nos intimou que iria apagar as fitas, e à época fui aconselhado pelo advogado e ex-ministro do Supremo Tribunal Federal (STF), Evandro Lins e Silva, a ingressarmos com uma medida cautelar no Supremo para impedir a destruição. A medida foi distribuída para o ministro Maurício Corrêa, que era ex-presidente da OAB Federal. Ele concedeu a liminar para preservar o material.

Quando o julgamento foi marcado no Pleno da Corte, a seu pedido, o ministro decidiu tirá-lo do Pleno. Isso no dia do julgamento. Evidente que algo tinha ocorrido. O ministro remarcou o julgamento para a Turma e votou contra a abertura dos arquivos. O ministro Nelson Jobim pediu vista dos autos. Esses ficaram uma década no seu gabinete, e quando anunciou sua saída do Supremo, pedi ajuda ao presidente da OAB do Rio de Janeiro, Wadih Damous. Era e ainda é seu amigo, Flávio Dino, atual governador do Maranhão, e à época juiz federal e assessor de Jobim no Conselho Nacional de Justiça (CNJ). Conseguimos marcar a continuação do julgamento, e na última sessão de julgamento, antes de sua aposentadoria, Jobim votou a favor, e apenas com voto vencido de Maurício Corrêa o arquivo foi aberto.

Intimado, o Superior Tribunal Militar (STM) não cumpriu a decisão, e fomos obrigados e ingressar com uma reclamação, que foi distribuída à ministra Cármen Lúcia, que não concedeu a liminar e demorou mais uma década para julgar o pedido. Quando se aproximava o julgamento, o STM sinalizou a possibilidade de abertura e fez um projeto visual com os arquivos. A reclamação foi atendida.

Nesse meio-tempo as sustentações e a pesquisa fizeram parte do filme "Sobral — O Homem que não tinha Preço", de Paula Fiúza, neta de Sobral. Também completei o doutorado lançando o livro *Poder e Saber, Campo Jurídico e Ideologia*, orientado por Gisálio Cerqueira Filho.

Hoje, com os arquivos, estamos desenvolvendo uma enorme pesquisa, transcrevendo todos os julgamentos de presos políticos, com três estudantes de história da Universidade Federal Fluminense (UFF), Samuel Araújo Costa, Giovana dos Santos e João Vitor Nascimento. Participou também o estagiário de Direito Vitor Tovil. A pesquisa está sendo coordenada em conjunto com os professores Gizlene Neder e Gisálio Cerqueira Filho.

O livro é antigo e feito em outra época de meu crescimento intelectual. Quanto ao tema, recentemente Antonio Pedro Melchior defendeu na Universidade Federal do Rio de Janeiro (UFRJ) a tese "Juristas — Resistência ao Autoritarismo", orientado pelo professor Geraldo Prado.

Voz Humana

Mas o livro permanece uma boa ajuda na realização de pesquisas por estudantes de Direito e curiosos. E quem sabe pode contribuir para pesquisadores.

Resolvi relançá-lo durante a quarentena do coronavírus. O tema é atual, já que o presidente Jair Bolsonaro defende que ditadura e tortura não existiram. É oportuno para pensarmos no passado, na resistência e no flerte que a política brasileira tem com a ditadura. É oportuno para não repetirmos.

O autor

SUMÁRIO

APRESENTAÇÃO 19
I. INTRODUÇÃO 23

CAPÍTULO 1
A luta de Rui Barbosa na ditadura florianista 27
1.a. O Golpe de Deodoro da Fonseca 27
1.b. Rui Barbosa e a Constituição de 1891 28
1.c. O Golpe Florianista 29
1.d. O Impasse 30
1.e. A Repressão 31
1.f. A Voz de Rui Barbosa 32
1.g. Sala de Sessão do Supremo. 34
1.h. A Decisão 36
1.i. O Voto Vencido 36
1.j. A Campanha na Imprensa 41
1.k. O Exílio 42

CAPÍTULO 2
Os Perseguidos e o Dever do Advogado 45
2.a. A Volta de Rui Barbosa no Madalena 45
2.b. Novo Habeas Corpus 46
2.c. Classes Perigosas e o Código de 1890 47
2.d. O Higienismo 54
2.e. Revolta da Vacina 57
2.f. O Civilismo 59
2.g. A Consulta de Evaristo de Moraes 61
2.h. A Lição de Ética "O dever do advogado" 62
2.i. O Ultimato 63

13

2.j. A Pena Corporal 63
2.k. A Revolta da Chibata 66

CAPÍTULO 3
Evaristo, o Anarquismo e o Tenentismo **69**
3.a. O Cenário Ideológico – Do Higienismo ao Positivismo 69
3.b. "Repressão ao Anarquismo" – Decreto 4.269 71
3.c. Evaristo de Moraes e o Anarquismo 73
3.d. Exposições Internacionais 78
3.e. O Estopim 79
3.f. O Levante de Copacabana 80
3.g. São Paulo, a Nova Trincheira 81
3.h. A Coluna Prestes 82
3.i. A Revolução de 1930 83

CAPÍTULO 4
Da Revolução de 30 ao Golpe de 37 .... **87**
4.a. Mussolini, Hitler e a Constituição de 1934 87
4.b. O Fascismo 89
4.c. A Lei Monstro 93
4.d. A Repressão e o Levante 95
4.e. A Gestapo Brasileira 96
4.f. *Habeas Corpus*. Paciente – Olga 97

CAPÍTULO 5
Tribunal de segurança nacional **101**
5.a. O Tribunal de Segurança Nacional 101
5.b. O Defensor de Prestes 102
5.c. O Defensor de Berger 109
5.d. Lei de Proteção a Berger 112
5.e. As Condenações 129
5.f. Evandro Lins e Silva – O Flutuante 130
5.g. O Acusador Himalaia Virgulino 131

CAPÍTULO 6

Estado Novo **135**

6.a. O Plano Cohen 135

6.b. As Novas Leis: Constituição de 1937, Código Penal e CLT 136

6.c. A ANL e o Decreto 431 139

6.d. O Julgamento dos Integralistas 140

6.e. Evandro Lins e Silva Abre Precedente 144

6.f. O Decreto 869 e Os Crimes Contra a Economia Popular 146

CAPÍTULO 7

A Constituição de 1946 .... **149**

7.a. A Volta à Democracia e Permanências 149

7.b. Carlos Araújo Lima e Alfredo Tranjan 157

7.c. O Júri 159

CAPÍTULO 8

Anos Conturbados **161**

8.a. Os Golpistas e o General Lott 161

8.b. Sobral Pinto, Ministro do STF 162

8.c. Viagem à China 163

CAPÍTULO 9

O Golpe **169**

9.a. As "Reformas de Base" 169

9.b. O Comício 171

9.c. O Golpe 173

CAPÍTULO 10

Ato Institucional **175**

10.a. AI-1 – A Volta do Nazifascismo 175

CAPÍTULO 11

O Aparelho Repressivo e a Resistência Judiciária **183**

11.a. Protestos de Sobral Pinto 183

11.b. Os Habeas Corpus 186
11.c. Liberdade de Cátedra 186
11.d. Voto de Evandro Lins e Silva 187
11.e. Voto de Vitor Nunes Leal 193
11.f. Voto de Gonçalves de Oliveira 198
11.g. Paciente – Cony 198
11.h. Paciente – Plínio Ramos 203

CAPÍTULO 12

O AI-2 e o Supremo **209**
12.a. A Doutrina 209
12.b. O Aparato 210
12.c. O Supremo 214
12.d. O Decreto 314 215
12.e. Barandier 216
12.f. Lino Machado 217

CAPÍTULO 13

Costa e Silva e o AI-5 .... **221**
13.a. Sussekind 221
13.b. A Revolta 223
13.c. A Campanha Contra o Supremo Tribunal Federal 225
13.d. O AI-5 227

CAPÍTULO 14

Sob a Nuvem Negra do AI-5 .... **231**
14.a. Evaristo de Moraes Filho e a Ilha das Flores 231
14.b. O Decreto 898 232
14.c. Oração de Sobral Pinto (CD 1, faixa 3) 234

CAPÍTULO 15

Os Sequestros **241**
15.a. Heleno, Sussekind e George Tavares 241
15.b. Rubens Paiva 243

15.c. Stuart Angel 245
15.d. A Denúncia – Sequestro do Embaixador Suíço 249
15.e. Depoimento de Giovanni Bucher 253
15.f. Depoimento de José Roberto 255
15.g. A Denúncia – Sequestro do Embaixador Alemão 256
15.h. Os Depoimentos de Alex Polari e José Roberto 259
15.i. As Penas 260
15.j. Oração de Lino Machado (CD 1, faixa 4) 262
15.k. Oração de Nélio Machado (CD 2, faixa 1) 270

CAPÍTULO 16
O Canto do Cisne **285**
16.a. Osvaldo Pacheco Silva 285
16.b. Razões de Apelação 286
16.c. Oração de Sobral (CD 2, faixa 2) 291
16.d. Oração de Modesto da Silveira (CD 2, faixa 3) 295

I. CONCLUSÃO 305
II. ANEXOS 315
    II.a. Oração de Rui Barbosa 315
    II.b. A Lição de Ética "O dever do advogado" 322
    II.c. Mandado de Segurança pela abertura dos arquivos do Regime Militar 337
    II.d. Sustentação Oral de Fernando Tristão Fernandes perante o STM 347
    II.e. Sustentação Oral de Fernando Augusto Fernandes perante o STM 350
    II.f. Acórdão proferido pelo Superior Tribunal Militar 352
    II.g. Recurso Ordinário para o Supremo Tribunal Federal 371
    II.h. Notícias sobre o caso 379
    II.i. Compact Disk (CD) 1 – Sustentações Orais 379
    II.j. Compact Disk (CD) 2 – Sustentações Orais 379
III. SIGLAS 380
IV. REFERÊNCIAS BIBLIOGRÁFICAS 382
IV.a. Fontes Consultadas 394
IV.b. Periódicos 397
V. DOCUMENTOS 399

APRESENTAÇÃO

Passado o período mais trágico da pandemia da Covid-19, com o mundo vacinado e protegido desse vírus mortal, tomamos a coragem de publicar a segunda edição deste livro fundamental para entender um pouco mais um período sombrio da nossa democracia, a ditadura militar (1964-1985). Em 2021, lançamos a edição digital gratuita, que foi disponibilizada no *site* da Fernando Fernandes Advogados (**www.ffernandes.adv.br**).

Por mais digital que o mundo tenha ficado e a livraria Bertrand, do Chiado, em Lisboa, fundada em 1732, atualmente sobreviva com as vendas dos ingressos para visitação e que tenhamos as belezas do Gabinete Real de leitura, o livro impresso não é e nunca será coisa de museu.

Ainda adoramos, curtimos e sentimos a necessidade das folhas, dos cheiros, da vibração da viagem da obra e resolvemos, neste ano tão importante, publicar e disponibilizar *Voz Humana* nas prateleiras das tradicionais e necessárias livrarias e nos *e-comerces*.

Esta nova edição de *Voz Humana* é o primeiro livro de uma trilogia: ***Ditadura, Poder Ideológico* e *Guerra Híbrida***. Na sequência vieram *Poder e Saber — Campo Jurídico e Ideologia* e desemboca em 2020 em *Geopolítica da intervenção, a verdadeira história da Lava Jato*, que também está sendo relançada uma nova edição, revista e atualizada com os desdobramentos do STF protagonizados em 2021.

Em *Voz Humana* é relatada a batalha da descoberta e posteriormente a luta pela abertura dos arquivos sonoros do Supremo Tribunal Militar (STM) durante a ditadura ainda nos anos 1990, que em 2006 foi vitoriosa no STF com o voto decisivo de Nelson Jobim e finalizada apenas em 2017, com uma decisão da ministra do STF Cármen Lúcia.

Segundo a revista Época, na edição de 21/07/2017, "... Os áudios publicados agora demonstram, pela primeira vez e com a força que somente gravações fornecem, como os ministros do STM ignoravam conscientemente a lei para proferir condenações que agradavam ao regime militar. Tomavam cotidianamente decisões de acordo com suas convicções pessoais. Tratavam com ironia e descaso as denúncias de maus-tratos a presos. Davam de ombros às alegações de que depoimentos haviam sido prestados sob tortura. O valioso registro em áudio é um pacote com mais de 10 mil horas de gravação de sessões secretas e não secretas a partir de 1975...".

Sim, todo esse material em breve estará disponível no *site* www.ffernandes.adv.br, um acervo que dará à luz todos os áudios, um trabalho fundamental para compreender um tempo do passado para que esse mesmo erro não volte a ameaçar a nossa recente democracia. *Voz Humana* também foi tema do documentário histórico *Sobral, o Homem que não tinha Preço*, sobre a vida do advogado Sobral Pinto, um conservador de raiz, mas que preservava a justiça e as garantias fundamentais de cada ser humano, enfim, um tema profundo e revelador para a sociedade brasileira.

A obra *Geopolítica da Intervenção* também está relacionada em outro documentário, o Amigo Secreto, da cineasta Maria Augusta Ramos, no qual a Operação Lava Jato é dissecada de uma forma didática; e como entrevistado, falo sobre a Guerra Híbrida na operação que quase levou a nocaute a

Voz Humana

democracia brasileira, criou-se um herói nacional e ajudou a eleger Jair Bolsonaro.

Dessa forma, com o retorno a um mundo pós-Covid no início de agosto de 2022, comemoramos a vida e continuaremos a luta pela democracia ao disponibilizar estas edições impressas ao público.

I
INTRODUÇÃO

O objetivo deste trabalho é contar a história de resistência dos advogados perante os tribunais da República. Como se verá, a própria pesquisa foi alvo de repressão e censura, o que acabou levando o autor à tribuna do STM, palco da resistência judiciária contra a ditadura pós-64.

De forma despretensiosa, este trabalho traz, em ordem cronológica, a atuação dos advogados contra o "desenvolvimento" das leis de repressão e controle social, que proporcionaram campo fértil às leis de segurança. O livro não tem a pretensão de cobrir toda a atuação de uma classe de lutadores pelas garantias individuais diante da opressão, mas sim, contar um pouco dessa história.

Como relatado à frente, muito do material de pesquisa se perdeu com a sua apreensão, por ordem do general Antônio J. Soares Moreira, à época presidente do STM. Também como agravante, proibiu-se a este pesquisador o acesso ao arquivo em que se encontram todos os processos que tramitaram no Tribunal de Segurança Nacional (TSN) (Estado Novo) e perante a Justiça Militar (Ditadura pós-64).

A história dos advogados criminalistas em defesa de presos políticos — que vai de Rui Barbosa e a resistência à ditadura florianista, até a atuação de Heleno Fragoso, Evaristo de Moraes Filho, Nilo Batista, Lino Machado, entre outros — é a oportunidade para relatar a sequência de leis penais de repressão às classes dominadas e à criminalização de qualquer atitude que vai ao encontro dos interesses da classe dominante em cada época.

O Capítulo 1 relata a atuação de Rui Barbosa em defesa de presos pela ditadura florianista, a repressão por meio do Decreto 791, de 10 de abril de 1892, constituindo Estado de Sítio, e a resistência de Rui Barbosa defendendo, por meio de *habeas corpus*, a possibilidade de intervenção do STF a fim de que fossem garantidos os direitos individuais, limitando-se às ações do Executivo.

O Capítulo 2 relata o retorno de Rui Barbosa do exílio, a interposição de novo *habeas corpus* em favor dos perseguidos pelos decretos editados por Prudente de Morais,[1] e a concessão, pelo STF, que passa a entender a possibilidade de intervenção, por parte do Judiciário, nas decisões do Executivo, que afrontem a Constituição.

Também descreve a formação da visão preconceituosa da classe dominante sobre o escravo liberto, assim como sobre o estrangeiro, fruto do "processo de embranquecimento" da população, que vai formar a dita "classe perigosa".

Este capítulo acentua ainda a ideologia higienista contra o pobre, o negro, o estrangeiro e as atitudes de "mendigos e ébrios", "vadios e capoeiras" e "prostitutas e cáftens", que serão criminalizados pelo Código Penal de 1890 e suas alterações, a fim de limpar a cidade do que era considerado "fezes sociais" e suas atitudes "viciosas" e propagadoras de "doenças".

Conta, ainda, a lição de ética dada por Rui Barbosa a Evaristo de Moraes, na correspondência intitulada "O dever do Advogado" e a atuação de Evaristo na Revolta da Chibata.

O Capítulo 3 destaca a defesa de Evaristo de Moraes aos anarquistas, relatando a "transição" do higienismo ao positivismo, que

---

[1] Prudente José de Morais Barros (1841-1902), advogado e político brasileiro, foi o terceiro presidente do Brasil por eleição direta.

vai somar-se para um novo enquadramento às "classes perigosas", ultrapassando a ideia de que os pobres são transmissores de vírus e doenças, para considerá-los elementos viróticos e portadores de anomalias que os transformam em criminosos natos. Ao mesmo tempo relata historicamente o Levante de Copacabana, a Coluna Prestes e a Revolução de 1930, eventos históricos que serão de importância crucial para o entendimento de fases posteriores.

O Capítulo 4 relata o cenário do júri, que, certamente, foi palco de inúmeros debates criminológicos e é parte integrante da história da advocacia criminal, elegendo o caso do crime de Simões Lopes, defendido por Evaristo de Moraes.

Os Capítulos 5, 6 e 7 relatam as influências nazifascistas sobre a repressão do Estado Novo, como a criação do TSN, a Constituição de 1937 e o Levante de Prestes em novembro de 1935, marco no raciocínio militar em relação ao inimigo interno e ao medo da indisciplina. Nessa fase, Sobral Pinto e Evandro Lins e Silva são advogados que representam a resistência contra a ditadura getulista do "Estado Novo".

Não se pretende cair na visão simplista quanto a esta fase histórica, duramente criticada pelo professor Nilo Batista, ressalvando que essa época, ainda tão difícil de ser estudada, é raiz de avanços nos direitos dos trabalhadores, da mulher e da estruturação de um Brasil econômico cujo projeto neoliberal tenta destruir. No entanto, em decorrência do grande período analisado, não foi possível dedicar maior análise sobre o tema, restringindo-se à perseguição política e à defesa dos advogados perante o TSN.

Esta "falha" pode ser comparada à análise do Regime Militar pós 64 que, com avanços econômicos certamente muito menores do que os da década de 30, não teve destaque na pesquisa em comparação com a doutrina de Segurança Nacional e os Atos Institucionais.

Os Capítulos 8 e 9 relatam os anos intermediários entre o Estado Novo e a Ditadura de 1964, muitas vezes vistos como uma fase democrática, mas com permanências históricas do Estado Novo, do positivismo e do higienismo.

Os Capítulos 10, 11, 12, 13, 14, 15 e 16 relatam a resistência dos advogados na ditadura pós-64 com a formação da doutrina de Segurança Nacional que, apesar de novo contorno decorrente da influência norte-americana, certamente não abandonou as raízes históricas que desde o início da República era higienista, positivista e perseguidora das classes dominadas.

Certamente, não fosse a apreensão do material de pesquisa, mais extenso e profundo poderia ser o relato, assim como a abrangência de mais advogados em outros Estados na história de defesa nos tribunais militares. Acredito que em trabalho posterior de doutorado, e com o julgamento pelo STF da liberação do material ainda confidencial, haverá a oportunidade de se dedicar à ampliação deste trabalho.

No entanto, estes obstáculos demonstram a forte permanência de "resquícios" legais da Ditadura Militar de 1964, mesmo passados mais de 20 anos do Regime de Exceção, assim como torna a pesquisa uma luta pela abertura dos arquivos que guardam processos penais de perseguição política.

Ainda pende no STF o julgamento do Recurso Ordinário no Mandado de Segurança que defende a abertura desses arquivos, após voto do ministro Maurício Corrêa negando a Ordem, e o pedido de vista do ministro Nelson Jobim.

Evandro Lins e Silva teve grande contribuição em momento crucial desta luta, orientando quanto à interposição de medida cautelar que impediu a desgravação de todas as fitas contendo sustentações inéditas de Sobral Pinto, Heleno Fragoso, Evaristo de Moraes Filho, Nilo Batista, Técio Lins e Silva, René Ariel Dotti, entre outros.

Quando Evandro Lins faleceu os originais desta obra encontravam-se em seu poder, a fim de se manifestar, por meio de prefácio, pela abertura dos arquivos do Regime Militar.

CAPÍTULO 1

A Luta de Rui Barbosa na Ditadura Florianista

1.a. O Golpe de Deodoro da Fonseca

Promulgava-se a primeira Constituição Republicana Brasileira em 24 de janeiro de 1891, e logo no dia seguinte começaria a luta pelo poder.

Deodoro da Fonseca (1827-1892), que representava a encarnação do Exército e de seu ídolo,[2] figura alta de olhos faiscantes, sobre um nariz aquilino, cuja composição física dava uma impressão de arremesso e energia, havia sido eleito o primeiro presidente da República Constitucional por 129 votos contra 97. Para vice-presidente era eleito Floriano Peixoto (1839-1895), por 153 votos contra 73 dados ao almirante Wandenkolk (1838-1902).

O período caracterizou-se por forte reação militar, derrubando os governos estaduais que tinham deixado de apoiar a chapa vencedora. Naturalmente, foi desencadeada intensa resistência na imprensa, que afirmava que a Nação não estava disposta a

---
[2] PEREIRA, Antônio Batista. *Rui Barbosa — O Organizador da República*. Fundação Casa de Rui Barbosa, Ébano Gráfica e Editora: Rio de Janeiro, 1989, p. 64.

deixar-se governar pela espada, enquanto "o Congresso não se acomodara ao bridão e à sela".³

Deodoro, contando ter ao seu lado as Forças Armadas, mandou José Avelino, assessor de Rui Barbosa, redigir um manifesto comunicando à Nação o fechamento do Congresso, e tentou um golpe de Estado em 3 de novembro de 1891.

1.b. Rui Barbosa e a Constituição de 1891

Logo a voz de Rui Barbosa (1849-1923) se levantou clamando pelo respeito à Constituição, com autoridade ímpar de quem tinha sido a cabeça do Governo Provisório e era a maior cultura jurídica do país, com o mais sólido preparo e experiência política.

Desde junho de 1890, o estado de saúde de Deodoro da Fonseca era preocupante. Síncopes frequentes deixavam-no desacordado. Havia o temor de que ele não voltasse de uma dessas crises e de que sua morte impedisse a organização do novo regime.

Rui Barbosa, então, redigiu o projeto da Constituição de próprio punho, e era em sua casa que se reunia o Ministério para discutir artigo por artigo.

Tal era a confiança nele, que certa vez, por volta das 20 horas, depois do jantar, vestindo calça branca e paletó de sarja preta, chegou Floriano Peixoto, então ministro da Guerra. Despreocupado, vindo a pé do Largo de São Francisco ao Flamengo, sentou-se ao lado de Rui Barbosa, aceitou um café, acendeu um cigarro e foi logo interpelado pelo atraso.

Respondeu, sem cerimônia:

"— O Rui me representa, voto sempre com ele se houver divergências. Mas não há, nem pode haver. Ele pensa por nós todos."

---

³ PEREIRA, Antônio Batista. *Op. Cit.*, p. 58.

Voz Humana

Rui Barbosa, que via o novo regime nascer sob os auspícios do militarismo, pensava em uma república no estilo norte-americano. Achava que o regime parlamentar, "com marés de paixões e interesses",[4] não permitiria a consolidação da República. Assim, seu projeto sofreu forte influência da Constituição norte-americana.

Grande era a pressa de se promulgar a nova Carta Magna, que após a última discussão sobre o texto, no palácio do chefe de Estado, no dia 18 de junho de 1890, Rodolfo Tinoco, assessor de Rui Barbosa, foi incumbido de caligrafar a nanquim o novo texto constitucional, que deveria ser apresentado para assinatura de todo o gabinete.

Precisou trabalhar ininterruptamente por 19 horas, o que ocasionou a contração e o retesamento de seus músculos, obrigando-o a ser carregado.

Desta forma, Rui Barbosa teve grande influência sobre a primeira Constituição Republicana no Brasil, que dava pouca ênfase à defesa do Estado e à sua ordem política e social, tendência que rompia com a Constituição do Império e que não seria seguida pelas Cartas Políticas posteriores.

1.c. O Golpe Florianista

Floriano Peixoto era enigmático e misterioso, tinha o bigode caído, o lábio inferior pendente e mole, os traços flácidos e grosseiros. Era a própria cautela, a astúcia, o retraimento. "Hibernava no apagamento e na indiferença, falando por monossílabos, enrolando o seu eterno cigarro de palha, enquanto não chegava a sua hora."[5]

---

[4] PEREIRA, Antônio Batista. *Op. Cit.*, p. 28.
[5] PEREIRA, Antônio Batista. *Op. Cit.*, p. 25.

Após o fechamento do Congresso, começou a correr o boato de que Floriano Peixoto tramava contra Deodoro da Fonseca. O Barão de Lucena[6] foi ao presidente indagar se deveria exigir uma manifestação clara do vice a favor do governo, e foi desaconselhado. Apesar disso, visitou Floriano, que confirmou que recebia em casa os conspiradores, justificando, no entanto, que o fazia no intuito de aconselhar moderação e tolerância.

Floriano Peixoto era o chefe da conspiração contra Deodoro da Fonseca, e Fonseca, sem base militar que desse sustentação ao golpe, foi obrigado a passar a Presidência a Peixoto.

1.d. O Impasse

Empossado no governo o vice-presidente e reabertos o Senado e a Câmara dos Deputados, poderia se supor que o regime sairia fortalecido, estável e que a vida política nacional retornaria ao ritmo normal.

No entanto, pelo art. 42[7] da Constituição então vigente, se o vice assumisse decorridos menos de dois anos do início do mandato do presidente que renunciou, deveria haver nova eleição.

Durante reunião ministerial com o presidente, Rodrigues Alves,[8] ao terminar uma exposição sobre outro assunto, emendou:

— Agora, senhor presidente, permita-me chamar-lhe a atenção para o texto constitucional, que manda proceder à nova eleição.

---

[6] Henrique Pereira de Lucena, Barão de Lucena (1835-1913), político e magistrado brasileiro, assumiu ministérios no governo de Deodoro da Fonseca.

[7] Art. 42 — Se no caso de vaga, por qualquer causa, da Presidência ou Vice-Presidência, não houverem ainda decorridos dois anos do período presidencial, proceder-se-á a nova eleição.

[8] Francisco de Paula Rodrigues Alves foi Ministro da Fazenda de novembro de 1891 a agosto de 1892, de 1894 a 1896 e presidente da República de 1902 a 1906.

No que foi interrompido de pronto por Floriano Peixoto:

— Tenho opinião diferente, penso que tenho de terminar o prazo de Deodoro, e terminá-lo-ei.[9]

O presidente empossado, no intuito de justificar sua atitude, invocou o art. 1º[10] das Disposições Transitórias da própria Constituição.

Levantou-se, então, o reclamo pela convocação da eleição. A imprensa, no dia 6 de abril, divulgava manifesto dos 13 generais, afirmando que "só a eleição do presidente da República, feita o quanto antes, como determinava a Constituição Federal e a Lei Eleitoral", restabeleceria "a confiança, o sossego e a tranquilidade da família brasileira".

Em resposta, Floriano Peixoto acusa seus contraditores de indisciplinados e anarquistas, e baixa decretos de reforma e transferência dos oficiais contrários ao governo, fazendo publicar suas decisões no *Diário Oficial*.

Dois dias depois houve uma manifestação em frente à casa de Deodoro da Fonseca, e após alguns discursos, os manifestantes dirigiram-se ao Palácio Itamaraty, então sede da Presidência da República.

1.e. A Repressão

Apesar de não haver "perigo iminente da Pátria", nem "comoção intestina", casos em que a Constituição autorizava a decretação do estado de sítio, Floriano Peixoto baixou o Decreto 791, em 10

---

[9] PEREIRA, Antônio Batista. *Op. Cit.*, p. 70.
[10] Art. 1o — Promulgada esta Constituição, o Congresso, reunido em assembléia geral, elegerá em seguida, por maioria absoluta de votos, na primeira votação, e, se nenhum candidato a obtiver, por maioria relativa na segunda, o Presidente e o Vice-Presidente dos Estados Unidos do Brasil (...) § 2o — O Presidente e o Vice-Presidente, eleitos na forma deste artigo, ocuparão a Presidência e a Vice-Presidência da República durante o primeiro período presidencial.

de abril de 1892, invocando os arts. 48[11] e 80[12] da Carta Magna, para as garantias constitucionais por 72 horas. A Constituição de 1891 não tinha capítulo dedicado à segurança do Estado, sendo o estado de sítio tratado no capítulo de disposições gerais.

Numerosas prisões foram efetuadas, inúmeros presos foram desterrados e embarcados para Rio Branco,[13] Cucuí e Tabatinga,[14] no Estado do Amazonas. O governo tentava imobilizar seus adversários, reformando-os de seus cargos que, pelo texto constitucional, pertenciam à classe jurídica dos "direitos individuais invioláveis", assim como as patentes e os empregos vitalícios.

O arbítrio do poder não poderia suspender definitivamente a Constituição.

1.f. A Voz de Rui Barbosa

Opondo-se ao golpe dissimulado, Rui Barbosa iniciou uma campanha de *habeas corpus*, que iria lhe inspirar suas mais luminosas páginas.

---

[11] CAPÍTULO III — *Das Atribuições do Poder Executivo* — (...) Art. 48 — Compete privativamente ao Presidente da República: (...) 5º) declarar por si, ou seus agentes responsáveis, o estado de sítio em qualquer ponto do território nacional nos casos, de agressão estrangeira, ou grave comoção intestina (art. 60, no 3; art. 34, no 21 e art. 80).

[12] Art. 80 — Poder-se-á declarar em estado de sítio qualquer parte do território da União, suspendendo-se aí as garantias constitucionais por tempo determinado quando a segurança da República o exigir, em caso de agressão estrangeira, ou comoção intestina (art. 34, no 21). § 1º — Não se achando reunido o Congresso e correndo a Pátria iminente perigo, exercerá essa atribuição o Poder Executivo federal (art. 48, no 15). § 2º — Este, porém, durante o estado de sítio, restringir-se-á às medidas de repressão contra as pessoas a impor: 1º) a detenção em lugar não destinado aos réus de crimes comuns; 2º) o desterro para outros sítios do território nacional. (...) § 3º — Logo que se reunir o Congresso, o Presidente da República lhe relatará, motivando-as, as medidas de exceção que houverem sido tomadas. § 4º — As autoridades que tenham ordenado tais medidas são responsáveis pelos abusos cometidos.

[13] Rio Branco pertencia ao Estado do Amazonas até 1943.

[14] Cidade localizada no oeste do Estado do Amazonas, às margens do rio Solimões.

Voz Humana

Antes mesmo de apresentado o pedido de *habeas corpus* de Rui Barbosa, já criticado pela imprensa governista, o impetrante dirigiu ao *Diário do Comércio* a seguinte carta, que *O Paíz* publicou em 20 de abril de 1892:

> Antecipando notícia da petição de *habeas-corpus* que vou submeter hoje ao Supremo Tribunal Federal, diz o *Diário do Comércio* desta manhã: "Sem pretendermos adiantar juízos, quer, entretanto, nos parecer que é inoportuno o momento, para se agitar a opinião, com essa questão."
>
> Sou obrigado a responder ao ilustre contemporâneo. Primeiro, se o fim do habeas-corpus é levantar o desterro e a prisão, não sei, nem posso atinar qual seja, para a reclamação dele, a oportunidade, se não enquanto dura a prisão e o desterro. Segundo, usar de um recurso legal, em sustentação de um direito legal, perante um Tribunal de Justiça, só poderia ser meio de agitação em Varsóvia.
>
> Se eu quisesse agitar a opinião, aí estaria a imprensa, para a qual não me têm faltado (e não é de hoje) portas abertas, muitas e das mais largas. *O Diário do Comércio* deve sabê-lo. Suscitando espontaneamente esta questão, que interessa, mais que aos pacientes atuais, ao País inteiro, obedeci ao meu dever de cidadão, de advogado, de republicano, de co-autor da Constituição revogada pelos sofismas políticos, em que se pretende estribar a defesa desse estado de sítio. E acrescentarei: era preciso que este País fosse uma vasta senzala, para não haver uma voz que pedisse este habeas-corpus. Muitos, muitos outros concidadãos certamente o fariam. A minha prioridade é apenas um acidente.[15]

---

[15] BARBOSA, Rui. *Obras Completas — A Ditadura de 1893* — Vol. XX, 1893, Tomo II. Jornal do Brasil: Rio de Janeiro, 1949, p. 39.

Num bonde, na Rua Olinda, Rui Barbosa encontrou com o Conselheiro Barradas, um dos maiores juristas daquele tempo, que logo lhe perguntou se aquele boato de que pretendia cassar os atos do Executivo, recorrendo ao Judiciário, era fundado, pois não conhecia ação adequada.

Rui Barbosa confirmou-lhe a notícia, dizendo que o *habeas corpus* para cassar atos de arbítrio do Executivo era comum no Direito americano, que inspirara a nossa Constituição. No dia seguinte, mandou a Barradas um livro sobre a História da Suprema Corte americana, que elucidava o caso.

Rui Barbosa levantou questões absolutamente novas para o seu tempo, verberando pelo dever de "resistência judiciária", uma lição cívica, jurídica e judiciária, incitando a resistência ao arbítrio.

Clamava que cumpria, tão-somente, o seu dever de advogado na "reivindicação da liberdade extorquida", e de autor principal da Constituição "na delineação da fisionomia do Supremo Tribunal, no seu destino histórico para a consolidação da República Federativa".[16]

Dizia ele que iniciava o seu "curso de resistência constitucional contra o absolutismo republicano"[17] e que "onde quer que haja um direito individual violado, há de haver um recurso judicial para debelação da injustiça".

1.g. Sala de Sessão do Supremo

Rui Barbosa aguarda na sala do STF, na Rua Primeiro de Março, 42, prédio projetado pelo arquiteto Luis Carlos Schreiner, com

---

[16] BARBOSA, Rui. *Op. Cit.*, p. 79.
[17] BARBOSA, Rui. *Obras Completas — A Ditadura de 1893* — Vol. XX, 1893, Tema IV. Jornal do Brasil: Rio de Janeiro, 1949, p. 223v.

inspiração no Vereinsbank, de Munique, à época, um dos edifícios mais imponentes da cidade, construído com requinte: mármore de Carrara branco contrastando com o tom róseo dos panos da fachada do segundo pavimento, pinturas a óleo e gradis de ferro fundido.

A sala de sessões é magnífica, decorada com afrescos de artistas de renome, como Antonio Parreiras;[18] o chão é de tábua corrida e o teto coberto de motivos geométricos e vultos nacionais.[19]

Às 11 horas, entram o ministro Freitas Henriques,[20] que presidia a sessão, seguido dos demais ministros do Supremo Tribunal de Justiça (STJ), Visconde de Sabará (1817-1894), Andrade Pinto (1823-1898), Aquino e Castro (1828-1906), Sousa Mendes (1823-1905), Trigo de Loureiro (1828-1904), Costa Barradas (1833-1908), Pereira Franco (1827-1902), Piza e Almeida (1842-1908), Barros Pimentel (1824-1906), Macedo Soares (1883-1968) e Anfilófilo de Carvalho (1850-1903).[21]

O encontro, no bonde, com o ministro relator Costa Barradas e a remessa do livro sobre o tema deixaram Rui Barbosa esperançoso na concessão da ordem.

Findo o relatório, o ministro Freitas Henriques declara que não será dada a palavra à defesa por não estarem presentes os pacientes, o que, supostamente, seria um impedimento legal.

Então, Barradas pede a palavra, manifestando o desejo de ouvir a defesa.

---

[18] Antônio Diogo da Silva Parreiras (1860-1937), pintor, desenhista, ilustrador e professor brasileiro.

[19] *Prefeitura da Cidade do Rio de Janeiro — Guia de Bens Tombados*, proc. 12/000442/91, Decreto 12.245, de 30/8/1993. Obs.: Visualmente, o prédio, onde funcionou, recentemente o TSE, é quase cinza, em decorrência do acúmulo de sujeira e de resíduos poluentes, que apagam o brilho da construção.

[20] João Antônio de Araújo Freitas Henriques (1822-1903), magistrado e político brasileiro, foi nomeado ministro do Supremo Tribunal de Justiça, em 1886.

[21] Quadro da composição histórica do STF em <http://www.stf.jus.br/arquivo/cms/sobreStfComposicaoMinistroApresentacao/anexo/ linha_sucessoria_quadro_atual.pdf>.

Sobe à tribuna o advogado Rui Barbosa, para sustentar oralmente "o primeiro *habeas corpus* sobre matéria política que se impetrava no mais alto órgão da Justiça republicana".[22]

1.h. A Decisão

Encerrada a sustentação oral, Rui Barbosa não se retirou da tribuna, e lá permaneceu em pé como um vigilante, fitando os ministros.

O ministro presidente deu a palavra ao relator Barradas, ocupante da cadeira número 6 (que à época do Império tinha o número 8). Os fundamentos de seu voto resumiram-se ao entendimento de que se a Constituição entregava ao critério do presidente da República as medidas de repressão; e cabendo privativamente ao Congresso aprovar e reprovar o estado de sítio decretado, o Supremo não tinha competência para cassar ou limitar os atos do Executivo.

Sendo assim, mesmo atingindo direitos individuais ele entendeu que seria impossível isolar esse ferimento da questão política. Acrescentou que não havia provas do momento da prisão dos pacientes, que pudessem levar ao convencimento de que tivessem sido presos antes do estado de sítio.

Quase todos os ministros acompanharam o relator, com dois destaques de voto, exceto o ministro Piza e Almeida, que ocupava a cadeira número 10.

1.i. O Voto Vencido

O ministro Joaquim de Toledo Piza e Almeida, primeiro ocupante da cadeira número 10 na República, afirmava a competência

---

[22] Fundação Casa de Rui Barbosa. *Rui Barbosa: Cronologia da Vida e Obra*. Fundação Casa de Rui Barbosa, Corbã Editora e Gráfica: Rio de Janeiro, 1995, p. 85.

do Supremo, que só era vedada a conceder a ordem enquanto perdurasse o estado de sítio e que, cessado o estado de sítio, os pacientes não poderiam permanecer arbitrariamente presos por ordem do Executivo.

Merece destaque o trecho do voto do ministro Piza e Almeida, em homenagem a seu pioneirismo:

> Concedi a ordem para serem apresentados o senador vice-almirante Eduardo Wandenkolk e outros cidadãos mencionados na petição de habeas-corpus, presos ou ameaçados de prisão pelo Decreto de 10 do corrente mês, que proclamou o estado de sítio nesta Capital, por entender ser o Supremo Tribunal Federal competente para tomar conhecimento desse recurso.
>
> Nesta concessão estão incluídos os cidadãos presos durante o estado de sítio, porquanto a competência do tribunal para isso firma-se no seu regimento interno, que no art. 65, § 30, assim dispõe: "O tribunal se declarará incompetente para conceder a ordem (...) se a coação proceder de autoridade militar, ou cidadão sujeito ao regime militar (Decreto nº. 848, de 11 de outubro de 1890, art. 47) ou se tratar-se de medida de repressão autorizada pelo art. 80 da Constituição, enquanto perdurar o estado de sítio", donde se deduz a contrario sensu sua competência para tomar conhecimento dela, quando tiver cessado o mesmo estado de sítio; e esta é a hipótese dos autos. O art. 80 da Constituição depende da lei regulamentar, que ainda não foi feita, mas parece-me que não pode ter outra inteligência senão a que meu voto exprime, e em apoio do qual chamarei a Constituição do Império, daquele tempo suspendendo as garantias constitucionais.

A Constituição do Império, no art. 179, § 35, dispunha: nos casos de rebelião ou invasão do inimigo, pedindo a segurança do Estado que se dispensem por tempo determinado algumas das formalidades que garantem a liberdade individual, poder-se-á fazer por ato especial do Poder Legislativo.

Não se achando, porém, a esse tempo reunida a Assembléia, e correndo a Pátria perigo iminente, poderá o governo exercer esta mesma providência como medida provisória e indispensável, suspendendo-a imediatamente que cesse a necessidade que a motivou.

A Lei nº. 26, de 22 de setembro de 1835, suspendeu no Pará, por espaço de seis meses a contar da data da publicação da mesma lei naquela província, os § 60 a 100 do art. 179 da Constituição, para que pudesse o governo autorizar o presidente da referida província a "mandar prender sem culpa formada, e poder conservar em prisão sem sujeitar a processo durante o dito espaço de seis meses, os indiciados em qualquer dos crimes de resistência, conspiração, sedição, rebelião e homicídio". Nestes mesmos termos se exprimem a Lei nº. 40, de 11 de outubro de 1836, prorrogada pela de nº. 129, de 12 de outubro de 1837, e o Dec. do Poder Executivo nº. 68, de 29 de março de 1841, prorrogado pela Lei de nº. 169, de 14 de maio de 1842, suspendendo as garantias no Rio Grande do Sul; e os Decretos nºs. 168 e 169, de 17 de maio de 1842, suspendendo as garantias em São Paulo e Minas Gerais.

(Estes dois últimos decretos, não publicados nas coleções, vêm no vol. 20, página 12, dos Anais da Câmara dos Deputados, de 1843).

Voz Humana

As leis e decretos citados, dando ao preceito constitucional sua verdadeira inteligência, terminantemente declaram que a faculdade que tem o governo para mandar prender e conservar em prisão um cidadão sem ser sujeito a processo é somente durante o tempo da suspensão de garantias, que deve necessariamente ser fixo e determinado.

Suspensas as garantias constitucionais em São Paulo, em 1842, foram deportados para a província do Espírito Santo os senadores Feijó e Vergueiro, com ordem de serem nela conservados enquanto durassem as circunstâncias melindrosas e excepcionais em que se achava a Província de São Paulo, ou não se aproximar a abertura da Assembléia Geral Legislativa (Portaria do Ministro da Justiça de 12 de julho de 1842, ao vice- presidente do Espírito Santo).

Se a Constituição da República estabelece que no estado de sítio as garantias constitucionais só podem ser suspensas por tempo determinado, quando o exigir a segurança do Estado nos casos de comoção interna ou agressão estrangeira, sendo esta disposição idêntica à da Constituição do Império, não se pode admitir que a Constituição republicana seja interpretada e executada de modo menos liberal e menos garantidor dos direitos e liberdades individuais do que o foi a do Império pelas leis e decretos citados.

Sendo as disposições de nossa Constituição, relativas à suspensão das garantias constitucionais, semelhantes às da Constituição republicana argentina (arts. 23 e 86 no 19), em apoio da pretendida incompetência do Supremo Tribunal Federal para conhecer da petição de habeas-corpus, não pode ser invocado o caso ultimamente dado naquela república, porque lá o juiz federal concedeu a ordem de habeas-corpus a presos políticos durante ainda o estado de sítio; o que é confirmado pela resposta que em nome do presidente da República deu àquele juiz o ministro da Guerra. "Estado de sítio, diz ele, importa, segundo o art. 23 da Constituição, na suspensão de todas as garantias, e entre elas muito especialmente o recurso de *habeas corpus* em favor de indivíduos presos por ordem do presidente da República, sem desconhecer as disposições terminantes da Constituição, e sem desacatar a autoridade que lhe concede."

Dados os fatos previstos na Constituição, pode o governo declarar em estado de sítio qualquer ponto do território nacional, por tempo determinado, restringindo-se nas medidas da repressão contra as pessoas aí especificadas no artigo 80, § 2o, da mesma Constituição — detenção em lugar não destinado aos réus de crimes comuns e desterro para outros sítios do território nacional, tendo essas medidas apenas a duração do estado de sítio.

É o que se deduz de nossa Constituição, e é o que está expressamente declarado na do Chile, art. 152.

A determinação do prazo da suspensão de garantias depende de critério do governo, da apreciação das circunstâncias, da gravidade da comoção interna. Do ato político, da declaração do estado de sítio tem o presidente da República de dar contas ao Congresso, relatando-lhe motivadamente as medidas de exceção que houverem sido tomadas para manter a ordem e as leis (Constituição art. 80, § 3o, e Lei nº. 30, de 8 de janeiro de 1892, sobre crimes de responsabilidade do presidente da República, arts. 32 e 33).

Se é só a segurança do Estado que justifica o uso desta medida extraordinária, cessada a causa que a determinou, cessam os efeitos que dela se derivam.

Durante o estado de sítio, tem o governo a faculdade de efetuar as prisões que a segurança do Estado exigir. Mas em levantamento o estado de sítio,[23] os cidadãos continuam presos ou desterrados, sem serem sujeitos a processo, havendo assim para eles uma suspensão de garantias por tempo indeterminado, contra a expressa disposição do art. 80 da Constituição, a lei os provê de remédio para resguardarem-se de semelhante violência, e esse remédio é o habeas-corpus.

1.j. A Campanha na Imprensa

No dia 7 de maio, Rui Barbosa iniciava uma série de artigos no jornal *O Paíz*, de Quintino Bocaiuva,[24] refutando as razões da decisão, logo que publicado o Acórdão.

Diante do surgimento, antes de concluída a primeira série de artigos, de uma contestação anônima, o advogado retruca:

> (...) a esse tempo, ainda os juízes não consideravam necessário vir esgrimir sutilezas na imprensa com os advogados das vítimas. Estes gozavam, ao menos, a vantagem da última palavra na questão. Era um privilégio dos sacrificados, religiosamente respeitados pelos agentes do despotismo.

---

[23] Conforme o original.
[24] Quintino Antônio Ferreira de Sousa Bocaiuva (1836-1912) foi jornalista e político brasileiro. Defensor ardoroso das ideias republicanas, em 1884 fundou o jornal *O Paíz*, que exerceu grande influência na campanha republicana.

Após uma série de artigos, surge a assinatura do anônimo ministro Barradas.

"Não perdi meu tempo (...) a causa estava vitoriosa nos espíritos"; "(...) cada dia sinto que cumpri meu dever", dizia Rui em artigo no jornal *O País*, encerrando a polêmica.

Diante da denegação da ordem, pois "o Poder Judiciário estava de braços cruzados, à espera de que o Congresso decidisse a questão política", inicia-se o debate sobre o estado de sítio no Congresso.

Belarmino de Mendonça (1850-1913), então ministro do Supremo Tribunal Militar (STM), sobe à tribuna e começa a protestar contra a prisão dos deputados, quando o presidente do Senado, Bernardino de Campos (1841-1915), não permite que o orador prossiga, acentuando que o assunto era inoportuno.

O debate movimentou os deputados, até que o ato do Executivo, o estado de sítio, foi aprovado e concedia-se anistia aos envolvidos.

1.k. O Exílio

Ao sair do *Jornal do Brasil*, onde havia assumido a direção, Rui Barbosa avistou o coronel Sebastião Bandeira, que aparentemente estava agitado e lhe informou que uma revolta possivelmente ocorreria, oferecendo-lhe esconderijo.

O aviso não foi levado a sério. No entanto, por volta de meia-noite, o mesmo coronel Sebastião Bandeira, que andava à procura do advogado para protegê-lo, o encontrou na casa de seu médico e amigo, na Rua Buarque de Macedo.

Diante dos boatos de que a cidade seria bombardeada, transferiu sua família para o Méier, onde morava sua irmã.

Rui Barbosa corria sério risco de morte. A polícia de Floriano Peixoto percorria a cidade à sua procura.

Voz Humana

Na madrugada do dia 13, depois de passar a noite em claro no Cais do Porto, à espera da oportunidade de escapar da polícia, foi esconder-se no Moinho Fluminense, entre pilhas de sacos de trigo, enquanto aguardava seu amigo Borlido Maia, com um bote que o levaria ao navio Madalena.

Mas o tempo foi passando, e o amigo que viria buscá-lo estava atrasado. A polícia apertava o cerco à procura do advogado.

De súbito, aparece Carlos Gianelli, dono do Moinho Fluminense.

"— Estamos perdidos, Sr. Conselheiro, a polícia está dando busca nas casas próximas! Não pode ficar aqui!"

Ali permaneceram, e por sorte os policiais não se lembraram do moinho. Ao amanhecer, Rui Barbosa embarcou para o exílio.

Sua produção cultural no exílio ficou conhecida como Cartas da Inglaterra, destacando-se como pioneiro em inúmeras questões, sendo um dos primeiros no mundo a apontar a injustiça do Caso Dreyfus.[25]

---

[25] O *Caso Dreyfus* foi um escândalo político que dividiu a França, durante o fim do século XIX, sobre a condenação de um oficial do exército de origem judaica, acusado de traição.

CAPÍTULO 2

Os Perseguidos e o Dever do Advogado

2.a. A Volta de Rui Barbosa no Madalena

"À custa de enormes sacrifícios, o quatriênio chegou ao termo e o poder passaria às mãos austeras de Prudente de Morais."[26] Seus primeiros atos foram o fechamento da Escola Militar, a desmobilização dos batalhões patrióticos e todos os atos destinados a neutralizar a preponderância militar na vida da Nação.

Em 12 de julho de 1895, Rui Barbosa chegava a Lisboa a bordo do *Madalena* e voltava para o Rio de Janeiro no mesmo navio.

Seus protestos jurídicos não tardariam. No início do ano seguinte, Rui Barbosa emite o parecer *"O júri e a independência da magistratura"*, defendendo juiz do Rio Grande do Sul suspenso de suas funções e condenado a meses, por ter declarado inconstitucional dispositivo de lei estadual sobre o júri.

Mas o insólito sistema democrático brasileiro não respiraria liberdade por muito tempo. Era decretado estado de sítio por 30 dias, que acabaria sendo prorrogado sucessivamente até 23/02/1898 (Decreto 456, 2.737, de 11/12/1897 e 2.810, de 30/01/1898), em decorrência de um atentado cometido pelo soldado Marcelino

---
[26] PEREIRA, Antônio Batista. *Op. Cit.*, p. 74.

Bispo de Melo contra a vida do presidente, em que foi vítima fatal o ministro da Guerra, Carlos Machado Bittencourt.

No entanto, terminando o estado de sítio, permaneceriam presos em Fernando de Noronha, Barbosa Lima, Alcindo Guanabara, João Cordeiro e Tomás Cavalcanti.

2.b. Novo *Habeas Corpus*

Não tarda a intervenção do maior advogado brasileiro, que impetra *habeas corpus* no Supremo, subindo à tribuna em 16 de abril, onde discursou durante duas horas e meia, explicou e justificou sua atitude em 1892 e desenvolveu considerações em sustentação ao pedido:

> Se a política não recuar diante desta Casa sagrada, em torno da qual marulha furiosa desde o seu começo; se os governos se não compenetrarem de que na vossa independência consiste a sua maior força, a grande força do princípio da autoridade civil; se os homens de Estado se não convencerem de que o que se passa aqui dentro é inviolável como os mistérios do culto; se os partidos não cessarem de considerar inocentes impenetráveis sob o tênue véu dos artifícios políticos as suas conspirações contra a consciência judiciária, ai de nós! Porque, em verdade vos digo, não haverá quem nos salve. O sino da liberdade não terá de dobrar sobre o sepulcro dos juízes, mas sobre o ignominioso trespasse da República, contra a qual, nas mãos da nação revoltada pela falta de justiça, se levantarão as pedras das ruas.

A ordem é concedida, e Rui Barbosa escreve o livro *A lição dos dois acórdãos, estudo sobre a jurisprudência do STF em habeas-corpus*.

2.c. Classes Perigosas e o Código de 1890

De suma importância para a compreensão da legislação "em defesa do Estado" que vai se operar através da história, e especialmente do início da República é a abordagem da visão oficial e predominante em relação ao negro, ao estrangeiro, à prostitua e ao anarquista, em especial, o discurso higienista desta época, que certamente vai dar berço ao posterior lombrosianismo, fortemente abraçado no Brasil.

Quanto ao negro, que chegou a constituir mais de 50% da população da cidade do Rio de Janeiro durante a década de 1830,[27] sendo a maior população urbana das Américas com aproximadamente 80 mil cativos,[28] acabou exercendo forte papel no imaginário da classe dominante à época.

Antecedentes ocorridos na Bahia em 25 de janeiro de 1835,[29] quando Salvador tinha pouco mais de 10 mil cativos[30] — e no Haiti, uma rebelião negra resultara na tomada do poder em 1804[31] —, geraram um verdadeiro pavor da possibilidade de um levante na capital.

Sobre o negro passou a existir uma "suspeição generalizada" em que não se deveria "desprezar nem ainda os indícios mais remotos (...) para que se mantenha inalterável a segurança a segurança (*sic*)

---

[27] CHALHOUB, Sidney. *Visões da Liberdade — Uma História das Últimas Décadas da Escravidão na Corte*. Companhia das Letras: São Paulo, 1990, p. 187.

[28] CHALHOUB, Sidney. *Op. Cit.*, p. 187: "Nova Orleans em 1860 tinha 15.000 escravos".

[29] CHALHOUB, Sidney. *Op. Cit.*, p. 187. Revolta dos Malês, ver também: REIS, João José. *Rebelião Escrava no Brasil: A História do Levante dos Malês (1835)*. Brasiliense: São Paulo, 1986, p. 16 e BATISTA, Nilo e ZAFFARONI, Raúl Eugenio. *Direito Penal Brasileiro*. Rio de Janeiro: Revan, 2003: "O medo branco, tangido pelas notícias do Haiti e da revolta malê na Bahia, produziu uma duríssima legislação penal provincial e municipal (...)".

[30] CHALHOUB, Sidney. *Op. Cit.*, p. 187.

[31] CHALHOUB, Sidney. *Op. Cit.*, p. 192.

e a tranquilidade pública, mandando dissolver qualquer ajuntamento de escravos e prender os que neles se encontrarem".[32]

"Até rumores de uma conspiração internacional para subverter as sociedades escravistas"[33] causavam um verdadeiro terror.

Aos poucos, formula-se uma estratégia de combate aos negros que se pode identificar desde o início do século XIX, com fortes destaques nas estatísticas das prisões dos capoeiras.[34] Em 1872, o chefe de polícia já se manifestava quanto à importância na formulação desta estratégia dizendo que a capoeira "não é um crime previsto no Código Penal, e somente podem ser capitulados como crimes as ofensas crimes, ferimentos e homicídios cometidos pelos capoeiras, quer em reunião, quer isolados".[35]

Em 1878, o Chefe de Polícia insistia na criminalização da capoeira, acrescentando que as ruas do Rio de Janeiro se achavam tomadas por "uma das mais estranhas enfermidades morais desta grande e civilizada cidade", propondo ainda que os estrangeiros presos por delitos fossem deportados para colônias penais ou para a ilha de Fernando de Noronha.

Com o advento da Lei do Ventre Livre em 1871, já se discutia um plano para subsidiar a vinda de imigrantes, a fim de criar uma situação para que "os trabalhadores tivessem que procurar os proprietários, e não o contrário".[36]

---

[32] CHALHOUB, Sidney. *Cidade Febril — Cortiços e Epidemias na Corte Imperial*. Companhia das Letras: São Paulo, 1996. p. 188. Transcrevendo Circular do Chefe de Polícia datada de 18 de dezembro de 1835, Reg. de Correspondência Reservada Expedida pela Polícia (1835-45) cód. 335, ver. I, Fl. 9, AN.: "A polícia age a partir do pressuposto da suspeição generalizada, da premissa de que todo cidadão é suspeito de alguma coisa até prova em contrário e, lógico, alguns cidadãos são mais suspeitos do que outros".

[33] CHALHOUB, Sidney. *Op. Cit.*, p. 193.

[34] HOLLOWAY, Thomas H. *Polícia no Rio de Janeiro — Repressão e Resistência numa Cidade do Século XIX*. Trad. por Francisco de Castro Azevedo, Editora Fundação Getúlio Vargas: Rio de Janeiro, 1997, p. 85.

[35] CHALHOUB, Sidney. *Op. Cit.*, p. 244.

[36] CHALHOUB, Sidney. *Op. Cit.*, p. 89.

Também a importação de mão de obra estrangeira fazia parte de um projeto de embranquecimento da população.[37]

A abolição da escravatura lançou a mão de obra escrava para o contingente de subempregados e desempregados.

A população, em termos absolutos, entre 1872 e 1890, praticamente dobrou de 266 mil para 522 mil habitantes.[38]

Tal fato gerou importante alteração urbana, chegando a 30% a população composta por estrangeiros.[39] A este importante dado soma-se a característica anterior de que "não havia outra cidade no continente americano que tivesse a experiência de gerir um espaço urbano ocupado por 50, depois 80 mil escravos".[40]

Em 1877, por exemplo, o trabalhador estrangeiro ocupava 92% do setor dos transportes e das obras públicas, praticamente monopolizando os estabelecimentos comerciais e as oficinas, excluindo, portanto, o negro destas atividades, o que se manteve nos primeiros anos da República.[41]

Também, com a libertação dos escravos e a perda da força de trabalho como propriedade do senhor, surge uma discussão ideológica afirmando que "a escravidão não tinha dado a esses

---

[37] CHALHOUB, Sidney. *Op. Cit.*, p. 94 ver, NEDER, Gizlene. *Discurso Jurídico e Ordem Burguesa no Brasil*. Sergio Antonio Fabris, Editor: Porto Alegre, 1994, p. 69 e BATISTA, Nilo; ZAFFARONI, Eugenio Raúl. *Direito Penal Brasileiro*. Rio de Janeiro: Revan, 2003: "Capítulo — História da Programação Criminalizante no Brasil, O Código de 1890 — Parágrafo I".

[38] CARVALHO, José Murilo de. *Os Bestializados — O Rio de Janeiro e a República Que Não Foi*. Companhia das Letras: São Paulo, 1987, p. 16.

[39] CHALHOUB, Sidney. *Op. Cit.*, p. 79 e p. 77: "A massa dos 50% do que chamamos de proletariado era constantemente alimentada pela imigração, que atingiu grandes proporções nos anos iniciais da República (...) engrossavam também o número dos assaltantes, pivetes, jogadores, malandros e vagabundos em geral".

[40] CHALHOUB, Sidney. *Visões da Liberdade — Uma História das Últimas Décadas da Escravidão na Corte*. Companhia das Letras: São Paulo, 1990, p. 189.

[41] MENEZES, Lená Medeiros. *Os Indesejáveis-Desclassificados da Modernidade. Protesto, Crime e Expulsão na Capital Federal (1890-1930)*. Editora EDUERJ: Rio de Janeiro, 1996, p. 66.

homens nenhuma noção de justiça, de respeito à propriedade, de liberdade".[42]

Forma-se, então, um discurso a fim de convencer que o trabalho é o elemento ordenador da sociedade e, acima de tudo, de moralidade. Era necessário criar "o hábito do trabalho por meio da repressão",[43] a fim de impedir a ociosidade, que passa a formar o conceito de vadiagem que "é um estado de depravação de costumes que acaba levando o indivíduo a cometer verdadeiros crimes contra a propriedade e a segurança individual. Em outras palavras, a vadiagem é um ato preparatório do crime".[44]

O Código Penal do Império prevê no Capítulo IV os crimes de vadiagem e mendigagem:

> Art. 295 — Não tomar qualquer pessoa uma ocupação honesta, e útil, de que possa subsistir, depois de advertida pelo Juiz de Paz, não tendo renda suficiente.
>
> Pena — de prisão com trabalho por oito a vinte e quatro dias.
> Art. 296 — Andar mendigando.
> 1º — Nos lugares, em que existem estabelecimentos públicos para os mendigos, ou havendo pessoa, que se ofereça a sustentá-los.
>
> 2º — Quando os que mendigarem estiverem em termos de trabalhar, ainda que nos lugares não hajam os ditos estabelecimentos.
>
> 3º — Quando fingirem chagas ou outras enfermidades.

---
[42] CHALHOUB, Sidney. *Trabalho, Lar e Botequim — O cotidiano dos Trabalhadores no Rio de Janeiro da Belle Époque*. Editora UNICAMP: São Paulo, 2001, p. 68.
[43] CHALHOUB, Sidney. *Op. Cit.*, p. 68.
[44] CHALHOUB, Sidney. *Op. Cit.*, p. 75.

4º — Quando mesmo inválidos mendigarem em reunião de quatro, ou mais, não sendo pai e filho, e não se incluindo também no número dos quatro as mulheres, que acompanharem seus maridos, e os moços que guiarem os cegos.

Pena — de prisão simples, ou com trabalho segundo, o estado das forças do mendigo, por oito dias a um mez.

No entanto, para que o delito de vadiagem fosse constituído era necessário:

> "o hábito e a indigência", especialmente a última. Se um indivíduo é ocioso, mas tem meios de garantir sua sobrevivência, ele não é obviamente perigoso à ordem social. Só a união da vadiagem com a indigência afeta o senso moral, deturpando o homem e engendrando o crime.[45]

Dedica o Código de 1890 o Capítulo XII, "Dos Mendigos e Ébrios", como também, Capítulo XIII "Dos Vadios e Capoeiras", como outras espécies de contravenções, como os do Capítulo III "Do Jogo e Aposta" são criados.

O professor Nilo Batista[46] assim se refere ao Código de 1890:

> Na verdade, o desprestígio do código penal de 1890 proveio de seu fracasso na programação criminalizante dos alvos sociais do sistema penal da Primeira República, fracasso diretamente ligado à circunstância de não passar ele de um decalque alterado do diploma anterior. Uma boa prova dessa

---

[45] CHALHOUB, Sidney. Op. Cit., p. 75.
[46] Nilo Batista (1944-), advogado e professor de direito penal brasileiro. Autor de diversos artigos e obras sobre Direito Penal e Criminologia.

deficiência — muito mais política do que técnica — do código de 1890 **está no fato de que a criminalização daqueles alvos sociais — imigrantes indesejáveis, anarquistas, prostitutas e cáftens etc.** — foi empreendida através de leis extravagantes ou de leis que alteravam o texto original do código. Não por acaso, essa profusão de leis — em paralelo à profusão de anteprojetos de códigos que substituíssem o de 1890 — culminaria por uma Consolidação das Leis Penais.[47]

A tipificação de jogos, apostas e de embriaguez se dá em razão do discurso das "classes perigosas".[48]

Este conceito, que apareceu originalmente na Inglaterra, se referia às pessoas que houvessem passado pela prisão ou obtivessem o sustento da família por meio da prática de furtos e não do trabalho.[49] Ocorre que, no Brasil, este atributo foi utilizado, ideologicamente, como equivalente ao conceito de pobreza, ociosidade e criminalidade.[50]

> As classes pobres e viciosas (...) sempre foram e hão de ser sempre a mais abundante causa de toda a sorte de malfeitores: são elas que se designam mais propriamente sobre o título de — classes perigosas —; pois quando o mesmo vício não é acompanhado pelo crime, só o fato de aliar-se à pobreza

---

[47] Para uma pormenorizada análise do código penal e suas modificações por leis extravagantes, a fim de atingir os alvos do controle social, ver BATISTA, Nilo; ZAFFARONI, Eugenio Raúl — *Direito Penal Brasileiro*. Rio de Janeiro: Revan, 2003: Capítulo "História da Programação Criminalizante no Brasil — III — O Código de 1890 — Parágrafo 7".

[48] CHALHOUB, Sidney. *Op. Cit.*, p. 76; CHALHOUB, Sidney. *Op. Cit.*, p. 20; CARVALHO, José Murilo de. *Op. Cit.*, pp. 115 e 125.

[49] CHALHOUB, Sidney. *Op. Cit.*, p. 76. ver GUIMARÃES. A. P. *As Classes Perigosas: Banditismo Urbano e Rural*. Graal: Rio de Janeiro, 1982; ver também, CHEVALIER, Louis. Laboring Classes and Dangerous Classes. *Paris During the First Half of the Nineteenth Century*, Princeton University Press: Princeton, 1973.

[50] CHALHOUB, Sidney. *Op. Cit.*, p. 80.

no mesmo indivíduo constitui um justo motivo de terror para a sociedade.[51]

Achava-se que as classes perigosas eram "obra do 'rebotalho ou das fezes sociais', do facínora, do ladrão, do desordeiro de profissão, do ébrio habitual, da meretriz, do cáften, do jogador, do vagabundo e do vadio".[52]

E nesta visão, constituída:

> por vadios, mendigos, jogadores, ébrios, gatunos e ladrões — os *habitués* dos cárceres, ou *les chevaux* de *rétour* — conforme a gíria parisiense, utilizada pela polícia carioca, assim como por negociantes marginais do prazer: os cáftens, alvos de uma política repressiva.[53]

As "classes perigosas" têm o vício da "'preguiça' do brasileiro, a 'promiscuidade sexual' das classes populares, os seus 'atos fúteis' de violência etc.".[54]

Os escravos libertos, por exemplo, carregavam, na visão da classe dominante, vícios que não poderiam ser abolidos, "pois uma lei não pode transformar 'o que está na natureza', sendo 'defeitos' (...) (que) podem ser pensados como insuperáveis, tornando eles, assim, membros potencialmente permanentes das classes perigosas".[55] Assim, os negros e mulatos se encontravam num estado de "anomalia" ou "patologia social" no período pós-abolição.[56]

---

[51] CHALHOUB, Sidney. *Op. Cit.*, p. 76. Transcrevendo discurso de deputado, retirado dos Anais da Câmara dos Deputados, 1888, Vol. 3, p. 73; e também CHALHOUB, Sidney. *Op. Cit.*, p. 22: "Desta forma, o indivíduo que não consegue acumular, que vive na pobreza, torna-se imediatamente suspeito de não ser um bom trabalhador".

[52] CARVALHO, José Murilo de. *Op. Cit.*, p. 115.

[53] MENEZES, Lená Medeiros. *Op. Cit.*, p. 99.

[54] CHALHOUB, Sidney. *Op. Cit.*, p. 80.

[55] CHALHOUB, Sidney. *Op. Cit.*, p. 25.

[56] CHALHOUB, Sidney. *Op. Cit.*, p. 80.

"Em termos concretos, a prevenção republicana contra pobres e negros manifestou-se na perseguição movida por Sampaio Ferraz[57] contra os capoeiras, na luta contra os bicheiros."[58] Em 1890, cerca de 60% dos presos na casa de detenção haviam sido detidos pelos tipos abertos como desordem, vadiagem, embriaguez, jogo e outros delitos considerados inalienáveis.

2.d. O Higienismo

O governo de Floriano Peixoto também se destacou pelo aumento de repressão às ditas "classes perigosas", com "um recrudescimento das autoridades públicas contra os cortiços",[59] onde "as classes perigosas continuaram a se reproduzir, enquanto as crianças pobres permanecem expostas aos vícios de seus pais".[60]

Barata Ribeiro[61] foi o chefe do governo municipal ligado a Floriano Peixoto. Sidney Chalhoub[62] comenta que:

> Os atos de Barata Ribeiro não surpreendem muito, pois esta foi uma personagem que, valendo-se do apadrinhamento do todo-poderoso Floriano Peixoto, agiu frequentemente como um déspota durante o período que esteve à frente da administração da cidade.[63]

---

[57] João Baptista de Sampaio Ferraz (1857-?) político, exerceu o mandato de deputado federal constituinte por São Paulo em 1891.
[58] CARVALHO, José Murilo de. *Op. Cit.*, p. 30.
[59] CHALHOUB, Sidney. *Op. Cit.*, p. 46.
[60] CHALHOUB, Sidney. *Op. Cit.*, p. 29.
[61] Cândido Barata Ribeiro (1843-1910) médico, político e escritor brasileiro, foi nomeado ministro do Supremo Tribunal Federal. Foi também prefeito do então Distrito Federal (RJ) e senador da República.
[62] Sidney Chalhoub (1957-) é historiador e professor universitário brasileiro.
[63] CHALHOUB, Sidney. *Op. Cit.*, p. 19.

Uma estratégia urbana de controle foi sendo montada para a expulsão das "'classes perigosas' das áreas centrais, com o surgimento da ideologia da higiene, onde 'os pobres ofereciam também perigo de contágio'".[64] Muitos dos chefes do governo municipal foram médicos ou engenheiros.[65]

Esta forma de repressão urbana acaba por gerar uma série de posturas municipais, a fim de reprimir os "mendigos e ébrios", "vadios e capoeiras", tendo como primeiro exemplo o Código de Postura Municipal de 1890, que além de proibir os hotéis e estalagens de receberem suspeitos de serem ébrios ou vagabundos, capoeiras, desordeiros em geral, determinava que listas dos hóspedes fossem entregues à polícia, sob pena de prisão por 30 dias.[66]

O município acabará por codificar leis em processo criminal, pois, apesar de o Código Penal ter sido promulgado para todo o território, a Constituição de 1891 permitiu aos Estados legislar sobre processo.[67]

Eram indicados subdelegados a fim de visitar frequentemente as habitações coletivas, garantindo que lá não permanecessem vadios, estrangeiros em situação irregular e pessoas "suspeitas", ou que causassem "desconfiança" e "receios".[68]

Todo o poder foi dado à Junta Central de Higiene, a cujas decisões não cabiam recurso.[69] Esta, por conseguinte, assumia que os cortiços, termo que acabou sendo utilizado como sinônimo das habitações populares, eram nocivos à saúde pública.

---

[64] CHALHOUB, Sidney. *Op. Cit.*, p. 29: "'Estavam se engendrando os instrumentos legais para a guerra de extermínio contra os cortiços ou (...) para a política de expulsão das 'classes pobres'/ 'classes perigosas'" (pág. 34).

[65] CARVALHO, José Murilo de. *Op. Cit.*, p. 35.

[66] CARVALHO, José Murilo de. *Op. Cit.*, p. 36.

[67] NEDER, Gizlene. *Op. Cit.*, p. 64.

[68] CHALHOUB, Sidney. *Op. Cit.*, p. 30.

[69] CHALHOUB, Sidney. *Op. Cit.*, p. 49.

A Junta Central de Higiene iniciou uma verdadeira "guerra santa"[70] contra os cortiços, a exemplo do ocorrido em 26 de janeiro de 1893, quando, como um verdadeiro combate, uma tropa de infantaria invadiu a entrada principal da Rua Barão de São Félix, nº 154, o mais célebre cortiço carioca intitulado "Cabeça de Porco", cuja porta principal era ornamentada com a figura de uma cabeça de porco.

Toda esta "guerra" era derivada do medo da febre amarela, que atingia a cidade, e que na realidade atrapalhava o processo de embranquecimento[71] da população, já que a grande porcentagem de mortos eram estrangeiros. Os cortiços eram tidos como uma reprodução dos navios negreiros, ambiente onde afirmavam ter surgido a doença pela falta de higiene e fezes dos "negros inferiores".

A turberculose matava, na mesma época, muito mais pessoas do que a febre amarela; no entanto, suas maiores vítimas eram os negros, e por ser uma doença que também atacava a Europa, não atrapalhava os planos de nação civilizada e limpa nos moldes europeus.

As posturas municipais, para manter a ordem pública, aproximavam-se muito das contravenções penais, tendo em vista visarem à punição de atitudes eleitas como de "dano potencial", a fim de evitar "uma possibilidade de evento delituoso". Chegou-se a exigir que as portas de ferro dos cortiços fossem fechadas com toque de recolher.[72]

A ideologia do higienismo, que se propunha a conduzir o país "à civilização", utilizando o suporte médico e "científico", deu à classe dominante "legitimação apriorística das decisões

---
[70] CHALHOUB, Sidney. *Op. Cit.*, p. 21.
[71] CHALHOUB, Sidney. *Op. Cit.*, p. 57.
[72] CHALHOUB, Sidney. *Op. Cit.*, pp. 31-63.

quanto às políticas públicas a serem aplicadas no meio urbano (...) e suporte ideológico para a ação saneadora".[73]

2.e. Revolta da Vacina

A repressão, portanto, deixou as ruas e passou ao espaço da habitação,[74] com a destruição das casas populares, preconceituosamente chamadas de cortiços.

Com a atuação de Oswaldo Cruz,[75] um mês depois da Proclamação da República um decreto que vigorava desde 1837 seria renovado, tornando obrigatória a vacina para crianças até três meses, medida que foi ampliada para todo o Império.

Ocorre que estas leis não eram aplicadas, o que fez o governo aprovar uma nova legislação que obrigasse realmente a vacina, então aprovada em 31 de agosto de 1903, a entrar em vigor.

Houve muita resistência da imprensa, intensa movimentação política e uma verdadeira revolta da população contra o que se chamou de "despotismo sanitário".[76]

Diante da exigência de comprovação da vacinação para continuar no emprego, resistia-se contra o que os operários entendiam ser um risco ao próprio trabalho.

Discursos como o de Vicente de Souza[77] afirmavam que o trabalhador voltaria para casa "sem poder afirmar que a honra de sua família esteja ilesa, por haver aí penetrado desconhecido

---

[73] CHALHOUB, Sidney. *Op. Cit.*, p. 35.
[74] CHALHOUB, Sidney. *Op. Cit.*, p. 33.
[75] Oswaldo Gonçalves Cruz (1872-1917) foi um cientista, médico, bacteriologista, epidemiologista e sanitarista brasileiro, pioneiro nos estudos das doenças tropicais.
[76] CARVALHO, José Murilo de. *Op. Cit.*, p. 98.
[77] Vicente de Souza (1889-1913), professor, médico, abolicionista, republicano e socialista negro, na cidade do Rio de Janeiro.

amparado pela proclamação da lei da violação do lar e da brutalização aos corpos de suas filhas e sua esposas".[78]

A população tomou as ruas, enfrentou a polícia e no dia 16 de novembro de 1904 foi decretado estado de sítio.

José Murilo de Carvalho (cf. referência) cita que o chefe de polícia Cardoso de Castro afirmava que "a mazorca, liderada na rua por Vicente de Souza, fora obra de uns dois mil[79] vagabundos recalcitrantes, presos e condenados várias vezes, que fingiam-se do povo. Fora obra do 'rebotalho das fezes sociais', do facínora, do ladrão, do desordeiro de profissão, do ébrio habitual, da meretriz, do cáften, do jogador, do vagabundo e do vadio".

> Dos participantes da Revolta da Vacina dizia o chefe de polícia, em relatório oficial, que constituíam *"fezes sociais"* (Sevcenko, *A Revolta da Vacina*, cit., p. 71); transcrevendo considerações de Aurelino Leal, pode-se ler em Galdino Siqueira, acerca dos imigrantes a serem deportados, que "nosso excessivo espírito de tolerância, nossa bondade natural" (aos quais provavelmente se deveria a proscrição de penas infamantes) estavam reduzindo o Brasil a "uma espécie de *cano de esgoto dos detritos de outros países*" (*Op. Cit.*, v. I, p. 120).[80]

O chefe da polícia confessou, e os jornais atestaram, "que no fim da revolta foi feita uma limpeza na cidade para prender os que a polícia considerava vagabundos". Foram presas 945 pessoas, sendo várias liberadas depois de uma verdadeira triagem, 464 pessoas.

---

[78] CHALHOUB, Sidney. *Op. Cit.*, p. 100.
[79] CHALHOUB, Sidney. *Op. Cit.*, p. 117: "Quando se refere a dois mil vagabundos recalcitrantes, está baseado, sem dúvida, nas estatísticas criminais de 1904, que indicam a prisão de 2.118 pessoas por vadiagem e 73 por capoeiragem".
[80] BATISTA, Nilo. *Op. Cit.*, p. 96.

Voz Humana

(...) depois de terem sido identificadas como possuindo antecedentes criminais, (...) deportadas. As restantes 484 foram soltas. Informa, ainda, que os arquivos da Casa de Detenção registravam que os 461 deportados tinham 949 nomes e haviam sido presos 1.852 vezes, das quais 1.535 por contravenção e 317 por crime (141 contra a pessoa, 176 contra a propriedade) (...)[81]

Apenas quatro pessoas foram processadas: Alfredo Varela, Vicente de Souza, Pinto de Andrade e Arthur Rodrigues.

2.f. O Civilismo

No entanto, o assassinato do ministro da Guerra faz crescer de tal forma a popularidade do governo em decorrência da reação da opinião pública, que Prudente de Morais elege Campos Sales para substituí-lo. E assim também aconteceu com Campos Sales, que elegeu Rodrigues Alves, seu sucessor.

Esta continuidade foi quebrada com a eleição de Afonso Pena para presidente e de Nilo Peçanha para vice.

Rui Barbosa mais uma vez deixa o Brasil; no entanto, desta vez para representar o país em Haia, onde tornou-se o mito citado até hoje nos colégios brasileiros: "o Águia de Haia".

Mas o movimento pela remilitarização crescia, e 1909 inicia com um discurso de Carlos Peixoto, em combate ao militarismo, ao tomar posse como presidente da Câmara. Em meio a essa agitação política, morre o presidente da República.

Rui Barbosa, cujo prestígio depois de 1891 cresceu ainda mais, escreveu a Afonso Pena uma carta opondo-lhe, em brilhante dialética, fortes objeções de ordem política e constitucional à

---

[81] CARVALHO, José Murilo de. *Op. Cit.*, p. 114.

candidatura palaciana de David Campista. Ora, nestas condições, a muitos pareceu que o embaixador de Haia se incorporaria à falange dos que apoiavam o nome de marechal Hermes. Mas tal não se deu, porque na opinião de Rui Barbosa a candidatura militar não correspondia às aspirações coletivas da Nação.

Assim pensando, e como a figura do marechal não fosse afastada, o grande brasileiro colocou-se à frente do formidável movimento de opinião, contrário à candidatura Hermes, emprestando seu nome para servir de bandeira à corrente civilista. Contava a candidatura militar, além da força das baionetas, com o concurso do situacionismo dominante em todos os estados do Brasil, exceção feita à Bahia e a São Paulo.

> A luta, que então feriu, assumiu as proporções de um movimento sísmico que sacudisse o País inteiro. Foi sem dúvida durante esse período que a personalidade heróica de Rui Barbosa ganhou plena expansão. O apostolado civilista levou-o a palmilhar parte do Brasil, em propaganda da causa. Assunto algum foi esquecido nas suas pregações: política, defesa nacional, economia, finanças, questões sociais e dramas da rua e do trabalho. As ideologias e abstrações, a par das questões tangíveis, materiais, fundiam-se em longas conferências que, ainda assim, eram verdadeiros prodígios de concisão, tal a sua complexidade.
>
> O verbo poderoso e iluminado de pensamento do apóstolo assumiu proporções geniais. A sua frase notava os caracteres, evocando as sensações de arte.
>
> Pensador, ele se elevou às mais altas culminâncias e generalizações. A sua lógica enlaçava o adversário, reduzindo-o a nada (...) mas a candidatura Hermes, apoiada pela máquina

política e pela ponta das baionetas, triunfou, contra a vontade da Nação e o espírito civilista do seu povo.[82]

2.g. A Consulta de Evaristo de Moraes

Ver nota[83]

Após a grande campanha civilista movida contra o poder da espada, pregando o governo civil, Rui Barbosa recebia uma carta durante seu café da manhã.

Não era a primeira que recebia do mesmo remetente, pois já havia recebido uma em 1918 pedindo-lhe apoio para sua candidatura a deputado federal sob a égide do Partido Socialista.

Rui Barbosa já acompanhava e admirava esse jovem e respondera-lhe que aplaudia a sua candidatura. Afinal, os operários precisavam ter voz, e o remetente havia se destacado, inclusive, na participação das greves e na reivindicação para mudança do Código Penal de 1890 que punia a greve.

Entre o seu matinal chá preto com leite, na Vila Maria Augusta, abre o envelope.

A carta referia-se ao crime passional ocorrido em 14 de outubro de 1911, em que, na Avenida Central, havia sido assassinado o capitão-de-fragata Luiz Lopes da Cruz.

A mulher da vítima havia voluntariamente abandonado o lar e passara a viver com o médico e intendente municipal José

---

[82] FRANCO, Virgílio A. de Melo. *Outubro de 1930*. Nova Fronteira: Rio de Janeiro, 1980, pp. 4-5.
[83] Antonio Evaristo de Moraes (1871-1939) foi o advogado criminalista mais destacado de sua época. Formou-se em direito pela Escola Teixeira de Freitas de Niterói (RJ) em 1916, mas já atuava no júri desde 1894. Publicou em 1894 o livro *O Júri e a Nova Escola Penal*. Foi fundador da Associação Brasileira de Imprensa, do Partido Operário (1890) e do Partido Socialista (1920). Em 1905, publicou a primeira obra sistemática sobre direito operário, *Apontamentos de Direito Operário*, na qual defendia direito de greve, que era crime previsto no Código Penal da época.

Mendes Tavares Bastos,[84] um dos mais esforçados sustentadores da candidatura adversária a Rui Barbosa, de Hermes da Fonseca.

Quem mandava a correspondência era um jovem que o fazia lembrar-se de si próprio, quando com 19 anos, na segunda série da Escola de Direito, em São Paulo, em 1868, foi infatigável na campanha abolicionista.[85]

Tratava-se de um rábula da maior competência, que até Enrico Ferri,[86] o maior criminalista italiano daqueles tempos, quando no Brasil e insistentemente advertido sob a condição de não formado do admirador brasileiro, disse que pela sua inteligência e pelas obras publicadas, a condição de não formado, antes de diminuí-lo em seu conceito, só o enaltecia, e que ainda mais o admirava por isso.

Mas no caso a que se referia a carta havia uma gigantesca campanha contra o acusado, com toda a imprensa e os jornais dizendo ser ele indefensável, por sua participação na campanha presidencial de Hermes da Fonseca.

Evaristo de Moraes, como havia apoiado Rui Barbosa na campanha civilista em 1909, perguntava se deveria deixar o caso, e esperava ansiosamente a resposta. Barbosa remeteu a resposta em 26 de outubro, como presente de aniversário, e depois a fez publicar no *Diário de Notícias* sob o título: "O dever do advogado".

2.h. A Lição de Ética "O dever do advogado"

Ver Anexo III.b

---

[84] Aureliano Cândido Tavares Bastos (1839-1875) foi um político, escritor e jornalista brasileiro. Ele era um defensor do federalismo dentro do Império do Brasil.
[85] FUNDAÇÃO CASA DE RUI BARBOSA. *O Abolicionista Rui Barbosa*. Fundação Casa de Rui Barbosa, Imprinta Gráfica e Editora: Rio de Janeiro, 1988. *O Abolicionista*, Rui Barbosa, FCRB, 1988.
[86] Enrico Ferri (1856-1929) foi um criminologista e político socialista italiano. Foi autor de obras clássicas de criminologia como *Sociologia Criminal*, de 1884, nas quais estudou os fatores econômicos e sociais que propiciavam o comportamento criminoso.

2.i. O Ultimato

Mesmo com a publicação da carta de Rui Barbosa, as pressões políticas contra o caso não pararam.

Certa tarde, Evaristo de Moraes avista o oficial de marinha Pitombo,[87] que caminhava a passos largos em sua direção.

Evaristo observa o oficial que, ao se aproximar, diz que sua missão era intimá-lo a "deixar a causa, ou se arrependeria".

Mas foi nesse clima que Evaristo conseguiu absolver o doutor Mendes Tavares Bastos três vezes sucessivas.

2.j. A Pena Corporal

A República formou-se sob a nova base socioeconômica decorrente da abolição da escravatura. No entanto, os negros libertos, por falta de perspectiva, acabaram por ser submetidos a relações de servidão nos engenhos e latifúndios.

A legislação da República não veio a revolucionar a legislação anterior. Quando o Brasil foi descoberto, o reino português era regido pelas Ordenações Afonsinas, concluídas em 1446. As Ordenações Afonsinas foram revogadas pelas Ordenações Manuelinas, publicadas em 1521, no reinado de D. Manuel, e afinal pelas Ordenações Filipinas, editadas em 1603, que vieram a exercer uma real influência sobre a legislação brasileira.[88]

---

[87] Personagem citado por Evaristo de Moraes em suas reminiscências, sem sobrenome conhecido.
[88] BATISTA, Nilo e ZAFFARONI, Raúl Eugenio. *Direito Penal Brasileiro*. Revan: Rio de Janeiro, 2003, in § 18. **História da programação criminalizante no Brasil I — A criminalização primária no modelo colonial-mercantilista** — "Destaca que as penas eram praticadas principalmente no âmbito privado... *essa continuidade público-privado...* a legislação portuguesa era 'inaplicável às questões emergentes', uma vez que 'cada lugar-tenente, cada potentado punha e dispunha como bem entendia'."

Os donos de capitanias hereditárias tinham poder absoluto, e já a carta de doação permitia, juntamente com o ouvidor, que se criasse e exercesse plenamente a justiça penal, com penas até de morte, fato só comparado ao arbítrio feudal.

Após esta fase, o livro V das Ordenações Filipinas vigorou como se fosse o primeiro Código Penal brasileiro. Misturando legislação civil com eclesiástica, as Ordenações eram pródigas em penas corporais e de morte; no entanto, com uma clara distinção de classes.

Um bom exemplo pode-se encontrar no Título *CXXXIII, Dos Tormentos*, que deveriam ser aplicados para obter confissões, ao arbítrio do julgador. Fildalgos, cavaleiros e doutores, por exemplo, não eram submetidos a tormento, "salvo em crime de lesa-majestade, aleivosia, falsidade, moeda falsa, testemunho falso, feitiçaria, sodomia, alcovitaria, furto".

Esse sistema jurídico não veio a ser claramente revogado com a Constituição de 1824, a primeira do Império. As Ordenações Filipinas afirmavam que continuavam em vigor as partes não expressamente revogadas pela nova legislação.

Apesar de a Constituição do Império ter assumido algumas conquistas liberais, na prática isso não passava de uma farsa.

O artigo 179 da primeira Constituição brasileira dizia que a "lei será igual para todos" (item 13), abolia "os açoites, a tortura, a marca de ferro quente e todas as demais penas cruéis". Mas, na realidade, estes castigos continuavam a ser aplicados no Império, aos escravos e aos militares de baixa patente.

No Exército, os castigos corporais foram revogados pela Lei 2.556, de 26 de setembro de 1874, mas sua prática persistia. Na Armada, os castigos corporais e, em particular, a chibata (anteriores ao próprio Império — alvará com força de lei, de 26 de abril de 1800), não haviam cessado.

O dito decreto é constituído de duas tabelas. A de nº 1 relaciona 20 castigos a serem aplicados, a depender da falta cometida, a começar pela letra "A" (25 chibatadas), até a letra "T" ("prisão preventiva, com ferro simples, na coberta"). A segunda tabela descreve, em dez artigos, 93 tipos de faltas e as enquadra nas diversas letras da primeira. Assim, as penas de "A" a "D" (respectivamente, de 25 a seis chibatadas) podem ser aplicadas em faltas tais como: "desobedecer às ordens recebidas"; "replicar a seu superior"; "embriagar-se em serviço"; "introduzir a bordo ou no quartel bebidas alcoólicas"; "distribuir bebidas alcoólicas"; "consentir na prática de qualquer delito", entre outras. É claro que, nas "observações" iniciais, o decreto isenta os oficiais dos castigos mais graves, como as chibatadas.

Assim, um decreto imperial que regulava um código colonial continuava a vigorar na República, malgrado as próprias leis da República.

Uma das primeiras preocupações do Governo Provisório foi exatamente em relação aos castigos corporais. O terceiro decreto baixado pelo novo governo, já em 16 de novembro de 1899, estabelecia:

"Art. 2º — Fica abolido na Armada o castigo corporal."

O próprio Governo Provisório, com o marechal Deodoro da Fonseca à frente, restabeleceu a chibatada pouco tempo depois. O Decreto 328, que criava a Companhia Correcional para a Armada, considerando, entre outros motivos, "que o castigo severo (...), dentro de um limite restrito, é uma necessidade reconhecida e reclama por todos os que exercitam a autoridade sobre o marinheiro", previa, no artigo 8º: "c) faltas graves: 25 chibatadas".

Na República, era a massa de negros ex-escravos que fazia o serviço duro. Incorporados à Armada brasileira, eram eles os marujos.

Nesse cenário, assim que o marechal Hermes da Fonseca assumiu o governo, explodiu a primeira revolta militar.

2.k. A Revolta da Chibata

No dia 22 de novembro de 1910, sob o comando do marinheiro negro João Cândido,[89] rebelaram-se os marinheiros dos couraçados *Minas Gerais* e *São Paulo*. O fato ficou conhecido como a Revolta da Chibata.

Rui Barbosa, então senador, apresenta projeto de anistia aos revoltosos, que afinal, por meio do Decreto 2.280 de 1910, é concedida pelo presidente.

Os revoltosos relutaram em aceitar a anistia, pois não tinham a menor garantia; sentiam-se inseguros.

No entanto, dois dias depois o marechal Hermes, por meio do Decreto 8.400, de 1910, autoriza a baixa dos oficiais envolvidos no incidente. Rui discursa no Senado acusando o governo de trair a anistia, tentando expulsar os militares da Marinha, e apresenta projeto extinguindo os castigos corporais nas Forças Armadas.

No clima de repressão, os marinheiros organizam nova revolta, que é esmagada a ferro e fogo. Mais de cem os mortos. O governo obtém do Congresso a decretação do estado de sítio, e a repressão se acentua. Mais de 600 marinheiros são encarcerados. Mas os episódios piores ainda estão por acontecer: 18 marujos, entre os quais o almirante João Cândido, são encarcerados numa solitária na Ilha das Cobras.

Quando, bem depois, a porta da masmorra é aberta, há apenas dois sobreviventes: João Cândido e um soldado naval. Meses após,

---

[89] João Cândido Felisberto (1880-1969), também conhecido como "Almirante Negro", foi um militar brasileiro da Marinha de Guerra do Brasil, líder da Revolta da Chibata (1910).

o governo enche o navio *Satélite* com presos retirados da Casa de Detenção, entre os quais 105 marinheiros, que são deportados para a Amazônia. Na viagem, vários são fuzilados.[90]

Os sobreviventes respondem a processos crime, entre eles os marinheiros João Cândido e Gregório Nascimento.

Jerônimo de Carvalho assume a defesa do primeiro, e Evaristo de Moraes a do segundo.

Meses depois da revolta chegava o dia do julgamento e, depois da defesa feita por Jerônimo de Carvalho, sobe à tribuna Evaristo de Moraes, sustentando a inépcia da acusação, reduzida a haver os réus movido os navios sem ordens superiores, tirando-os do ancoradouro. A veemente sustentação demonstrou o contrassenso de figurar como réus os marinheiros, que retiraram os navios da área de perigo, devolvendo-os sem qualquer dano, o que não fizeram os oficiais que abandonaram as embarcações.

Os réus foram absolvidos.

---

[90] MARTINS, Roberto R. *A Repressão e a Liberdade no Brasil: Cinco — Séculos de Luta.* pp. 80-81.

CAPÍTULO 3

Evaristo, o Anarquismo e o Tenentismo

3.a. Cenário Ideológico — Do Higienismo ao Positivismo

O discurso médico contra as "classes perigosas" higienistas, largamente utilizado no início da República, vai modificar e fortalecer a tentativa de dar cunho científico à repressão, somando-se à Escola Positivista.

Os sanitaristas vão ceder espaço aos criminalistas, que serão "os novos articuladores da modernidade, responsáveis pelo estudo e explicação do fato criminal".[91]

> "A questão social" não poderia ser negada, apenas ela teria de ser avaliada dentro de uma perspectiva "científica" e não dentro, pelo menos aparentemente, do clima apresentado pela luta de classes (...) A ciência está acima das classes, essa era a consigna — parece que ainda continua a ser.[92]

---

[91] MENEZES, Lená Medeiros. *Op. Cit.*, p. 54.
[92] TORTIMA, Pedro. *Crimes e Castigo — Para Além do Equador*. Editora Inédita: Belo Horizonte. 2002, p. 4.

Assim, a classe dominante conseguiu um instrumento teórico e ideológico de regras *a priori*, que tornava suas ações "'indiscutível' e 'irresponsível' influências dos meios biológico, genético e até mesmo geográfico (...)".[93]

Todo esse arcabouço teórico médico-eugenista-jurídico-penal,[94] afirmando que o crime é uma patologia, decorrente de uma falta de desenvolvimento biológico, ocorrido até pelo clima decorrente dos trópicos, vai servir para um novo revestimento ideológico contra o negro, o pobre e o imigrante anarquista. Assim, "a *inferioridade jurídica* do escravismo será substituída por uma *inferioridade biológica*".[95] Haverá, portanto, enquadramento (inclusive antropologicamente) à população negra.[96]

O homem passa a ser entendido como um animal que não tem mais o livre-arbítrio, abandonado-se por completo à Escola Clássica. Não há mais a escolha do homem em cometer ou não o crime, esta decisão decorre dos fatores biológicos. O antigo adágio que dizia: "a ocasião faz o ladrão" transforma-se em "a ocasião dá ao ladrão a oportunidade de cometer o furto".[97] O criminoso é nato,[98] tem um defeito de nascença, uma inferioridade biológica, pode ser identificado previamente, e por isso toda esta fúria catalogadora, expedições de carteira de identidade e assim por diante.

Já o crime é uma "patologia social", compreendendo o criminoso como um "corpus estranhos, invasores, vírus contaminadores e quistos, como se a sociedade fosse um organismo vivo, passível de ser curada por tratamentos cirúrgicos".

---

[93] TORTIMA, Pedro. *Op. Cit.*, p. 17.
[94] TORTIMA, Pedro. *Op. Cit.*, p. 5.
[95] BATISTA, Nilo; ZAFFARONI, Eugenio Raúl. *Op. Cit.*, p. 15.
[96] TORTIMA, Pedro. *Op. Cit.*, p. 5.
[97] TORTIMA, Pedro. *Op. Cit.*, p. 38.
[98] LOMBROSO, Cesare. *O Homem Criminoso*. Trad. por Maria Carlota Carvalho Gomes. Editora Rio: Rio de Janeiro, 1983, p. 85.

Voz Humana

Ou seja, a repressão contra o negro, o pobre, a prostituta o cáften, o anarquista, já criminalizados pela vadiagem, pelo comportamento ébrio, considerados sujos, portadores de vícios e transmissores de vírus e doenças, sofreu uma considerável mudança para se tornar o próprio criminoso o vírus, a doença, o inferior biológico.

3.b. "Repressão ao Anarquismo" — Decreto 4.269

O primeiro decreto de expulsão de estrangeiros foi baixado por Floriano Peixoto em 14 de agosto de 1893, com 76 pessoas, sendo 19 delas expressamente por anarquismo e 36 por crimes políticos.[99]

O Código de 1890, da República, dá especial relevo aos crimes políticos, dividindo-os em duas categorias: como contra a segurança interna (conspiração, sedição e ajuntamento ilícito, resistência, tirada ou fugida de presos, arrombamento de cadeias, desacato e desobediência às autoridades) e externa (independência, integridade e dignidade da pátria; Constituição e forma de governo da República; livre exercício dos poderes políticos). Incluindo, também, "livre gozo e exercício dos direitos individuais", contra "o livre exercício dos direitos políticos".

É importante frisar que para uma sociedade escravista, parte da resistência do negro ao trabalho, o que ocorre com a libertação da escravatura e a formação pela classe dominante, dá ideia de classe perigosa composta por aqueles que "vadiavam", ébrios, vagabundos e prostitutas, tendentes aos jogos e a capoeiragem. Esses comportamentos passam a representar os tipos penais a fim de disciplinar a mão de obra, fazendo-a crer que o trabalho é uma virtude, assim como respeito à propriedade.[100]

---

[99] CARVALHO, José Murilo de. *Op. Cit.*, p. 24, ver também p. 61.
[100] Ver também em 2.c. — "Capítulo Classes Perigosas e o Código de 1890".

A greve, portanto, é tratada criminalmente, como acentua Gizlene Neder:

Mais do que isto, tomamos o Código Penal enquanto regulador dos conflitos entre classes na ausência de um Direito do Trabalho que tentaria, ao nível do direito positivo, cumprir essas funções, nas primeiras décadas do período republicano no Brasil.[101]

Traz também dispositivos a fim de "proteger o trabalho" fundamental para a reprodução do capital.[102] Tanto o art. 205, que tipificava "seduzir, ou aliciar, operários e trabalhadores para deixarem os estabelecimentos em que forem empregados, sob promessa", como o art. 206, que criminalizava "causar, ou provocar a cessação do trabalho, para impor aos operários ou patrões, aumento ou diminuição de serviço ou salário", em decorrência de fortes greves e protestos mudaram de redação,[103] antes do início da vigência do código. A nova redação passou a exigir, para formação do tipo penal, que o agente agisse com violência ou grave ameaça. No entanto, estas mudanças não irão impedir a punição dos grevistas, que acabarão punidos por "crimes contra a tranquilidade pública".[104]

O projeto de embranquecimento da população e a contundente mudança da população trabalhadora trazem uma gama de estrangeiros adeptos ao anarquismo, que passam a engrossar os tipos das "classes perigosas", fruto da "infiltração de ideias transitórias (...) criada(s) pelo sectarismo terrorista,

---

[101] NEDER, Gizlene. *Op. Cit.*, p. 17.
[102] NEDER, Gizlene. *Op. Cit.*, p. 66.
[103] CARVALHO, José Murilo de. *Op. Cit.*, pp. 45 e 54.
[104] NEDER, Gizlene. *Op. Cit.*, p. 67.

sanguinário e corrupto, aproximando os homens de feras bravias (...)".[105]

3.c. Evaristo de Moraes e o Anarquismo

Evaristo de Moraes advogou nas causas dos trabalhadores em trapiches e armazéns de café, dos carregadores de carvão mineral, dos carroceiros, lutando contra a má vontade dos patrões e das violências da polícia.

Certo dia, estando eu (abandonado o meu escritório) na sede dos carroceiros, entrou um grevista, e, no meio de dezenas de companheiros, foi contando:

— Sabem? Estamos perdidos. Agora mesmo, o Ignacinho, encarregado da cocheira do Mateus, com quem estive a beber, me disse que o Dr. Evaristo já estava *comprado* pelos patrões, *para perder a greve...*

Calculem o efeito!

Como se a vitória das greves dependesse de outros fatores que não a tenacidade, a persistência, a teimosia dos próprios grevistas!

Como se um advogado pudesse *perder greves*!

Como se fosse justificado o ato do grevista que ia beber com um preposto de patrão e ouvir intrigas, para vir vomitá-las na sede social!

---

[105] NEDER, Gizlene. *Op. Cit.*, p. 55: Relatório do Ministro da Justiça, 1921.

As qualidades que faltavam ao português grevista encontrei no italiano, quando foi da grande greve dos sapateiros, a que durou seis meses, ocasionando a introdução das máquinas americanas, com que os patrões se defenderam, afinal.

(...)

Estava eu, com amigos, no Café Primavera, que fica na Rua dos Andradas, esquina da Rua da Alfândega, quando me vieram dizer que ia passando preso, conduzido por um soldado policial, o operário Sperduto, meu camarada.

Chegando à porta, vi, de fato, que era conduzido Sperduto por uma praça, descendo a Rua dos Andradas. Saí do Café e, seguido de muitos operários, alcancei o soldado e o preso, quase em frente à Rua dos Andradas.[106]

Evaristo de Moraes chegou ao extremo de se filiar ao Sindicato dos Cocheiros e, diante de atos de violência policial, lá ia ele soltar os operários, entrar com *habeas corpus*, impedir a expulsão de estrangeiros.[107]

Evaristo e vários outros advogados exigiam respeito ao art. 72 da Constituição Federal de 1891, (debate até 1926) que garantia ao estrangeiro em território nacional, direitos iguais aos dos brasileiros.

Art. 72 — A Constituição assegura a brasileiros e a estrangeiros residentes no País a inviolabilidade dos direitos

---

[106] MORAES, Evaristo de. *Reminiscências de um Rábula Criminalista*. Editora Briguiet: Belo Horizonte, 1989, p. 94.
[107] SILVA, Evandro Lins e. *O Salão dos Passos Perdidos* — Depoimento ao CPDOC. Editora Fundação Getúlio Vargas — Nova Fronteira: Rio de Janeiro, 1997, p. 86.

concernentes à liberdade, à segurança individual e à propriedade, nos termos seguintes:

Podem ser identificadas três fases da Jurisprudência quanto à aplicabilidade do art. 72 da Constituição Federal de 1891: na primeira, de 6 e 21 de julho de 1893, as decisões de *habeas corpus* reconheciam a plenitude da expulsão por meio de decisões administrativas. A segunda fase passou a exigir lei complementar regulando a matéria, o que se manifestou em várias decisões pelo STF, em favor de indivíduos condenados à expulsão pela Revolta da Armada. Os votos do ministro José Higino[108] afirmavam que só poderia ocorrer expulsão quando regulada por lei que determinasse as motivações para sua efetivação ou em virtude de tratados internacionais.

E a terceira e última fase se inicia com o Decreto 1.641, de janeiro de 1907, a partir da qual o STF passou a reconhecer a legitimidade do direito de expulsão administrativa, com recurso para o Poder Judiciário.[109]

Em janeiro de 1907, entra em vigor a Lei 1.641/1907, Lei Adolpho Gordo, que determina no art. 1º que "O estrangeiro que, por qualquer motivo, comprometter[110] (*sic*) a segurança nacional ou a tranquillidade pública, pode ser expulso de parte ou de todo o território nacional", incluindo no rol de atitudes geradoras da expulsão (art. 2º) "a vagabundagem, a mendicidade e o lenocínio competentemente verificados".

---

[108] José Higino Duarte Pereira (1847-1901) foi advogado, político, professor e magistrado. Republicano, foi ministro interino da Justiça e dos Negócios Interiores em 1892, na presidência de Floriano Peixoto. Integrou o Supremo Tribunal Federal até 1897.

[109] MENEZES, Lená Medeiros. *Op. Cit.*, p. 201, *apud* JÚNIOR, Benjamin do Carmo. *Expulsão de Estrangeiros do Rio de Janeiro*. Edição Brasil Procuradoria: Rio de Janeiro, 1919, p. 7.

[110] Redação conforme o original.

Não poderia ser expulso o estrangeiro "que residir no territorio da Republica por dous annos contínuos, ou por menos tempo quando: a) casado com brazileira; b) viúvo com filho brazileiro". (sic)

Em 1921, a expulsão de estrangeiros é regulada pela Lei 4.247, de 6 de janeiro de 1921. Pela legislação que surgia, o governo podia expulsar do país todo aquele que, residindo há menos de cinco anos aqui, fosse tido como "elemento pernicioso à ordem pública" (art. 2º, inc. 2º) pela polícia de outro país, ou que, "pela sua conduta", fosse considerado "nocivo à ordem pública ou à segurança nacional" (art. 2º, inc. 3º), ou estrangeiras que procurassem o "paiz para entregar-se a prostituição" (art. 1º, inc. 3º), entre outras previsões para expulsão.

No dia 17 de janeiro, surge o Decreto 4.269, regulando a "Repressão ao anarquismo". Este decreto, além de grande preocupação com bombas e explosivos, citada nos arts. 4º e 5º, pune com prisão de um a quatro anos aquele que provocar por escrito ou verbalmente em ruas, bares, teatros... "a pratica de crimes taes como damno, depredação, incêndio, homicídio, com o fim de subverter a actual organização social". (sic)

O Decreto 4.247, de 1921, fundamentou[111] a radicalização da repressão ao anarquismo.

> Algumas alterações na Constituição em 1922 anunciaram a intenção de ajustar a Constituição às novas necessidades do regime. O direito de habeas-corpus foi alvo de inúmeras propostas de restrições, e a alteração do art. 72 tornou-se uma prioridade.

Em 2 de julho de 1925, com assinatura de 112 deputados, foi apresentada ao Congresso uma emenda propondo liberdade do Poder Executivo para expulsar "os súditos estrangeiros perigosos

---

[111] MENEZES, Lená Medeiros. *Op. Cit.*, pp. 212-214.

à ordem pública ou nocivos ao interesse da República", citação da Emenda 67 apresentada à Câmara dos Deputados, transcrita por Antonio Bento Faria.[112] Estas mudanças consistem no parágrafo 33, do art. 72 (pág. 214).

No longo processo de busca da legitimidade no ato de expulsar, a reforma constitucional de 1926 configurou-se como uma verdadeira virada conservadora, relegando ao ostracismo a discussão político-ideológica. Este fato foi demonstrado pela reversão do voto favorável, tradicionalmente dado pelo ministro Hermenegildo de Barros[113] aos pedidos de *habeas corpus* que lhe cabia julgar. A repercussão que teve o seu primeiro voto desfavorável foi, neste caso, significativa.

Publicada em 1927 pelo jornal *A Pátria*, a justificativa por ele apresentada explicitava toda a questão legal que, por tanto tempo, fora alvo de controvérsias. Segundo o ministro, com base na nova redação dada ao artigo 33 da Constituição Federal, não cabia mais ao Poder Judiciário intervir no processo de expulsão, tendo em vista que:

> Se (...) a Reforma Constitucional conferiu ao Poder Executivo a faculdade de expulsar, sem nenhuma limitação ou referência ao Poder Judiciário, a conseqüência é que aquela faculdade é realmente descricionária e nada tem a fazer aqui o Poder Judiciário.
>
> (...)
>
> Ninguém ignora, aliás, que a reforma da Constituição foi reacionária, dominada pelo pensamento de não permitir ao

---

[112] Ribeiro dos Santos, *Sobre Direito de Expulsão*. RJ. 1925, p. 74.
[113] Hermenegildo Rodrigues de Barros (1866-1955) foi um jurista brasileiro e ministro do Supremo Tribunal Federal até 1937. Em 1931, foi eleito presidente do Tribunal.

Poder Judiciário o conhecimento de *habeas-corpus*, que não tivesse exclusivamente por fim a garantia da liberdade física (nesta parte com os meus aplausos) de vedar o pronunciamento daquele Poder sobre a declaração do sítio, sobre a intervenção federal nos Estados, etc., etc.

A reforma substitui o regime dos poderes limitados, independentes e harmônicos pela supremacia do Poder Executivo, agora assegurada de direito, quando de fato já era uma realidade.

Dou, portanto, o meu voto favorável à expulsão de estrangeiro que o Poder Executivo considerar em condições de ser expulso, como já o havia dado contra os *habeas-corpus* requeridos em estado de sítio, dos quais nem sequer tomei conhecimento, porque assim expressamente o determina a Constituição, que me cumpre observar tão inteiramente como nela se contém.

3.d. Exposições Internacionais

Em síntese, 1922 foi um ano crítico para o governo, repleto de disputas políticas e levantes militares. Para tentar amenizar o descontentamento, Epitácio Pessoa não poupou esforços nem recursos para celebrar e sediar a Exposição Universal do Rio de Janeiro e celebrar a comemoração do Centenário da Independência.

As exposições universais condensaram o que o século XIX entendeu como modernidade: o progresso construído sobre a ciência e a indústria; a liberdade entendida como livre mercado; o cosmopolitismo baseado na ideia de que o conhecimento humano e a produção seriam transnacionais, objetivos e sem limites.

> As cidades onde as exposições foram montadas — Londres, Paris, Chicago, entre outras — foram epicentros da modernidade. Aí se chegou ao estágio mais avançado da civilização ocidental, que convivia com os problemas advindos da desigualdade e da marginalização de grande parcela da população. As exposições universais queriam ser um retrato em miniatura desse mundo moderno avançado, composto de espetáculos nos campos da ciência, das artes, da arquitetura, dos costumes e da tecnologia.
>
> A idéia era mostrar e ensinar as virtudes do tempo presente e confirmar a previsão de um futuro excepcional. A Torre Eiffel, o Palácio de Cristal e a roda gigante eram os símbolos visíveis do avanço tecnológico exibido nas feiras mundiais.[114]

No intuito de embelezar a cidade do Rio de Janeiro, Epitácio Pessoa nomeou, então, um técnico que providenciou o desmonte do Morro do Castelo, construindo no seu lugar os pavilhões para a exposição.

3.e. O Estopim

Aproximou-se a sucessão presidencial, e contra o candidato situacionista Artur Bernardes, Rio de Janeiro, Rio Grande do Sul e Bahia, descontentes com a política do *café com leite*, das oligarquias de Minas e São Paulo, lançam o candidato Nilo Peçanha.

---

[114] CD *A Era Vargas*. Depoimento prestado à Fundação Getúlio Vargas — CPDOC, 1978.

As forças políticas do *café com leite* forçavam a eleição de Artur Bernardes, quando acabava de chegar da Europa, voltando de um exílio voluntário, o marechal Hermes da Fonseca. O povo parecia ter esquecido, por um estranho fenômeno de amnésia, da revolta dos marinheiros da Ilha das Cobras, dos fuzilamentos do satélite, dos desrespeitos às decisões do STF e da atuação de Evaristo de Moraes.

A luta presidencial ia acesa quando dois falsários conhecidos forjaram algumas cartas, atribuídas a Artur Bernardes, que tratavam de forma grosseira o Exército nacional. Isto veio a acender de vez a questão militar.

Em junho, o governo foi duramente criticado pelo marechal Hermes da Fonseca por intervir na sucessão estadual em Pernambuco. Em reação à manifestação, Epitácio Pessoa, então presidente, ordenou a prisão do marechal e o fechamento do Clube Militar, no dia 2 de julho de 1922.

3.f. O Levante de Copacabana

Na madrugada de 5 de julho levantaram-se os fortes de Copacabana e do Vigia, a Escola Militar do Realengo e o 1º Batalhão de Engenharia no Rio de Janeiro,

> (...) mas, como muitas vezes acontece, apenas a mocidade cumpriu a palavra empenhada. Os chefes, na sua quase totalidade, ou se deixaram surpreender pelo governo ou faltaram, pura e simplesmente, ao juramento.[115]

Por isso, o movimento foi chamado de *tenentista*, por causa da patente dos jovens oficiais.

---

[115] FRANCO. Virgílio A. Melo. *Op. Cit.*, p. 65.

O governo é rápido e duro ao bombardear o Forte de Copacabana. Dos quase 300 rebeldes, 18 saem ao encontro das tropas legalistas, pela Avenida Atlântica. Sobreviveram com graves ferimentos somente os tenentes Siqueira Campos e Eduardo Gomes. Entre os mortos estavam os tenentes Mário Carpenter e Newton Prado.

Um dos oficiais revoltosos não participou da revolta, pois estava com tifo: era Luís Carlos Prestes.

Em 15 de novembro de 1922, Artur Bernardes assumiu a Presidência da República, sustentado pelas altas patentes. No entanto, em vez de cumprir com a promessa e suspender logo o estado de sítio e dar anistia, manteve durante todo o seu governo aquela privação da liberdade. Firmou-se como governo autoritário, depondo Raul Fernandes do governo do Estado do Rio, contra ordem de *habeas corpus* concedida pelo Supremo.

Os oficiais revoltosos esperavam que fossem acusados de tentativa de coação ao livre exercício de uma autoridade constituída, tipificado no art. 111 do Código Penal, mas foram acusados de pretender mudar violentamente a forma de governo e a Constituição. O STF iria reformar esta decisão, porém, já estava fomentada a revolta dos militares.

3.g. São Paulo, a Nova Trincheira

No aniversário dos 18 do Forte, em 5 de julho de 1924, sob o comando de Miguel Costa, São Paulo iria se transformar na mais nova trincheira contra o governo de Artur Bernardes.

As tropas legalistas bombardeiam São Paulo. Desde o dia 9 de julho até os dias 27 e 28, mais de 100 mil homens sitiaram a cidade, que ficou inteiramente destruída.[116]

---

[116] Filme "O Velho", de Miguel Costa Jr.

Sem mais condições de resistir, perseguidos por tropas do governo, os revoltosos marcham para o oeste do Paraná. No Sul, o jovem capitão Luís Carlos Prestes, transferido para lá como punição pelo Levante de Copacabana, toma o quartel de Santo Ângelo e é seguido por mais de mil homens. Rompe o cerco e encontra-se com as tropas paulistas em Foz do Iguaçu.

A fusão das tropas iria dar espaço a uma nova organização com Miguel Costa, como chefe, Luís Carlos Prestes no estado-maior, Juarez Távora como subchefe e quatro destacamentos comandados, respectivamente, por João Alberto, Siqueira Campos, Djalma Dutra e Cordeiro de Farias.

3.h. A Coluna Prestes

Em decorrência do contato de Prestes com a população, o movimento ficou conhecido como Coluna Prestes, que se transformou em epopeia militar.

No entanto, como a meta dos militares era derrubar Artur Bernardes, com a eleição de Washington Luís,[117] os homens comandados por Prestes, após terem percorrido 27 mil quilômetros em três anos de luta, passaram a fronteira da Bolívia sem nenhuma derrota.

Os membros da coluna tomaram contato com a miséria do interior do país, o que iria despertar uma profunda consciência política.

No exílio, Prestes recebe a visita de Astrogildo Pereira, jornalista e secretário-geral do PC, que lhe traz de presente artigos

---

[117] Washington Luís Pereira de Sousa (1869-1957) foi advogado, historiador e décimo terceiro presidente do Brasil e último presidente efetivo da República Velha. Foi deposto em 1930 por um golpe militar comandado por Getúlio Vargas, na denominada Revolução de 1930. Foi o criador do primeiro serviço de Inteligência do Brasil, em 1928. Foi chamado também de *O estradeiro*, e durante a Revolução de 1930, de *Doutor Barbado* pelos seus opositores.

de Lenin e *O Manisfesto Comunista*. "O personagem se defronta com seu conteúdo"[118] e cada vez mais se convence de que a única explicação racional para a miséria que encontrava era o capitalismo, segundo as análises de Marx.[119]

3.i. A Revolução de 1930

Washington Luís tentou levar o governo com duas preocupações básicas: a estabilidade da moeda e a valorização do café. No entanto, a quebra da bolsa de Nova Iorque iria levar nossa economia ao caos.

Aproximava-se nova eleição, e Washington Luís indica para seu sucessor o paulista Júlio Prestes, o que quebrava o revezamento entre São Paulo e Minas Gerais.

Fortalecido, o Rio Grande do Sul lança como candidato Getúlio Vargas,[120] em chapa que figurava como vice João Pessoa,[121] da Paraíba, sustentado pela Aliança Liberal, que defendia a representação popular por meio do voto secreto, a Justiça Eleitoral, a independência do Judiciário, a anistia para os revolucionários de 1922, 1924 e 1925/27, e a adoção de medidas econômicas protecionistas para produtos de exportação, além do café.

---

[118] Filme "O Velho", de Miguel Costa Jr.
[119] Karl Marx (1818-1883) foi filósofo, sociólogo, economista e revolucionário socialista. Sua obra em economia estabeleceu a base para o entendimento da relação entre trabalho e o capital. Os seus livros mais famosos são: *O Manifesto Comunista* (1848) e *O Capital* (1867-1894).
[120] Getúlio Dornelles Vargas (1882-1954) foi advogado, militar, político brasileiro, líder da Revolução de 1930. Foi presidente do Brasil de 1930 a 1945 e de 1937 a 1945, como ditador durante o Estado Novo.
[121] João Pessoa Cavalcanti de Albuquerque (1878-1930) foi advogado e político brasileiro, ministro da Junta de Justiça Militar, ministro do Superior Tribunal Militar e presidente da Paraíba (1928-1930).

A Aliança Liberal defendia ainda a cisão da Justiça do Trabalho, medidas de proteção aos trabalhadores, a extensão do direito à aposentadoria e a aplicação da lei de férias.

Evaristo de Moraes não só participou da Aliança como saiu candidato a deputado federal por ela, em 1929, pelo Partido Democrático; e em 1930, pela própria Aliança, sempre defendendo os trabalhadores como advogado criminal e escrevendo artigos em jornais.[122]

Evaristo sempre teve importante participação política. Em 1895, foi fundado o Partido Socialista Operário; e em 1908, quando estivadores e cocheiros fundaram o Partido Operário Socialista, se verifica a sua presença na lista de presentes. Evaristo considerava-se socialista, assim como outras figuras do início da República como França e Silva, Vicente de Souza, Gustavo de Lacerda e outros.[123]

Mas as eleições fraudulentas novamente favoreciam os candidatos governistas, e Washington Luís era eleito. No entanto, não se via mais legitimidade nas eleições, e no quadro político nacional formava-se um barril de pólvora, que só precisava de um estopim.

Pois bem, o estopim foi o assassinato de João Pessoa, que figurou como vice na chapa de Getúlio Vargas. Ele foi enterrado no Rio de Janeiro e seu funeral provocou grande comoção popular, conquistando setores do Exército, antes reticentes a apoiar a causa revolucionária.

Enfim, em 3 de outubro, sob a liderança civil do gaúcho Getúlio Vargas e sob a chefia militar do tenente-coronel Góis Monteiro, começaram as diversas ações militares. Washington

---

[122] CD *A Era Vargas*. Depoimento prestado à Fundação Getúlio Vargas — CPDOC, 1978.
[123] CARVALHO, José Murilo de. *Op. Cit.*, p. 55.

Luís abandona o poder e embarca para Portugal. Tentando evitar a entrega do poder ao chefe da Revolução de 1930, as forças conservadoras criam uma junta governativa.

> Em virtude do maior peso político que os gaúchos detinham no movimento e sob pressão das forças revolucionárias, a Junta finalmente decidiu transmitir o poder a Getúlio Vargas. Num gesto simbólico que representou a tomada do poder, os revolucionários gaúchos, chegando ao Rio, amarraram seus cavalos no Obelisco da Avenida Rio Branco. Em 3 de novembro chegava ao fim a Primeira República e começava um novo período da história política brasileira, com Getúlio Vargas à frente do Governo Provisório. Era o início da Era Vargas.[124]

---

[124] CD *A Era Vargas.* Depoimento prestado à Fundação Getúlio Vargas — CPDOC, 1978. Sobre a Revolução de 30, ver FAUSTO, Boris. A Revolução de 1930 — Historiografia e História. Brasiliense: São Paulo, 1970, DORIA, Francisco Antônio. No Tempo de Vargas — Memórias, Reflexões e Documentos. Editora Revan: Rio de Janeiro, 1946, FRANCO, Virgílio A. de Melo. Outubro de 1930. Nova Fronteira: Rio de Janeiro, 1980, FERREIRA, Jorge, Trabalhadores do Brasil — O imaginário Popular 1930-45 Ed. FGV 1997.

CAPÍTULO 4

Da Revolução de 30 ao Golpe de 37

4.a. Mussolini, Hitler e a Constituição de 1934

O cenário político internacional influiria profundamente na América Latina. Tanto o sonho de um movimento operário que levasse o proletariado ao poder, ainda mais depois da Revolução Russa de 1917,[125] quanto o crescimento do fascismo mundial, a partir da subida de Mussolini[126] ao poder em 1922 (Itália) se somaria com a ascensão de Hitler,[127] em 1933. A Revolta Constitucionalista de 1932, manifestação armada de São Paulo que colocou em três meses, frente a frente no campo de batalha, as tropas legalistas em confronto com as rebeldes, fez com que se percebesse que já era hora do fim do Governo Provisório, assim como do caráter revolucionário do regime.

---
[125] A Revolução Russa de 1917 foi um levante popular contra o governo do czar Nicolau II, abolindo a monarquia e implantando um regime socialista.
[126] Benito Amilcare Andrea Mussolini (1883-1945) foi um político italiano, primeiro-ministro da Itália em 1922, que liderou o Partido Nacional Fascista, sendo, portanto, um dos fundadores do fascismo.
[127] Adolf Hitler (1889-1945), político alemão que serviu como líder do Partido Nazista da Alemanha Nazista, de 1934 até 1945, tendo sido o principal instigador da Segunda Guerra Mundial na Europa.

Procurando conter a resistência ao seu governo, Getúlio organiza uma comissão, presidida pelo ministro Maurício Cardoso, encarregado de organizar o novo Código Eleitoral, e marca eleições para dali a um ano, por meio de assembleia constituinte. Em decorrência da revolta, pela primeira vez é indicado um interventor paulista em São Paulo e se elabora uma nova Constituição.

Em 1934, Hitler consolidava-se no poder, após criminoso incêndio do Parlamento, o *Reichstag* de Berlim, na "Noite dos Longos Punhais", na qual eliminava todos os seus adversários, no mesmo ano da promulgação da Constituição brasileira, sob forte influência da alemã, de Weimar.[128]

Ao contrário da Constituição de 1891, a nova passa a dedicar mais importância à defesa do Estado, incorporando um capítulo (Título VI) sobre a segurança nacional. Cria o Conselho Superior de Segurança Nacional, encarregado de estudar e coordenar todas as questões relativas ao assunto. Ficava proibida "propaganda de guerra ou de processos violentos, para submeter à ordem política e social", e no caso de brasileiro naturalizado, poderia perder a naturalização por exercer atividades sociais ou políticas nocivas ao interesse nacional. Mudava, também, a competência para julgar civis nos casos de crime contra a segurança externa e nas zonas de operações durante grave comoção intensiva e, finalmente, mantinha o estado de sítio, muito embora limitasse sua duração.

---

[128] Ver CHACON, Vamireh. Vida e Morte das Constituições. Forense: Rio de Janeiro, 1987, p. 130, mesmo autor "Constituição da Alemanha de 1919 (Weimar), para a revista da Universidade de Brasília/Senado Federal, Documentação e Atualidade Política, n° 7, abril/junho, n°s. 42-58. Portanto, a Constituição de Weimar é anterior à subida de Hitler ao poder.

4.b. O Fascismo

As Forças Armadas não podiam ficar imunes às influências internacionais. Enquanto o Partido Comunista criava um núcleo de recrutamento de militares, tentando compor quadros nos quartéis, o Antimil,[129] parte da oficialidade do Exército, por meio de processo próprio, defendia a ideia de limitação das liberdades constitucionais, a pretexto da ordem e da necessidade de disciplina.[130]

O integralismo, o fascismo tupiniquim, iria empolgar 70% da oficialidade, transformando-se em movimento nacional.[131] De generais a tenentes, sob uma perspectiva antiliberal, autoritária, elitista e estadista, eram todos favoráveis a um governo forte, e muitos chegavam a propor claramente um modelo fascista.

Getúlio, em discurso de 11 de agosto de 1929, afirmou:

"(...) a minha diretiva no Governo do Rio Grande (...) se assemelha ao direito corporativo, ou organização das classes pelo fascismo, no período de renovação criadora que a Itália atravessa."

A influência nazifascista era de tal forma, que no mesmo ano o secretário de gabinete de Getúlio Vargas, Simões Lopes, escrevia de Londres sobre sua viagem à Alemanha:

O que mais me impressionou em Berlim foi a propaganda sistemática, metodizada, do governo e do sistema de governo

---

[129] VIANNA, Marly de Almeida Gomes. *Revolucionários de 35 — Sonhos e Realidade*. Companhia das Letras: São Paulo, 1992, p. 1.
[130] CD *A Era Vargas*. Depoimento prestado à Fundação Getúlio Vargas — CPDOC, 1978.
[131] CAMPOS, Reynaldo Pompeu de. *Repressão Judicial no Estado Novo — Esquerda Direita no Banco dos Réus*. Achiamé Editora: Rio de Janeiro, 1982, p. 31.

nacional-socialista. Não há em toda a Alemanha uma só pessoa que não sinta, diariamente, o contato do nazismo ou de Hitler (...) através da "organização do Ministério de Propaganda fascista, tanto, que eu permito sugerir a criação de uma miniatura dele no Brasil".

No entanto, é importante frisar que, ao contrário do que transparece por parte dos historiadores, de que o "getulismo" foi derivado exclusivamente das influências fascistas e o empresariado sendo visto como uma classe alheia, fazendo pano de fundo ao discurso neoliberal que viria desmontar uma série de conquistas da época, o empresariado[132] festejou a ascensão de Hitler ao poder.

A Revolução de 1930 ao mesmo tempo representa "um processo liberatório da atividade política e do alargamento de suas práticas a setores da sociedade que, até então, viviam inteiramente à margem dela".[133] Isto porque as atrocidades do regime nazista somente serão conhecidas posteriormente.

No plano comercial externo, a Alemanha e os Estados Unidos tinham a liderança das negociações, estabelecendo uma competição. Os americanos representavam uma política "liberal" protagonizada pelo então presidente Franklin

---

[132] Ver CHACON, Vamireh. Vida e Morte das Constituições. Forense: Rio de Janeiro, 1987, p. 129. "Quando veio ocorrer a ascensão do nazismo ao poder, a chamada imprensa, de orientação conservadora também no Brasil, aplaudiu com um misto de entusiasmo e prudência o evento, sem discordâncias importantes... O fenômeno tinha características próprias no Brasil. Pela primeira vez se saía do figurino francês orleanista da Constituição de 1824 e norte-americano de Rui Barbosa de 1891. Somava-se uma episódica influência alemã, depois viria a do cesarismo polaco do Marechal Pilsudski e italo-luso-corporatista de Mussolini e Salazar na Constituição do Estado Novo.

[133] VIANNA, Luiz Weneck — O Estado Novo e a "Ampliação" Totalitária da República — O Contexto dos Anos 30, in: República do Catete, Org. Maria Alice Rezende de Carvaho, Ed. Museu da República 2001.

Voz Humana

Delano Roosevelt,[134] baseada em tratamento de nação mais favorecida, ou seja, o livre comércio. A Alemanha, por outro lado, representava uma alternativa ao comércio americano, e a possibilidade de exportação de inúmeras matérias-primas e produtos alimentícios, além de seduzir o Exército com a possibilidade de adquirir equipamentos.[135]

Vargas, diante dos inconvenientes de uma economia dependente de exportação de produtos primários, considerando que o Brasil não deveria reproduzir o modelo de industriazação dos países avançados, nem prescindir do Estado para levar à frente o modelo modernizante, mantém uma política "eclética", tirando vantagens possíveis das duas potências enquanto possível.

Internamente, o regime de Vargas teve apoio dos empresários, que outorgavam ao Estado o papel de agenciador de seus interesses. A Federação das Indústrias do Estado de São Paulo (Fiesp) levava a Vargas, em 1936, um documento que salientava a importância da "atuação governamental na evolução industrial do país".

Inúmeras medidas serão tomadas pelo governo, como criar, em 1934, o Código Tarifário que possibilitou ao Estado assumir o papel de árbitro do conflito entre industriais e importadores; a Lei de Similares,[136] que regulava a importação e as isenções anteriores a produtos que tinham equivalentes nacionais. Outra medida foi, em 1937, a instituição do monopólio das operações cambiais pelo Banco do Brasil; a criação da Carteira de Exportação e Importação (Cexim); a Coordenação de Mobilização Econômica (CME), ou seja, o Banco do Brasil passava a atuar nas áreas de comércio exterior, de política cambial e de planejamento da política industrial, aumentando a capacidade de intervenção do

---

[134] Franklin Delano Roosevelt (1882-1945), líder político americano, foi o 32º Presidente dos Estados Unidos, de 1933 até sua morte, em 1945.
[135] *Op. Cit.*, p. 119.
[136] Decreto 24.023, de 21/2/1934.

governo na economia. Em abril de 1938, foi a vez de assumir o controle do Conselho Nacional do Petróleo;[137] e em agosto de 1942, da CME.

Também, em relação aos trabalhadores, em 1931 o governo propunha a criação das comissões coletivas de trabalho, que afinal serão criadas em 1932. O professor Nilo Batista lista algumas das conquistas da classe trabalhadora:

> (...) a jornada de 8 horas com repouso semanal obrigatório para industriários e comerciários (1932), jornada de 6 horas para bancários (1932), a criação de Juntas e Comissões Mistas de Conciliação e Julgamento (1932), convenções coletivas de trabalho (1932), limites ao trabalho de mulheres e menores (1932), instituição de assistência médica nas Caixas de Aposentadoria e Pensões (1932), férias anuais remuneradas para comerciários, bancários e industriários (1933), criação de Caixas ou Institutos de Aposentadoria e Pensões dos marítimos (1933), dos trabalhadores em trapiches e armazéns de café (1934), estivadores (1934), comerciários (1934), bancários (1934) e industriários (1936), reforma e ampliação da lei sobre acidentes de trabalho (1934), indenização por despedida injusta (1935), salário mínimo (1936; a primeira tabela entraria em vigor em 1940), instituição da Justiça do Trabalho (1939) e reorganização sindical (1939-1940). Muito menos esquecer que toda a industrialização do Brasil depende desta fase, assim como ao relatar os absurdos do Regime Militar pós-64 não se pode esquecer de avanços, certamente menores do que a dec. 30, ocorreram (...).[138]

---

[137] Decreto 325, de 29 de abril de 1938.
[138] BATISTA, Nilo; ZAFFARONI, Eugenio Raúl. *Direito Penal Brasileiro*. Revan: Rio de Janeiro, 2003.

Voz Humana

O aspecto que será apreciado no trabalho é o subsistema penal da repressão[139] policial, coordenado por Filinto Müller,[140] que, sem sombra de dúvida, teve influência nazifascista, assim como os outros aspectos relevantes para se compreender o momento histórico.

4.c. A Lei Monstro

Iniciava o ano de 1935 com intensa agitação política, inúmeras greves eram deflagradas e manifestações integralistas se tornavam cada vez mais audaciosas. O governo, então, remete ao Congresso um projeto de Lei de Segurança Nacional (LSN), de iniciativa do ministro Vicente Rao. Esta nova lei seria cópia da lei italiana fascista de 1926.

Sob o pretexto da instabilidade social, decorrente do medo do "perigo vermelho" e de conflitos gerados pela campanha anticomunista feita pelos integralistas, surge o projeto de lei que "define os crimes contra a ordem política e social". A Justiça Eleitoral, recentemente criada, negaria inscrição ao Partido Comunista Brasileiro, sob a justificativa de ser um partido internacionalista.

A oposição à Lei Monstro era enorme também no meio militar. Reunidos no Clube Militar, oficiais mais progressistas lançam um Manifesto à Nação, em que consideram o projeto de lei, com que se pretendia "amordaçar a consciência nacional", uma ameaça às

---

[139] Ver *Op. Cit.*: "A literatura jurídica brasileira, em geral, promove uma simplificação grosseira em sua análise do período que vai de 1930 a 1945... **Em suma, o caminho de compreender o sistema penal do capitalismo industrial dependente e do Estado previdenciário brasileiro, que estão sendo implantados a partir de 1930, unicamente a partir do sub-sistema penal da repressão manifestamente política empobrece e mutila a investigação**".

[140] Filinto Strubing Müller (1900-1973), militar e político brasileiro, participou dos levantes tenentistas entre 1922 e 1924. Foi chefe da polícia política no governo de Vargas.

liberdades públicas. Exigiam, então, das Forças Armadas "uma atitude de coerência com suas tradições de defensoras eternas do povo oprimido, em todas as horas críticas de nossa história".

Manifestou-se também o movimento operário protestando contra a LSN, "a maior e mais hedionda ameaça que já pesou sobre os trabalhadores".[141]

Contra a Lei Monstro surge uma frente única, denominada Aliança Nacional Libertadora (ANL), aglomerando os antigos tenentes da Coluna Prestes e o proletariado, que muito entusiasmou amplos setores da população. O manifesto da ANL apontava o imperialismo como responsável pelos males do Brasil:

> (...) apavorado com o invencível despertar da consciência nacional, impõe leis monstruosas e bárbaras, que aniquilam a liberdade. (...) Entretanto, nesse momento a Nação já se começava a erguer em defesa de seus direitos, de sua independência, de sua liberdade. A ANL surge justamente como coordenadora desse grande e invencível movimento.

Luís Carlos Prestes, após a Coluna, tinha se transformado em um mito revolucionário. Havia entrado no Brasil ilegalmente vindo de Moscou, para fazer a revolução brasileira, acompanhado de Olga Benário, com quem veio a se relacionar amorosamente na longa viagem de navio, em que utilizaram passaportes portugueses falsos que os atestavam como casados.

Prestes, como tinha sido o maior líder tenentista do país e ao mesmo tempo era comunista, foi aclamado presidente de honra da ANL, selando a aliança entre os dois grupos. A partir daí, a campanha para identificar a ANL com o PCB intensificou-se.

---
[141] FRANCO, Virgílio A. de Melo. *Op. Cit.*, p. 124.

Aprovada em 04/04/35, nascia a Lei 38, e era fechada a ANL pelo Decreto 299, de 11/07/35, a pretexto de discurso lido pelo estudante Carlos Lacerda e de sua autoria, mas atribuído a Prestes.

4.d. A Repressão e o Levante

Vários oficiais aliancistas foram presos no dia subsequente ao do fechamento e, apesar do entusiasmo que o ato provocou, não houve reação popular.

Nos três meses que se seguiram, os aliancistas mantiveram-se agrupados em torno do jornal *A Manhã*, em resistência ao fascismo.

Em 25 de novembro de 1935, revolta-se a capital do Rio Grande do Norte, Natal, e horas depois Recife, capital de Pernambuco. Diante da notícia, Prestes se rebela no Rio de Janeiro. No dia 27, o capitão Agildo Barata[142] inicia motim no 3º Regimento de Infantaria, mas o governo fecha o desfiladeiro da Praia Vermelha.

Falta apoio popular, e depois de milhares de balas, os rebelados se entregam.

> O dia 27 de novembro fica marcado a ferro e fogo na memória militar; utilizado como dia da vitória contra o inimigo interno, alimentaria um ódio implacável dos militares e da sociedade em geral contra o comunismo.[143]

Desencadeou-se, então, uma campanha para dar ao governo poderes extraordinários, iniciando-se a fase da "união sagrada contra o comunismo". O pedido de estado de sítio feito no dia 25 de novembro foi aprovado.

---

[142] Agildo da Gama Barata Ribeiro (1905-1968), militar e político brasileiro, fez parte do 3º. Regimento de Infantaria na Praia Vermelha, participando da Intentona Comunista, comandada por Luís Carlos Prestes.

[143] Filme "O Velho", de Miguel Costa Jr.

Foram logo criadas comissões para enfrentar os comunistas, tais como a Comissão Nacional de Repressão ao Comunismo, passando a funcionar no segundo andar do Ministério da Marinha; e o estado de sítio, inicialmente aprovado por 30 dias, foi prorrogado por mais 90, solicitando o governo autorização para equipará-lo ao estado de guerra, o que foi obtido pela Emenda Constitucional nº 1.

Não satisfeitos, implementariam mais duas emendas: a de nº 2, permitindo ao Executivo cassar por decreto patente e posto de militares da ativa e da reserva; e a de nº 3, que permitia a exoneração dos funcionários civis e militares.

4.e. A Gestapo Brasileira

Filinto Müller, ex-tenente expulso da Coluna Prestes por corrupção e covardia, agora como chefe de polícia, é encarregado de buscar Prestes.

Com a prisão de Harry Berger,[144] rapidamente cai todo o esquema montado, pois a casa onde Prestes estaria escondido ficava a um quarteirão da casa de Berger e as empregadas de ambos se conheciam.

Rapidamente o governo troca informações com a *Gestapo*, *Intelligence Service* e o Departamento de Estado Americano. Descobrem que o nome de Harry Berger é, na realidade, Arthur Ernest Ewert.

Enquanto isso, Berger (ou Arthur Ernest Ewert) e sua mulher, Elise, são barbaramente torturados por policiais alemães e brasileiros no Morro de Santo Antônio. Dedos fraturados por

---

[144] Arthur Ernest Ewert (1890-1959), também conhecido como **Harry Berger**, alemão, foi um militante comunista internacional. Veio para o Brasil em 1934 sendo um dos fundadores da Aliança Nacional Libertadora (ANL). Foi preso e torturado por Filinto Müller, juntamente com Sabo, sua mulher.

quebra-nozes, objetos introduzidos no ânus e no pênis; Elise tinha os seios e as pernas queimados com ponta de cigarro.

As torturas foram aumentando à medida que os policiais não conseguiam retirar uma só informação do casal.

Elise passa a ser violentada por dezenas de policiais na frente do marido, e Berger é submetido a pelotão de fuzilamento com balas de festim. Elise é enterrada viva num caixão.[145] Tudo com a participação da polícia alemã.

O cerco a Prestes foi apertando com o método de tortura. O jovem americano Victor Barron conta que o casal estaria no Méier. Após duas semanas de pente-fino, às cinco da madrugada, a polícia cerca a casa.

A ordem era trazer Prestes morto. Quando os policiais percebem que cercaram, finalmente, a casa correta, entram para matá-lo, mas Olga, já no quarto, se coloca na frente de Prestes, gritando que ele se encontrava desarmado, o que impede os policiais de assassiná-lo.

Olga, judia alemã que libertou seu antigo namorado Otto Braun de uma prisão nazista, era procurada na Alemanha e estava prestes a ser entregue aos nazistas. No entanto, a Constituição brasileira não permitia que grávidas de brasileiros fossem extraditadas. Olga estava grávida de Prestes.

4.f. *Habeas Corpus*. Paciente — Olga

O advogado Heitor Lima impetra um *habeas corpus* no STF para tentar impedir a expulsão de Olga e sua entrega à Alemanha nazista.

---

[145] MORAIS, Fernando de. *Olga — A Vida de Olga Benário Prestes, Judia Comunista Entregue a Hitler pelo Governo Vargas*. Editora Alfa-Omega: São Paulo, 1987, p. 118.

O ministro Edmundo Lins, presidente do STF, de início nega a isenção de custas e determina que sejam recolhidas, para apreciação do pedido. Em resposta, o advogado escreve nos autos:

> Se a justiça masculina, mesmo quando exercida por uma consciência do mais fino quilate, como o insigne presidente da Corte Suprema, tolhe a defesa a uma encarcerada sem recursos, não há história da civilização brasileira de recolher em seus anais judiciários esta nódoa: a condenação de uma mulher, sem que ao menos a seu favor se elevasse a voz de um homem no Palácio da Lei. O impetrante satisfará as despesas do processo.[146]

Designado relator do processo, o ministro Bento de Faria, alegando que o pedido de *habeas corpus* estava suspenso pelo estado de guerra, não o conheceu. Acompanharam o relator os ministros Hermenegildo de Barros, Plínio Casado, Laudo de Camargo, Costa Manso, Otávio Kelly e Athaulpho de Paiva. Os três ministros restantes — Eduardo Espínola, Carvalho Mourão e Carlos Maximiano — conheceram, mas negaram o pedido. Por unanimidade, o STF "lava as mãos" deixando talvez a maior nódoa da Corte liberando a entrega de Olga a Hitler.

A notícia do negativado *habeas corpus* indignou os presos na Rua Frei Caneca, que se rebelaram. Filinto Müller tratou de conseguir um navio sem escala para a Alemanha, sabendo que se houvesse qualquer parada na Europa a população local resgataria a presa.

Em 14 de julho de 1936, o ministro da Justiça, Vicente Rao, requer à Câmara a criação de um Tribunal Especial para julgar os envolvidos na tentativa de revolução. No entanto, a Constituição

---

[146] MORAIS, Fernando de. *Op. Cit.*, p. 199.

Voz Humana

de 1934 estabelecia que não haveria foro privilegiado nem tribunal de exceção, mas sim o princípio do juiz natural, a garantia de imparcialidade do julgador (art. 113, § 25).

Na comissão de Constituição e Justiça da Câmara, os deputados Rego Barros, Arthur Santos e Roberto Moreira negaram-se a assinar o parecer, devolvendo o projeto com voto em separado, enfatizando a inconstitucionalidade em face dos arts. 63, 76 e 78, denunciando o ferimento do princípio da irretroabilidade da lei penal em prejuízo do réu.

Mas é aprovada e entra em vigor a Lei 244, que criava o Tribunal de Segurança Nacional (TSN), publicada no DO de 12/09/36, após um almoço entre Vicente Rao, Henrique Guilherme, João Gomes e Filinto Müller. Os nomes dos juízes que comporiam o tribunal seriam: Frederico de Barros Barreto, presidente; coronel Carlos da Costa Netto; capitão de mar e guerra Alberto de Lemos Basto; Antonio Pereira Braga, Raul Campello Machado e o procurador Honorato Himalaia Virgulino.

Como uma resistência jurídica à expulsão de Olga, o advogado Luiz Werneck de Castro, marido de uma colega de cela de Olga, impetra o segundo *habeas corpus* no STF em seu favor, no dia 15 de setembro, pedindo que fosse suspensa a expulsão para que a paciente fosse examinada por uma junta médica, a fim de atestar as condições da gestação para enfrentar a viagem de navio. O Supremo desconheceu o pedido.

Olga Benário Prestes e Anita Berger foram embarcadas no navio *La Coruña*, que levava a bandeira com a suástica nazista hasteada.

Em novembro, aprovado o Regimento Interno do TSN, a escola Alberto Barth é fechada, para que lá se instalasse o tribunal de exceção.

CAPÍTULO 5

Tribunal de Segurança Nacional

5.a. O Tribunal de Segurança Nacional

"Fechou-se uma escola para se instalar esse organismo espúrio, esse órgão de exceção da Justiça"[147] e foi logo remetido para ele o processo que já se montava havia algum tempo, sob direção do delegado Eurico Bellens Porto, com 41 volumes, onde constavam 242 pessoas, das quais 156 com prisão preventiva pedida, embora quase todas já presas.[148]

No mesmo artigo que determinava a remessa de todos os processos em andamento, o art. 4º, no seu inciso 4 estabelecia que o número de testemunhas do réu seria de cinco, no máximo, quando a lei processual comum fixava em oito. E em afronta a um dos princípios mais comezinhos do direito penal, da igualdade de oportunidades entre o acusador e o defensor, a *par conditio*, ou paridade de armas, ou contraditório, a acusação poderia arrolar quantas testemunhas quisesse.

---

[147] SILVA, Evandro Lins e. *Op. Cit.*, p. 56.
[148] CAMPOS, Reynaldo Pompeu de. *Op. Cit.*, p. 64.

O inciso 11 estabelecia que o processo poderia ser feito no presídio e o juiz poderia dispensar o comparecimento dos réus no julgamento. Assim, os acusados poderiam ser processados e condenados sem jamais se defrontar com o juiz que os condenou, sem jamais acompanhar o processo, hoje um direito do réu em nome do contraditório, que se faz não apenas pela presença do advogado, mas pelo direito do réu de cooperar pessoalmente com sua defesa.

Também era desigual o prazo para oferecer razões: o advogado tinha três dias para oferecer defesa e a promotoria cinco, pelo art. 9º, inciso 16. Um prazo draconiano para volumosos processos, que geralmente chegavam a ter mais de 300 acusados.

Ainda havia inversão do princípio do *in dubio pro reo*, de que na dúvida sempre se absolve, ou do ônus da prova que cabe ao acusador provar a culpa, e não do acusado provar inocência. O inciso 15, do mesmo artigo, considerava provada a culpa de quem fosse apanhado com armas na mão.

Assim, o tribunal de exceção iria julgar os envolvidos no levante, ferindo às escâncaras a Constituição de 1934.

Cabia recurso para o Superior Tribunal Militar, das decisões do TSN, não cabendo efeito suspensivo, o que significava que a sentença teria início de execução antes mesmo do julgamento pela segunda instância. E os juízes poderiam julgar por livre convicção.

Os presos em geral, e sob orientação do Partido, recusavam-se a indicar advogado para se defender perante um tribunal de exceção.

No entanto, a lei previa que, caso o réu não indicasse advogado, este seria nomeado pelo juiz, indicado pelo presidente da OAB.

5.b. O Defensor de Prestes

Um jovem advogado da Juventude Cristã, portanto radicalmente contrário às ideias comunistas, ex-procurador criminal da

Voz Humana

República durante o governo Artur Bernardes[149] e que iniciou carreira como advogado de ofício dos juízes criminais que tinham dificuldade para encontrar defensores, era indicado como patrono de Prestes e de Harry Berger.

Sobral Pinto era razoavelmente conhecido quando, diferentemente de vários advogados, em vez de fazer uma mímica de defesa, pela primeira vez, disse ao juiz:

"Não posso funcionar porque não conheço o processo. Eu peço a Vossa Excelência que adie o julgamento para daqui a dois ou três dias, para que eu possa levar os autos, examiná-los e fazer realmente a defesa."[150]

Mesmo sendo anticomunista, que defendia "por uma razão muito simples; o princípio que todo católico tem de seguir, que é o que está no Evangelho e que Santo Agostinho definiu nessa fórmula maravilhosa, odiar o pecado e amar o pecador",[151] Sobral Pinto dirige a seguinte correspondência ao presidente da OAB:

Rio de Janeiro, 12 de janeiro de 1937.

Prezado colega dr. Targino Ribeiro

A minha designação, pelo Conselho da Ordem, ao Tribunal de Segurança Nacional, para defender os acusados Luiz Carlos Prestes e Arthur Ernest Ewert ou Harry Berger, de que me dá notícia no seu Ofício nº 20 (vinte), de 8 do corrente, somente ontem recebido, eu a aceito como dever indeclinável de nossa nobre profissão.

---

[149] PINTO, Sobral. *Lições de Liberdade — Os Direitos do Homem no Brasil.* Universidade Católica de Minas Gerais, Editora Comunicação: Belo Horizonte, 1977, p. 61.
[150] QUINTELLA, Ary. Organizador, *Por que Defendo os Comunistas — Sobral Pinto.* Universidade Católica de Minas Gerais, Editora Comunicação: Belo Horizonte, 1979, p. 83.
[151] QUINTELLA, Ary. *Op. Cit.*, p. 24.

Lamento apenas não dispor dos dotes de inteligência necessários ao desempenho de tão árdua, penosa e difícil missão, que o Conselho da Ordem achou, na sua soberania, que devia de lançar sobre os meus frágeis ombros.

O que me falta em capacidade, sobra-me, porém, em boa vontade, para me submeter às imposições do Conselho da Ordem; e em compreensão humana, para, fiel aos impulsos do meu coração cristão, situar, no meio da anarquia contemporânea, a atitude destes dois semelhantes, criados, como eu e todos nós, à imagem de Deus.

Quaisquer que sejam as minhas divergências do comunismo materialista — e elas são profundas —, não me esquecerei, nesta delicada investidura que o Conselho da Ordem me impõe, que simbolizo, em face da coletividade brasileira, exaltada e alarmada, A DEFESA.

Espero que Deus me ampare nesta hora grave da minha vida profissional, dando forças ao meu espírito conturbado para mostrar aos Juízes do Tribunal de Segurança Nacional que Luiz Carlos Prestes e Arthur Ernest Ewert ou Harry Berger são membros, também, desta vasta e tão atribulada família humana.

Alimento a fundada esperança de que encontrarei, neste reservatório imenso, que é a caridade cristã, recursos dignos e apropriados para, sem renegar os princípios básicos da civilização brasileira, demonstrar que os acusados, ora indicados ao meu patrocínio, a par de erros funestíssimos, alimentam-se, também, de verdades generosas, para a difusão das quais são capazes de grandes e respeitáveis renúncias.

Adotando, na defesa que irei fazer, essa orientação, penso, meu caro presidente, trabalhar para a manutenção, entre nós, das "tradições" de desinteresse e amor às liberdades públicas, hoje em dia tão esquecidas no nosso meio.

Com estima e alto apreço, sempre ao seu inteiro dispor, Heráclito Sobral Pinto.[152]

Após a indicação, Sobral dirige-se ao presídio onde Prestes estava, mas é impedido de ir à sua cela, pois Prestes se recusava a recebê-lo. Entra então com o seguinte requerimento:

Exmo. Sr. Dr. Raul Machado, juiz do Tribunal de Segurança Nacional.

HERÁCLITO FONTOURA SOBRAL PINTO, defensor de Luís Carlos Prestes, por nomeação de V. Exa., vem expor e requerer, no processo a que responde este acusado:

Munido da competente autorização do comandante Queiroz, dirigi-me ao Quartel da Polícia Especial para me entender com Luís Carlos Prestes sobre a defesa que estou incumbido de apresentar, no momento oportuno.

A autorização, que me foi entregue em mão por V. Exa., dizia: De ordem do Sr. juiz Raul Machado, autorizo o Dr. Sobral Pinto, que deverá identificar-se, a ouvir em separado EM MEU GABINETE os presos Luís Carlos Prestes e Harry Berger.

---

[152] QUINTELLA, Ary. *Op. Cit.*, p. 34.

O chefe de dia achou — e muito bem — que, em face dos termos claros da ordem recebida, só poderia permitir a minha entrevista com Luiz Carlos Prestes no gabinete do comandante.

Por isto, determinou a condução desse acusado ao aludido gabinete, devendo, antes, entretanto, ser informado dos motivos da minha visita.

Tomando conhecimento desses motivos, o acusado Luís Carlos Prestes mandou me dizer que não lhe interessava tratar do assunto que constituía o objeto da minha presença aí, não lhe cabendo, nestas condições, vir ao meu encontro.

Entretanto, se de algum modo me parecesse — a mim, e não a ele — útil ir até a presença dele, não teria a menor dúvida em me receber na sua célula.

É evidente que considero dever indeclinável da minha condição de defensor ir ao encontro de Luís Carlos Prestes, ao menos para expor-lhe a orientação que pretendo imprimir à sua defesa.

Mas, como as ordens escritas dada (sic) ao chefe de dia, e da qual (sic) eu mesmo fui o portador, determinava (sic) que a minha entrevista com o acusado Luiz Carlos Prestes se deveria realizar "no gabinete do comandante", não me foi possível penetrar na célula do acusado acima referido.

Assim, venho requerer a V. Exa. que se digne tomar as providências necessárias para que me seja outorgada a autorização, que reputo indispensável ao cumprimento do meu dever, de me entender livremente, com as cautelas que o Poder Público julgar necessárias, com o acusado Luís Carlos Prestes.

Nestes termos,

P. Deferimento.

Distrito Federal, 15 de Janeiro de 1937.

a.) Heráclito Fontoura Sobral Pinto
Defensor *ex-officio*.[153]

O pedido é indeferido, mas Sobral tinha obrigação de defendê-lo, mesmo que contra a sua vontade. Assim, não desistiu, e passou a tentar visitá-lo toda semana, o que levou Prestes a perceber a pertinência do advogado e a sua fidelidade.

Sobral, insistente, dirige-se ao presídio e escreve um cartão para Prestes:

> "Capitão Prestes, aqui vai (cópia de uma petição) (...) estou aqui no Gabinete, estou às suas ordens, se quiser alguma coisa irei falar com o senhor (...)."

Acompanhava o bilhete uma petição em que Sobral transcreveu um trecho de uma carta de Lenin sobre Stasova, de 1905.

Prestes leu e disse para o soldado: "Eu gostaria de estar com o Dr. Sobral." Após autorização do comandante, Prestes então chega à sala onde se encontra o advogado e pergunta: "— O senhor realmente entrou com esta petição?"

---
[153] QUINTELLA, Ary. *Op. Cit.*, pp. 43-44.

E Sobral responde:

- Mas é claro, eu não seria capaz de fazer uma coisa dessas: entregar ao senhor a cópia de um documento que eu não entreguei ao juiz, sobretudo a um homem como o senhor que não tem meios para apurar se isso é realmente verdade. Porque se o senhor contata com sua família, com alguém, poderia pedir para ir ao tribunal ver se entrou. Mas o senhor não tem esses meios, assim que há de compreender bem que seria um ato de uma indignidade indescritível fazer isso com o senhor.[154]

Prestes verberou durante uma hora e meia, gritando contra o governo e o sistema vigente. Mas Sobral permaneceu escutando sem interromper:

- Eu ouvi aquilo que ele dizia de todos os políticos. Coisas tremendas! Eu ouvi aquilo tudo em silêncio, porque compreendi que um homem que passou dez meses num isolamento total, sem livros, sem jornais, sem um lápis, entregue dia e noite a seu próprio pensamento e com seis olhos sobre si (...). Porque em cada portal havia uma sentinela. E no muro, na muralha que cercava o quartel, estava sentado um policial. E a janela do quarto aberta, com grade, a luz acesa. Compreenda bem: esse homem, que não vê ninguém e não fala com ninguém, quando se encontra com uma pessoa que diz que quer defendê-lo (...). Você pode imaginar a indignação, a revolta dele.[155]

---

[154] QUINTELLA, Ary. *Op. Cit.*, p. 135.
[155] QUINTELLA, Ary. *Op. Cit.* p. 193.

5.c. O Defensor de Berger

Chega a hora de visitar Berger, que depois de todos os maus-tratos foi colocado em um lugar insalubre, onde Sobral Pinto o encontra. Impressionado, faz uma petição ao juiz:

Exmo. Sr. Dr. Raul Machado, juiz do Tribunal de Segurança Nacional.

HERÁCLITO FONTOURA SOBRAL PINTO, defensor de Arthur Ernest Ewert ou Harry Berger, por nomeação de V. Exa., vem expor e requerer, no processo a que responde este acusado:

Como é de seu conhecimento, o art. 53 do Regimento Interno deste Tribunal de Segurança Nacional dispõe: "Os acusados ficarão à disposição do Tribunal OU DO juiz PREPARADOR, conforme o caso, não sendo permitido à autoridade, sob cuja guarda estiverem, transferi-los ou removê-los de presídio, durante o processo; e, quando o faça por motivo relevante, deverá dar imediata comunicação ao tribunal".

Decorre deste preceito que incumbe V. Exa., na qualidade de juiz preparador do processo do acusado Arthur Ernest Ewert ou Harry Berger, atender às necessidades mais imediatas da sua instalação e reclusão no presídio a que o referido acusado estiver recolhido.

Achando-se, pois, o acusado Arthur Ernest Ewert ou Harry Berger preso à disposição de V. Exa., incumbe-lhe, Exmo. Sr. Juiz, providenciar para que o tratamento a lhe ser ministrado, nas nossas prisões de Estado, esteja em equação perfeita com os postulados da nossa civilização, que é, no dizer autorizado do Sr. presidente da República, de caráter nitidamente cristão.

Discursando aos brasileiros, em 1º de janeiro de 1936, declarava o Exmo. Sr. presidente da República: "Alicerçado no conceito materialista da vida, o comunismo constituiu-se o inimigo mais perigoso da civilização cristã. À luz da vossa formação espiritual, só podemos concebê-lo como o aniquilamento absoluto de todas as conquistas da cultura ocidental, sob o império dos baixos apetites e das ínfimas paixões da humanidade — espécie de regresso ao primitivismo, às formas elementares de organização social, caracterizadas pelo predomínio do instinto gregário e cujos exemplos típicos são as antigas tribos do interior da Ásia (Edição do Departamento Nacional de Propaganda, pág. 4)".

Como vê V. Exa., o chefe da Nação se esforçou por distinguir os métodos e processos usados pelo comunismo dos métodos e processos preconizados pela civilização cristã. Enquanto que aqueles se revestem de características de indisfarçada violência, estes se ostentam pacíficos e humanitários, quaisquer que sejam os domínios da atividade da criatura racional.

Nos povos que se criaram sob o influxo do cristianismo já não se compreende, hoje em dia, um regime carcerário que desconheça ao próprio condenado de delito comum o direito a um regime adequado a sua condição de ente racional e pensante.

Voz Humana

Fundado nestes imperativos da nossa consciência coletiva é que venho, Exmo. Sr. juiz, pedir, na qualidade de defensor de Arthur Ernest Ewert ou Harry Berger, imediatas e apropriadas providências para que seja ministrado a esse acusado, no presídio onde se acha, um tratamento à altura da sua condição de homem.

Basta lançar a vista sobre esse acusado para que se verifique, desde logo, o seu precário estado de saúde. Sua magreza e palidez não deixam de pairar a menor dúvida, a respeito da fragilidade atual da sua saúde a quem quer que o tenha na sua presença.

O local que lhe foi designado para presídio é o menos indicado para um homem dominado por essa pobreza fisiológica que acabo de descrever. Esse local é um acanhado vão inferior de uma das escadas que dão acesso ao pavimento superior do Quartel da Polícia Especial.

Nestas condições, cabe-me requerer a V. Exa., no exercício do mandato que me foi confiado, que se digne de providenciar não só um local apropriado a tão rigorosa reclusão, como também para que lhe seja ministrado um tratamento que mostre que nós brasileiros somos aquilo que o Exmo. Sr. presidente da República disse, que constitui a nossa característica por excelência, isto é, um povo "de alma sempre aberta à ternura e aos comovidos anseios de paz e de fraternidade" (Ibid., pág. 3).

Nestes termos,

P. Deferimento.

Distrito Federal, 15 de janeiro de 1937.

a.) Heráclito Fontoura Sobral Pinto
Defensor *ex officio*.[156]

5.d. Lei de Proteção a Berger

Inconformado com a condição subumana a que Harry era mantido preso, Sobral Pinto dirige nova petição ao juiz utilizando a Lei de Proteção dos Animais:

Exmo. Sr. Dr. Raul Machado, juiz do Tribunal de Segurança Nacional.

Heráclito Fontoura Sobral Pinto, advogado ex-officio de Harry Berger, não se conformando com o despacho de V. Exa., que ordenou continuasse esse acusado na prisão onde se acha, vem, com a devida vênia, expor e requerer ao espírito sereno e equilibrado de V. Exa.:

Um dos mais constantes cuidados da civilização cristã tem sido o estabelecimento, no seio dos povos que acatam os seus postulados, d'um regime carcerário que dê aos detentos, independentemente da sua condição social e da sua categoria profissional, a noção exata de que não perderam, com a reclusão, as suas prerrogativas de criatura racional. Criminoso ou inocente, rico ou pobre, correligionário ou adversário político, o encarcerado precisa receber, nas prisões mantidas pelos Estados que se dizem cristãos, a impressão

---
[156] QUINTELLA, Ary. *Op. Cit.*, pp. 45-46.

de que os poderes públicos continuam a divisar nele aquela característica constante e irremovível, que o crime poderá ter feito adormecer, mas não desaparecer totalmente: a sua espiritualidade, esta centelha do divino incrustada na ganga frágil do organismo humano. Só com a submissão a esta lei da racionalidade da nossa natureza poderá o Estado engrandecer e nobilitar a sua árdua e penosa missão de punir e castigar.

Urge, assim, que juízes e tribunais façam dispensar aos detentos que vivem nas prisões e cárceres, sujeitos à sua ação e fiscalização, um tratamento que os impeça de se considerarem simples animais hidrófobos ou empestados.

Por isto, todos os que dedicam o melhor dos seus esforços à organização dos regimes penitenciários nas sociedades modernas não cessam — como D. Concepción Arenal (*Estudios penitenciários* — vol. 2º, pág. 283) – de advertir: "O regime material a que fica sujeito o detento pode resumir-se assim: Ar — Alimento — Vestuário — Cama e alfaias — Trabalho — Exercício — Descanso — Sono. Ar — A cela deve ter capacidade suficiente e a ventilação necessária, para que o ar seja tão puro quanto é indispensável à saúde do que o tem de respirar toda a noite e a maior parte do dia. Os efeitos do extremo calor devem de ser atenuados por meio de um bom sistema de ventilação, e, no que se refere ao frio rigoroso, o aquecimento poderá se conseguir por meio de vapor, aproveitando o das máquinas motoras das indústrias estabelecidas."

Passando, então, a consagrada escritora a examinar a questão do vestuário, diz que ele, "como o alimento, tem de ser o necessário", porém de modo que possam os detentos, com ele, "contraírem (...) hábitos de limpeza". Assim, por exemplo, dar-se-ão meias, lenços. Para os tecidos do traje, há-de se buscar a maior duração e abrigo (Ibid., pág. 289).

Tratando, por fim, de resumir tudo o que lhe parece imprescindível ao tratamento dos detentos, conclui a mesma publicista: "Todas as regras que se dêem sejam muito práticas, para que possam ser inflexíveis. O necessário psicológico, para o alimento; o necessário para a limpeza, nas alfaias, e o necessário para o descanso, na cama. Isto a justiça o exige, em harmonia com os meios de correção: torna-se duro o que é tratado com crueldade; não é meio de corrigir um homem o torná-lo duro (Ibid., pág. 291)."

Pois bem, Sr. juiz, os responsáveis atuais pela guarda de Harry Berger parece que atentaram em todas estas ponderações, mas para aplicar-lhe, precisamente, e com conhecimento de causa, o regime oposto ao que deflui destes postulados, hoje universalmente aceitos e proclamados.

Metido no socavão do lance inferior de uma das escadas da Polícia Especial, aí passa Harry Berger os dias e as noites, sem ar convenientemente renovado, sem luz direta do sol, e sem o menor espaço para se locomover. Nem cama, nem cadeira, nem banco. Apenas um colchão sobre o lagedo. De alfaias nenhuma notícia. Absolutamente segregado de todo e qualquer convívio humano, a ouvir, de momento a momento, as passadas dos soldados em trânsito pela escada — sobre a sua cabeça —, não pode usufruir nem os benefícios do repouso, nem os do silêncio. Nenhuma visita, nem de amigos, nem de parentes. Proibição de toda e qualquer leitura, quer de jornais, quer de livros. Ausência total de correspondência: se a ninguém escreve, ninguém, também, lhe escreve. E como poderia ele, ainda, escrever, se lhe sonegam tudo: papel, lápis e caneta. Assim, entram os dias e as noites, vencem-se semanas sobre semanas, sobrepõem-se os meses uns aos outros, e Harry Berger, num isolamento alucinante, se vê invariavelmente entregue ao seu só pensamento, na imobilidade trágica de sua agonia sem fim, e do seu abandono até hoje sem remédio, apesar dos clamores estridentes do seu defensor impotente.

A roupa que traz — calça e paletó sobre a pele —, ele não a muda desde meses. Nela já não existe mais uma só superfície disponível onde se possam fixar novas sujeiras. A vista só deste vestuário — se é que tais andrajos podem ser assim qualificados — provoca náuseas incoercíveis.

Tal é, Sr. juiz, a prisão que destinaram para Harry Berger. Tal é, eminente magistrado, o tratamento que lhe vem sendo dispensado.

Semelhante desumanidade precisa de cessar, e de cessar imediatamente, sob pena de deslustre para o prestígio deste Tribunal de Segurança, que, para bem cumprir a sua árdua tarefa necessita de pautar a sua ação pelas normas inflexíveis da serenidade e da justiça.

Tanto mais obrigatoriamente inadiável se torna a intervenção urgentíssima de V. Exa., Sr. juiz, quanto somos um povo que não tolera a crueldade, nem mesmo para com os irracionais, como o demonstra o Decreto nº 24.645, de 10 de julho de 1934, cujo artigo 1º dispõe: "Todos os animais existentes no País são tutelados do Estado."

Para tornar eficiente tal tutela, esse mesmo decreto estatui: "Aquele que, em lugar público ou privado, aplicar ou fizer aplicar maus tratos aos animais, incorrerá em multa de 20$000 a 500$000 e na pena de prisão celular de dois a 15 dias, quer o delinqüente seja ou não o respectivo proprietário, sem prejuízo da ação civil que possa caber (art. 2º)."

E, para que ninguém possa invocar o benefício da ignorância nessa matéria, o art. 3º do decreto supramencionado define: "Consideram-se maus tratos: (...) II — Manter animais em lugares anti-higiênicos ou que lhes impeçam a respiração, o movimento ou o descanso, ou os privem de ar ou luz."

Baseado nesta legislação um dos juízes de Curitiba, Estado do Paraná, Dr. Antônio Leopoldo dos Santos, condenou João Mansur Karan à pena de 17 dias de prisão celular, e à multa de 520$000, por ter morto a pancadas um cavalo de sua propriedade (doc. junto).

Ora, num país que se rege por uma tal legislação, que os magistrados timbram em aplicar, para, deste modo, resguardarem os próprios animais irracionais dos maus tratos até de seus donos, não é possível que Harry Berger permaneça, como até agora, meses e meses a fio, com a anuência do Tribunal de Segurança Nacional, dentro de um socavão de escada, privado de ar, de luz e de espaço, envolto, além do mais, em andrajos, que, pela sua imundície, os próprios mendigos recusariam a vestir.

Estes fatos, que o suplicante está trazendo, por escrito, ao conhecimento de V. Exa., assumem, neste momento, aspecto de particular gravidade, porque são de molde a prejudicar o valor e a credibilidade da própria palavra oficial.

Voz Humana

Com efeito, o Exmo. Sr. presidente da República, dirigindo-se ao Congresso Nacional, em maio de 1936, dizia: "Como se conduziram as autoridades na difícil emergência — a moderação que não exclui a energia, a prudência que não diminui o zelo — está no espírito de todos e na memória da população. Apesar de insólita brutalidade dos atentados praticados contra a unidade nacional, da felonia e perversa indiferença que revelam os amotinados, não houve qualquer excesso por parte do Poder Público que não utilizou sequer, em toda a sua amplitude, as franquias concedidas pelo Poder Legislativo, procurando, apenas, deter e punir os responsáveis, declarados e reconhecidos".

"O Poder Executivo, deixando mesmo de atender à justa indignação das classes conservadoras, manteve-se sempre sereno, não impondo castigos nem procurando servir-se do momento para aniquilar os vencidos" (Publicação nº 3 do Departamento Nacional de Propaganda, pág. 13).

Tempos após, S. Exa., voltando a tratar do assunto asseverava no discurso que, ao regressar de Petrópolis, proferiu em Benfica: "Como procedeu o governo, para salvaguardar as instituições, está no conhecimento e na memória de todos: com rigor sem desumanidade, firme, sem excessos" (Publicação nº 4 do Departamento Nacional de Propaganda — pág. 6).

E para que nenhuma dúvida pudesse pairar no espírito de todos os cidadãos, sobre a serenidade dos órgãos do Poder Executivo, o primeiro magistrado da Nação, com o peso de sua incontestada e incontestável autoridade, acrescentou (Ibid., pág. 10): "Posso afirmar-vos que, até agora, todos os detidos são tratados com benignidade, atitude esta contrastando com os processos de violência que eles apregoam e sistematicamente praticam. Esse procedimento magnânimo não traduz fraqueza. Pelo contrário, é próprio dos fortes que nunca se amesquinham na luta e sabem manter, com igual inteireza, o destemor e o sentimento de justiça humana."

Ora, Sr. juiz, o Tribunal de Segurança Nacional, mais do que qualquer outra instituição do País, deve de honrar a palavra do Exmo. Sr. presidente da República, que, em circunstâncias tão solenes — como já foi acentuado —, assegurou, reiteradamente, a toda a Nação, que nenhum preso político seria tratado com desumanidade.

Entretanto, isto não vem acontecendo com Harry Berger. Posto à disposição do Tribunal de Segurança Nacional, o tratamento que lhe estão dando, apesar do esforço em contrário do Suplicante, atenta contra todas as normas da civilização ocidental, pois, conforme foi já focalizado, infringe até dispositivos claros e terminantes da legislação existente no país em favor dos próprios animais irracionais.

Não se argumente, como já se fez com o Suplicante, que bem pior seria o tratamento que Harry Berger faria dispensar aos burgueses brasileiros se vitoriosa tivesse sido a revolução de novembro de 1935, da qual era um dos chefes confessos.

Tal argumento, com ser auspicioso, é, contudo, inequivocamente falso e improcedente.

Os comunistas quando lançam mio (*sic*) da violência contra os vencidos nada mais fazem do que aplicar, com lógica, as leis do sistema que preconizam.

Voz Humana

A filosofia que adotam e difundem é a do monismo, segundo o qual o conjunto de todas as coisas deve ser reduzido ao só princípio da matéria.

Dentro deste sistema, puramente materialista, a sociedade é regida por leis tão fatais e incoercíveis como as do mundo físico, que nos envolve e rodeia. A ciência social, assim, é, na sua natureza, idêntica às ciências físico-químicas.

O que compete, pois, aos sociólogos é descobrir — à maneira dos físicos e dos químicos — as leis necessárias que regem, independentemente da vontade individual do homem, os fatos sociais. Esta é a doutrinação constante de Engels (*Antiduhring* — vol. 3º, págs. 23/24, ed. franc. da Alfred Costes): "A concepção materialista da história parte deste princípio que há produção, e com a produção a troca de seus produtos, constituem a base de toda a ordem social; que, em cada uma das sociedades aparecidas na história, a repartição dos produtos, e com ela a formação e a hierarquia social das classes ou ordens que a compõem, se regula de acordo com a natureza e o modo da produção, e de acordo com o modo de troca das coisas produzidas. Assim, as causas últimas de todas as transformações sociais e revoluções políticas devem ser procuradas, não na cabeça dos homens, segundo a medida crescente em que eles penetram a verdade e a justiça eternas, mas nas mudanças do modo de produção e de troca; elas devem ser procuradas não na filosofia, mas na economia da época estudada. Quando surge a ideia de que as instituições sociais existentes são irracionais e injustas, que o racional se tornou tolice e o benefício, flagelo, isto é unicamente um indício de que se produziu, à revelia de todos, nos métodos da produção e nas formas de troca, transformações com as quais não se harmoniza mais a ordem social adaptadas às condições econômicas anteriores. Quer isto dizer, ao mesmo tempo, que os meios de suprimir o mal-estar descoberto devem necessariamente também se encontrar — mais ou menos desenvolvidos — nas condições modificadas da produção. Estes meios não devem ser inventados pelo cérebro, mas descobertos, através do cérebro, nos fatos materiais existentes da produção."

A ordem social, assim, é mero reflexo da realidade econômica. E a descoberta desta, e das leis necessárias que a regem, o homem a faz, através da sua inteligência, da mesma maneira e pelos mesmos processos com que descobre a realidade físico-química, e as leis que a dominam.

Desta maneira, a análise do fenômeno social deixa de ser um problema de ordem normativa, para se transformar, conseqüentemente, numa questão de ordem especulativa. Em virtude desta transformação, os critérios de avaliação dos meios e instrumentos de governo da sociedade não serro (*sic*) julgados à luz do qualitativo, mas, inversamente, sob a imposição do quantitativo. Dentro deste sistema, esses meios e instrumentos governamentais não serão mais definidos de acordo com as normas da distinção entre o bem e o mal, mas ao contrário, consoante os imperativos da distinção entre a verdade e o erro.

Por isto, do mesmo modo, como, no domínio da astronomia, ninguém ousaria dizer que a lei da atração universal é boa limitando-se apenas a afirmar que é verdadeira, assim também, no domínio da sociedade, ninguém poderá dizer que a lei da socialização da propriedade é boa ou má, devendo tão somente declará-la verdadeira ou errada.

Voz Humana

No dia em que o desenvolvimento científico do pensamento humano conseguir emprestar à ciência social este cunho de certeza e segurança de que já desfrutam as ciências físico-químicas, "o governo das pessoas" será "substituído pela administração das coisas e pela direção das operações de produção" (Engels Ibid., pág. 47).

Embora já existam, no mundo moderno, nos países de industrialização altamente atingida — sustentam os comunistas todas as condições para o estabelecimento desta universal "administração das coisas" e desta geral "direção das operações de produção", continua, entretanto, a neles vigorar "o governo das pessoas", porque a burguesia, empenhada em prosseguir na sua obra de espoliação do proletariado — que é o único produtor da riqueza — impede a realização desta transformação social, servindo-se, quais outros tantos instrumentos de compressão, precisamente do direito, da moral, e da religião, que nada mais representam, hoje em dia, senão meras criações artificiais do pensamento dos homens da classe opressora. O Estado, nesta fase da evolução histórica da humanidade, é o órgão expressivo desta obra de opressão sistematizada.

Nestas condições, cumpre derrubar este Estado burguês que está a entorpecer a ascensão da humanidade para uma frase (*sic*) mais elevada de bem-estar coletivo.

Ora, esta empreitada científica de destruição do Estado burguês só se tornará possível através da violência, cuja missão é assim definida por Engels (Ibid., vol. 2º, pág. 72): "a violência desempenha ainda um outro papel na história, um papel revolucionário; (…) ela é, segundo a palavra de Marx, a parteira da velha sociedade grávida de uma sociedade nova, o instrumento com o auxílio do qual o movimento social quebra e substitui formas políticas geladas e mortas (...)."

Incumbe, assim, à violência, na conceituação da filosofia comunista, pôr em equação a ordem social com a ordem econômica.

Urge, entretanto, não deturpar a natureza mesma desta violência. Esta não é um ato humano bom ou mau. Erraria quem assim a classificasse, porque, no dizer de Engels (Ibid. vol. 3°, págs. 44/45), "as forças sociais de ação agem absolutamente como as forças da natureza: cega, violenta, e destruidoramente desde que não as reconhecemos e com elas não contamos (...). E isto é particularmente verdadeiro das possantes forças produtivas de hoje. Enquanto nos obstinamos em recusar a compreender delas a natureza e o caráter — e o modo de produção capitalista e os seus defensores se opõem a que as compreendamos —, estas formas agem apesar de nós, contra nós, e nos dominam (...)."

Em face, pois, do sistema social que os comunistas preconizam para reger a vida das sociedades humanas, a violência por eles empregada encontra uma justificação lógica, e uma explicação política.

Tal, porém, já não ocorre com os governantes brasileiros, que partem do postulado de que o homem é, antes de tudo, um ser moral, cuja consciência psicológica é absolutamente irredutível aos princípios da matéria organizada, regendo-se por uma norma especificamente diversa das leis da natureza física. Na verdade, como ensina Düguit (*L'état — le droit objectif et la loi positive*, vol. 1°, págs. 16, 17, 18):

Voz Humana

"Esta regra social tal como a concebemos, não é uma lei no sentido das leis do mundo físico ou biológico, isto é, uma lei que exprime a simples relação de sucessão entre dois fenômenos. As leis do mundo físico ou biológico são leis de causa; a regra social é uma lei de fim (...). Falou-se de uma biologia social. Falou-se mesmo de uma estática ou de uma dinâmica sociais. Estes sistemas surgiram na sua hora, e prestaram serviços; mostraram o nada da teoria dos direitos individuais; estabeleceram que a sociedade não é um fato querido e artificial, mas um fato espontâneo e natural. Eles erraram querendo identificar os fatos sociais e os fenômenos físicos ou biológicos. Daí o seu descrédito no atual momento. Por mais que se faça não se poderá impedir que o fator essencial dos fatos sociais seja o próprio homem, ser consciente de seus atos, e que pode afirmar que tem deles a consciência. Não se poderá nunca demonstrar que as forças da natureza e da vida sejam forças conscientes; elas o são talvez; ninguém nada sabe a tal respeito; ninguém o saberá jamais; é possível que elas o sejam; tudo é possível; mas ninguém pode afirmá-lo. A cada ato humano a consciência individual se afirma. Esta força é livre? Ninguém o sabe. Mas, é certo que ela é uma força consciente. É certo, assim, que o homem tem consciência de se determinar por um fim. Talvez, na realidade, o ato humano é determinado por causas. Entretanto, o homem age como se ele fosse determinado por um fim. Escolheu ele livremente este fim? Talvez. Em todo o caso, ele o escolheu conscientemente. Os fenômenos do mundo natural nos aparecem determinados por causas, necessárias ou contingentes, pouco importa.

Os atos humanos nos aparecem determinados por fins escolhidos livremente talvez, mas certamente escolhidos conscientemente. Eis porque a lei social é uma lei de fim; todo o fim é legítimo, quando ele é conforme à lei social, e todo o ato feito para atingir este fim tem um valor social, isto é, jurídico. A regra de direito é, então, a regra da legitimidade dos fins, e por aí ela é inteiramente diferente da lei física ou biológica que é a lei das relações de causa para efeito. A regra de direito pode então denominar-se uma regra de conduta, pois que ela se aplica a vontades conscientes, pois que ela determina o valor relativo dos atos conscientes do homem."

Segundo os imperativos desta concepção, o direito, a moral e a religião são, na sua origem e nos seus fundamentos, manifestações psíquicas tão reais em si quanto as da matéria, e precisam de ser levadas em conta pela inteligência humana — que tudo ordena e dispõe — a fim de que as suas manifestações, na ação social, seja dada a primazia legítima sobre as manifestações do mundo físico.

Nos limites desta concepção, os governantes só têm a faculdade de praticar aquilo que é considerado lícito pelo direito, pela moral, e pela religião que dominam e regem a consciência social e política do meio social em que vivem.

Ora, o Brasil por ser um país de civilização cristã organizou um sistema jurídico que repele, por iníquo e injusto, o emprego da violência física e moral como meio de governo, sobretudo quando é utilizado contra os detentos políticos.

Pretender justificar, assim, com o exemplo dos governos comunistas, a desumanidade implacável com que está sendo tratado Harry Berger, é — além de contradizer todas as afirmações teóricas da nossa sistemática jurídica — dar razão aos doutrinadores marxistas quando asseveram que o direito burguês é mera invenção artificial do pensamento explorador das classes possuidoras, empenhadas em espoliar os proletários dos proveitos do produto industrial que eles não cessam de criar com a sua só força de trabalho. Recorrendo, na repressão legal aos inimigos do regime, à prática da violência, que o seu direito teoricamente condena, os governantes burgueses nada mais fazem do que confirmar a argumentação da doutrina comunista, quando diz que esse direito é simples ficção do pensamento interesseiro das classes dirigentes, sem a menor base na realidade social do atual momento histórico.

Aliás, ninguém melhor do que Chesterton (*All things considered*, págs. 222/223) escalpelou este sofisma grosseiro, só compreensível no seio das nações bárbaras —, de que a violência dos vencidos deve ser punida pelos vencedores com medidas igualmente violentas. Eis, a tal respeito, a maravilhosa lição do saudoso e admirável moralista: "Qualquer que seja a verdade, é, entretanto, absolutamente errado empregar o argumento de que nós europeus devemos fazer aos selvagens e aos asiáticos aquilo que os selvagens e asiáticos nos fazem, a nós. Eu tenho visto, realmente, alguns polemistas usarem esta metáfora: Devemos combatê-los com as suas próprias armas."

Muito bem; deixemos estes polemistas aplicarem a sua metáfora, e aplicá-la literalmente. Vamos combater o sudanês com suas próprias armas. Suas próprias armas são grandes facas muito grosseiras, e espingardas, no momento, arcaicas. Suas próprias armas são, também, a tortura e a escravidão. Se nós os combatermos com a tortura e a escravidão estaremos combatendo pessimamente, precisamente como se nós os combatêssemos com facas grosseiras e espingardas velhas.

O que constitui toda a força de nossa civilização cristã, é que ela nos leva a combater com as próprias armas dela, e não com as armas dos outros povos. Não é de nenhum modo verdadeiro que a superioridade justifica o ditado: "Para velhaco, velhaco e meio." Não é absolutamente verdadeiro que se um moleque põe a sua língua de fora para o presidente da Corte de Justiça, o presidente da Corte de Justiça imediatamente conclua que a sua única possibilidade de manter a sua posição é pôr a sua língua de fora para o moleque. O moleque pode ter ou não ter, de maneira absoluta, nenhum respeito para com o presidente da Corte de Justiça; isto é matéria que, gostosamente, podemos considerar como autêntico mistério psicológico. Mas, se o moleque tem, absolutamente, algum respeito ao presidente da Corte de Justiça, este respeito é certamente outorgado ao presidente da Corte de Justiça unicamente porque ele não põe a sua língua de fora.

Assim, se o Tribunal de Segurança Nacional quer punir, com eficiência, aqueles que em novembro de 1935 usaram da violência contra os legítimos órgãos da soberania nacional, necessita de afastar, firme e categoricamente, da sua ação punitiva todo e qualquer gesto de violência.

Só à custa deste preço é que as suas sentenças se valorizarão no seio da consciência cristã do povo brasileiro. Só assim, elas poderão ser acatadas como obra de justiça serena.

Eis porque, M.M. juiz, o suplicante volta à presença de V. Exa. para reclamar, em nome da Justiça, contra o regime carcerário, desumano, que vem sendo aplicado a Harry Berger. Não é um favor que está a pleitear para o seu cliente. É um direito, indomável e incoercível, que está a invocar, em nome da própria condição de criatura racional, de que nenhum tribunal pode demitir a pessoa de Harry Berger.

Impõe-se, assim, que, sem mais a delonga de um minuto, V. Exa. ordene, com a sua autoridade de magistrado, que Harry Berger seja transferido, imediatamente, para uma cela condigna, onde, a par de cama, roupa, vestuário, e objetos próprios para escrever — de que está carecendo para a sua defesa —, se lhe permita fazer as leituras que bem lhe aprouver, tudo, porém, dentro das normas de vigilância prudente, que a administração carcerária costuma, em face dos detentos políticos, pôr em prática, para evitar confabulações perigosas dos encarcerados com os seus partidários políticos ainda em liberdade.

Formulando o presente requerimento tem o suplicante cumprido apenas o seu dever, oferecendo, entretanto, com isto, a V. Exa. adequada oportunidade para que, sob os ditames imperiosos da sua consciência de homem e de magistrado, possa V. Exa. cumprir o seu, com igual solicitude.

Requerendo a juntada da presente aos respectivos autos,

P. Deferimento.

Distrito Federal, 2 de março de 1937.

a) Heráclito Fontoura Sobral Pinto
Advogado *ex-officio*.

Notícia do jornal *A Noite*, anexada ao requerimento de 02/03/37:

Condenado pela morte do cavalo!

Curitiba, 23 (Serviço especial de A NOITE) — João Mansur Karan, nesta capital, matou um cavalo de tanto espancá-lo. O animal prestava-lhe inestimáveis serviços, auxiliando-o na manutenção de sua casa. Certo dia, porém, conta Mansur Karan, o seu amigo irracional desobedeceu-o. Tinha que pagar por aquele crime. E, empunhando um chicote, despejou uma série tremenda de golpes no corpo do animal, que sentindo profundamente a rudeza do castigo, caiu por terra, para morrer estrebuchando. O acontecimento impressionou a quantos o viram.

E uma denúncia foi levada à polícia. Entregue o caso em mãos da Justiça, João Mansur Karan, depois de um processo movimentado e original, que culminou num julgamento inédito, foi condenado a 17 dias de prisão celular e a multa de 520$000. O juiz Antônio Leopoldo dos Santos foi o autor da sentença, que lançou o matador do cavalo numa cela da penitenciária do Estado. Este desfecho invulgar surpreendeu os meios forenses do Paraná, tendo o magistrado recebido, de todo o País, felicitações pela sua atitude.

A pena imposta a Mansur Karan é a menor cumprida, até hoje, em estabelecimentos penitenciários do Brasil.[157]

---

[157] QUINTELLA, Ary. *Op. Cit.*, pp. 73-81.

5.e. As Condenações

No dia 7 de maio de 1937, reuniu-se o TSN para julgar o primeiro lote daqueles aos quais o relatório Bellens Porto se referia como "cabeças do movimento". Aberta a sessão às 13 horas, inicia com a leitura do relatório, por cinco horas seguidas, pelos juízes Raul Machado e Costa Neto.

Terminado o relatório às 18 horas, o presidente Costa Neto consultou os demais juízes se estavam habilitados a decidir imediatamente e obteve resposta positiva. Assim, de acordo com o artigo 88 do Regimento Interno, passaram os juízes a decidir em reunião secreta, que durou cinco horas.

As sentenças foram pesadíssimas, muitas atingindo o grau máximo da Lei nº 38: dez anos de reclusão, algumas ultrapassadas pela soma dos crimes conexos.

Prestes foi condenado a dez anos pelo art. 1º, combinado com o art. 49 e mais seis anos e oito meses, grau máximo do art. 4º.

Berger recebeu um total de 13 anos e quatro meses de reclusão. A maior condenação foi a de Agliberto Vieira de Azevedo, que somou 27 anos e seis meses, pelo art. 150, § 1º do Código Penal Militar.

Como das condenações cabia recurso para o STM, todos apelaram.

Esse foi o procedimento durante a primeira fase de funcionamento do Tribunal Superior do Trabalho (TST): relatório, sessão secreta, sentença. Sem debates.[158] Assim era, o juiz sacava do bolso uma sentença e lia.[159]

Certa vez deram a Evaristo de Moraes a oportunidade de discursar. Mas, como não se ouvia Evaristo de Moraes

---

[158] CAMPOS, Reynaldo Pompeu de. *Op. Cit.*, p. 66.
[159] SILVA. Evandro Lins e. *Op. Cit.*, p. 85.

impunemente, o juiz tirou a sentença e, convencido, rasgou aquela e fez outra.[160]

Mais do que isto, a ideia da "livre convicção" fez com que os juízes desprezassem as provas dos autos, criando livremente a sua convicção em elementos estranhos ao processo.

O STM, nos recursos, podou em muito os excessos cometidos pelo TSN, absolvendo inúmeros condenados, diminuindo a pena de outros, chegando "à óbvia conclusão de que a maioria dos juízes do TST interpretou o julgamento por livre convicção como prerrogativa de poder condenar ou absolver por mera atitude mental".[161]

5.f. Evandro Lins e Silva — O Flutuante

O *flutuante* Evandro Lins e Silva, ao chegar do TSN, dirigiu-se à parte de baixo da antiga escola, então a carceragem, e pediu aos policiais para visitar seu cliente Benedito de Carvalho.

Os policiais, tipicamente nazifascistas, usando roupas militares e capacetes vermelhos, não admitiram que Evandro conversasse reservadamente com seu cliente, sob o argumento de que o direito de sigilo da conversa com o advogado não se aplicava ao preso comunista.

Evandro Lins e Silva vai imediatamente falar com o juiz, que acaba por permitir a conversa distante dos policiais que o guardavam. Mas novamente repetia-se a posição da influência do partido. Benedito considerava aquele tribunal de exceção, mas o admitia como defensor indicado pela OAB. E passou a dar os elementos que possibilitariam sua defesa.

---
[160] SILVA. Evandro Lins e. *Op. Cit.*, p. 89.
[161] CAMPOS, Reynaldo Pompeu de. *Op. Cit.*, p. 90.

Na hora da audiência, com certa habilidade, Benedito burla os policiais, vira-se para o juiz Costa Neto e diz:

"Como o senhor sabe, agora, na França (estava Léon Blum no Poder da Frente Popular), todos quando se reúnem fazem este gesto" — e fez o gesto que todos os comunistas faziam, com o punho esquerdo fechado para o ar.[162]

5.g. O Acusador Himalaia Virgulino

Em certo processo havia muitos réus e 30 advogados, entre eles Evaristo de Moraes, Evandro Lins e Silva, Sobral Pinto, Mário Bulhões Pedreira, Jorge Severiano Ribeiro, Pena e Costa, Bartolomeu Anacleto e Jamil Féres. Acabava de falar o acusador, Himalaia Virgulino. O juiz que presidia, Frederico de Barros Barreto, vira-se para os advogados e diz: "São 30 minutos, são 30 advogados, logo, cada advogado tem direito a um minuto".

Foi um choque para todos. Pediu-se a suspensão da sessão e os advogados reunidos decidiram que três fariam a defesa, com 10 minutos cada.

Esse tipo de cerceamento de defesa era comum naquele tribunal. Pois na realidade não servia para julgar e sim para condenar sumariamente os que por ali passavam. Não havia qualquer independência dos juízes.

Certa vez, Evandro Lins e Silva conversava com Evaristo de Moraes, quando o promotor Himalaia Virgulino interrompeu e disse:

- Aqui todos recebem ordem do governo, menos eu.

---

[162] CAMPOS, Reynaldo Pompeu de. *Op. Cit.*, p. 68.

Todos ficaram estarrecidos, pois confirmava-se a falta de independência dos juízes. E Virgulino prosseguiu:

- Porque, antes que o governo mande, eu vou logo fazendo.

No dia 12 de maio de 1937, foi realizado o julgamento de Abel Chermont, Domingos Velasco, João Mangabeira, Otávio Silveira e Abguar Bastos. O juiz Pereira Braga se julgou impedido de julgar Mangabeira, porque se dizia seu amigo.

O resultado do julgamento: Mangabeira foi condenado por três votos a dois, sendo que dois dos três votos foram dados pela mesma pessoa, pois o presidente votou mais de uma vez, entendendo que quando havia empate, votava-se o presidente, mesmo que este já tivesse votado.

Em 5 de julho de 1937, dois dias após a posse, o novo ministro da Justiça, Macedo Soares, oficiou ao TSN pedindo o andamento dos processos. A informação que chegara era de que havia 373 inquéritos, com mais de 3 mil indiciados.

Como Sobral era da Juventude Cristã, o cardeal Leme fizera chegar ao ministro uma carta denunciando as condições de Berger.

Macedo Soares, católico protestante, não podia se esquivar de um pedido do cardeal e resolveu ir verificar as denúncias, sem acreditar nelas.

No entanto, saiu abismado com o que viu e passou a ocupar-se dos presos, pressionando o TSN e Filinto Müller para que dessem informações sobre eles.

Em outra oportunidade, em julgamento no STM, houve um incidente.

Evandro Lins e Silva estava na sala de sessões, no segundo andar, quando se ouviu, um

grito lancinante, de protesto, vindo do térreo. Logo em seguida vieram os presos que tinham pedido para falar diante do

Voz Humana

tribunal: Prestes, Berger, Agildo e Gioldi. Quando o Prestes entrou, vinha com a boca sangrando, e foi encaminhado à tribuna, de onde deveria falar. Ao lado da tribuna estava um dos membros do tribunal, o general Andrade Neves, e Prestes se dirigiu imediatamente a ele. Disse que acabava de ser agredido lá embaixo, e usou a expressão "por esses vermes da Polícia Especial, que me retiraram as notas que eu trazia para minha defesa". O general ouviu, e me lembro então que Prestes tirou todo o partido da ocorrência, disse que aquilo era uma violência, protestou com a maior veemência, e ainda terminou com a frase: "O sangue que me corre da boca é o sangue da Revolução." Neste incidente, enquanto Prestes falou, o tribunal ficou absolutamente silente.

E continua o relato de Evandro Lins e Silva:

Sobral Pinto, como chegou um pouco atrasado, pediu-me para contar-lhe, inclusive reproduzindo mais ou menos as palavras, o que tinha acontecido. Eu, então, contei exatamente isso. Nós estávamos junto de uma janela, ele se afastou, e um cidadão se aproximou de mim, botou a mão no meu ombro e disse: "O senhor está preso." Perguntei por quê, e ele disse: "Porque estava comentando o incidente, e foi proibido qualquer comentário sobre ele." Respondi: "Mas eu não estou comentando, estou testemunhando um fato para o advogado dele!" O cidadão: "Não, mas o senhor tem que me acompanhar; vamos para a Delegacia de Ordem Política e Social." Eu aí falei alto: "Não admito que ninguém me dê ordem de prisão aqui! Só cumpro ordem do presidente do tribunal." Começou a juntar gente. Brandão Filho, um delegado de certa nomeada, que comandava o policiamento nesse dia, se aproximou, e eu continuei, "a única pessoa que pode me prender aqui é o presidente do tribunal, mais ninguém pode prender! Tenho que ficar aqui porque sou advogado no caso!" Num primeiro instante, Brandão Filho ficou temeroso de não me prender! Porque todo mundo tinha medo de parecer transigente ou generoso com alguém acusado de subversão. Afinal, minha prisão foi relaxada.

O incidente terminou ali, mas o cidadão que queria me prender, um investigador da Ordem Política e Social, dali por diante, várias vezes, quando eu saía de casa, estava me vigiando e me acompanhava (...).

CAPÍTULO 6

Estado Novo

6.a. O Plano Cohen

O capitão Olímpio Mourão Filho, chefe do Serviço Secreto Integralista, mostrou ao então presidente do STM, ministro general Álvaro Mariante, um plano ilusório de ataque dos comunistas, com assaltos, violações de lares e assassinatos. O ministro acabou por ficar com uma cópia, e afinal o entrega ao governo.[163]

No mês de setembro, de modo significativo, o governo realizou antecipadamente as cerimônias de rememoração das vítimas da revolta comunista de novembro de 1935,[164] utilizado como dia da vitória contra o inimigo interno.[165]

Alguns dias depois, o Ministério da Guerra divulgou o que ficou conhecido como Plano Cohen, o documento forjado que relatava a preparação de uma nova ofensiva comunista. Era a

---
[163] CAMPOS, Reynaldo Pompeu de. *Op. Cit.*, p. 125.
[164] CD *A Era Vargas*. Depoimento prestado à Fundação Getúlio Vargas — CPDOC, 1978.
[165] PEREIRA, Antônio Batista. *Op. Cit.*, p. 75.

exata cópia do plano entregue pelo capitão Olímpio Mourão ao presidente do STM.

Invocando o perigo comunista, Getúlio Vargas dá um golpe militar e fecha o Congresso, quando, aliás, pela primeira vez se nega a renovar o estado de guerra.

Forma-se, de uma vez por todas, no campo repressivo, o Estado nazifascista brasileiro, o Estado Novo, e monta-se um aparato legal e administrativo especial.

6.b. As Novas Leis: Constituição de 1937, Código Penal e CLT

Francisco Campos, ministro da Justiça, desenvolve o texto da Constituição de 1937, inspirado na da Polônia, com contribuições do *clerical* fascismo de Dollfuss,[166] da Áustria; e de Salazar,[167] de Portugal, Carta esta que, afinal, foi outorgada.

(Sobre este fato, no próximo parágrafo há referência mais convincente.)

No Brasil, foram reformados os códigos de Processo Civil e Penal, a Lei do Júri e a Lei Orgânica do Ministério Público. O Código Penal (em vigor), projeto inicial do professor paulista Alcântara Machado, após pedido de Francisco Campos, abandonando o projeto de Evaristo de Moraes e Mário Bulhões Pedreira, que já havia tramitado na Câmara dos Deputados, acabara de ser remetido ao Senado. Este novo projeto tinha forte influência do Código Rocco, italiano, do regime fascista de Mussolini, entre

---

[166] Engelbert Dollfuss (1892-1934), político austríaco pelo Partido Social-Cristão Austríaco. Em 1933, já como Chanceler Federal, fechou o parlamento e assumiu poderes ditatoriais.

[167] António de Oliveira Salazar (1889-1970), estadista nacionalista português, o que mais tempo governou Portugal de forma ditatorial, de 1933 a 1968.

outras influências legislativas menores,[168] e forte raiz positivista. Este projeto foi revisado por Costa e Silva e Nélson Hungria,[169] extirpando-se capítulos como o que se refere à classificação dos criminosos (arts. 20 e ss) e sobre menoridade penal.[170]

Também foi editada a Consolidação das Leis do Trabalho (CLT), tanto inspirada na *Carta del Lavoro*,[171] quanto na luta socialista no mundo, da qual participava Evaristo de Moraes.[172]

Quanto à legislação penal, o professor René Ariel Dotti assim se manifesta sobre esta fase e a Constituição de 1937:

> Relativamente aos textos penais, a nova lei fundamental instituiu a pena de morte para além das hipóteses previstas na legislação militar para o tempo de guerra, a fim de alcançar as infrações políticas e também o homicídio de natureza comum, quando praticado por motivo fútil e com extremos de perversidade (art. 122, § 13, *f*).

---

[168] Ver ZAFFARONI. Raúl Eugenio. *Direito Penal Brasileiro*. Revan: Rio de Janeiro, 2003.

[169] Comissão revisora: Nélson Hungria, Roberto Lyra, Vieira Braga e Narcélio de Queiroz e Costa e Silva.

[170] *Op. Cit.*

[171] CHACON, Vamireh. *Vida e Morte das Constituições*. Forense: Rio de Janeiro, 1987, pp. 173-175. Crítica contundente a esta visão faz Nilo Batista no livro BATISTA, Nilo; ZAFFARONI, Eugenio Raúl. *Direito Penal Brasileiro*. Revan: Rio de Janeiro, 2003, "Capítulo – História da Programação Criminalizante no Brasil, O Código de 1890": "Por exemplo, uma exclusiva influência fascista da *Carta del Lavoro* sobre a legislação sindical e trabalhista (também por exemplo, ROMITA, Arion Sayão. *Justiça do Trabalho: Produto do Estado Novo*, em PANDOLFI, Dulce (org.). *Repensando o Estado Novo*, FGV Editora: Rio de Janeiro, 1999, p. 95 e ss) ignora não só uma indescartável influência francesa, como também os compromissos socialistas da assessoria do ministro Lindolfo Collor (Joaquim Pimenta, Evaristo de Moraes, Agripino Nazaré e Carlos Cavaco) ou o nível técnico-jurídico da assessoria do ministro Alexandre Marcondes Filho (Arnaldo Sussekind, Oscar Saraiva, Segadas Vianna). Em outras áreas dá-se algo similar: Mário de Andrade, Lúcio Costa, Alceu Amoroso Lima, Carlos Drummond de Andrade, Candido Portinari, Heitor Villa-Lobos e Anísio Teixeira foram colaboradores do ministro Gustavo Capanema.

[172] A visão dos trabalhadores sobre o Estado Novo pode ser vista no livro "Trabalhadores do Brasil — O imaginário popular", Ferreira, Jorge, FGV 1997.

As profundas alterações introduzidas na vida real nacional coincidiram com o progresso da doutrina totalitária do nazifascismo que se irradiava da Alemanha e da Itália para o continente latino-americano e mais particularmente para a América do Sul.[173]

É criado o Departamento de Imprensa e Propaganda (DIP), o Ministério de Propaganda fascista vinculado ao Ministério da Educação, e empossado o ministro Gustavo Capanema.[174]

O Estado regula os movimentos populares, institui o imposto sindical obrigatório, pelos Decretos-lei 1.402 e 2.377, em 1939 e 1940, respectivamente, ao mesmo tempo que, "aprisionando-os a uma *gaiola de ouro*, com uma fonte certa de rendimento",[175] tornava as representações dos trabalhadores viáveis e possíveis.

O TSN passava agora a ser órgão independente da Justiça Militar; portanto, não caberia mais recurso para o STM. Passa, então, a julgar em primeira instância o juiz singular, cabendo recurso da decisão monocrática para o pleno do tribunal, que era composto de mais seis juízes. Caso o juiz de primeira instância absolvesse o acusado, havia a figura do recurso obrigatório, *ex-officio*, para o pleno.

Os prazos foram alterados, com a introdução do rito sumário, visando formar e julgar rapidamente os processos. Aumentava o cerceamento de defesa com a diminuição de cinco para três o número de testemunhas que a defesa poderia arrolar. O réu, sem advogado, não teria mais seu patrono indicado pelo presidente

---

[173] DOTTI, René Ariel. *Bases e Alternativas para o Sistema de Penas*, Revista dos Tribunais: São Paulo, 1998, p. 63.

[174] Gustavo Capanema Filho (1900-1985) foi o ministro da Educação que mais tempo ficou no cargo em toda a história do Brasil (1934 a 1945), aproximadamente 11 anos contínuos.

[175] *Op. Cit., idem* p. 41.

da OAB e sim pelo juiz. Não haveria debates orais e o juiz não ficava mais adstrito à classificação do delito na denúncia, podendo condenar o réu por crime ao qual não fora acusado.

No entanto, o namoro do governo com os integralistas, chefiados por Plínio Salgado,[176] haveria de acabar.

Plínio Salgado, que após ter estado da Itália e se encantado pelo fascismo, havia sido consultado sobre a Constituição de 1937 e recebeu de Francisco Campos uma cópia do projeto. Após examiná-la por três dias, respondeu ao ministro que a achava uma carta totalitária.[177]

6.c. A ANL e o Decreto 431

Preocupado com o futuro da Aliança Integralista Brasileira (AIB), Salgado procura Nilton Cavalcanti, comandante da Vila Militar, que lhe garantiu que, houvesse o que houvesse, o integralismo seria preservado, e sugeriu a Plínio uma manifestação popular, a fim de demonstrar a força do integralismo brasileiro.

No entanto, quando o governo, por meio do Decreto-lei 37, de 2 de dezembro de 1937, fechou os partidos políticos, não poupou a AIB.

Em resposta, os integralistas tentam derrubar o governo, disparando múltiplas ações, tentando, inclusive, sequestrar Vargas, atacando o Palácio do Catete, então Palácio do Governo.

A repressão é implacável, e perto de 1.500 pessoas são presas. O governo baixa o Decreto-lei nº 428, de 16/05/38, diminuindo os prazos dos processos do TSN, assim como o número de

---

[176] Plínio Salgado (1895-1975), político conservador brasileiro que fundou e liderou a Ação Integralista Brasileira (AIB), partido nacionalista católico de extrema-direita, inspirado nos princípios do movimento fascista italiano.
[177] CAMPOS, Reynaldo Pompeu de. *Op. Cit.*, p. 125.

testemunhas, limitando-as a duas e, se houvesse mais de cinco réus, os depoimentos não poderiam ultrapassar o total de dez testemunhas arroladas pela defesa, e a inquirição de cada uma delas não poderia exceder cinco minutos. Após as inquirições, a promotoria falaria em nome da acusação por dez minutos, tendo igual prazo a defesa.

Mas a violência legislativa não pararia por aí. Dois dias após, o governo baixaria o Decreto-lei 431, que, entre outras medidas, adotou a pena de morte e impôs o rito sumaríssimo, restringindo ainda mais o tempo, que segundo a lei, não passaria de cinco dias.[178]

6.d. O Julgamento dos Integralistas

Na oportunidade do julgamento dos invasores do Palácio da Guanabara, falaria o procurador Himalaia Virgulino pela acusação; o juiz era o comandante Lemos Bastos. Virgulino sobe à tribuna para sustentar a acusação. Quase afônico, Himalaia Virgulino inicia declarando que se levantou apenas para cumprir seu dever e, a certa altura, diz:

> Não é necessário que a Procuradoria faça longo discurso para que sustentada fique a acusação, mesmo porque o processo que rege hoje os julgamentos perante o Tribunal de Segurança Nacional é de molde a dispensar debates. Essa, aliás, a grande vantagem do processo oral. É que o juiz, quando comparece à audiência do julgamento, conhece a matéria nos seus mínimos detalhes.

---

[178] *Op. Cit.* _____. O Decreto-lei 474 veio amenizar o prazo, determinando que o processo não poderia exceder oito dias.

Voz Humana

Virgulino defende o processo oral e afirma:

No processo oral — que em boa hora um decreto do governo estabeleceu para reger os trabalhos do Tribunal de Segurança —, o juiz, quando vem para audiência do julgamento, já está senhor do assunto, faltando-lhe apenas um ou outro esclarecimento, aqui prestados pela testemunha. Aliás, o nosso processo, O Tribunal de Segurança não é rigorosamente oral e moderno, porque nele, como no adotado por todos os países do mundo civilizado, Alemanha, Itália, Portugal, Hungria, Áustria — as testemunhas só respondem as perguntas do juiz, e o juiz formula as que acha, as que considera necessárias fazer para sua orientação. As testemunhas aqui chegaram, não esclareceram de modo algum o espírito do juiz. As testemunhas que aqui depuseram nada mais fizeram que elogiar uns aos outros etc. Senhores, como todos, vós estais a ver, tais processos de defesa já caíram em desuso, por isso que não se pode destruir um fato público, notório, rigorosamente provado, com elogios ao passado.

Com efeito, ninguém aqui afirmou que esses acusados, antes da prática desses delitos, houvesse deixado de ser cidadãos exemplares, deixassem de ser perfeitos chefes de família, deixassem, enfim, de cumprir todos os seus deveres, o primordial dos quais consiste em não se insurgir contra a estrutura do regime. Trata-se, pois, de um fato que a Procuradoria capitulou como delito e contra cujo acerto não foi, sequer de longe, esboçado uma defesa pelas testemunhas.

Ao que assistimos, como se disse, foi a vários elogios e afirmações de vida pregressa correta, o que ninguém põe em dúvida.

Penetrou, pela maneira porque já me referi, no jardim do Palácio da Guanabara e abriu fogo contra a residência do Chefe da Nação, fogo esse não só de fuzil como de metralhadora, porque os revolucionários no ataque lançaram mão não só de seus fuzis mas do que tomaram da guarda, como também de metralhadoras.

O assalto verificado não chegou à consecução de seu fim, que era a eliminação do Sr. presidente e de toda sua família.

Após embasar sua tese sobre a suposta legislação de países fascistas, acaba por confessar sua simpatia pelo chefe do integralismo brasileiro:

Aqui o Sr. Plínio Salgado conseguiu realizar um milagre. Num país de displicentes, num país onde todas as iniciativas de natureza intelectual e moral são de princípio ridicularizadas, o Sr. Plínio Salgado obteve a arregimentação de um milhão de brasileiros, disciplinou-os, transformou mesmo a mentalidade de certos indivíduos, que passaram, de displicentes, a pensar, como todos os bons homens pensam em todos os países do mundo, isto é, que acima de tudo se deve preocupação do futuro da pátria. As prédicas do Sr. Plínio Salgado e de seus tenentes eram realmente sedutoras, porque saturados de um nacionalismo sadio, falando de Deus, pátria e família, e estava, pode-se dizer, resumindo um grande programa.

Acabada a sustentação de acusação no tribunal de exceção tipicamente fascista, o juiz fala em voz serena e cônscio de sua responsabilidade:

Agora darei a palavra à defesa e, em primeiro lugar, ao Dr. Bulhões Pedreira pelos acusados Severo Funier e Júlio

Barbosa do Nascimento. O Dr. Bulhões Pedreira falará até o prazo de 15 minutos.

Bulhões Pedreira observa:

"— Sr. Juiz, creio que poderei ocupar a tribuna por meia hora, porque são dois acusados." O juiz concorda.

Após a fala de Bulhões Pedreira,[179] sobe à tribuna Sobral Pinto, olhando fixamente nos olhos do procurador e diz:

Não é possível, na quase metade do século XX, que palavras tão ofensivas à verdade jurídica possam ecoar neste tribunal. Eu e os meus colegas de defesa não somos palhaços, não viemos aqui para representar uma farsa. Viemos trazer a contribuição dos nossos esforços a bem da verdade; viemos colaborar com V. Exa. num empreendimento jurídico. Não é exato que o processo oral dispense o magistrado que preside o debate de atender às considerações apresentadas na tribuna pela defesa.

Virgulino, então, tenta interromper dizendo que não era isso que afirmara, e Sobral prossegue:

V. Exa. afirmou que inúteis se tornavam os debates orais porque o juiz já trazia a sua sentença formulada, apenas dependendo de alguns esclarecimentos a serem prestados na tribuna de defesa. Meritíssimo juiz, vou apresentar a V. Exa. uma argumentação que V. Exa. não ouviu, mas é obrigado a ouvir, sob pena de prevaricação.

---

[179] Não há na fonte consultada para qualquer trecho desse discurso.

6.e. Evandro Lins e Silva abre Precedente

Em meados de 1939, Evandro Lins e Silva levanta a tese de que seu cliente João Felipe Sampaio Lacerda, acusado de comunista e condenado a um ano de prisão, tinha direito a *sursis*. Ele requer o benefício ao Tribunal de Segurança, que o nega.

Evandro impetra *habeas corpus* no STF. As opiniões se dividiam no mundo jurídico. Sobral Pinto se declarou contrário a este entendimento. Mas o jornal *O Popular* entrevistou Evaristo de Moraes, Mário Bulhões Pedreira, Jorge Severiano Ribeiro, e todos opinaram favoravelmente à tese de Evandro.

Pela primeira vez um advogado conseguia soltar muitos presos, pois o STF havia concedido a ordem. Todos os presos condenados a um ano foram soltos.

Evandro Lins e Silva realiza um dos maiores atos de desprendimento e de ética profissional de todos os tempos. Socialista, veio a defender na ocasião da II Conferência Interamericana de Advogados a ideia de que o fascismo, doutrinariamente, representava um retrocesso, citando Ferri e Jiménez de Asúa, que defendiam "que a criminalidade fascista encarnava um atraso do ponto de vista social, enquanto a criminalidade política de esquerda, socialista, era o que eles denominavam de criminalidade evolutiva".

Como advogado, honrou a profissão com ética, defendendo vários integralistas, demonstrando desprendimento.

Em certa oportunidade, reforçou os ensinamentos históricos acerca da ética profissional em relação ao segredo profissional e os riscos que pode correr o advogado a quem o cliente faz grave e perigosa revelação.

Evandro é chamado a encontrar-se com o militar Túlio Régis do Nascimento, acusado de traição por vender informações para os alemães.

Voz Humana

Na ocasião, o Brasil entrava na guerra, após navios brasileiros serem afundados na própria costa brasileira, por submarinos alemães.

O chefe de espionagem alemão passou um telegrama determinando a Túlio que fosse trabalhar numa fábrica americana de aviões, a fim de colher informações. Ocorre que esta mensagem foi interceptada e decifrada.

Logicamente, Evandro foi ao seu encontro num quartel onde ele estava preso. Durante o encontro, revelou ao advogado os nomes de seus comparsas no Brasil, nomes de altas autoridades do governo brasileiro, altas patentes das Forças Armadas.

Após o relato, Túlio pediu uma orientação em virtude da proximidade de seu depoimento: devia acusar os envolvidos, delatando todas as autoridades, ou silenciar?

Relata Evandro:

Senti um choque e percebi a gravidade do assunto. Que responder? Não havia tempo para meditação. Instantaneamente, refleti sobre a missão do advogado e dei a resposta, que nunca esqueci:

"Você tem duas opções: ou chama ao processo os seus cúmplices e se coloca numa posição secundária, porque serão eles, daí por diante, o foco principal da acusação, ou omite seus nomes e eles poderão ajudá-lo no futuro, com sua influência. Mas devo frisar que eu não aconselho nem dou opinião sobre qual deve ser sua conduta. A matéria é política e a você cabe fazer a escolha. A opção é sua, exclusivamente sua."[180]

Mas, ao sair do encontro, Evandro se tornara um arquivo vivo, cuja queima passava a interessar a grandes personalidades.

---
[180] SILVA. Evandro Lins e. *Op. Cit.*, p. 173.

Guardando o segredo profissional, sem indicar os nomes dos envolvidos, comunicou aos colegas Sobral Pinto e Mário Bulhões Pedreira o que acontecera, no intuito de, caso algo ocorresse, todos soubessem o motivo.

Túlio jamais revelou os nomes nos seus depoimentos, e Evandro embasou sua defesa na insanidade mental do réu, que acabou sendo condenado a 30 anos pelo TSN, conseguindo *habeas corpus* no STM, após a redemocratização do país.

6.f. O Decreto 869 e Os Crimes Contra a Economia Popular

Quando já não havia mais o que julgar dos comunistas e integralistas, a sobrevivência do TSN foi garantida pelo Decreto 869, de 18 de novembro de 1938, que, para acabar com "os escrúpulos naturais do formalismo jurídico" e a "chicana dos advogados", tornava competente o TSN para julgar e processar os crimes contra a economia popular.

Ocorre que a contradição entre o estilo de governo tipicamente nazifascista e a participação do Exército brasileiro na Segunda Guerra Mundial ao lado dos aliados iria minar a continuidade do Estado Novo. O poder dos Estados Unidos aumentava sobre a América Latina, e os militares brasileiros aproximam-se dos americanos em decorrência da participação na guerra.

Não era interessante a ditadura brasileira para a economia mundial que se montava, em que o capital deveria ser global, desvinculado do Estado. Os interesses americanos esbarravam com os de industrialização brasileiros, pois, apesar do combate aos comunistas, o Estado Novo, como os fascistas, também era nacionalista, o que ia contra a nova ordem mundial.

Sem saída, e após campanha dos intelectuais democratas e de esquerda, o governo decreta anistia em 18 de abril de 1945, e 563 presos são colocados em liberdade.[181] Em setembro do mesmo ano, o embaixador americano faz um discurso expressando "confiança" na redemocratização do Brasil e na convocação de novas eleições.[182]

A incompatibilidade do governo brasileiro com os interesses americanos agravou quando Getúlio assinou um decreto antitruste, autorizando, inclusive, a "desapropriar qualquer organização cujos negócios estivessem sendo conduzidos de maneira lesiva aos interesses nacionais".[183]

A gota d'água seria a comunicação de Vargas a João Alberto, chefe da polícia do Distrito Federal, de sua substituição pelo irmão do presidente Benjamim Vargas.

Isso mexeu com os militares, especialmente com o ministro da Guerra, general Góis Monteiro, que havia acordado com João Alberto que se um deixasse o cargo, o outro também o faria.

Em 17/11/45, por meio da Lei Complementar nº 14, extinguia-se o TSN.

Os militares, diante da insistência de Getúlio, acabam por derrubá-lo e o presidente sai *exilado* para São Borja.

Assim, os militares lembrariam que o ditador havia sido derrubado pelo Alto Comando do Exército.[184]

---

[181] CAMPOS, Reynaldo Pompeu de. *Op. Cit.*, p. 55.
[182] SKIDMORE, Thomas, E. Trad. por Ismênia Tunes Dantas, Brasil: De Getúlio a Castelo (1930-1964). Paz e Terra: Rio de Janeiro, 1992, p. 74.
[183] *Op. Cit.*, p. 76.
[184] *Op. Cit.*, p. 78.

CAPÍTULO 7

A Constituição de 1946

7.a. A Volta à Democracia e Permanências

Sob a égide da Constituição de 1946, a Justiça Militar não mais julgaria os crimes políticos, exceto quando cometidos "contra a segurança externa do país ou contra as instituições militares" (art. 108, 1) bem como a vigência do estado de sítio (art. 207).

No entanto, é possível afirmar que "a Constituição de 1946 não inaugurou uma nova etapa democrática na história política da sociedade brasileira, distinta do período autoritário anterior".[185]

Há permanências autoritárias e conservadoras que não vão desaparecer sobre o Estado democrático, principalmente porque, a partir de 1945, a diretriz da política externa norte-americana será na orientação de combate incessante ao "comunismo internacional".

É importante lembrar que a fundação da Escola Superior de Guerra (ESG) ocorreu em 1949, assim como em 1956 foi criado o "Esquadrão da Morte", por Amaury Kruel.[186]

---

[185] SERRA, Carlos Henrique Aguiar. História das Ideias Jurídico-penal no Brasil: 1937-1964. Tese para obtenção de grau de doutor na UFF. Orientado pela profª. Drª. Gizlene Neder, p. 70.
[186] SERRA, Carlos Henrique Aguiar. *Op. Cit.*, p. 84.

Pode-se afirmar que a criminalização aos pobres e perseguidos, apesar de algumas atitudes do governo, a exemplo de decretos editados por Getúlio em 1930,[187] tem forte permanência histórica na perseguição às classes perigosas, do higienismo, do positivismo.

> O fato é que a criminalização da pobreza e da subverção (*sic*) aponta para o debate "criminalidade e pobreza" que é realizado nesta conjuntura (...) ao criminalizar a pobreza e a subverção (*sic*) o projeto político hegemônico expressa o objetivo de controlar, deter e reprimir a emergência das classes dominadas. O pensamento jurídico-penal consegue articular "pobreza-subverção" (*sic*) e deste modo, criminaliza àqueles considerados como inimigos da segurança e da ordem pública mesmo na conjuntura do pós-estado novo.[188]

Duas facetas interessantes merecem destaque nesta conjuntura: a primeira, que remonta à permanência histórica combatida desde Rui Barbosa, de que o Judiciário deveria estar desligado das questões do Executivo, claramente demonstradas quando o STF deixa de conceder *habeas corpus* na Ditadura Florianista,

---

[187] BATISTA, Nilo. *Op. Cit.*, p. 75: "Decretos nº 19.445, de 1º dez. de 1930; e nº 21.946, de 12 out. de 1932. Tais decretos abrangiam também os crimes de resistência, desacato, lesões corporais leves ou culposas, e o segundo deles também o curandeirismo e a feitiçaria (art. 157, CP de 1890, que contemplava o espiritismo). O segundo decreto constitui, portanto, o marco inicial da descriminalização dos cultos afro-brasileiros, que se implementará no código de 1940, num tardio deslocamento do eixo religioso para o sanitário (art. 284, CP de 1940). Não obstante, Filinto Müller ampliaria em 1941 o registro policial dos centros espíritas (cf. Maggie, Yvonne, *Op. Cit.*, p. 46). A vigilância policial sobre os locais dos cultos subsistiria mais algumas décadas. O primeiro ato que dispensou o registro policial desses locais foi do governador da Bahia, Roberto Santos (dec. nº 25.095, de 15. jan. 76; cf. NASCIMENTO, Abdias do, O Genocídio do Negro Brasileiro, Paz e Terra: Rio de Janeiro, 1978, p. 104). Caberia mencionar também o dec. lei nº 22.494, de 24. fev. 33, que reduziu à metade os prazos de prescrição para menores de 21 anos, fonte de uma regra que se incorporaria definitivamente ao direito penal brasileiro."

[188] SERRA, Carlos Henrique Aguiar. *Op. Cit.*, p. 86.

assim como, posteriormente, repete na conjuntura de 1927, embasado no voto do ministro Hermenegildo de Barros. Nesta fase, pós-46, fortalecem-se opiniões como a de Narcélio de Queiroz com enfoque tecnicista, de que "a atitude mental do juiz não pode ser uma atitude crítica", que passa pela descontextualização histórica.[189] O segundo ponto, que é importante indício de permanência atual, é o debate ideológico quanto a um suposto:

> (...) aumento da criminalidade, particularmente localizado no Rio de Janeiro[190] que "apavora e atemoriza" a sociedade brasileira (demonstrando) a "completa falência" dos códigos penal e processual em vigor no Brasil, isto é, seriam velharias totalmente inaptos para os combates de verdade contra a figura sinistra do criminoso.

Debate-se, à época, a (1) diminuição do limite de menoridade, (2) introdução da pena de morte, em casos excepcionais. Quanto à pena de morte, vai render grandes debates de juristas que reclamavam pela previsão constitucional da pena máxima.[191]

Para uma contextualização política, em janeiro de 1946 era empossado como presidente eleito, com 55% dos votos, o ministro da Guerra, general Eurico Gaspar Dutra,[192] que teve apoio do ex-ditador, que disputou a Presidência com o brigadeiro Eduardo Gomes. No governo do ex-ministro da Guerra do Estado Novo, a

---

[189] *Op. Cit.*, p. 109, enfocando QUEIROZ, Narcélio de. *O Novo Código de Processo Penal*. Revista Forense, janeiro março, Revista dos Tribunais: São Paulo, 1943, p. 457.

[190] *Op. Cit.*, p. 125.

[191] *Op. Cit.*, p. 125, comentando, inclusive, que a Constituição de 1937 previa a pena de morte "para os homicidas perversos, autores de crimes de sangue cometidos com requintes de perversidade", pág. 125, artigo 122, XIII, F, Campaiolin, Hilton Lobo e Campaiolin, Adriano. *Constituições do Brasil*. Editora Atlas: São Paulo, 1999.

[192] Eurico Gaspar Dutra (1883-1974), militar brasileiro, décimo sexto Presidente do Brasil, entre 1946 e 1951.

democracia não duraria mais de um ano. Com o fortalecimento do Partido Comunista na legalidade e a eleição de 17 deputados e um senador pelo Distrito Federal, Luís Carlos Prestes, o governo Dutra resolve usar a repressão.

No mesmo ano é incluído no texto constitucional um dispositivo que permitia impedir que partidos "antidemocráticos" participassem abertamente da democracia. Assim que o dispositivo entra em vigor, por decisão judicial, o PCB é declarado fora da lei, a Confederação dos Trabalhadores do Brasil é declarada ilegal e o governo intervém em 143 sindicatos para "eliminar os elementos extremistas".

Ao contrário de 1935/45, em que as exportações brasileiras cresceram, agora as altas importações queimam as reservas cambiais brasileiras. Vargas começava a ressurgir como figura nacional, eleito para o Senado por dois estados: Rio Grande do Sul e São Paulo. Um fenômeno político, Vargas consegue reaproximar-se dos militares, reconciliando-se com Góis Monteiro, que afirmava:

> Nas Forças Armadas não perduram ressaibos ou ideias preconcebidas contra ele (Vargas), nem elas se oporão à sua posse, caso eleito, desde que respeite, não só a Constituição, como os direitos impostergáveis dos militares.

Ao mesmo tempo, consegue a simpatia da esquerda sob a sigla do Partido Trabalhista Brasileiro (PTB), encarna o trabalhismo e transforma-se em líder populista. Em 31 de dezembro de 1951, Dutra passa a faixa presidencial a Vargas, que chega pela primeira vez à Presidência pelo voto direto.

No novo cenário internacional, diferente daquele vivido em 1930 e 1937, entrechoca-se o neoliberalismo, segundo o qual o Brasil deveria "seguir os princípios ortodoxos estabelecidos pelos teóricos e praticantes da política de banco central dos países industrializados",[193] posição claramente defendida pela União Democrática Nacional (UDN), mais favorável à política americana e aos nacionalistas, que acreditavam que deveríamos ter um desenvolvimento próprio e autônomo.

Os nacionalistas, naturalmente agruparam os comunistas, proibidos de utilizar sua sigla partidária, e os getulistas.

Portanto, uniram os cassadores da Ditadura Vargas e os cassados.

Em meio à alta do preço do café e ao crescimento súbito da inflação, em novembro de 1950, os Estados Unidos concluem um acordo com o Brasil para a Organização da Comissão Mista Brasil-Estados Unidos para o Desenvolvimento Econômico.[194] É fundado o Banco Nacional de Desenvolvimento Econômico (BNDE), para "reduzir a deficiência de recursos e regular o desenvolvimento da economia".

Mas Getúlio constantemente tenta se aproximar dos trabalhadores e começa a denunciar as remessas de lucros exorbitantes para o exterior. Em 1950, as remessas totalizaram 83 milhões de dólares, e em 1951, 137 milhões.

Em janeiro de 1952, Getúlio emite um decreto impondo limite de 10% para as remessas de lucros, o que afetou os interesses americanos.

Nas Forças Armadas a situação não era diversa. Aumentava a cisão entre oficiais nacionalistas e "neoliberais", acusados de "entreguistas" por seus pares. Os Estados Unidos pressionavam o Brasil para que ratificasse os acordos militares negociados em 1951-52 e sugeriam ao Brasil a entrada no conflito da Coreia. A primeira derrota dos nacionalistas foi a eleição para a presidência do Clube Militar.

---

[193] *Op. Cit.*, p. 118.
[194] *Op. Cit.*, p. 125.

Nesse clima, entra em vigor a conhecida segunda Lei de Segurança Nacional (LSN), 1.802/53, que "define os crimes contra o Estado e a Ordem Política e Social". A nova lei pouco inovava a anterior, frustrando a expectativa de que as penas fossem abrandadas, dentro do rumo estabelecido pela Constituição que vedava a pena de morte.

Os julgamentos de crimes políticos passavam para a competência da justiça comum, podendo, durante o inquérito, ser decretada a prisão preventiva do indiciado por 30 dias, prorrogáveis por mais 30.

No mesmo ano, Getúlio muda seu ministério e indica para ministro do Trabalho, João Goulart,[195] jovem gaúcho do PTB, que se ligava aos sindicatos. Ao mesmo tempo, Getúlio nomeia como ministro da Fazenda, Osvaldo Aranha,[196] que levaria uma política de "conter prudentemente a velocidade de industrialização", pois acreditava que "dever-se-ia conformar com o fato desagradável de que havia sérios limites exteriores às suas ambições industriais".[197]

Ocorre que, quando toda a política econômica brasileira estava atrelada aos Estados Unidos, em janeiro de 1953 o presidente Truman[198] é substituído por Eisenhower.[199] As medidas de ajuda ao desenvolvimento de países mais pobres são deixadas

---

[195] João Belchior Marques Goulart (1919-1976), conhecido popularmente como "Jango", era advogado e foi o 24º presidente do Brasil, de 1961 a 1964.

[196] Osvaldo Euclides de Sousa Aranha (1894-1960), advogado, político e diplomata. Como chefe da delegação brasileira à ONU e presidente da Assembleia Geral da ONU em 1947, por seus esforços na situação palestina, foi indicado para o Prêmio Nobel da Paz em 1948.

[197] BARANDIER, Carlos da Gama. *Op. Cit.*, p. 93.

[198] Harry S. Truman (1884-1972) foi o 33º presidente dos Estados Unidos. Em seu mandato, os EUA terminaram a Segunda Guerra Mundial; a tensão com a União Soviética cresceu após o conflito, iniciando a Guerra Fria.

[199] Dwight David "Ike" Eisenhower (1890-1969) foi o 34º Presidente dos Estados Unidos, de 1953 até 1961.

de lado, tomando a política externa americana um tom mais rigidamente anticomunista.

João Goulart propõe 100% de aumento para o salário mínimo, e a oposição ao governo, pela UDN, se acirra. Os coronéis do Exército, mais de 400, lançam um manifesto contra o ajuste do salário mínimo, exigindo a exoneração do ministro do Trabalho. Jango é destituído, mas Getúlio acaba por dar o aumento de 100%, criando base que impedisse sua derrubada, já que a crise militar aumentava.

Carlos Lacerda,[200] que na juventude tinha sido comunista, agora jornalista e maior opositor de Getúlio, chegava em casa na madrugada de 5 de agosto de 1954, 40 minutos após a meia-noite. O major Vaz, da Aeronáutica, vinha deixá-lo em casa. Todos desceram do carro: Lacerda, seu filho Sérgio, de 15 anos; e o major Vaz. Despediram-se, e quando o major estava voltando para o carro, um homem atravessou a rua e atirou contra Lacerda, que correu para a portaria do prédio, com seu filho. O major agarra a arma do assassino e cai desfalecido com um tiro.

O homem corre até a esquina, entra num táxi e foge.

A morte do major Vaz causou um enorme rebuliço, e a crise militar com isso agravou-se. Apesar de o ministro da Justiça ter determinado uma rigorosa investigação, a Aeronáutica instaura um inquérito próprio, apelidado de *República do Galeão*.

Logo os indícios começaram a apontar para o Palácio do Catete, e as bases do governo Getúlio começam a ruir. Vários generais conhecidos como antigetulistas, tais como Canrobert Pereira da Costa e Juarez Távora, os de centro, como Pery Constant

---

[200] Carlos Frederico Werneck de Lacerda (1914-1977) foi um jornalista e político brasileiro, membro da União Democrática Nacional (UDN), vereador (1947), deputado federal (1955-60) e governador do estado da Guanabara (1960-65). Foi fundador (em 1949) e proprietário do jornal *Tribuna da Imprensa*, e da editora Nova Fronteira, fundada em 1965.

Bevilacqua e Machado Lopes, assim como os que se diziam nacionalistas, como Henrique Lott, exigiram a renúncia do presidente.

Gregório Fortunato,[201] chefe da guarda pessoal do presidente Getúlio, acaba confessando, no inquérito do Galeão, que tinha sido o mandante do atentado, informando que o general Ângelo Mendes de Morais e o deputado federal Euvaldo Lodi haviam estimulado a fazer cessar a campanha de Lacerda contra o governo.

Faltava um Vargas envolvido no Inquérito Policial Militar (IPM) do Galeão. Tentaram envolver Lutero Vargas, mas não havia consistência, assim como Alzira, filha do presidente, mas também não houve sucesso. "Restou para os apaixonados oficiais o nome de Benjamim Vargas, irmão do abalado e traído chefe de governo."[202]

Dias antes, Benjamim descia de Petrópolis, onde morava, e na estrada Rio-Petrópolis, Gregório lhe revelara a verdade: que fora ele quem mandara matar Lacerda.

Benjamim, logicamente, omitiu o encontro no seu depoimento, dizendo desconhecer o mandante, cometendo o crime de falso testemunho.

Na madrugada de 24 de agosto, Getúlio reúne seu gabinete e faz uma declaração sombria: "Se vêm para me depor, encontrarão meu cadáver".

Na mesma madrugada foi comunicado ao Palácio do Catete quanto ao ultimato final dos militares, agora com o apoio do próprio ministro da Guerra.

Vargas passou a noite em claro. De manhã, seu irmão Benjamim veio ao seu quarto lhe dizer que havia sido intimado para depor no Galeão.[203]

---

[201] Gregório Fortunato (1900-1962), chefe da guarda pessoal do presidente Getúlio Vargas, também conhecido como "Anjo Negro" por ter a pele negra.
[202] TRANJAN, Alfredo. p. 136.
[203] FONSECA, Rubem. *Agosto: Romance*. Companhia das Letras: São Paulo, 1990, p. 48.

Getúlio esperou o irmão sair, apanhou na gaveta da cômoda um revólver, deitou-se na cama, encostou o cano no lado esquerdo do peito e apertou o gatilho.

Deixou uma inflamada carta-testamento, que foi entregue aos jornais. Denunciava que uma "campanha subterrânea dos grupos internacionais aliou-se aos grupos nacionais" que tentavam impedir "o regime de proteção ao trabalho", que "os lucros das empresas estrangeiras alcançavam até 500% ao ano", e terminava:

> Eu ofereço em holocausto minha vida. Escolho este meio de estar sempre convosco (...) eu vos dei minha vida. Agora ofereço minha morte. Nada receio. Serenamente dou o primeiro passo no caminho da eternidade e saio da vida para entrar na História.

A reação do povo foi surpreendente. Caminhões de entrega dos jornais oposicionistas *Tribuna da Imprensa* e *O Globo* foram queimados. A multidão enfurecida apedrejou e quebrou a embaixada dos Estados Unidos.

7.b. Carlos Araújo Lima e Alfredo Tranjan

Carlos Araújo Lima, advogado, tentava comunicar-se com seu cliente Gregório, preso incomunicável no Galeão.

> Sua luta foi incansável, mobilizando a Ordem dos Advogados e recebendo a solidariedade da classe, inclusive de adversários como o inesquecível Sobral Pinto (...) para romper as barreiras e entrar em contato com seu cliente.[204]

---
[204] FILHO, Evaristo de Moraes. Discurso proferido na Câmara Municipal de Nova Friburgo, que consta como prefácio de LIMA, Carlos de Araújo. *Os Grandes Processos do Júri*.

Alfredo Tranjan estava no escritório quando seu sócio anunciou:

"— Tem um gaiato no telefone dizendo que é o ministro Osvaldo Aranha." Bem-humorado, Tranjan toma o telefone:

"— Aqui, à sua disposição, o faraó Ramsés II." A voz responde:

"— Dr. Tranjan? Não é um trote. É Osvaldo Aranha. Desejo entrevistar-me com o senhor."[205]

Tranjan reconheceu a voz daquela figura histórica e saiu imediatamente ao seu encontro no escritório do ministro, na Avenida Antônio Carlos, onde já estava Lutero Vargas.

Entregaram a cópia do processo e pediram que assumisse o caso. Aceitou o caso em que Benjamim Vargas tinha sido o oitavo denunciado no crime da Toneleros.

Impetrou *habeas corpus* em favor de Benjamim, que foi distribuído para a 2ª Câmara Criminal do Tribunal de Justiça.

No dia do julgamento, Tranjan foi ao apartamento de Benjamim, onde iria conhecê-lo. Lá estava o general Espártaco Vargas, irmão de Getúlio. O ambiente era de velório.

Benjamim pede a Tranjan que o acompanhe até o quarto, e a sós, dirige-se para o advogado:

— Doutor, meu interrogatório está marcado para as 13:00 h. Em hipótese alguma eu me submeterei à humilhação de me sentar no banco dos réus com aqueles pistoleiros. Se o senhor perder o *habeas-corpus*, eu me mato.[206]

---

[205] TRANJAN, Alfredo. *Op. Cit.*, p. 52.
[206] *Op. Cit.*, p. 140.

Tranjan saiu carregando um imenso peso nas costas, pois estava convicto de que Benjamim cumpriria sua palavra.

Nervoso, preocupado, defendeu oralmente o *habeas corpus* que foi concedido, retirando Benjamim da denúncia.

7.c. O Júri

Chegou o dia do julgamento. Em 2 de outubro, todos os réus apresentaram-se ao 1º Tribunal do Júri, em que era juiz Souza Neto. Evandro Lins e Silva sobe à Tribuna, e dizendo que o júri nunca o decepcionou por meio de suas decisões, adverte que os jurados da capital federal deveriam dar o exemplo, decidindo corretamente, sem qualquer interesse subalterno. Nesta primeira audiência falou pela acusação o promotor Átila de Sá Peixoto, que não funcionaria posteriormente.[207]

Os réus seriam julgados separadamente ao longo do mês, e já no primeiro julgamento, no dia 4 de outubro, percebeu-se o clima em que iria se desenvolver a disputa. Humberto Teles afirmou que provaria que Lacerda era um covarde. Interveio o assistente de acusação Vitor Hugo Baldessarini, dizendo que não era Lacerda que estava sendo julgado, enquanto Adauto Lúcio Cardoso extrapolou e interveio, também pela acusação: "Covarde é V. Exa".[208]

O clima já estava tenso quando o promotor apontou Alcino como um homem que choraria se tivesse que defender. Humberto Teles imediatamente retrucou:

"— V. Exa. está ferindo um princípio ético. O advogado não se identifica com o cliente. O que amo é a verdade que aqui vai ser dita, até as últimas conseqüências."

---
[207] CORREIO DA MANHÃ, Edição de 3 de outubro de 1956.
[208] CORREIO DA MANHÃ, Edição de 4 de outubro de 1956.

Climério Euribes de Almeida acabaria condenado a 33 anos de reclusão, no dia 9 de outubro.

Em defesa de Gregório, Carlos de Araújo Lima faria uma defesa das mais eficientes e corajosas, enfrentando, na abertura de seu discurso, vaias e debiches de uma classe organizada, que ignorava até as advertências do juiz-presidente de não se manifestar. Entretanto, cerca de meia hora depois de iniciada a sustentação, a plateia aquietou-se e passou a ouvir a defesa com absoluto respeito. A solidez dos argumentos e a veemência com que eram enunciados realizaram um milagre. Aquele silêncio do público era a suprema vitória do advogado, que conseguira, com a força da palavra, dominar uma plateia intoxicada de ódio contra o réu.[209]

Às 13:25 do dia 15 de outubro, subia à tribuna Evaristo de Moraes Filho, em nome de Nelson Raimundo de Souza, o motorista de táxi que deu fuga aos assassinos.

Falou com muita segurança e analisou diversas passagens do processo, afirmando que naquele momento abria-se uma nova fase do Caso Toneleros. Com a arma do crime na mão, defendeu que qualquer um diante da frase "Toque para frente", de um homem com um revólver em punho, obedeceria. Acrescentando que seu constituinte foi constrangido pelo medo, cita trabalho do juiz Souza Neto, intitulado *"A mentira e o delinquente"*, e termina seu primeiro julgamento importante no júri dizendo que não pedia a benevolência dos jurados, mas exigia justiça. Nelson, o motorista de táxi, foi condenado a oito anos de reclusão.

---

[209] FILHO, Evaristo de Moraes. *Op. Cit.*, p. 65.

CAPÍTULO 8

Anos Conturbados

8.a. Os Golpistas e o General Lott

Imediatamente após o suicídio de Vargas, o vice-presidente Café Filho prestou juramento como presidente da República.

Diante da candidatura de Juscelino Kubitschek[210] e sua possibilidade de ascensão à Presidência, as forças antivargas acusavam-no de "conservador da canalhice nacional", e políticos como Rodrigues Alves clamavam por um imediato golpe militar, porque "só os militares tinham força para calar a mazorca, a imundície dos nossos costumes políticos".[211]

Lacerda apelava para:

(...) quem tem nas mãos a força capaz de decidir a questão. Basta que ouçam a voz do seu patriotismo e não a dos que

---

[210] Juscelino Kubitschek de Oliveira (1902-1976) médico, deputado federal em 1934, prefeito de Belo Horizonte eleito em 1940 até 1945, governador de Minas Gerais eleito em 1951. Em 1954, lançou sua candidatura à Presidência da República para a eleição de 1955, com um discurso desenvolvimentista, e em sua campanha utilizou o *slogan* "50 anos em 5". Eleito presidente, foi o responsável pela construção de Brasília, a nova capital federal. E governou até 1961. Morreu em acidente automobilístico em 1976.
[211] SKIDMORE, Thomas, E. *Op. Cit.*, p. 185.

falam de legalidade para entregar o Brasil aos contraventores e criminosos do pior dos crimes, que é o de enganar o povo com o dinheiro que lhe roubam.[212]

Diante do clima golpista, o general Lott, no dia 10 de novembro, mobilizou o comando do Exército e ocupou todos os principais prédios públicos, estações de rádio e jornais, num movimento dirigido para "o retorno à situação de um regime constitucional normal". Diante da rápida ação de Lott, os golpistas fugiram do Rio no navio *Tamandaré*.

Garantida a posse de Kubitschek e do vice, João Goulart, os anos que se seguiram demonstraram a incrível capacidade do presidente de manter a ordem, iniciando seu governo com o estado de sítio.

8.b. Sobral Pinto, Ministro do STF

Sobral Pinto, que teve importante participação na garantia da posse de Kubitschek, fundando o movimento Liga de Defesa da Legalidade, assim que empossado o novo presidente, recebe uma carta:

Enviando-lhe cordiais cumprimentos, tenho a satisfação de convidar o ilustre patrício para o cargo de ministro do Supremo Tribunal Federal, na vaga que há pouco se verificou.

É meu desejo prover esse elevado posto com nome à cultura das responsabilidades que ele impõe, procurando, por esta forma, manifestar o apreço que, como cidadão e chefe do

---

[212] *Op. Cit.*, p. 188.

governo, dedico ao Supremo Tribunal Federal e à sua admirável tradição de cultura, isenção e independência.

Pelos seus predicados intelectuais e morais, pela sua extraordinária conduta pública e privada, como advogado e homem de pensamento, estou certo de que o ilustre patrício irá prestar, com aquiescência, ao convite que ora formulo, relevantes serviços ao Supremo Tribunal Federal e à nossa Pátria. (Juscelino Kubitschek)

A resposta de Sobral surpreende:

Lamento, pesaroso, não poder aquiescer, como de seu desejo, ao honroso convite que formulou. A posição cívica que assumi em defesa do regime democrático instituído pela Constituição de 1946, no decurso da apaixonada campanha presidencial de 1955 e nos dias conturbados de novembro do mesmo ano, da qual resultou, à minha revelia, algum proveito para a candidatura de Vossa Excelência, à qual fui adversário, impede-me, em sã consciência, de aceitar a alta dignidade com que, superior às sugestões subalternas do partidarismo estéril, pretendeu elevar, descabidamente, o meu modesto nome à alta consideração de nossos cidadãos.[213]

8.c. Viagem à China

O Brasil teve um crescimento nunca antes visto no governo Kubitschek, mas ao mesmo tempo o índice inflacionário também

---

[213] TÁVORA, Araken. *O Advogado da Liberdade, Sobral Pinto*. Editora Repórter: São Paulo.

chegou ao descontrole. Quando da sucessão presidencial seguinte elegia-se Jânio Quadros,[214] tendo Jango como vice.

Jânio assume, e já no discurso de posse, em 31 de janeiro, destacava o caos financeiro em que o Brasil se encontrava, acentuando que chegávamos a uma dívida de dois bilhões de dólares, a serem pagos dólar a dólar.[215]

Certo dia, Evandro Lins e Silva recebe telefonema de um secretário do vice-presidente João Goulart, convidando-o para almoçar com ele no Hotel Copacabana Palace. Seria a primeira vez que conversaria com Jango, com quem havia se encontrado anos antes, na casa do jornalista Samuel Wainer.

Achando que se tratava de assunto profissional, Evandro tem uma surpresa: Jango informa a Evandro que havia recebido um convite do governo chinês para visitar a China e levar uma comitiva de brasileiros que representassem suas atividades profissionais e, como o achava representativo da advocacia, o convidava para acompanhá-lo na viagem. Evandro relutou, mas acabou aceitando.[216]

Jânio tentava seguir uma política pró-americana, mas, ao mesmo tempo, seu ministro das Relações Exteriores fazia acordos comerciais com o bloco comunista. Até chegou a condecorar Che Guevara[217] com a Ordem do Cruzeiro do Sul.

Na noite de 24 de agosto, Lacerda desencadeou um violento ataque pelo rádio, alegando que o ministro da Justiça estava planejando um golpe.

Jânio, então, submete em 25 de agosto sua renúncia ao Congresso, acreditando que seria recusada. No entanto, foi

---

[214] Jânio da Silva Quadros (1917-1992) advogado, professor e político brasileiro, foi o vigésimo segundo presidente do Brasil, entre 31 de janeiro de 1961 e 25 de agosto de 1961, data em que renunciou.
[215] *Op. Cit.*, p. 240.
[216] SILVA. Evandro Lins e. *Op. Cit.*, p. 63.
[217] Ernesto Guevara, mais conhecido como "Che" (1928-1967), médico, guerrilheiro, revolucionário marxista, foi uma figura importante da Revolução Cubana.

prontamente aceita, lida no Congresso quando apenas 34 deputados encontravam-se presentes.

O poder ficava, na realidade, nas mãos dos ministros militares general Odílio Denys, da Guerra; brigadeiro Moss, da Aeronáutica; e do almirante Silvio Heck, da Marinha, que declararam imediatamente o estado de sítio, apesar de o presidente da Câmara, deputado Ranieri Mazzilli, ter assumido a Presidência interinamente, como determinava a Constituição de 1946, já que o vice-presidente encontrava-se fora do território nacional, em visita oficial à China Continental.

A Constituição também não deixava dúvida: na vaga da Presidência assumia o vice, de acordo com o artigo 79. No entanto, os ministros militares consideravam inadmissível a volta de Jango "por motivos de segurança nacional". Forçavam o Congresso Nacional a convocar eleições em 60 dias.

Sobral novamente intervém, divulgando um manifesto:

Como antigo presidente da Liga de Defesa da Legalidade, cabe-me afirmar, perante a Nação e as Forças Armadas, que o presidente da República, pela vontade do povo brasileiro e determinação da Constituição Federal, é o Sr. João Goulart, a quem não conheço sequer de vista e de quem fui, sou e serei intransigente adversário.

Tenho ouvido rumores de que forças poderosas se empenham em levar as Forças Armadas a impedir a posse do Sr. João Goulart, mediante a reforma da Constituição, o que propiciaria a eleição de outro presidente pelo Congresso Nacional (...).

Tal providência seria um crime contra a Nação, cuja vontade, claramente manifestada em 3 de outubro de 1960, ficaria assim brutalmente esmagada e abriria no nosso futuro próximo ou remoto, caminhos de opressão e usurpação política, que conduziriam o povo à sua total ruína.

Resistam os chefes militares às seduções do poder despótico, resista o Congresso à tentação de se substituir ao povo como eleitor do presidente da República; resistam (...).[218]

O Congresso decepcionou os militares, que queriam impedir a posse de Goulart, recomendando emendar-se a Constituição para que fosse instaurado no país o sistema parlamentarista.

Ocorre que as Forças Armadas se dividiram sobre a posse de Jango. O marechal Lott divulgou um manifesto a favor da legalidade, defendendo a posse de Jango, e foi imediatamente preso. O Exército do Rio Grande do Sul se manifestou, pronto para a luta em favor da posse do vice; e Leonel Brizola[219] lançou a *Voz da Legalidade*, uma rede de rádio denunciando o golpe e o desrespeito à Constituição da República.

Diante desta cisão, os ministros militares concordam com a posse no sistema parlamentarista, e no dia 2 de setembro de 1961 o Congresso adota emenda constitucional instituindo o parlamentarismo.

Evandro soube da notícia durante sua viagem a Pequim e começou a preparar sua volta. Após dois dias, conseguiu chegar a Paris, encontrando Jango quando estava embarcando no avião. Enquanto Jango seguia para o Brasil via Singapura, de Paris direto para Nova Iorque, seguindo pela costa do Pacífico até

---

[218] TÁVORA, Araken. *O Advogado da Liberdade, Sobral Pinto*. Editora Repórter: São Paulo, 1988, p. 63.
[219] Leonel de Moura Brizola (1922-2004) engenheiro civil e político brasileiro, considerado um líder da esquerda, foi o principal expoente na fundação do Partido Trabalhista Brasileiro. Foi governador do Rio de Janeiro e do Rio Grande do Sul.

Montevidéu e entrando no território nacional pelo Rio Grande do Sul, Evandro Lins e Silva aguardava um telegrama em código de sua mulher, para saber se era seguro ou não desembarcar direto no Rio de Janeiro.

Evandro chegou primeiro a Brasília e soube que haveria uma operação para derrubar o avião de Jango, que acabou não ocorrendo. Quando Goulart desembarcou, chamou Evandro e entregou a ele seu discurso de posse, para que revisasse. Tancredo Neves[220] e Chagas Freitas,[221] entre outros, insistiam para que tomasse parte no novo governo.

No dia seguinte, ao entregar o discurso revisado, o novo presidente lhe perguntava: "— Tu aceitas a Procuradoria-Geral da República?"

Respondeu Evandro:

"— Infelizmente, não aceito não." Jango vira-se, então:

"— Até agora falou o amigo, agora fala o presidente da República, que lhe faz um apelo para você prestar um pouco de serviço ao seu país e deixar de lado a preocupação das vantagens que a advocacia pode lhe oferecer no momento."

"— Bem, nestes termos, ninguém pode recusar. Peço que seja por um curto prazo, para que eu não me desligue da minha profissão durante muito tempo."

---

[220] Tancredo de Almeida Neves (1910-1985) advogado, considerado um dos mais importantes políticos brasileiros do século XX. Ingressou na política em 1935, quando foi eleito vereador, e desde então assumiu vários cargos políticos como deputado estadual, federal, senador, até ser eleito presidente da República por voto indireto, em 1984, mas adoeceu e morreu antes de assumir o cargo.

[221] Antônio de Pádua Chagas Freitas (1914-1991) jornalista e político brasileiro; governador da Guanabara (1971-1975) e do Rio de Janeiro (1979-1983).

"— Eu quero te fazer ministro do Supremo Tribunal Federal."

"— Não está entre as minhas aspirações nem entre os meus projetos ser ministro do Supremo Tribunal Federal. De maneira que fico muito honrado com a sua lembrança, mas não pretendo."

Jango interrompeu de pronto:

"— Não vamos fazer isso: Motinha (Cândido Mota Filho) está, segundo ele, querendo ser embaixador no Vaticano.

Eu o farei embaixador no Vaticano, para abrir uma vaga no Supremo para você."

Tempos depois, Evandro seria indicado como ministro do STF na vaga de Ary Franco, e toma posse em setembro de 1963.

Em 6 de janeiro de 1963 é realizado um plebiscito, e o presidencialismo vence com ampla vantagem. No regime presidencialista Jango iniciaria uma tentativa de adesão das forças populares às reformas de base.

CAPÍTULO 9

O Golpe

9.a. As "Reformas de Base"

As "reformas de base" pretendidas por Jango não seriam conseguidas à custa da extinção de privilégios e para não desagradar aos interesses internacionais, que já vinham preocupados com as restrições à remessa de lucros a suas matrizes, desde 1961, quando a Câmara votou lei nesse sentido.

Lincoln Gordon, embaixador dos Estados Unidos, liderava a oposição à legislação regulamentadora da remessa de lucros, que o Senado acabou emendando, para suavizá-la. Ocorre que a Câmara rejeitou a emenda e reintroduziu as disposições mais duras, como Jango propunha.

Leonel Brizola, como governador do Rio Grande do Sul, em fevereiro de 1962 expropriou a International Telephone and Telegraph Co., causando sério incidente diplomático com os Estados Unidos.

O governo Jango pretendia que o Estado tivesse controle de áreas que considerava sensíveis para a economia e causavam variação de preço e aumento do custo de vida, fazendo, assim, uma tentativa de controlar a inflação, uma das metas do Plano Trienal e uma das exigências para empréstimo no Fundo Monetário Internacional (FMI).

Então, propôs ao governo americano a compra da *American and Foreign Power Company*, por 135 milhões de dólares, dos quais 75% deveriam ser reinvestidos em empresas que fossem de utilidade pública para o Brasil, e os 25% restantes seriam pagos em dólar.[222]

O acordo gerou ataques da esquerda, com Brizola acusando o governo de estar metido em uma "liquidação" e Lacerda atacando o presidente por estar comprando um "ferro-velho".

Dando continuidade às reformas, Jango manda para o Congresso, em março de 1962, um projeto de lei de reforma agrária, que emendava o art. 141 da Constituição de 1946, que necessitava de dois terços dos votos para ser aprovado.

Novamente a esquerda e a direita atacaram o presidente. A primeira, acusando-o de ato demagógico; a segunda, movida pela influência dos proprietários de terras, formou rapidamente oposição ao projeto, fazendo a burguesia urbana acreditar que a proposta era um atentado a toda propriedade, ao direito de propriedade.

Em 12 de setembro de 1963 ocorreu um sério incidente político, quando várias centenas de fuzileiros e soldados da Aeronáutica e da Marinha revoltaram-se em Brasília, tentando assumir o controle do governo. Os rebeldes conseguiram prender o ministro Vitor Nunes Leal, do STF.

Evandro, também ministro do STF, foi ao presidente do Tribunal, ministro Lafayette de Andrada, e insistiu que era a hora de o Supremo ficar em sessão permanente, até que se resolvesse o incidente. "Não podiam tolerar que um ministro pudesse ter sido retido, preso ou sequestrado por parte indisposta ou desgostosa com o resultado proferido pelo Supremo Tribunal Federal", afirma Evandro.[223]

---

[222] SKIDMORE, Thomas, E. *Op. Cit.*, p. 298.
[223] *Op. Cit.*, nota 62.

Voz Humana

A chamada "revolta dos sargentos" foi em protesto contra a decisão do Tribunal Eleitoral, mantida pelo Supremo, de que eram inelegíveis. As implicações foram de longo alcance, pois os revoltosos, em poucas horas, cercaram os principais prédios públicos, isolando-os de qualquer comunicação por rádio ou telefone.

A experiência impressionou os conservadores, que estavam articulando o *impeachment* de Jango. Os temores se acentuaram, porque os sargentos rebeldes tinham ligação com líderes sindicais do Comando Geral dos Trabalhadores (CGT).[224]

No dia 4 de outubro, Jango envia ao Congresso uma mensagem solicitando estado de sítio por 30 dias. A princípio, a proposta tinha apoio da bancada do PTB, mas em seguida este partido mudou de opinião, chegando o ministro Santiago Dantas a avisar a Jango que os poderes de exceção poderiam se tornar, rapidamente, em vários Estados, instrumentos de repressão contra as classes trabalhadoras.

Em 7 de outubro, Jango retira a proposta de estado de sítio. Parte da esquerda, liderada por Brizola, acusa Jango de não estar recuando, quando surge um boato de que saíra do Palácio do Governo uma conspiração para prender Lacerda e Miguel Arraes, anulando os principais governadores, respectivamente, de direita (do Rio de Janeiro) e de esquerda (de Pernambuco).

9.b. O Comício

Aconselhado por Darcy Ribeiro,[225] então chefe da Casa Civil; e por Raul Riff, do Serviço de Imprensa do gabinete

---

[224] *Op. Cit.*, nota 90, p. 317.

[225] Darcy Ribeiro (1922-1997) antropólogo, escritor e político brasileiro, dedicou-se aos estudos indígenas e à educação do Brasil. Foi ministro da Educação e chefe da Casa Civil durante o governo do presidente João Goulart e um dos responsáveis pela criação da Universidade de Brasília. Durante o primeiro governo de Leonel Brizola no Rio de Janeiro (1983-1987), Darcy Ribeiro, como vice-governador, criou, planejou e dirigiu a implantação dos Centros Integrados de Ensino Público (CIEP).

presidencial, Jango resolve ir em busca do apoio de massa para as "reformas de base".

Planejou-se uma série de comícios no início de 1964, simultaneamente ao início das reformas de base por decreto.

O primeiro deles deveria ser no Rio de Janeiro, reduto de Carlos Lacerda, o líder da direita desde a morte de Getúlio Vargas, em 1954.

Em 13 de março de 1964, em frente ao Ministério da Guerra, com a presença de 150 mil pessoas, protegido por soldados de capacete branco do Exército, Jango, ao lado da esposa, Maria Teresa, após fervoroso discurso de Brizola, no palanque com Miguel Arraes, Darcy Ribeiro e Assis Brasil, chefe da Casa Militar, assinou dois decretos: um, nacionalizando todas as refinarias de petróleo, restabelecendo o monopólio da Petrobras no refino de acordo com a lei; e outro, referente à reforma agrária. O presidente terminava seu discurso dizendo:

> Nenhuma força será capaz de impedir que o governo continue a assegurar absoluta liberdade ao povo brasileiro. E, para isto, podemos declarar, com orgulho, que estamos com a compreensão e o patriotismo das bravas e gloriosas Forças Armadas da Nação.

No domingo, dia 15 de abril de 1964, Evandro estava no Rio de Janeiro e não encontrava avião para voltar para Brasília, onde haveria sessão do Supremo na segunda-feira. Ligou para o Ministério da Aeronáutica e falou com um oficial para saber se haveria algum voo para a capital, e foi informado de que havia partida programada do avião presidencial. Preservando-se, pela independência que deve ter um membro da Suprema Corte, recusou o oferecimento, acreditando estar o presidente acompanhado de inúmeros políticos.

Alguns minutos depois, o telefone de Evandro toca. Era o presidente João Goulart: "— Tu estás querendo ir para Brasília? Eu vou hoje."

"— Mas você vai com esse grupo de políticos todo e eu prefiro não ir, Jango." "— Não, vou sozinho."[226]

Fechados no gabinete do presidente no avião presidencial, Evandro e Jango conversaram durante a viagem sobre o momento que vivia o país. Evandro aconselhava o presidente a apoiar um candidato à eleição, pois havia notícias de que ele pretendia permanecer no cargo e esta seria a única forma de acabar com o boato de forma contundente. Jango achava que no momento em que apoiasse um candidato à Presidência, estaria delegando poderes e encerrando o seu mandato.

9.c. O Golpe

Dias depois, mais de mil marinheiros e fuzileiros navais se revoltam. No dia 26 de março, liderados pelo cabo Anselmo dos Santos, contrariando proibição no Ministério da Marinha, comparecem à reunião no Sindicato dos Metalúrgicos, onde se entrincheiram.

Em São Paulo, movimentos religiosos femininos procuram demonstrar a oposição da classe média contra o governo e em repúdio aos comícios de 13 e 20 de março, com divulgação de nota do chefe do Estado-Maior do Exército, marechal Castelo Branco,[227] em que atacava a ideia de uma assembleia constituinte como um prelúdio da ditadura, afirmando que "não devia ser

---

[226] *Op. Cit.*, nota 62, p. 373.

[227] Humberto de Alencar Castelo Branco (1897-1967), militar e político brasileiro, foi o 26o Presidente do Brasil, o primeiro do período da Ditadura Militar, tendo sido um dos articuladores do Golpe Militar de 1964.

esquecido o papel histórico das Forças Armadas como defensoras da ordem constitucional e das leis, inclusive as que asseguram o processo eleitoral".[228] Ganha corpo uma conspiração.

No dia 30 de março de 1964, domingo à noite, Jango comparece a uma festa dos sargentos no Automóvel Clube, e seu discurso é transmitido pela televisão.

No dia seguinte, o general Olímpio Mourão Filho, o mesmo homem que havia desenvolvido o Plano Cohen em outubro de 1937, mobiliza suas tropas em Juiz de Fora (MG) e marcha para o Rio de Janeiro.

Começam as prisões efetuadas pelo DOPS.

Jango voa para Brasília e, lá chegando, dirige-se para o Rio Grande do Sul. O presidente da Câmara dos Deputados, Ranieri Mazzilli, com Jango ainda em território nacional, declara vaga a Presidência e assume o cargo.

---

[228] *Op. Cit.*, nota 90, p. 358.

CAPÍTULO 10

Ato Institucional

10.a. AI-1 — A Volta do Nazifascismo

Com o golpe, veio a se formar um regime burocrático-autoritário sob forte influência nazifascista. Nove dias após o golpe, o Comando Supremo da Revolução baixa o Ato Institucional nº 1, redigido por Francisco Campos, que havia sido ministro da Justiça no Estado Novo e elaborado a Constituição de 1937, inspirado na da Polônia, com contribuições do fascismo da Áustria e de Portugal. Ele também, seguindo exemplo de Alfredo Rocco, ministro da Justiça de Mussolini, fez reformar o Código de Processo Civil e Código de Processo Penal, o Código Penal (em vigor), partes inteiramente copiadas do Código Penal italiano, como a Lei do Júri, a Lei Orgânica do Ministério Público e a Consolidação das Leis do Trabalho, esta inspirada na *Carta del Lavoro*.

O Ato Institucional era o desembocar das pretensões das Forças Armadas desde 1937, marcadas a ferro e fogo pelo ódio aos comunistas e ao Levante de 1935, de Prestes.

Os militares brasileiros que participaram da Segunda Guerra Mundial, ao lado de tropas americanas, acabaram passando pelos

Estados Unidos e por suas escolas de guerra, onde tomaram contato com a doutrina de segurança nacional do Pentágono. O Pentágono elegia os comunistas e os opositores como inimigos internos a serem combatidos, e, por sua vez, também tinha forte influência dos pensadores que sustentaram a formação ideológica nazista.

A doutrina de segurança nacional busca os conceitos de Nação e de bipolaridade na geopolítica pangermanista. Para Ratzel, um dos pilares do pangermanismo, o Estado é um organismo que necessita de espaço e de expansão como qualquer ser vivo, retomando a ideia de "espaço vital". Ele inspirou-se em Von Treitschke, autor da famosa frase: "A guerra é o único remédio para as nações doentes". Ratzel defendia "a superioridade da raça germânica e a absoluta necessidade de possuir colônias!".[229] Estas ideias foram formadoras do nazismo e serviam para justificar suas guerras de expansão.

Os Estados Unidos prontamente reabilitaram as ideias pangermanistas, após — e apesar de — elas terem sido ativamente criticadas por seu emprego no nazismo. Essas ideias somaram-se às do geógrafo inglês Sir Halford John Mackinder, criador da teoria da "ilha mundial", na qual o mundo estaria dividido entre uma ilha mundial, a Eurásia, e um arco insular. Segundo ele, quem dominasse a "ilha mundial" dominaria o mundo. No Brasil, os militares brasileiros davam grande valor aos fundadores do pangermanismo da geopolítica.[230]

Segundo Joseph Comblin, autor de *A ideologia da segurança nacional — O poder militar na América Latina*, os americanos fizeram o mesmo jogo do nazismo, pois Hitler viria a se lançar numa guerra que seria pela sobrevivência do povo alemão, pois,

---

[229] COMBLIN, Padre Joseph. *A Ideologia da Segurança Nacional — O Poder Militar na América Latina*. Tradução de A. Veiga Fialho, Civilização Brasileira: Rio de Janeiro, 1978, p. 63.
[230] *Op. Cit.*

de acordo com Ludendorff, a perda da Primeira Guerra ocorreu por falta de coesão e energia. Então, a Segunda Guerra deveria, de acordo com Ludendorff, ser a ação do povo inteiro, deveria ser a guerra absoluta: "A guerra é a suprema expressão da vontade de viver de uma raça".

Para a doutrina de segurança nacional, a *guerra fria* era uma guerra absoluta, uma guerra total, mas uma nova modalidade de guerra. Para os doutrinários da segurança nacional, como o general Golbery do Couto e Silva,[231] não se concebe de outra maneira a guerra contra o comunismo, pois a *guerra fria* é permanente, travada em todos os planos — militar, político, econômico e psicológico —, evitando-se, porém, o confronto armado da invasão territorial por tropas estrangeiras.

> Hoje ampliou-se o conceito de guerra e não só — como reclamava e calorosamente advogou Ludendorff em depoimento célebre — a todo o espaço territorial dos Estados beligerantes, absorvendo na voragem tremenda da luta a totalidade do esforço econômico, político, cultural e militar de que era capaz cada nação, rigidamente integrando todas as atividades em uma resultante única visando à vitória, confundindo soldados e civis, homens, mulheres e crianças nos mesmos sacrifícios e em perigos idênticos e obrigando à abdicação de liberdades seculares e direitos custosamente adquiridos, em mãos do Estado (…) De guerra estritamente militar passou ela, assim, a guerra total, tanto econômica e financeira e política e psicológica e científica como guerra

---

[231] Golbery do Couto e Silva (1911-1987), general e geopolítico brasileiro, um dos principais teóricos da doutrina de segurança nacional, elaborada nos anos 50 pelos militares brasileiros da Escola Superior de Guerra (ESG), sendo um dos criadores do Serviço Nacional de Informações (SNI). Ocupou ainda os cargos de Chefe da Casa Civil nos governos militares de Ernesto Geisel e João Baptista Figueiredo até 1981.

de exércitos, esquadras e aviações; de guerra total a guerra global; e de guerra global a guerra indivisível e — por que não reconhecê-lo? — permanente. A "guerra branca" de Hitler ou a guerra fria de Stalin substitui-se a paz e, na verdade, não se sabe já distinguir onde finda a paz e onde começa a guerra (...) A essa guerra onipresente, todos os instrumentos de ação, direta ou a distância, lhe são de valia igual para alcançar a vitória que se traduza, por fim, na efetiva consecução dos Objetivos Nacionais e na satisfação completa das aspirações ou das ambições — justas ou injustificáveis, pouco importa — da alma popular (...) A Geopolítica caracteriza-se outrossim pela sua conceituação do Estado, considerado este, ainda com mais rigor que nas próprias lições de Ratzel, como se fora um organismo supra-individual dotado de vida, de instintos e de consciência privativa — o famoso sentido espacial ou Raumsinn que surpreendentemente aparece, apenas mascarado, nas doutrinas norte-americanas do destino manifesto. (...) A concepção da supremacia do poder marítimo que fez a glória de Mahan, o norte-americano que veio explicar aos ingleses os verdadeiros fundamentos da grandeza de sua pátria, e não menos a doutrina da "revolta dos espaços continentais" que Mackinder magistralmente sistetizou em seu conhecido aforismo sobre a Ilha do Mundo e o Heartland (...).[232]

Ao mesmo tempo que adotava a influência de dominação mundial nazista, os americanos a justificavam com a Doutrina Truman (1947), segundo a qual o comunismo russo é a repetição do nazismo, conquistador e expansionista, e "a política dos Estados Unidos deve consistir em apoiar os povos livres que

---

[232] SILVA, Golbery do Couto e. *Conjuntura Política Nacional — O Poder Executivo & Geopolítica do Brasil*. Coleção Documentos Brasileiros, Vol. 190. José Olympio Editora: Rio de Janeiro, 1981, pp. 19-33.

resistirem a todas as tentativas de dominação, seja por meio de minorias armadas, seja por meio de pressões externas".[233]

A vitória republicana de Eisenhower, em 1952, resultou na adoção da estratégia da "represália em massa", fazendo pesar o poder nuclear no mundo, parte da guerra absoluta. Até que nos governos John Kennedy e Lyndon Johnson, a Doutrina McNamara fez as adaptações necessárias, distinguindo a guerra atômica, a convencional, a não convencional e a guerra revolucionária.

Tudo isso foi disseminado nos exércitos latino-americanos, via colégios militares americanos destinados a preparar oficiais e soldados na região do Canal do Panamá, em 1961-62.

Três conceitos foram passados.[234] O primeiro é o de que a guerra revolucionária é a nova estratégia do comunismo internacional. Por esta teoria, em qualquer lugar onde haja uma guerra revolucionária há a presença do comunismo. A luta pela sobrevivência do capitalismo passaria pelo Terceiro Mundo.

O segundo, que em decorrência do primeiro, apoiou-se na ideia de que se atrás de toda guerra revolucionária há o comunismo, não se deve distinguir entre guerra de libertação nacional, guerrilhas, subversão, terrorismo; a guerra deveria ser encarada como absoluta. No terceiro conceito, o combate é questão de técnica, e aí deixam-se enganar pelos franceses, que foram os primeiros a tratar de uma guerra de libertação, na Argélia.

Durante a ação militar na Argélia, a fase mais complicada foi a localização do inimigo, sendo necessário então um serviço de inteligência.

Em princípio, todos aqueles que pertenciam a partidos e grupos favoráveis a causas anteriores à eclosão da guerrilha eram vistos como seus simpatizantes.

---

[233] *Op. Cit.*, p. 40, *apud* BOROSAGE, Robert. *The making of National Security Estage.*
[234] *Op. Cit.*, p. 44.

É necessário, segundo a doutrina da segurança nacional, detectar todos os membros da subversão, utilizando técnicas variadas e "a presença permanente em toda parte: nos locais de trabalho, de transporte, de recreio; prisões rápidas e informações".[235] A tortura é a regra do jogo. "Inimigo bom é o inimigo morto. Adversário definido é inimigo disfarçado".

Por fim, Joseph Comblin define:

> No primeiro plano da política interna, é a segurança nacional que destrói as barreiras das garantias constitucionais: a segurança não conhece barreiras; ela é constitucional e anticonstitucional; se a Constituição atrapalha, muda-se a Constituição. Em segundo lugar, a segurança nacional destrói, desfaz, a distinção entre política externa e interna. O inimigo, o mesmo inimigo, está ao mesmo tempo dentro e fora do país; o problema, portanto, é o mesmo. Dependendo das circunstâncias, os mesmos meios podem ser empregados tanto para inimigos externos quanto internos. Desaparece a diferença entre polícia e Exército: seus problemas são os mesmos (...).
>
> Em terceiro lugar, a segurança nacional apaga a distinção entre a violência preventiva e a violência repressiva (...).

Os militares, portanto, receberam em suas fortes raízes integralistas a doutrina de segurança nacional. O maior fantasma histórico das Forças Armadas brasileiras foi o Levante de Prestes, em 1935. O contexto do governo Jango fazia os militares de alta patente se apavorarem com a quebra da "hierarquia" e da disciplina. Os movimentos, como o dos sargentos em 1963 e o jantar no Automóvel Clube, foram a gota d'água.

---

[235] COMBLIN, Padre Joseph. *Op. Cit.*, p. 71.

A aceitação do ímpeto dos mais jovens, como os do movimento tenentista, foi substituída pelo mito da hierarquia, de forma que até a própria saída de Olímpio Mourão Filho de Minas Gerais para o Rio foi encarada como quebra de disciplina, pois não havia ordem superior. O expurgo desta vez deveria atingir "a própria carne" das Forças Armadas.[236]

Em um primeiro momento, apesar da doutrina de segurança nacional, não havia plano ou projeto daqueles que tinham tomado o poder, muito menos consenso. Dois grupos principais percebiam-se entre os militares: um mais intelectualizado, ligado às escolas superiores das Forças Armadas, apelidado de "Sorbonne", do qual participavam Golbery do Couto e Silva, Admar de Queiroz, Cordeiro de Farias, entre outros; e o segundo, mais ligado à tropa, formado por generais e coronéis de "cultura militar".

Como não se via legitimidade em movimentos fora da hierarquia, enquanto o segundo procurava líderes, acabando por fixar-se em torno do general Costa e Silva, de poucas luzes; o primeiro grupo compunha-se de generais de cultura acima da média militar e tinha no general Castelo Branco o sentido legalista contra a intervenção militar prolongada. A conspiração para o golpe, no entanto, não foi hierarquizada, e sim, os líderes forjados para legitimar o movimento.[237] O Ato Institucional era o prelúdio, o primeiro ato, mantinha a Constituição de 1946 e as estatais e marcava eleição para presidente em dois dias, indireta, bastando maioria simples do Congresso Nacional. Lembrava a "Justificativa à Nação": "Fica, assim, bem claro que a revolução não procura legitimar-se por meio Congresso. Este é que recebe

---

[236] D'ARAÚJO, Maria Celina; SOARES, Gláucio Ary Dillon; e CASTRO, Celso. *Visões do Golpe: A Memória Militar sobre 1964*. Relume-Dumará Editora: Rio de Janeiro, 1994, p. 93.
[237] *Op. Cit.*, p. 16.

deste Ato Institucional, resultante do Poder Constituinte, inerente a todas revoluções, a sua legitimação".

Ficava regulado e prefixado que todos os projetos de lei enviados pelo presidente e não votados pelo Congresso em 30 dias seriam considerados aprovados.

Pelo art. 7º, ficavam "suspensas, por 6 (seis) meses, as garantias constitucionais ou legais de vitaliciedade e estabilidade", podendo, ainda, segundo o art. 10.

> os comandantes-em-chefe que editam o presente Ato, (...) suspender os direitos políticos pelo prazo de 10 anos e cassar mandados legislativos federais, estaduais e municipais, excluída a apreciação judicial desses atos,

podendo praticar o presidente da República estes atos, dentro de 60 dias.

Assumia a Presidência da República, dois dias depois, o general Castelo Branco, apoiado pelos políticos, convencidos pelo *grupo da Sorbonne* de que era a alternativa mais comprometida com a volta à legalidade.

Inocentemente, acreditavam que o mal do país era a corrupção e que em seis meses afastariam esta lepra e estaria resolvido o problema.

CAPÍTULO 11

O Aparelho Repressivo e a Resistência Judiciária

11.a. Protestos de Sobral Pinto

Para suportar a segurança nacional, foi rapidamente criada uma forte estrutura que possibilitasse a guerra interna que estaríamos vivendo e, em junho de 1964, foi criado o Serviço Nacional de Informações (SNI), projetado por Golbery do Couto e Silva, que iria assessorar o presidente da República na orientação de atividades de informação. "Cresceu e espalhou seus tentáculos sobre toda a sociedade e sobre os aparelhos do Estado."[238]

Foi criada a Comissão Geral de Investigações, e "por longo tempo, militares pertencentes a uma organização fascista", os quais chegaram a confessar, em documento público, que realizavam com os IPMs "ação tipicamente revolucionária", ficaram na direção dos Inquéritos Policiais Militares.[239]

---

[238] D'ARAÚJO, Maria Celina, SOARES, Gláucio Ary Dillon e CASTRO, Celso. *Os Anos de Chumbo — A Memória Militar sobre A Repressão*. Relume-Dumará Editora: Rio de Janeiro, 1994, p. 85.
[239] FRAGOSO, Heleno Cláudio. *Advocacia da Liberdade — A Defesa nos Processos Políticos*. Forense: Rio de Janeiro, 1984, p. 49.

Logo depois do golpe, Sobral protestava no *Jornal do Commércio*: "O Ato Institucional se apóia na força das armas e não no voto do povo".

E salientava, indignado, que: "(...) foram apresentados à Nação, como se fossem traidores indignos da menor consideração, homens que até ontem ocupavam posições da mais alta e maior responsabilidade (...)".

E, mais adiante:

> Os homens que foram derrubados são quase todos meus inimigos gratuitos. Entre eles, ao que me lembro agora, tenho apenas dois amigos: o ministro Aguiar Dias e o professor Darcy Ribeiro. Não quis nada da República velha, nem da República nova e nem desta que está aí. Quero, apenas, concorrer para o progresso do bem comum de minha Pátria. Dentro desta orientação, formulo veemente e desinteressado apelo aos militares, que estão no poder, para que não destruam as últimas esperanças dos homens de critério e de bom senso. É em nome destes sentimentos que formulo, como disse, veementemente, apelo para que não toquem no Supremo Tribunal Federal, como se murmura em vários recantos da cidade. Fiquem certos os dirigentes da coisa pública: democracia é o governo do povo, pelo povo e para o povo, e tem como instrumento o voto livre e honesto, e o Ato Institucional se apóia na força das armas, e não no povo.

> Há outra coisa grave, ainda. É a destituição de juízes, como aconteceu com o ministro Aguiar Dias e o desembargador Osny Duarte. A Nação inteira sabe que não tolero o comunismo (...). Mas o comunismo não se vence com atos de violência, que juristas, sem noção dos deveres de sua nobre profissão, procuram, agora, utilizar com atos legítimos e de

natureza democrática, o que nada mais é que um atentado contra a verdade jurídica.[240]

Uma semana depois, Sobral Pinto faria um pronunciamento ao assumir a presidência do Instituto dos Advogados Brasileiros:

> Assumo a presidência do Instituto dos Advogados Brasileiros em hora particularmente difícil para os destinos da Pátria. A ordem jurídica constitucional está abalada em seus alicerces fundamentais. A magistratura perdeu, pelo Ato Institucional recentemente publicado, as suas garantias e, com elas, a independência, sem a qual não pode acudir aos perseguidores. Os quadros políticos estão desbaratados e justamente amedrontados, não ousando, assim, tomar as iniciativas que tornam digna a vida pública da Nação.
>
> O Congresso Nacional está destituído de sua categoria de um dos três Poderes da República, deixando, assim, de ser soberano e sentindo-se, por isto, impotente até para defender os mandatos de seus membros. O direito de defesa, inerente à dignidade da pessoa humana, foi afrontosamente ferido, sem que o Poder Judiciário possa obstar o triunfo desta violência orgulhosa.
>
> A todos advirto, desde já e resoluto, que — inimigo jurado de toda violência — imprimirei à minha administração este cunho de legalidade que Ruy Barbosa fixou em frase lapidar, quando, em 1911, ingressou em nosso Instituto: "Outra cousa não sou eu, se alguma cousa tenho sido, senão o mais

---

[240] *O Advogado da Liberdade, Sobral Pinto*, Araken Távora. Editora Repórter: São Paulo, 1988, p. 58.

irreconciliável inimigo do governo do mundo pela violência, o mais fervoroso predicante do governo dos homens pelas leis".

11.b. Os *Habeas Corpus*

Naquele primeiro momento, rapidamente advogados como Sobral Pinto, Heleno Fragoso, Evaristo de Moraes Filho, Nélson Hungria, que havia sido ministro do Supremo, Cândido de Oliveira Neto, Arnoldo Wald, Justo de Morais, entre outros, dispararam sobre as Cortes Superiores diversos *habeas corpus*.

Os IPMs pipocavam pelo país, alguns com objetivos completamente vagos e indeterminados, como o do Partido Comunista e da Imprensa Comunista. Como salienta Heleno Fragoso: "Sob o rótulo de *imprensa comunista* era possível considerar as publicações que se fizeram e as que se fariam por escritores esquerdistas. Haveria matéria para mais de dez anos de inquérito".[241]

Ocorre que, pelo art. 108 da Constituição de 1946, a competência da Justiça Militar era restrita a dois casos: crimes contra a segurança externa do país e contra as instituições militares. Inúmeros *habeas corpus* foram concedidos pelo STM e pelo STF em face das prisões impostas pelos encarregados dos Inquéritos Policiais Militares, com base no art. 146 do Código da Justiça Militar, em vigor na época.[242]

11.c. Liberdade de Cátedra

Os advogados Justo de Morais, Joaquim Correia de Carvalho Jr. e Inezil Penna Marinho impetraram, no STM, *habeas corpus*

---

[241] *Op. Cit.*, nota 126.
[242] *Op. Cit.*, nota 126.

em favor do professor Sérgio Cidade Resende, que estava com prisão preventiva decretada, incurso em diversos artigos da Lei de Segurança Nacional (Lei 1.802/53), por haver distribuído a 26 alunos texto de Carlos Heitor Cony, na aula que ministrava na Faculdade de Ciências Econômicas da Universidade Católica de Pernambuco.

11.d. Voto de Evandro Lins e Silva

Após voto do ministro relator Hahnemann Guimarães, concedendo a ordem — "a denúncia narra fatos que evidentemente não constituem crime", justificou ele —, o ministro Evandro Lins e Silva defere seu voto:

Senhor presidente, estudei os memoriais que foram enviados pelo advogado do paciente e cheguei à mesma conclusão a que chegou o eminente senhor ministro relator. Desejo apenas lembrar ao egrégio Tribunal algumas palavras de William O. Douglas, juiz da Suprema Corte dos Estados Unidos, no seu recente livro *The right of the people*, que muito oportunas são para o julgamento deste caso, na defesa da liberdade de expressão do pensamento.

Diz Douglas, combatendo a ausência de liberdade de expressão na Rússia Soviética e na China Comunista: "Minha tese é que não há liberdade de expressão, no sentido exato do termo, a menos que haja liberdade para opor-se aos postulados essenciais em que se assenta o regime existente". (*The right of the people*, ed. 1962, p. 9.)

É assim que ele principia o seu livro. Mais adiante, declara: "O governo não pode privar os cidadãos de qualquer ramo do conhecimento, nem impedir qualquer caminho para a pesquisa, nem proibir qualquer tipo de debate. A proibição se estende aos debates particulares entre os cidadãos, aos pronunciamentos públicos através de qualquer meio de comunicação ou ao ensino nas salas de aula. O espírito da livre pesquisa deve dominar nas escolas e universidades (...)".

E o paciente é professor da Universidade Católica de Pernambuco, de uma cadeira cujas vinculações com a política são inarredáveis. É professor de Introdução à Economia.

Prossegue Douglas: "Aos professores se deve permitir a busca das ideias em todos os domínios. Não deve haver limites para tal discussão." (págs. 14 e 15)

E, citando Chafee, *The blessings of liberty*: "As universidades não devem ser transformadas, como na Alemanha nazista, em repetidoras dos homens que detêm o poder político".

Também cita Robert Hutchins: "A civilização para a qual trabalho e estou certo de que trabalham todos os americanos pode ser chamada a *civilização do diálogo*, onde, em lugar de atirarmos um no outro quando divergimos, debatemos os problemas juntos. Neste diálogo, não se pode ter a certeza de que todos ficarão pensando da mesma maneira. Seria um atraso se isso acontecesse. A esperança de um eventual progresso estaria desaparecida. Mais do que isso, seria profundamente aborrecido".

Mais adiante: "Uma universidade é uma espécie de uma contínua conversação socrática, no mais alto nível, com as melhores pessoas que se possa imaginar e reunir sobre as mais importantes questões, e deve-se fazer o possível para garantir a tais homens a liberdade de pensar e de expressar-se".

Ainda Douglas: "A filosofia da Primeira Emenda é a de que o homem deve ter absoluta liberdade para pesquisar o mundo e o universo à procura de resposta para os enigmas da vida. A menos que os horizontes sejam ilimitados, arriscamo-nos a ser governados por um homem de preconceitos do passado. Se formos restringidos na arte, na religião, na economia, na teoria política ou em qualquer outro grande campo do conhecimento, poderemos tornar-nos vítimas do conformismo numa era em que a salvação só pode ser ganha pelo não conformismo". (pp. 20 e 21)

O livro de Douglas está encimado com estas palavras: "A liberdade é um bem precioso que deve ser guardado por todos que a têm, pois onde não existe liberdade pessoal não há senão medo, vazio e desespero".

Senhor presidente, pelos termos da própria denúncia, o que se atribui ao paciente não constitui, evidentemente, crime, como demonstrou o eminente senhor ministro relator. No memorial e sobretudo no relatório policial que indiciou o paciente, há um trecho que revela a incompreensão das garantias constitucionais (que estão em pleno vigor) por parte da autoridade policial. Diz o delegado, em trecho do relatório, contestando que não houvesse liberdade no País: "Aí está o nosso *Jornal do Commércio*, publicando o seu manifesto, em matéria paga. Aí estão em pleno funcionamento o Senado, a Câmara Federal, as Câmaras Estaduais e de Vereadores. Tudo isto é tolerado. O que não se pode tolerar, porém, é a subversão da ordem (...)".

Li, também, o escrito do paciente, em que ele se opõe à situação dominante e lhe faz críticas.

Mas, nesse documento, não propaga o uso de meios violentos para a subversão da ordem política e social, como foi demonstrado pelo senhor ministro Hahnemann Guimarães. É uma crítica desfavorável, mas não criminosa.

Tendo em vista a liberdade de expressão e a liberdade de cátedra, asseguradas em nossa Carta Magna, acompanho o voto do eminente ministro relator, concedendo a ordem por falta de justa causa para o procedimento penal.

Em seguida, Hermes Lima também acompanha o relator, concedendo a ordem, para votar o ministro Pedro Chaves, mais conservador. Naturalmente, um órgão judicante, colegiado, composto por 11 ministros, tem suas divergências. As decisões do STF acabam por ditar a palavra final em tudo no mundo jurídico, de forma que o debate é fundamental, assim como o papel do debatedor, para o avanço, a modificação, a transformação. Evandro Lins e Silva, Hermes Lima, Vitor Nunes Leal, Villas Boas e Gonçalves de Oliveira marcaram suas atuações pelo liberalismo,[243] enquanto Pedro Chaves pelo conservadorismo, como se verá no voto a seguir, mas todos deixaram suas marcas na inigualável guarda da Constituição, fazendo-a respeitar, assim como a lei, tolhendo os abusos e o destempero.

Senhor presidente, eu me coloco com o eminente ministro relator, exclusivamente no terreno legal. S. Exa. demonstrou

---

[243] Juiz liberal não tem a conotação do liberalismo político econômico. No direito o termo equivale a "aberto, avançado".

que a denúncia descreve um fato que não merece capitulação penal. Só por esta razão concedo a ordem.

No terreno político-ideológico, estou em completo desacordo com as ideias emitidas no voto do senhor ministro Evandro Lins e Silva e sustentadas da tribuna pelo impetrante.

Há nesta revolução, no momento em que estamos vivendo, uma evidente contradição; alguma coisa está positivamente errada, porque se há ideias que se repelem, que *hurlent de se trouver ensemble*, são estas, de "revolução" e de "Constituição". E o Ato Institucional, que procurou dar colorido ao movimento de 31 de março, no art. 1º diz que "está em vigor a Constituição de setembro de 1946".

Esta Constituição de setembro de 1946, como todas as Constituições inspiradas nos princípios da liberal-democracia, é uma Constituição que não fornece meios de defesa às instituições nacionais e é uma Constituição onde se prega um liberalismo à Benjamin Constant, pleno, amplo e absoluto, mesmo contra os interesses que se presumem ser da nacionalidade, porque consagrados por uma Assembléia Constituinte.

Assim, há abuso da liberdade de imprensa, há abuso da liberdade de pensamento, há abuso das imunidades parlamentares e há abuso da liberdade de cátedra. Não podia ter passado pela cabeça de um constituinte, honestamente consciente das necessidades nacionais de transformar o direito de liberdade de cátedra em direito de incutir no ânimo dos estudantes ideias que são contrárias àquelas proclamadas e consagradas pela Constituição.

Estes que abusam da liberdade são os maiores responsáveis pela situação atual. Não ignorantes, ou semi-analfabetos — soldados e marinheiros — que se reuniam, sob o amparo da política do governo anterior, para fazer propaganda da subversão. Estes não sabem o que é marxismo, nem ideias marxistas. São homens como este, que é professor de Introdução à Ciência Econômica e que vai incutir nos seus discípulos — 26 rapazes — ideias de desprestígio das Forças Armadas, matéria inteiramente fora do âmbito da cátedra, porque embora tenha relações com a ciência política, estritamente presa à Introdução das Ciências.

E não foi no desenvolvimento de uma tese que ele sustentasse uma opinião contrária a de seus opositores; não foi dando uma aula, que o paciente emitiu ideias marxistas, que ele podia acalentar, sem dúvida, mas não da sua cátedra, que não podia transformar em meio e local de propaganda da sua própria conduta para com seus jovens alunos. Foi expondo matéria econômica que ele emitiu os aludidos conceitos? Não. Foi distribuindo um manifesto, um memorial, para concitar os seus jovens alunos a que pensassem na situação atual, que evitassem de se *gorilizar*, porque, para ele, aqueles que derrubaram o comunismo, que estava se implantando dia a dia nesta terra, eram *gorilas*.

A mim, ao contrário, acho que eram *gorilas* aqueles que queriam fazer de nossa independência, da nossa liberdade de opinião, do nosso direito de sermos brasileiros e democratas, tábula rasa para transformar-nos em colônia soviética, onde eles não seriam capazes de manifestar um pensamento sequer em favor das ideias liberais, para eles, então, haveria Sibéria, *paredón* e outros constrangimentos.

Esses são, na minha opinião, os *gorilas* e não os democratas que fizeram a Constituição de 1946, que asseguraram ampla liberdade e infelizmente se esqueceram de assegurar medidas de defesa dessas mesmas liberdades para que não se voltassem contra os nossos interesses, nacionais e coletivos.

São estas manifestações que eu não podia sopitar, e acho que o juiz é obrigado a manifestar as suas opiniões a respeito dos homens e das coisas.

Mas, voltando às minhas primeiras palavras, no campo absolutamente jurídico, acompanho o voto do senhor ministro relator, porque efetivamente o fato narrado na denúncia não constitui o crime nela capitulado.

Concedo o *habeas-corpus*.

11.e. Voto de Vitor Nunes Leal

Vitor Nunes Leal:

Em certa época, senhor presidente, houve nos Estados Unidos um movimento de reação que não poupou a liberdade universitária. Felizmente, para eles e para todos nós, os homens públicos norte-americanos se advertiram das conseqüências do que estava ocorrendo e puseram paradeiro àquela tendência, o que é notoriamente conhecido.

Durante aquele período, Einstein chegou a dizer estas palavras melancólicas: "Se eu fosse de novo jovem e tivesse de decidir da minha vida, não tentaria ser cientista, professor, universitário; antes preferiria ser bombeiro ou mascate, na esperança de desfrutar um pouco da liberdade que ainda se admite entre nós". Era um desabafo de desespero, evidentemente exagerado. Mas era também um sintoma, e os estadistas americanos se aperceberam, em tempo, do perigo.

No Brasil, quase tudo está por se fazer. Nosso futuro depende do espírito de criação dos homens de pensamento, principalmente dos jovens, e não há criação, no mundo do espírito, sem liberdade de pensar, de pesquisar, de ensinar. Se há um lugar em que o pensamento deve ser o mais livre, este lugar é a universidade, que é o laboratório do conhecimento. E eu não gostaria que os jovens brasileiros pudessem, algum dia, reproduzir, ao pé da letra, aquelas palavras melancólicas de Einstein, ou pudessem comparar a nossa universidade com as universidades dos países submetidos à ditadura.

Pedro Chaves:

A melancolia de Einstein era perfeitamente justificada nos Estados Unidos, um país que, pela sua estrutura econômica e pelas suas condições políticas, goza das mais amplas liberdades, cujas exceções também nós conhecemos. Mas lá não há cassação de mandatos, não há privação de garantias constitucionais e lá não há movimentos constantes e reiterados, como na América Latina, onde nós estamos ficando habituados com os pronunciamentos e as revoluções. Aqui, um sábio na condição dele não teria essa surpresa, nem ficaria preso dessa melancolia. V. Exa. me perdoe, eu queria apenas fazer uma distinção, porque ouço sempre com grande pesar essas invocações que V. Exa. faz da cultura norte-americana, absolutamente diversa da nossa cultura, dos nossos meios e dos nossos hábitos.

Voz Humana

Vitor Nunes Leal:

Agradeço a ponderação do eminente colega, ministro Pedro Chaves. Se invoco o exemplo de um país mais adiantado, é para que nos sirva de modelo. Seria lamentável, se tivesse de citar como exemplo (...)

Gonçalves de Oliveira:

Modelo em algumas coisas, em outras não. Por exemplo, no caso do ódio de classes, no ódio aos negros, tanta falta de humanidade!

Vitor Nunes Leal:

Este problema não está em causa.

Pedro Chaves:

Mas é uma liberdade também. Nós não fazemos distinções de raças, de credos e de religiões; lá, teoricamente, também não se faz e, no entanto, lemos todos os dias notícias de segregação de pretos em escolas, em ônibus, em hotéis, restaurantes, etc. Imaginemos a tristeza de Einstein ou outro sábio de sua categoria, presenciando, testemunhando essas coisas nos Estados Unidos.

Vitor Nunes Leal:

A esse respeito, vejo, com satisfação, que os próprios norte-americanos, através de medidas legislativas e judiciais, estão procurando limitar e extinguir esse elemento de inferioridade, em confronto com outros povos, no seu sistema de convivência racial.

Hermes Lima:

Será que a diferença cultural permite que a gente fique triste, nos Estados Unidos, com a falta de liberdade e não permite que a gente sinta a mesma coisa no Brasil? Será que a diferença cultural autoriza a falta de liberdade no Brasil? Será que a diferença cultural autoriza a liberdade de cátedra? Aonde iríamos com esse raciocínio, que regime adotaríamos aqui? Por que haveríamos de adotar o regime democrático, se este País não está maduro para a democracia com os Estados Unidos? E então, teríamos de adotar um tal regime especial e esse regime especial significaria, na primeira linha dos argumentos aqui expendidos, um cerceamento das liberdades públicas. A diferença cultural serviria para isto. Serviria exatamente para impedir que o País conquistasse um nível mais alto.

Vitor Nunes Leal:

Agradeço as intervenções dos eminentes colegas. Vou concluir meu voto.

Retorno ao problema da liberdade universitária, sobretudo no plano das ciências sociais. Este aspecto foi salientado por Frankfurter no voto a que me referi. Nas ciências sociais, observou ele que os departamentos do conhecimento humano estão separados apenas para efeito de análise e por simplificação didática.

Na realidade, os diversos ramos das ciências sociais se acham tão intimamente relacionados que nem sempre é possível discernir se tal matéria pertence à economia, à sociologia, à antropologia ou à ciência política. Daí as freqüentes incursões de um especialista no campo de especulação dos outros, sem que isso deva causar estranheza.

Admito, senhor presidente, que o paciente, numa aula de economia, não devesse fazer considerações de ordem política. É possível que tenha infringido as regras da sua profissão. Mas esses problemas devem ser resolvidos no âmbito universitário, como dizia Huxley: "A universidade é que decide o que ensinar e como ensinar".

Se o professor foge do programa, se falta ao seu dever de professor, os órgãos universitários que o admoestem, pelos meios próprios, que o advirtam para não empregar o tempo de suas lições em assuntos que seriam de outra disciplina, ou que não devessem ser tratados na universidade. Mas (...)

Pedro Chaves:

Neste terreno, estou de pleno acordo com V. Exa.

Vitor Nunes Leal:

Tudo isso deve ser resolvido no âmbito da universidade. Os riscos da liberdade do pensamento universitário são altamente compensados com os benefícios que a universidade livre proporciona ao povo, ao desenvolvimento econômico do País, ao aperfeiçoamento moral e intelectual da humanidade. E assim quer a Constituição, porque, além de consagrar a liberdade de pensamento em geral, também garantiu, redundantemente, a liberdade de cátedra (art. 168, VII).

11.f. Voto de Gonçalves de Oliveira

Gonçalves de Oliveira:

Senhor presidente, no meu acabrunhamento pelo eclipse do Direito em nossa terra, felizmente do alto deste Supremo Tribunal ainda há luz para captar e aplicar as trevas. Esta Casa há de ser pelos tempos afora, mercê de Deus, a esteira de luz, a Grande Acústica, onde a voz dos oprimidos, dos que têm fome e sede de justiça, terá sempre ressonância, será sempre ouvida (...).

O Supremo concedeu a ordem por unanimidade.

São as mais belas páginas do Judiciário brasileiro, do STF, por seus ministros, cumprindo o dever histórico, para o qual tanto lutou Rui Barbosa. Nunca faltando aos que lá batiam pedindo a prestação jurisdicional.

Há exemplos notáveis da posição do Supremo, que só enaltecem o Direito, como a decisão no *habeas corpus* em favor do jornalista Carlos Heitor Cony, processado em decorrência das suas contundentes matérias. Toda decisão técnica é carregada do ideológico. O Supremo sempre tentou amenizar os males da exceção, sempre fazendo cumprir a Constituição, não permitindo que civis fossem processados diante da Justiça Militar e limitando a extensão da LSN.

11.g. Paciente — Cony

Nélson Hungria impetra *habeas corpus* em favor de Cony.

E o Supremo, mais uma vez, demonstra elegância e firmeza em favor da democracia, declarando que o jornalista respondia pela Lei de Imprensa e não pela LSN:

> Devo aqui dizer que o Tribunal, até então, tinha sua jurisprudência em sentido contrário. Mas, naquela sessão, o julgamento pôs fim a uma controvérsia, direi assim, ou, melhor, que inaugurou-se uma nova jurisprudência, porque o eminente ministro Nélson Hungria, tão intransigente na defesa de seus pontos de vista, mormente em matéria penal, S. Exa., diante de votos aqui pronunciados pelos senhores ministros Cândido Motta Filho e Luiz Gallotti, diante dos pronunciamentos de V. Exa., senhor presidente, e do senhor ministro Hahnemann Guimarães, resolveu fazer uma revisão do seu ponto de vista a respeito dessa matéria de Direito Penal, em que S. Exa. é, talvez, a maior autoridade do Brasil, neste instante, e grande autoridade em toda a história do Direito Penal Brasileiro.

Luiz Gallotti: "Eu suprimiria o 'talvez'."

Gonçalves de Oliveira (relator): "V. Exa. com toda a autoridade, suprime o 'talvez'."

O eminente ministro Nélson Hungria rendeu-se, então, à opinião dos preclaros ministros desta Corte, para entender que nos delitos dos jornalistas pela publicação de seus artigos nos jornais ainda que para fazer propaganda de guerra, ainda quando contribua para os processos violentos para subverter a ordem pública, ainda para instigar animosidade entre classes, crimes previstos na Lei de Segurança e também na Lei de Imprensa — esta última é que devia prevalecer. Foi o julgamento inaugural dessa jurisprudência, aqui no Supremo Tribunal que, como disse, pôs termo à divergência até então reinante.

No julgamento do *habeas corpus* n° 40.047, impetrado ao Supremo Tribunal pelo doutor Sobral Pinto, em favor do jornalista Hélio Fernandes, *habeas corpus* que foi concedido, S. Exa., senhor presidente Ribeiro da Costa, recordou os julgamentos deste Tribunal ao propósito e, do alto desta Presidência, a interpretou no sentido da prevalência da Lei de Imprensa e, tal foi seu pronunciamento, que o eminente senhor ministro Villas Boas, único voto em sentido contrário, o apartou, dizendo: "Parece que a teimosia é minha só". V. Exa., então, senhor presidente, dirigiu-se ao aparteante e com justiça, dignidade e ternura, lhe respondeu:

> "V. Exa. não é teimoso. Estava convencido, mas, pode mudar de voto ainda. É claro que um homem, cheio de conhecimentos, de sabedoria e de coração doce, como V. Exa., não cora em mudar de voto: ao contrário, enobrece-se quando muda de voto, no sentido da melhor aplicação da lei. Assim é que são os juízes de raça."

> "Naquele *habeas-corpus* impetrado em favor do jornalista Hélio Fernandes a este respeito, o meu voto oral, que, então emiti, foi neste sentido. Disse eu então: 'Na ditadura, a lei que regulava os crimes contra a segurança do Estado era o Decreto-lei n° 431, que consubstanciava disposições legislativas, a Lei n° 38 feita pelo Congresso em 1935'. Na ditadura, repito, havia a Lei n° 431, quando veio o regime constitucional.

> No governo do general Dutra não houve modificação substancial e, no segundo governo Vargas, que se iniciava, houve uma Lei de Segurança e também uma nova Lei de Imprensa. As duas leis tinham tramitação simultânea no Congresso. A impressão que eu tenho, senhor presidente, é que a oposição *embrulhou* a liderança do governo, porque a verdade é que a

Voz Humana

Lei de Segurança consubstanciou aquelas disposições graves que vinham da Lei n° 431, até mesmo da Constituição anterior, do tempo do Tribunal de Segurança. Mas, depois veio a Lei de Imprensa. A Lei de Segurança é de n° 1.802, de 5 de janeiro de 1953, mas, veio logo a seguir a Lei de Imprensa, de n° 2.083, do mesmo ano de 1953. Como vê V. Exa., foi uma lei posterior, que consubstanciou todas aquelas disposições da Lei de Segurança. Estou de acordo com V. Exa., senhor presidente, em que, nesses casos em que há tipicidade, em que há *tatbestand*, a lei nova revogou a lei anterior, no que diz respeito à cominação das penas, já agora menos graves."

Após, o ministro Pedro Chaves vota negando a ordem, achando que posteriormente o juiz poderia dar definição jurídica diversa ao fato, de acordo com o que dizia o art. 383 do Código de Processo Penal, o que equivaleria a ser processado por Lei de Segurança, mesmo que errônea a capitulação, mas que deveria o juiz, se assim entendesse, julgar de acordo com a Lei de Imprensa.

O Supremo concedeu, afinal, a ordem de *habeas corpus*, para que Carlos Heitor Cony não fosse processado pela LSN, mas sim pela Lei de Imprensa, vencidos o ministro Pedro Chaves, negando, e o ministro Villas Boas, que concedia a ordem "irrestritamente para não haver processo nenhum (...)".

Nesse julgamento, o ministro Motta Filho faz importantes observações no seu voto:

Cândido Motta Filho:

Senhor presidente, há poucos dias, lendo uma das páginas do escritor, pensador e político francês Benjamin Constant, encontrei o seu discurso sobre a liberdade de imprensa e sobre a lei conseqüente. Esse discurso era fruto de uma larga experiência, no começo do liberalismo, adquirida por um homem que tinha atravessado a Revolução Francesa em grande parte, o terrorismo robespierriano, depois o bonapartismo e por fim a restauração. E ele dizia que a liberdade de imprensa é a medida do regime livre; onde não há liberdade de imprensa, não há regime livre.

E por isso mesmo a lei que devia cuidar dos abusos da liberdade de imprensa devia ser exclusivamente uma lei de imprensa tal o significado da imprensa nos regimes livres, nas democracias.

Esta justificativa das leis especiais para a imprensa que está num longo discurso desse grande pensador francês, atravessou os tempos e todos os povos livres mantêm esse mesmo critério, fazendo com que o abuso da liberdade de imprensa seja regulado pela lei de imprensa. Tivemos naturalmente as exceções com os regimes de força e com o regime fascista, por isso mesmo a lei brasileira, que cuidou dos crimes de imprensa, é uma lei que se refere justamente aos processos referentes à imprensa e a nossa lei não só enumera os crimes de calúnia, de injúria e difamação; ela tem área muito mais ampla, porque alcança outros crimes, como a propaganda de guerra, por meios violentos, a subversão da ordem política e social, propaganda que alimente preconceitos de raça e de classe, publicação de segredos de Estado e informações prejudiciais à segurança nacional.

É assim a Lei de Imprensa, que é posterior à Lei de Segurança.

Ora, há uma lição do grande Marshall, que é muito mais propícia ao direito brasileiro que é direito escrito, do que ao próprio americano que se alimenta da *common law*, que diz: "O Poder Judiciário não pode existir sem o poder da lei; a vontade do juiz é a vontade da lei".

E é com estas palavras que eu acompanho o douto e formosíssimo voto do eminente relator, concedendo a ordem.

11.h. Paciente — Plínio Ramos

Após ser substituído no cargo, o governador do Estado do Amazonas, Plínio Ramos, é preso por ordem do seu sucessor. Os advogados impetram *habeas corpus* perante o Tribunal de Justiça do Estado do Amazonas, que concede a ordem determinando sua soltura.

Mas, em vez de o governador ser posto em liberdade, foi entregue ao tenente-coronel José Alípio de Carvalho e recolhido ao quartel do 27º Batalhão, onde ficou preso até o dia seguinte.

Ocorre que o governador não gostou nada da libertação, e novamente houve movimentação para prendê-lo. Os advogados Arnoldo Wald e Miguel Costa, apontando como autoridade coatora o tenente-coronel, afirmaram que Plínio Ramos Coelho se encontrava na "iminência de sofrer violência e coação ilegal em sua liberdade de locomoção".[244]

O Supremo conheceu e concedeu a ordem, sob o pressuposto de que o art. 101, I, h, da Constituição de 1946, dava ao Supremo competência, independentemente da autoridade coatora apontada, "(...) quando houver perigo de consumar a violência, antes que outro juiz ou tribunal possa conhecer o pedido", dispositivo que também constava no Regimento Interno da Corte.

---

[244] *Op. Cit.*

No dia do julgamento, o ministro Villas Boas de início propõe a conversão do julgamento em diligência para que, como permite o Regimento Interno do STF, fosse apresentado o paciente perante a Corte, portando um salvo-conduto.

Escondido em uma fazenda, Plínio ouve pelo rádio a decisão do Supremo e embarca para a Capital. Nessa sessão, acentua Evandro Lins e Silva:

> Nós ainda temos um resíduo da Constituição de 1937, na competência da Justiça Militar, porque não houve leis complementares que bem definissem e limitassem a competência da Justiça Militar.
>
> Essa competência foi muito ampliada, em conseqüência do estado autoritário de 37 e, pelo art. 6º do Código Penal Militar, e assim permaneceu até hoje.
>
> Mas o crime militar, segundo a Constituição, é o cometido contra a segurança externa do País ou contra as instituições militares. Desde que os atos não atinjam as instituições militares, ou a segurança externa, penso que o foro militar não se pode estender ao civil.

Até aquele momento não se dava liminar em *habeas corpus*, pois não era previsto em lei. Sobral Pinto impetra *habeas corpus* em favor de Mauro Borges Teixeira, governador do Estado de Goiás que estava na iminência de ser preso. Na noite seguinte, José Crispim Borges, diante das notícias na imprensa e da movimentação de tropas para prender o governador, dirige-se à casa do ministro Gonçalves de Oliveira e é prontamente recebido.

Destacando antecedente pioneiro da Justiça Militar em favor de Evandro Correia de Menezes em que o almirante Espínola, do

Voz Humana

STM, concedeu liminar, concede pela primeira vez um ministro do STF o *habeas corpus*. Na sessão de julgamento, destacava o ministro Gonçalves de Oliveira:

> Estamos, como se vê, senhor presidente, diante de questão constitucional da mais alta relevância. "Cada decisão da Corte Suprema nas grandes questões constitucionais — disse o *attorney-general* Wickerssham, repetido por Castro Nunes — veio a ser muitas vezes uma página da história" *(Teoria e prática do Poder Judiciário,* 1943, pág. 597).

> Cumpre, portanto, apreciar se essa invocação do governador do Estado de Goiás merece ser conhecida pelo Supremo Tribunal. O que a Constituição Federal assegura ao chefe do Poder Executivo com o *impeachment*, afirmou o saudoso ministro Goulart de Oliveira, examinando a representação contra a Constituição de São Paulo, é uma prerrogativa essencial à sua independência como poder *(Arquivo Judiciário,* 85-117). Então, um governador está ameaçado de ser processado em outro foro que não o especial; verifica-se das informações do senhor ministro da Justiça que os autos do inquérito já foram remetidos à Auditoria Militar; recorre o governador em *habeas-corpus* preventivo a essa Suprema Corte. Poderíamos, acaso, em face dessa questão constitucional de tão alta importância, dizer, decidir que deve o paciente recorrer a instância de Brasília, ou ao Tribunal de Justiça, que seria o órgão competente para apreciar atos do chefe do Departamento Federal de Segurança Pública?

> Se esta Casa de Justiça se omitisse, em tão relevante questão, na qual estão interessadas a Justiça especial, a Justiça militar e a Justiça comum, poder-se-ia definir esta Casa

como o tribunal que se reúne para dizer que não tem competência. Mas, não. Este Tribunal foi instituído para casos como este, para as grandes questões constitucionais, para o caso *sub judice* em que um governador invoca prerrogativas constitucionais, de não ser processado na Justiça Militar, alegando privilégio de foro, dada a sua condição mesma de governador de um Estado da Federação. Este Tribunal não faltará à sua desatinação histórica, nem se omitirá nas suas funções decorrentes de sua posição de cúpula do Poder Judiciário, fiel àquelas palavras do grande Rui, campeão do judiciarismo, apóstolo inolvidável da soberania deste Poder, palavras proferidas nos albores conturbados da República:

"Eu instituo este Tribunal venerando, severo, incorruptível, guarda vigilante desta terra através do sono de todos, e o anuncio aos cidadãos, para que assim seja de hoje pelo futuro adiante."

Como tive ensejo de declarar no meu discurso de posse perante esta Corte, este Supremo Tribunal é um Poder para triunfo da Constituição e as leis federais, para que a Carta Política tenha destinação própria, a saber, aquela a que há tantos anos se referiu o juiz Davis, da Corte Americana e que foi amigo de Lincoln, em expressão ainda atual: "A Constituição é lei para os governados como para os governantes, assim na guerra como na paz, e ampara, com o escudo da sua proteção, toda a classe de homens, em todos os tempos e sob qualquer circunstância".

A competência deste Excelso Pretório em matéria de *habeas-corpus* é a mais ampla. Em textos quase que literalmente iguais, mas iguais no objetivo e no escopo, várias normas de ordem constitucional, legal e regimental, sempre outorgaram a este alto Colégio o mais amplo poder de conhecer e julgar os *habeas-corpus*, quando houver perigo de se consumar a violência antes que outro juiz ou tribunal possa conhecer do pedido (Lei nº 221, de 20.11.1894, art. 23; Reg. do Sup. Trib. Federal de 1906, art. 16, § 2º, Reg. vigente, Art. 22, letra i; Const. de 1934, art. 76; h; de 1937, art. 101, I, g; de 1946, art. 101, I, h). E o ministro Pedro Lessa, que tanto honrou e ilustrou esta Casa com as luzes de seu saber, ao propósito pontifica:

"Sempre que há necessidade urgente da ordem de *habeas-corpus* por se verificar perigo iminente de se consumar a violência, antes de qualquer outro juízo conhecer da espécie, é o Supremo Tribunal Federal competente para dar *habeas-corpus (Do Poder Judiciário*, pág. 267)."

Senhor presidente. A Constituição é o escudo de todos os cidadãos, na legítima interpretação desta Suprema Corte. É necessário, na hora grave da história nacional, que os violentos, os obstinados, os que têm ódio no coração abram os ouvidos para um dos guias da nacionalidade, o maior dos advogados brasileiros, seu maior tribuno e parlamentar, que foi Rui Barbosa: "Quando as leis cessam de proteger nossos adversários, virtualmente, cessam de proteger-nos".

E desta cadeira sagrada, que a Nação me confiou, de onde tenho recebido conhecimentos e inspirações, devo dizer, pretendo falar em nome do Supremo Tribunal Federal e de toda a consciência democrática da Nação, que soou a hora da democracia, com a lei, pela lei e dentro da lei; porque fora da lei não há salvação. Este País é muito grande, é um bravo país, que não pode ser governado por um só homem, sem as instituições representativas, sem o poder judicial. E na advertência do presidente Kennedy, no seu primeiro discurso presidencial, todos que, no passado, pretenderam encontrar o poder cavalgando o lombo do tigre acabaram irremediavelmente no seu ventre. Como o grande presidente, nós também não estamos dispostos a assistir, de braços cruzados, à gradativa destruição dos direitos humanos. Interpretando a aspiração dos juízes, dos advogados, da imprensa, dos estudantes, do povo que luta e sofre, do trabalhador de todas as profissões que conquista com o suor da fronte o pão de cada dia, enfim, pretendendo falar em nome da nação democrática, devo dizer deste Tribunal Supremo que a ordem é ensarilhar as armas e trabalharmos todos unidos e em paz pelo Brasil!

Senhor presidente. O meu voto, em face do exposto, é não conhecendo do pedido em relação à alegada coação do presidente da República, mas prevenindo a jurisdição competente, conheço do *habeas-corpus* e o defiro para que não possa a Justiça Comum ou Militar processar o paciente, sem o prévio pronunciamento da Assembléia Estadual, nos termos do art. 40 da Constituição do estado de Goiás.

CAPÍTULO 12

O AI-2 e o Supremo

12.a. A Doutrina

Segundo a segurança nacional, estávamos numa guerra, uma guerra absoluta, semelhante à guerra atômica, em que um lado sairia dizimado, uma guerra cega, mas uma guerra diferente, em que a fórmula de Clausewitz foi deturpada, transformando a política numa continuação da guerra por outros meios.[245]

O entendimento era de que havia uma

> infiltração silenciosa em todos os setores de atividade, a fim de criar contradições, explorar os problemas atuais, verdadeiros ou fictícios, lançar irmãos contra irmãos (...), conquistar a juventude que, devido seu idealismo, seu desapego, sua falta de maturidade, (...) constitui a massa de manobra ideal para seus interesses. (...)
>
> Para esta ação junto aos jovens, os agentes comunistas utilizam todos os meios, desde chantagem e a coação psicológica

---
[245] *Op. Cit.*, nota 118.

até o uso de tóxico e freqüentemente o apelo sexual, pregando a prática do amor livre (...).[246]

A guerra psicológica, a nova guerra revolucionária, toma o país por dentro e retoma o clima de perseguição ao inimigo interno, do Levante de 35.

Para os ideólogos da segurança nacional, a experiência da Argélia demonstrou que o importante eram as prisões rápidas e a informação. A tortura é a regra do jogo.[247] A maior diferença de 1937 para 1964 é que a tortura institucionalizou-se.[248]

12.b. O Aparato

Uma poderosa estrutura foi montada para suportar o sistema militar burocrático-autoritário pós-golpe. O SNI já espalhava seus tentáculos por toda a sociedade brasileira, ligado diretamente ao presidente da República. Mas o sistema foi além, montou-se uma rede de informações e de ações tornando difícil definir "a cabeça do monstro", dando liberdade "aos homens de operação" para agir.

> Além da Agência Central e de agências regionais espalhadas pelo Brasil, o SNI dispunha das Divisões de Segurança Interna — DSIs — em cada ministério e das Assessorias de Segurança e Informações — ASIs — em outros órgãos públicos.[249]

Cada força militar — Marinha, Exército e Aeronáutica — acabou por ter sua central de informação ligada ao ministro

---

[246] *Op. Cit.*, p. 48.
[247] *Op. Cit.*, p. 46.
[248] *Op. Cit.*, p. 126.
[249] D'ARAÚJO, Maria Celina, SOARES, Gláucio Ary Dillon; e CASTRO, Celso. *Op. Cit.*, p. 43.

respectivo: o Centro de Informações do Exército (CIE), o Centro de Informações da Aeronáutica (Cisa) e o Centro de Informações da Marinha (Cenimar), o mais antigo, fundado já em 1955, da Marinha. Portanto, o SNI era ligado à Presidência, que interagia com os serviços ligados aos ministros.

a) Serviço Nacional de Informação (SNI)

O SNI é o órgão central do Sistema Nacional de Informações e tem por finalidade superintender e coordenar, em todo o território nacional, todas as atividades de Informações e Contra-Informações, em particular as que interessam à Segurança Nacional.

É incumbência do SNI: — assessorar o Presidente da República, orientar e coordenar as atividades de Informações e Contra-Informações afetas aos Ministérios, serviços estatais, autônomos e entidades parestatais; — estabelecer e assegurar, tendo em vista a complementação do Sistema Nacional de Informações e Contra-Informações, os necessários entendimentos e ligações com os governos dos Estados, com entidades privadas e, quando for o caso, com as administrações municipais; — proceder, no mais alto nível, a coleta, avaliação e integração (*) das Informações, em proveito das decisões do Presidente da República e dos estudos e recomendações do Conselho de Segurança Nacional, assim como das atividades do planejamento a cargo da Secretaria-Geral daquele Conselho; — promover, no âmbito governamental, a difusão adequada das Informações e das estimativas decorrentes.[250]

---

[250] ESCOLA SUPERIOR DE GUERRA, Dep. de Estudos MB 5-74, Informações, pp. 135-140.

Ao lado desta estrutura foi criada uma operação que integrava o Exército e a Polícia, a Operação Bandeirante (Oban), que teve seu maior representante no delegado Fleury, de São Paulo, que acabou por criar o Esquadrão da Morte.[251] Para que os órgãos não "quebrassem a cabeça" repetindo a mesma ação, foram criados os Centros de Operações de Defesa Interna, os Codis, entidades compostas por representantes de todas as forças militares e da polícia, chefiadas pelo Estado-Maior de cada zona.

b) Comunidades Setoriais de Informações dos Ministérios Militares

> A missão das comunidades setoriais de Informações dos Ministérios Militares é a de produzir Informações de Segurança Interna e externa e difundi-las para o SNI e o EMFA, respectivamente, de acordo com a orientação contida no PNI e PIEM, os quais especificam as Informações necessárias à elaboração de seus próprios trabalhos.

> A estrutura das Comunidades Setoriais de Informações dos Ministérios Militares é representada pelo conjunto dos elementos empenhados em atividades de Informações, nos respectivos Ministérios, sob a coordenação dos órgãos previstos em cada um deles.[252]

E, afinal, subordinados aos Codis, foram criados os Destacamentos de Operações de Informações, os DOIs, que congregavam membros das três forças, assim como policiais civis e militares.

---

[251] *Op. Cit.*
[252] *Op. Cit.*

O DOI era uma unidade móvel e ágil, com pessoal especializado e cuja função precípua era fazer operações — era o "braço armado da Inquisição", na expressão do general Fiúza de Castro.

A simbiose entre esses dois órgãos ficou registrada na memória política pela sigla DOI-Codi, embora fossem entidades diferentes.[253]

Esta estrutura era, ainda, auxiliada por organismos clandestinos, que foram responsáveis por grande número de ações, como atentados, como o Comando de Caça aos Comunistas, os CCCs; e o Movimento Anticomunista (MAC).

O estado burocrático-autoritário não se restringe ao suporte militar,

> tem sua origem no medo das classes superiores relativo à possibilidade de ruptura na dominação capitalista (...). A sustentação (...) se dá a partir de um tripé constituído pelas Forças Armadas, por setores médios locais e pela denominada burguesia, formada pelas frações superiores da burguesia local e pelo capital internacional.[254]

Os Estados Unidos estavam por trás de tudo, com sua estrutura interna, organizada pela Lei de Segurança Nacional, de 1947 (National Security Act), que criou o Conselho de Segurança Nacional (National Security Council, NCS) e órgãos como a Agência Central de Inteligência (Central Intelligence Agency,

---

[253] *Op. Cit.*
[254] CIOTOLA, Marcello. *Os Atos Institucionais e o Regime Autoritário no Brasil. Lumen Juris*: Rio de Janeiro, 1997, p. 39.

CIA),[255] que formaram cerca de 100 mil policiais brasileiros nas escolas do Panamá.[256]

12.c. O Supremo

Vigilante, o STF impedia qualquer tentativa de subverter a Constituição de 46 e processar civis na Justiça Militar. Aí vem o Ato Institucional nº 2, transformando "os poderes do presidente da República em quase absolutos, embora ainda limitados no tempo de vigência do Ato". Os partidos foram dissolvidos e a Constituição reformada em vários pontos.[257] A Justiça Militar passava a ser competente para julgar civis que cometessem "crimes contra a segurança nacional", o número de ministros do Supremo aumentava de 11 para 16 e, pela primeira vez na história, um presidente da República indicava cinco ministros para o Supremo de uma só vez.

Para evitar a formação de maioria dos novos ministros em uma só turma, por uma decisão administrativa interna do Supremo, os novos ocupariam dois lugares na primeira e na segunda turmas e um na terceira.[258]

Logo após, o AI-2 saía das mãos do ministro da Justiça Carlos Medeiros Silva, um dos principais colaboradores de Francisco Campos na Constituição tecnicista-corporativa de forte influência fascista do Estado Novo. Foi composta uma comissão de juristas, com remanescentes das elaborações de 1934 e 1946, mais alguns nomes: Levi Carneiro, Orozimbo Nonato, Themístocles Brandão Cavalcanti e Miguel Seabra Fagundes.

---

[255] Combim.
[256] *Folha de S. Paulo*, Caderno Mais. Edição de 23 de agosto de 1998.
[257] MARTINS, Roberto R. *Op. Cit.*, p. 62.
[258] *Op. Cit.*, nota 62.

Castelo conduziu sua aprovação, e em 24 de janeiro de 1967 a nova Constituição entrava em vigor, com toda a legislação de segurança nacional em seu corpo.

12.d. O Decreto 314

Em 13 de março de 1967, o governo baixa o Decreto 314, uma nova Lei de Segurança, que estabelecia penas de cinco a 20 anos, tipificando diversos crimes imprecisos. Mas o advogado Antonio Barandier ensina:

> Ao analisar a repressão política, não é bom preocupar-se exageradamente com os crimes e as penas. O importante é deter-se nos juízes e tribunais competentes para o julgamento e, acima de tudo, é preciso atentar para as limitações à defesa de suas vítimas. Tudo previsto pelos sistemas autoritários que, felizmente, não se caracterizam pela infalibilidade.[259]

O Decreto 314 estabelecia que, uma vez dada a prisão em flagrante ou aceita a denúncia,

> em qualquer dos casos previstos neste decreto lei, importará, simultaneamente, na suspensão do exercício da profissão, emprego ou atividade privada, assim como de cargo ou função na administração pública, autarquia, empresa pública ou sociedade de economia mista, até a sentença absolutória.

---
[259] BARANDIER, Carlos da Gama. *Relatos de um Advogado na Ditadura*. J. Di Giorgio Editora: Rio de Janeiro, 1994, p. 57.

Na Justiça Militar, foro castrense, o primeiro grau é realizado pelas Auditorias Militares do Exército, da Marinha ou da Aeronáutica, compostas de um conselho permanente, um juiz togado e quatro oficiais sorteados pela guarnição militar da respectiva circunscrição judiciário-militar, cabendo a um dos oficiais a presidência do conselho. "Em diversos julgamentos, foi comum presos políticos encontrarem entre seus julgadores oficiais que os tinham torturado durante a fase do inquérito."

12.e. Barandier

Rapidamente foi mobilizado um grupo de lutadores advogados se opondo a todo este sistema, enquanto o número de prisões foi aumentando. Prisões feitas na forma de sequestro dos presos, que eram conduzidos encapuzados a locais ignorados.

Descobrindo que um cliente sociólogo estava preso no Batalhão de Manutenção de Divisão Blindada, em São Cristóvão, lá chegando, Barandier dirige-se à sala de comando.

O coronel pergunta como descobriu que o preso estava lá e em seguida informa que não seria possível o advogado encontrar-se com o preso, pois este estava em regime de incomunicabilidade, "de acordo com a lei".

A incomunicabilidade era perigosa, pois durante os 10 dias que a lei permitia é que ocorria a tortura. "Os advogados sempre entenderam que essa incomunicabilidade não os alcança, pois existe lei especial que lhes permite avistar-se, pessoal e reservadamente, com o cliente preso, mesmo que incomunicável, sem restrições." (art. 89, III, Lei 4.215)[260]

---

[260] FRAGOSO, Heleno Cláudio. *Lei de Segurança Nacional — Uma Experiência Antidemocrática.* Sérgio Antônio Fabris, Editor: Porto Alegre, 1980, p. 86.

Barandier, então dirige-se ao coronel:

— Coronel, o advogado goza de certas prerrogativas, entre as quais, o senhor sabe, a de entrevistar-se com o cliente preso, mesmo nos casos de incomunicabilidade. Ainda de acordo com a lei, há sigilo profissional que o desobriga de informar suas fontes.

O impedimento prossegue. Ele se dirige, então, para o STM, que ficava na Praça da República, "nas vizinhanças da Faculdade Nacional de Direito, a faculdade do histórico Caco — Centro Acadêmico Cândido Oliveira, onde a atividade política era muito intensa".

No táxi, indignado, monta mentalmente a petição de *habeas corpus,* "denunciando o arbítrio, a prepotência, a prisão ilegal, o fato de estar o preso político sem direito à assistência jurídica, o cerceamento de defesa, a violação à Constituição", mas controla seu ímpeto e acaba por redigi-lo, na velha máquina Remington, da modesta sala de imprensa do STM, de forma sucinta, pedindo liminar que acabou deferida pelo ministro relator.[261]

12.f. Lino Machado

Em Volta Redonda (RJ), cidade operária, encontrava-se a patrulha com sua picape estacionada na Avenida Cafezal, Bairro do Retiro, quando passou por aquela localidade a Kombi acima aludida, em alta velocidade, jogando à rua papéis; a — que imediatamente, colocou a picape patrulha em movimento passando a seguir o veículo distribuidor

---
[261] *Op. Cit.*, nota 145.

dos papéis; b — que saindo da Avenida Cafezal do Retiro e outros logradouros, o deslocamento ultrapassou a Ponte de Niterói, com destino à cidade de Volta Redonda (centro), tendo a patrulha alcançado a Kombi na Avenida Paulo de Frontin, próximo à Delegacia de Polícia local, e de lá removida para o quartel.[262]

Eram presos quatro jovens integrantes da Juventude Operária Católica (JOC), um deles um diácono francês, Guy Michel Camille Thibault.

A kombi era da arquidiocese, e os jovens moravam na casa do bispo Valdir, que determinou que o padre Euder Alves Pereira, em seu nome, procurasse o coronel Armênio Pereira, comandante do 1º BIB, para que informasse se realmente a kombi e os quatro rapazes estavam presos, mas as autoridades negavam a prisão.[263] O bispo, diante disso, procura o comandante do 1º Exército, que não o recebe. Mas ele consegue falar com um assessor, o general Obino, que informa que nada poderia fazer, e tenta falar até com o presidente da República.

Às 19 horas o bispo é avisado que sua casa estava cercada por forças do Exército, que acabaram de invadir à procura de material subversivo, acabando por apreender alguns textos como: "Fé e revolução" e publicações primárias de esquerda, no quarto dos jovens.

As autoridades militares pedem então a decretação de prisão preventiva dos jovens, que afinal é decretada. Lino Machado Filho impetra *habeas corpus* no STM e apela da decisão. O *habeas corpus* acaba sendo negado pelo Tribunal Militar, mas o

---

[262] Autos do Processo 37.059, arquivado no Superior Tribunal Militar.
[263] Autos do Processo 37.059, arquivado no Superior Tribunal Militar. Recorte do *Jornal do Brasil*, edição de 14 de novembro de 1997, anexo aos autos.

Voz Humana

prazo de 30 dias da decretação da prisão expira e Lino pede a revogação da prisão, que é, afinal, deferida e são expedidos os alvarás de soltura.

Ocorre que era costume prender-se novamente, imputando outro crime à pessoa que acabava de ser solta. Temendo nova prisão e vendo a movimentação das tropas para prender Guy Michel Camille Thibault, Lino coloca-o no porta-malas do carro a fim de escondê-lo em uma igreja. Quando se aproxima do local, Guy esconde-se num canteiro, enquanto Lino checa se está tudo em ordem.

Guy havia se apaixonado por uma professora de português, mas estava para ser expulso do país. Lino impetra, então, um *habeas corpus* inusitado, clamando pelo direito de se ver processar em território brasileiro. Afinal, condenado, Guy não é expulso, mas expatriado, e para que a professora pudesse ir ao seu encontro, Lino casa-se com ela com procuração de Guy. Acabada a festa de casamento, Lino pergunta por telefone ao francês se sua procuração era específica para a festa de casamento, ou tinha amplos poderes também para a lua-de-mel.

Esse grande advogado tem em sua história o caso do resgate dos irmãos Sido.

Os dois irmãos Sido estavam presos na Ilha Grande, e Lino conseguira os alvarás de soltura, mas sabia que assim que eles fossem soltos seriam novamente presos, sob qualquer motivo. Reservou então dois quartos de hotel em uma cidade montanhosa, em nome de dois casais desconhecidos. Arrumou uma pista de pouso clandestina em Angra, onde dois carros com as esposas dos presos e um avião estariam esperando.

Lino embarcou com um oficial de justiça, seu amigo, do Rio para Ilha Grande, em um teco-teco, com o qual tinha muita intimidade, pois havia sido piloto durante a Segunda Guerra Mundial. Pousou na pista clandestina em Angra e trocou de avião, chegando à Ilha Grande domingo, às 12 horas em ponto, horário que sabia que o rádio estaria fora do ar por uma hora.

Chegando lá a confusão se montou, ninguém conseguia se comunicar com a base, enquanto os presos estavam para serem soltos. Os irmãos Sido ainda quiseram pegar suas coisas na cela, mas Lino só dizia: "Entrem agora no avião!"

Conseguiram decolar poucos segundos antes de a base determinar que não fossem os presos liberados. Lino trocou de avião novamente na pista clandestina de Angra e os presos seguiram nos carros, cada um com a sua esposa, rumo ao hotel desconhecido.

Ao pousar no Rio de Janeiro, o avião foi cercado por tropas da Aeronáutica, a mando do general Burnier, sendo tudo revistado. Lino só dizia que os dois estavam "em lugar incerto e não sabido, porém seguro".

CAPÍTULO 13

Costa e Silva e o AI-5

13.a. Sussekind

Em 15 de março de 1967 toma posse na Presidência o general Artur da Costa e Silva.

Começa aqui uma nova fase da história do Regime Militar. A subida de Costa e Silva significou a substituição do *grupo da Sorbonne*, mais tendente ao retorno à legalidade, por outro mais radical, que acreditava que os militares deveriam permanecer no poder. A subida de Costa e Silva foi a vitória da "linha-dura".

Cinco dias depois, o presidente da República baixa o Decreto 510, a Nova Lei de Segurança Nacional, apertando o campo processual.

> O prazo para sustentação oral defensiva é reduzido para meia hora quando há mais de um acusado no julgamento.
>
> Evidente que se trata de trinta minutos para a defesa de cada réu. Um juiz-auditor, todavia, sugere que este tempo se aplique à defesa em sua totalidade e que a meia hora deve ser dividida.[264]

---

[264] *Op. Cit.*

Na cantina do STM, "onde o cardápio se resume no clássico filé com fritas, salada mista e a disputada omelete queijo-presunto",[265] os advogados exaltados protestavam, cogitando abandonar conjuntamente as causas em protesto contra as novas normas processuais cerceadoras da defesa.

"— Impossível funcionar desta maneira. Estaremos compactuando com a ditadura!"

A deliberação estava para ser tomada quando um advogado mais velho, de cabelos brancos, intervém:

— Mesmo que nos mantenham, que nos proíbam de falar e escrever, mesmo que sob certos aspectos façamos a vontade do sistema, é imperioso assistirmos os que nos confiaram sua defesa, os atuais e futuros perseguidos e torturados. Não é hora de retórica, de confundir bravata com bravura: quanto maiores as iniquidades, mais necessária a resistência dos advogados.[266]

Relata Barandier em seu livro:

Saí da cantina consciente do equívoco e do enormíssimo erro a que nos arrastaria o emocional. Tenho certeza que os *boletins* — agentes da polícia política — infiltrados em nossos quadros e supervenientes bacharéis, candidatos a juristas do estudo antijurídico, nos substituiriam nas tribunas. Os manifestos e denúncias seriam esvaziados, fatalmente, pelos interesses diversos que dominam a política internacional e, no plano interno, a censura liquidaria qualquer repercussão.

---

[265] BARANDIER, Carlos da Gama. *Op. Cit.*, p. 63.
[266] BARANDIER, Carlos da Gama. *Op. Cit.*, p. 64.

O velho advogado era Augusto Sussekind de Morais Rego.

13.b. A Revolta

Mas os instrumentos de repressão não conseguiam impedir a pressão da caldeira de ideias da época, e 1968 rompeu no estourar de champanhe nas festas do Rio de Janeiro, como na da Casa da Helô,[267] sob o clima do tropicalismo e do lema "é proibido proibir", cultuando-se o amor livre sob o patrocínio da pílula anticoncepcional.

O mundo realmente viria a ferver em 1968, e já no dia 24 de março, 3 mil *hippies* invadem a estação ferroviária central de Nova Iorque e manifestações de estudantes da Universidade de Brasília dão vivas a Che Guevara.

Os Estados Unidos explodiam em protestos contra a guerra do Vietnã, tomando os *campi* universitários. A União Soviética invadia a Tchecoslováquia e milhares de filiados ao Partido Comunista romperam, indignados com o partido.

Duas importantes greves marcaram o ano de 1968: uma em Osasco (SP) e outra em Contagem (MG). O sonho da juventude aflora em todo o país.

Em 28 de março de 1968, a polícia invade o restaurante Calabouço, bandejão da UFRJ, na Praia Vermelha, e morre o estudante Edson Luís de Lima Souto, com um tiro de 45 no peito.

Estudante. Dezesseis anos e um tiro no peito. Edson Luís de Lima Souto. Do Pará — Belém. Desempregado. Miséria e sem lugar no Rio. Fazer o artigo; tirar o diploma; tentar um

---
[267] VENTURA, Zuenir. 1968 *O Ano que Não Terminou — A Aventura de uma Geração*. Nova Fronteira: Rio de Janeiro, 1988, p. 84.

escritório. Esperança em 1968. Ajudar nas compras; encarar a faxina. Trabalho em troca de: comida, uma cama no canto e aula grátis. Aluno-comensal — funcionário-residente do restaurante estudantil do Calabouço. Espanto, quando a PM invadiu o lugar a tiro. Mais ou menos seis horas — muitos jantavam. Na autópsia só tiveram dúvidas quanto ao calibre: 38 ou 45? Coração perfurado, com fragmento de camisa e tudo. Ele morreu, ainda assustado — um dia depois de Gagarin, o primeiro homem a voar livre no espaço.[268]

O líder dos estudantes do Calabouço assim se manifestou:

Foi um balaceio terrível. A repressão, comandada pessoalmente pelo Sr. Osvaldo Niemeyer, chegou atirando, o que nunca tinha feito antes. Primeiro um carro, que nós botamos *pra* correr; depois vêm mais quatro. Edson cai morto. Eles ocupam o restaurante e o instituto de ensino da gente, e querem impedir que a gente recupere o corpo de Edson. Mas não conseguem. A direção da Fuec sabia que *tava* havendo, naquele momento, uma recepção ao embaixador alemão na Assembléia Legislativa. Então, a gente segue em marcha para a Assembléia. No percurso, diversos choques com a polícia. Eles queriam tomar o corpo da gente, e impedir a entrada na Assembléia.

Teve até um toque psicológico interessante. A gente disse "tá morto, a gente bate com a cabeça do Edson na barriga dos policiais e eles vão recuando". E eles foram dando para trás.

Aí, estendemos o corpo e começaram as manifestações generalizadas de todos os setores que se opunham à ditadura,

---

[268] Jornal *FLAGRANTE LIVRE*, edição de março/abril, 1978.

que viram que nesse momento a polícia começava a matar publicamente. A gente chega na Assembléia e todos os deputados nos dão razão. Vêm os setores mais de esquerda, como Alberto Rajão, Fabiano Vilanova, Ciro Kurtz, e dizem que nos apóiam, que o corpo tinha de ficar lá mesmo. Começa uma enorme discussão se o corpo ficava ou saía para fazer a autópsia. A gente dizia: todo mundo sabe que foi a polícia que matou. Tem mais três feridos, não precisa autópsia *pra* provar isso. Se não deixarem enterrar sem autópsia, a gente faz o enterro na Praça do Calabouço.[269]

13.c. A Campanha Contra o Supremo Tribunal Federal

Grupos de direita pediam a cassação de Evandro Lins e Silva e Hermes Lima, do Supremo. Sobral Pinto, então, volta a protestar, mandando carta a Costa e Silva:

> Basta de arbítrio e de prepotência, senhor general. Não posso tolerar que, a par dessas ameaças a um político eminente como o senhor Juscelino Kubitschek de Oliveira, políticos ambiciosos e militares reformados levem senhoras, dignas e respeitáveis, a assinar manifestos para pedir que seja praticado intolerável atentado contra o Supremo Tribunal Federal, na pessoa de seus atuais ministros Hermes Lima e Evandro Lins e Silva. Que entendem estas senhoras, embora repetibilíssimas, do que seja Justiça, e, sobretudo, o que seja Supremo Tribunal Federal? Que concebem elas do funcionamento dessa Alta Corte de Justiça e da vida de Evandro Lins e Silva e Hermes Lima, para, em documento público, apontá-los à

---
[269] Jornal *FLAGRANTE LIVRE*, Edição de março/abril, 1978.

execração dos seus concidadãos e ao ódio das Forças Armadas, que estão no poder, sem que neste País possa surgir órgão político ou administrativo capaz de vencer o arbítrio delas? Estes dois magistrados, pela sua atuação honrada e decente no Tribunal a que pertencem, estão acima desta campanha de insinuações que os vem perseguindo. No exercício de sua judicatura, jamais se afastaram dos deveres legais e cívicos que lhes incumbe cumprir. Tirá-los, então, da cátedra que têm honrado com sua atuação digna e esclarecida é, antes de tudo e principalmente, desagradar o próprio Supremo Tribunal Federal, cuja autoridade, com tal ato, sofrerá abalo, com manifesto prejuízo para a garantia e segurança de todos os cidadãos, civis e militares (...).

A campanha contra os ministros do Supremo vinha desde o golpe, chegando o jornal *O Estado de S. Paulo* a clamar pelo "expurgo no Judiciário". Evandro e Hermes, então, fizeram uma carta ao presidente do Tribunal, Ribeiro da Costa, e este suspendeu os trabalhos e fez um discurso enérgico, veemente, duro, contra a campanha. Em seguida, o ministro Hahnemann Guimarães também se manifestou, além de Vitor Nunes Leal.[270]

Márcio Moreira Alves, deputado federal pelo Movimento Democrático Brasileiro (MDB) da Guanabara, em setembro, faz veemente discurso na Câmara protestando contra o fechamento da Universidade Federal de Minas Gerais (UFMG) e a invasão da Universidade de Brasília (UnB), no dia 30 de agosto. Conclamou o povo a um "boicote ao militarismo", não participando dos festejos comemorativos da Independência do Brasil.

Houve sérias reações dos militares ao discurso, e o procurador-geral da República, Décio Meireles de Miranda, com base em

---

[270] SILVA, Evandro Lins e. *Op. Cit.*, p. 63.

parecer de Gama e Silva, ministro da Justiça, pediu ao Supremo a cassação do mandato do deputado por "uso abusivo do direito de livre manifestação e pensamento, e injúria e difamação das Força Armadas", de acordo com a Constituição de 1967, art. 151. O Supremo entendeu que não poderia processar o deputado sem autorização da Câmara.

13.d. O AI-5

No dia 12 de dezembro, tomava posse o novo presidente do Supremo, ministro Antônio Gonçalves de Oliveira. Sobral estava na tribuna discursando em nome dos advogados quando alguém entrega-lhe um papel e ele então anuncia que a Câmara dos Deputados havia negado o pedido para processar Márcio Moreira Alves. Imediatamente ouve palmas da plateia.

Por um momento, um clima de constrangimento abateu-se entre os ministros do Supremo, e autoridades do governo presentes, como Gama e Silva.[271]

À noite, houve uma recepção no Brasília Palace Hotel, e Evandro logo percebeu que algo de estranho estava para acontecer. Como, numa cerimônia de comemoração da posse do presidente do STF havia tão poucas autoridades presentes?

No dia seguinte era editado o Ato Institucional nº 5, fechando o Congresso Nacional, as Assembleias Legislativas e Câmaras de Vereadores. O presidente da República poderia intervir nos Estados e municípios, cassar mandatos e suspender direitos políticos, demitir, aposentar, ou seja: tinha o comando da Nação.

Enquanto Evandro desloca-se para o Rio de Janeiro, pois o Tribunal havia entrado em férias, o telefone toca

---

[271] SILVA, Evandro Lins e. *Op. Cit.*, p. 55.

incessantemente durante a madrugada na casa de Barandier. Era o sociólogo, seu cliente, que estava solto em decorrência de concessão de *habeas corpus* pelo STM. O exército havia cercado o prédio para levá-lo.

Barandier apressa-se a caminho da casa do sociólogo, e quando atravessa a Rua Visconde de Pirajá, depara-se com as manchetes dos jornais: o governo havia baixado o AI-5 e, entre outras coisas, o *habeas corpus* estava suspenso "para crimes políticos, contra a segurança nacional (...)".[272]

Barandier pensa: "agora tudo é permitido para os donos do poder, inclusive a prisão desses advogados que, trabalhando de madrugada em subversiva vigília, devem ganhar muito dinheiro da 'revolução redentora'."[273]

No antigo prédio do STF, na Avenida Rio Branco, 241, Rio de Janeiro, belo projeto de Adolfo Moraes de Los Rios, inspirado nos edifícios pontifícios da Renascença, havia duas ou três salas onde os ministros frequentemente se encontravam. No dia seguinte, como praticamente todos os ministros moravam no Rio e a mudança para Brasília tinha sido havia pouco tempo, houve um encontro dos ministros.

Evandro, então, afirma que estava certo de que ministros do Supremo seriam cassados, que seria uma questão de tempo e protestava contra o risco que o Supremo corria. Mas Gonçalves de Oliveira não tinha o mesmo dinamismo de Ribeiro da Costa na presidência e nada foi feito. Sai uma lista de cassações no dia 30 de dezembro: entre os cassados, estava o ministro Peri Constant Bevilacqua, do STM.

No dia 16 de janeiro eram "aposentados compulsoriamente" Hermes Lima, Vitor Nunes Leal e Evandro Lins e Silva.

---
[272] BARANDIER, Carlos da Gama. *Op. Cit.*, p. 96.
[273] BARANDIER, Carlos da Gama. *Op. Cit.*, p. 97.

Voz Humana

O ministro Lafayette de Andrade pediu aposentadoria, assim como Gonçalves de Oliveira, presidente, lembrando ato do "barão ou conde de Monserrat",[274] que se demitiu da Presidência do Supremo quando Pedro II aposentou vários ministros.

O Supremo voltava a ser composto por 11 ministros e entrávamos na fase mais negra do Regime Militar.

---

[274] SILVA, Evandro Lins e. *Op. Cit.*, p. 56.

CAPÍTULO 14

Sob a Nuvem Negra do AI-5

14.a. Evaristo de Moraes Filho e a Ilha das Flores

Logo nos primeiros dias depois do AI-5, Evaristo de Moraes Filho vai visitar um cliente na Ilha das Flores, que parecia um campo de concentração, "cercada de arame farpado, com fuzileiros armados de tantos em tantos metros e cada um com um cão feroz".[275] Assim que passou todo aquele aparato armado, foi preso.

> Nos primeiros dias depois do AI-5. Fiquei preso pouco tempo porque, de fato, não havia a menor razão para a minha prisão, exceto talvez uma tentativa de me intimidar e o desconhecimento pelas autoridades de uma tradição da advocacia brasileira: a de que a advocacia política não prevê remuneração para o advogado. Eles estranhavam que eu não cobrasse dos presos políticos que defendia. Mas isso é uma coisa que vem do meu pai, do Sobral Pinto, do Evandro Lins e Silva. Eles jamais encararam a advocacia política como um

---

[275] *REVISTA STATUS*. Entrevista de Evaristo de Moraes Filho a Ruy Castro.

serviço profissional, e sim como um serviço que o advogado presta, não às pessoas que defende, mas à Nação, no sentido de ajudar a deter a violência desencadeada pelo Estado. É um dever do advogado (...).

No entanto, o AI-5 foi um estopim, como relata Heleno Fragoso:

Com o Ato Institucional nº 5, e por causa dele, surgiu no País uma criminalidade política extremamente grave, que significou para grande número de jovens um grande e inútil sacrifício. Vários grupos de atuação política ilegal se formaram, convencidos de que era preciso enfrentar a ditadura militar pela violência (...). Surgem, então, os roubos a bancos, visando levantar fundos para a luta armada.[276]

14.b. O Decreto 898

Em consequência, em 5 de setembro de 1969 o AI-14 estabelece a pena de morte, e no mesmo mês entra em vigor a Nova Lei de Segurança Nacional, Decreto-lei 898/69. Pouco tempo depois a Constituição é quase totalmente reformada, fazendo com que muitos entendam que era uma nova Constituição.

A atuação dos advogados ficou cada vez mais difícil. Não havia *habeas corpus* para prisões políticas. As prisões eram feitas como sequestro, sem qualquer vestígio. Os advogados, então, começaram a impetrar *"habeas corpus* de localização", em que se alegava que não tinha a prisão sido feita por motivos de segurança nacional e se pedia que fossem expedidos ofícios a todos

---
[276] FRAGOSO, Heleno Cláudio. *Op. Cit.*, p. 53.

os órgãos de repressão, procurando, com isso, apenas localizar o preso. Na maioria dos casos os ofícios eram respondidos de forma mentirosa.

É nas palavras de Heleno Fragoso que vemos o maior relato da época:

> É fácil avaliar a frustração e o sentimento de impotência que se abatia sobre nós. Quero, porém, dizer que os advogados brasileiros que atuaram nesse período foram dignos das melhores tradições de nossa profissão, revelando coragem, independência e capacidade de luta, com os parcos meios de que dispúnhamos. Nunca nos abatemos. Denunciamos abertamente, com a maior veemência, a tortura em todos os casos em que efetivamente tinha ocorrido, e eram quase todos.
>
> Não eram muitos os advogados que trabalharam em processos políticos. Tínhamos todos, à nossa vista, o exemplo excepcional, que é o advogado padrão, que encarna, mais do que qualquer outro, em nosso tempo, as virtudes de nossa profissão. Lino Machado, Augusto Sussekind de Morais Rego, Evaristo de Morais Filho, Tércio Lins e Silva, Modesto da Silveira, Oswaldo Mendonça, George Tavares, Marcelo Cerqueira, Nélio Machado, Alcione Barreto, Rosa Maria Cardoso da Cunha, Eny Raimundo Moreira, são os nomes que neste momento eu recordo. A esses advogados Lino Machado chamava de "escrete". Não éramos um grupo grande. Embora todos tivéssemos um grande número de causas, Modesto da Silveira foi, provavelmente, quem trabalhou em maior número de casos (...). Lutávamos todos com bravura e destemor, numa época em que os mais fortes silenciaram.

14.c. Oração de Sobral Pinto (CD 1, faixa 3)

Sobral Pinto sobe à tribuna do Superior Tribunal Militar para denunciar as terríveis torturas que ocorriam nos porões da ditadura:

Exmo. Senhor Ministro Presidente. Exmo. ministro Relator e Revisor. Exmos. Senhores Ministros.
Antes de entrar na apreciação deste processo, eu gostaria de render uma homenagem aos dois novos ministros deste Tribunal, o meu amigo ilustre doutor Rui de Lima Pessoa e o senhor ministro Walter Godilho.

São dois ministros togados, são dois ministros que já demonstraram a sua capacidade sob todos os ângulos, o ângulo da dignidade pessoal, o ângulo da serenidade, o ângulo da capacidade e o ângulo de amor à Justiça. Estou certo de que estas duas ilustres figuras que agora ingressam neste Tribunal, e que comparecem à primeira sessão após a sua posse, estou certo de que continuarão nesta carreira árdua, difícil que é a de ministro do Superior Tribunal Militar, continuarão o seu esforço no sentido de estabelecer um regime de justiça que é tão difícil na hora que nós atravessamos.

Conversando com ilustre figura militar, ainda há pouco, e reclamando para a Justiça autonomia e as garantias que a Constituição assegura aos magistrados, e ao mesmo tempo garantindo as pessoas que habitam neste País, cidadãos, ou estrangeiros residentes nele, reclamando estes dois elementos que são fundamentais para a boa administração da justiça, este ilustre militar me respondeu que havia dificuldade em dar estas garantias porque os dirigentes do País tinham medo, medo que se estabelecesse aqui novamente aquele regime de insegurança, de modo que se este medo perdura, se este medo continua, não é fácil aos juízes desempenhar bem as suas funções.

Mas este Tribunal, não tenho cessado de afirmar, é o grande tribunal do País nesta hora, e a mim é agradável dizer isto porque há aqui pelo menos um ilustre juiz que já ouviu eu pronunciar esta afirmação mais de 10 ou 15 vezes. Gosto mais da Justiça Militar do que da Justiça Comum, tenho mais confiança na Justiça Militar do que na Justiça Comum, os maiores triunfos já conquistados na minha vida de profissional de advogado têm sido na Justiça Militar. Este ilustre juiz que aqui está poderá narrar aos senhores ministros alguns destes triunfos que eu não conseguiria perante a Justiça Comum, porque a Justiça Militar é assim uma espécie de júri em relação aos homicídios, a Justiça Militar é equânime, ela compreende muitas vezes certas atitudes e não se preocupa com texto legal porque está olhando para a pessoa daquele que está sendo indiciado.

E agora vou continuar, iniciar então a minha defesa, senhor presidente, excelentíssimo senhor presidente, não há quem não saiba que a grande preocupação do juiz é fixar bem a natureza, a índole e o temperamento do acusado, a lei manda mesmo que a pena seja dada de acordo com esta natureza e com este temperamento. O conhecimento, portanto, do temperamento, da sensibilidade e é ao mesmo tempo das tendências da pessoa acusada, é o elemento fundamental para que a justiça seja bem dada e distribuída.

Defendo, neste caso, uma senhora: Ruth Simens. Os senhores ministros não conhecem esta senhora, os senhores ministros não tiveram contato com esta senhora, mas os juízes da 1ª instância tiveram contato, os juízes da 1ª instância viram esta senhora, conversaram com esta senhora, interrogaram esta senhora, e eu não sei por que não a absolveram, a impressão que tinham é de que era uma pessoa que tinha entrado neste processo em virtude dos contatos que tivera com Marco Antônio que é um homem que os senhores ministros não conhecem. É um homem inteligentíssimo, homem culto, homem viajado e uma conversa maravilhosa, é uma palestra atraente e conquistadora, é uma dessas personalidades feitas para conquistar honestamente qualquer mulher.

Não houve, entre Ruth Simens e Marco Antônio, nada que não pudesse ser apresentado aos filhos dela porque ele frequentava a sua casa, e os senhores ministros, quase todos militares sabem o empenho que as mulheres têm em se aproximar dos militares, os militares são em face de um civil, são os preferidos das mulheres. Por quê? Por causa da farda? Não. Porque os militares simbolizam para ela a força, a energia, a coragem e o heroísmo, são estes sentimentos que exercem uma influência decisiva sobre o coração feminino, e foi isto que aconteceu entre um homem inteligentíssimo, um homem muito culto, um homem de uma prosa admirável e esta senhora que praticou várias imprudências, mas não crime.

Nunca ela teria preocupação com o comunismo, nunca se filiou a partido comunista, nem se interessou pelo comunismo, não há na vida dela coisa nenhuma que esteja ligada ao Partido Comunista e ao comunismo. O que se passou com ela simplesmente esta atração honesta, elevada e nobre que este homem exerceu sobre ela. E há mais uma circunstância, senhores ministros, Ruth Simens é de uma família judaica,

Voz Humana

ela nasceu na Alemanha e com cinco anos veio para o Brasil, trazida pelos pais tangidos pela perseguição nazista, os melhores parentes seus ou foram mortos ou foram para um campo de concentração onde morreram, afinal. A família dela andou pulando de galho em galho, e as viagens que ela fez a Buenos Aires — primeiramente com a mãe e depois sozinha — estas viagens ela fez porque tem parentes em Buenos Aires, onde se fixaram, tangidos e expulsos que foram pelo nazismo terrorista.

Então, além destas qualidades pessoais que Marco Antônio exercia sobre ela havia mais esta semelhança. Ela ficou com pena desse homem que não usava nem o seu nome, e que vivia escondendo e se escondendo, porque a justiça militar tinha processos contra ele. Separado de sua família que vivia em Minas Gerais sem poder ir lá porque a família estava sendo vigiada, e ele sabia que na hora que quisesse ver a esposa e os filhos ele estaria necessariamente preso. Então esses casos, esses fatos fizeram com que essa mulher tivesse pena desse homem, que o ajudasse na medida da possibilidade e que não praticou crime.

O senhor ministro relator leu aí os fatos que são a ela atribuídos e imputados, mas são fatos de um conto policial. Os senhores ministros não acreditam na tortura. É pena que não possam acompanhar os processos como advogado da minha categoria acompanha, para ver como essa tortura se pratica permanentemente. E neste processo, senhores juízes, há prova documental da tortura que sofreu Marco Antônio. Há um laudo firmado por médicos militares atestando esta tortura. O ilustre eminente advogado de Marco Antônio, doutor Mário Simas, vai mostrar aos senhores ministros este documento.

Na realidade, as torturas se realizam, e eu tive a oportunidade de dizer quando o ilustre general do Exército Reinaldo de Almeida veio trazido para este Tribunal. Eu tive a oportunidade de dizer à imprensa do Rio de Janeiro que me perguntava o que eu achava dessa nomeação. E eu declarei: "Deve ser uma garantia para os direitos do homem, porque este general acabou com a tortura na região do I Exército e eu posso atestar porque eu conheço diretamente o caso. E o último caso em que ele interveio foi com relação a um cliente meu, sequestrado pelo delegado Peri, no Rio de Janeiro, e levado para São Paulo.

O general, então comandante do I Exército, teria certeza desse fato. E de como esse homem teria sido torturado há 10 anos e sequestrado. Preso então, S. Exa., à nobreza de seu espírito e do seu coração, entregou a esse meu cliente os telefones secretos do comando e da sua casa particular, para que se novo sequestro fosse feito, a mãe e a irmã dele pudessem telefonar pedindo para tomar as providências necessárias.

Senhores juízes, eu estou defendendo uma senhora rica, uma senhora que não precisa de ajuda nem de dinheiro do Partido Comunista; entretanto, está aí no inquérito uma declaração de que ela recebeu dinheiro para comprar coisas para o Partido Comunista. Esta senhora tem rendas que permitem a ela viver tranquila e sossegadamente, ela com seus dois filhos, ela sustenta um casal de filhos, ela tem uma vida folgada, ela, senhores juízes, entregou-se ao cultivo da arte, das artes de todo o gênero, e começou a viver no meio dos artistas e intelectuais. E foi assim que ela teve aproximação com Marco Antônio, numa casa de amigos comuns. Então, senhores juízes, isto que dizem a respeito dela no inquérito

Voz Humana

é absolutamente falso, arrancado pela tortura, arrancado pela opressão, arrancado pelos maus-tratos.

E, senhores juízes, neste inquérito eu demonstro na minhas razões de apelação que distribuí aos senhores ministros e demonstro numa carta escrita ao ministro Lima Torres, onde completo a argumentação desenvolvida nestas razões de apelação. Eu demonstro que fatos que são apontados como sendo prova do comunismo de Ruth Simens, estes fatos foram praticados por pessoas que, em vez de irem ao banco dos réus, foram levadas ao banco de testemunhas, pessoas que guardaram dinheiro, pessoas que hospedaram comunistas, pessoas que transportaram em seu automóvel os comunistas, pessoas que foram estar com Luís Carlos Prestes numa reunião secreta, levadas por Marco Antônio. Estas pessoas que ao invés de irem ao banco dos réus, tiveram estes fatos considerados como fatos comuns, como fatos não criminosos, ao passo que com relação a Ruth Simens imediatamente foram apontados como fatos criminosos, devendo então atrair para ela a punição. Eu não tenho tempo e não quero cansar os senhores ministros, para estar desenvolvendo estes fatos. Quero, entretanto, mostrar aos senhores ministros que eu não admito em hipótese nenhuma, é qualquer coisa que para mim é impensável, que os senhores ministros queiram dar provimento à apelação do Ministério Público para colocar esta senhora no art. 43, e dar penas severas para ela, esta senhora já está em liberdade condenada a 10 meses e, como estava há 11 meses na prisão, foi posta imediatamente em liberdade.

O que ela quer, Senhores Ministros, o que ela quer, é lavar o seu nome, o que ela quer, é lavar sua honra, o que ela quer, é ter a cabeça erguida diante dos seus filhos e poder dizer não sou comunista. E nem ajudei o comunismo, eu talvez pratiquei imprudência, levada pela minha sensibilidade, levada pelo meu espírito, mas jamais o comunismo. Senhores ministros, é possível manter-se o art. 14 em relação ao art. 43 neste caso? Sim. Porque os dois artigos têm um elemento comum, este elemento comum é a expressão "formar" e "tentar organizar". Vou terminar senhores ministros, é formar e tentar organizar, que o 43 diz é "formar e tentar organizar"; o art. 14 diz "formar associação, comitê, entidades". Quem forma, está organizando, quem organiza está formando, de modo que estes fatos que o Ministério Público considera como sendo elementos da prática de crime, do 43, estes fatos servem inequivocamente para serem qualificados no art. 14. Na pior das hipóteses, senhores ministros, eu espero na pior das hipóteses, que ao menos a sentença seja confirmada em relação a esta senhora que não praticou crime nenhum. O que quero, senhores ministros, é justiça, exclusivamente justiça, nada mais.

CAPÍTULO 15

Os Sequestros

15.a. Heleno, Sussekind e George Tavares

Aproximadamente à uma da madrugada, três carros pretos deslocam-se com seus agentes da repressão para uma operação especial. Um dos automóveis para em frente à casa de Heleno Fragoso e três agentes descem.

Ao escutar a campainha, Heleno abre a porta e os homens se identificam com carteiras falsas da Polícia Federal, dizendo que o advogado teria que comparecer àquela hora na sede da polícia.

Heleno dirige-se ao telefone para se comunicar com o inspetor Sena, chefe do Serviço de Ordem Política e Social e um dos três homens o impede de ligar, aconselhando-o a ir sem resistência.

O advogado percebeu imediatamente que qualquer resistência seria inútil, e é colocado no banco de trás entre dois deles. O carro dirigiu-se à cidade, mas no meio do caminho, quando passava pela Praia do Flamengo, puseram um capuz em sua cabeça, impedindo que enxergasse qualquer coisa. Andaram bastante tempo até que o carro parou.

Heleno foi retirado do carro e percebeu que subia alguns degraus. De repente, tiraram-lhe o capuz. Estava numa cela grande, sem janela e com grades na parte da frente. Era madrugada e a cela estava fria e úmida. O chão era de cimento e tinha sido limpa havia pouco tempo. No meio, havia simplesmente uma cadeira.

Algumas horas depois ouviu barulho. Era a cela do lado se abrindo e a voz inconfundível de George Tavares. Não podiam se ver, gritaram um para o outro e começaram a conversar. Logo apareceu outra voz, vinda de uma terceira cela. Era Augusto Sussekind de Morais Rego. Quando os carcereiros perceberam que conversavam em voz alta, deram ordem para que não houvesse comunicação entre os presos.

Na noite seguinte, sem que ninguém viesse à cela, a não ser para entregar a intragável comida, um homem traz um colchão para cada um. Logicamente, apesar de tantas horas vigilantes, não era possível dormir, mas só descansar um pouco.

Na terceira noite, conta Heleno:

Cerca das nove ou dez horas, entraram pessoas na cela e me puseram novamente o capuz. Conduziram-me então a um automóvel, onde me puseram no banco traseiro, recomendando-me que ficasse abaixado. Depois de uma larga viagem, mandaram-me sair e me tiraram, pelas costas, o capuz, recomendando-me que não olhasse para trás. Era um local absolutamente ermo e sem iluminação, no alto de um morro. Mandaram-me caminhar para a frente, ocasião que imaginei que seria fuzilado. Nesse momento, o carro que me conduziu afastou-se rapidamente, descendo o morro. Caminhei, descendo o morro, e logo verifiquei, quando cheguei à rua mais próxima, que estava em Laranjeiras, na Rua Pereira da Silva, exatamente onde mora Sobral Pinto. Segui até a Rua Laranjeiras, onde tomei um táxi que me conduziu à minha casa. George Tavares e Augusto

Sussekind também foram libertados na mesma noite, em outros pontos ermos da cidade.[277]

15.b. Rubens Paiva

Em 20 de janeiro de 1972, o deputado Rubens Paiva chegava à sua casa, no Leblon, a poucas quadras da praia, de onde vinha, quando percebeu que a casa estava totalmente cercada. Entrou e encontrou em sua sala vários homens, que disseram que ele teria que acompanhá-los, mas que logo estaria de volta.

Rubens Paiva, um homem alto, tipo italiano, com fartos cabelos, pede que ao menos lhe deem a oportunidade de se vestir, o que foi permitido. Experiente, demorou no banho, colocou o melhor terno (era um homem muito elegante), levando charutos no bolso de fora.

Quando desceu, fez mais um pedido: queria ir no seu próprio carro, o que, incrivelmente, foi autorizado. No entanto, pediu à mulher a chave de um carro que jamais usava, um Opel, modelo Kadet, de cor vermelha, capota preta de vinil, placa de São Paulo, licenciado em nome de sua mulher, Eunice. Na realidade, sabia do risco que corria e queria chamar atenção, por isso saiu naquele conversível vermelho, cercado de carros militares.

Sua casa permaneceu cercada e logo depois deram ordem de prisão à sua mulher e à sua filha de 15 anos, que foram conduzidas ao quartel do 1º Batalhão de Polícia do Exército.

Lino Machado inicia uma árdua luta. Impetra "*habeas corpus* de localização" em favor de todas, mas no 12º dia as duas são soltas. E Rubens Paiva?

A busca por Rubens Paiva era diária, assim como as reuniões em sua casa, no Leblon, na tentativa de descobrir seu paradeiro. As

---
[277] FRAGOSO, Heleno Cláudio. *Op. Cit.*, p. 70.

autoridades respondiam as informações pedidas pelos ministros do STM, informando que nem Rubens, nem sua mulher, nem sua filha, nunca haviam estado presas.

Lino, então, localiza o conversível vermelho. Estava estacionado no interior do 1º Batalhão de Polícia do Exército, na Rua Barão de Mesquita.

Dá, então, um golpe de mestre.

Pede a devolução do carro, oportunidade em que daria recibo de entrega. O carro foi devolvido, e a cópia do recibo, em papel timbrado do Ministério do Exército, era a prova de que Rubens Paiva havia estado no 1º Batalhão de Polícia do Exército e que jamais saiu.

Lino, assim que pega o recibo, encaminha-se direto ao STM, onde interrompe a sessão pedindo pela ordem. E veementemente denuncia a farsa. As autoridades militares estavam mentindo. Onde estava Rubens Paiva?

Foram inúmeros *habeas corpus*, pedidos de prisão domiciliar, representação de abuso de autoridade, até que foi aberto inquérito para verificar onde estava o preso.

A conclusão das investigações é vergonhosa. Rubens Paiva teria sido sequestrado por grupos subversivos no Alto da Boa Vista!

Lino não se dá por vencido e impetra mais um *habeas corpus*, pedindo ou sua liberdade ou a legalização da prisão.

O Ministério Público, vergonhosamente, sob a mesquinha posição tecnocrata opina pelo não conhecimento do pedido, e afinal o STM julga prejudicado o pedido.

Onde está Rubens Paiva?

Passo a palavra a Lino Machado:

Antes de falar sobre aquele que se tornou um verdadeiro símbolo de resistência ao autoritarismo, diria que outros tantos, anônimos pela sua humildade, desconhecidos, na realidade são e seriam verdadeiros heróis, que tombaram, também anonimamente, em defesa da liberdade. Na minha vida profissional, a muitos deles assisti, até sem conhecê-los. Mas destaco Rubens Paiva, quer pela figura humana que era, quer pela repercussão de sua morte, que colheu de surpresa as próprias autoridades, quem sabe dando lugar ao início da derrocada do sistema (...).

Várias versões surgiram, todas elas não desmitificadas e muito menos esclarecidas muito a fundo. Seria portanto Rubens Paiva quem deveria estar presente agora, participando da retomada do País aos seus verdadeiros destinos, em mãos daqueles que representam o povo no poder, encerrando-se o ciclo de desacertos, de desmandos, de intolerância e de arbítrio, que a revolução de 64 implantou.

E, por isso, concluo pateticamente: Rubens Paiva está vivo, com o mesmo sentimento de brasileiro que sempre devotou à causa pública, de que foi e continua sendo um dos mártires.

15.c. Stuart Angel

Heleno Fragoso é procurado por Zuzu Angel, que recebera uma carta anônima informando que seu filho estava preso na Base Aérea do Galeão, um verdadeiro inferno, comandado pelo brigadeiro Burnier. O lugar, segundo Fragoso, onde praticaram as maiores atrocidades contra os presos.

Preparava-se para impetrar "*habeas corpus* de localização" quando Zuzu aparece com a cópia de um mandado de citação para Stuart, deixado em sua casa por um oficial de justiça da 1ª Auditoria da Aeronáutica, onde estaria respondendo a um processo.

Heleno dirige petição ao auditor, informando que Stuart estava preso, requerendo que oficiasse ao Comando da 3ª Zona Aérea, ao 1º Exército e ao 1º Distrito Naval, solicitando informações. As respostas vieram. Segundo as informações, ninguém se encontrava preso.[278]

Lino descobre que seu cliente Alex Polari de Alverga encontrava-se preso na Base Aérea do Galeão. Foi ao seu encontro, mas não permitiram o acesso ao preso, sob a alegação de que estava incomunicável. Impetrou *habeas corpus* perante o STM e a ordem foi concedida para que os advogados se encontrassem com o preso. Durante o encontro, foi passada ao advogado uma carta de Alex, denunciando a morte de Stuart Angel, um dos assassinatos mais bárbaros durante o regime de exceção, que transcrevemos partes a seguir:

> Eu, Alex Polari de Alverga, *Rafael*, militante da VPR (Vanguarda Popular Revolucionária), preso dia 12 de maio de 1971, atesto de próprio punho que sou testemunha da morte do companheiro Stuart Angel Jones, do movimento MR-8. Ele foi assassinado em consequência das torturas infligidas no Cisa do Galeão, Centro de Informações Secretas, da forma que passo a relatar:
>
> O companheiro Stuart caiu no dia 14 de maio, sexta-feira, às 8h50 da manhã, ao passar numa região em que teríamos um *ponto* duas horas depois, na esquina das ruas Torres Homem e Duque de Caxias, no Grajaú.
>
> Por coincidência o companheiro passou perto desse local, num horário que não era o do *ponto* e *caiu*. Entrou na rua

---

[278] FRAGOSO, Heleno Cláudio. *Op. Cit.*, p. 69.

com um Volkswagen verde, provavelmente do ano de 1967, Sedan 1300, me viu parado, quando, após estacionar o carro próximo ao lugar em que me encontrava, se dirigiu a mim, foi preso. Estava armado com uma pistola Walter PPK 7.65 e uma granada de mão, mas não esboçou reação. Vestia uma calça de cor verde garrafa, camisa branca e casaco de veludo marrom. Assim que foi preso os agentes retiram-lhe as armas, o casaco e uma caneta como *vale*, segundo disse um outro que dirigia o carro que foi levado. Este era alto, muito forte e de cor preta. O companheiro Stuart foi colocado na mala de um Opala com teto de vinil preto e cor amarelada, seguindo para o Cisa, enquanto foi cobrir vários *pontos frios*, só voltando ao Cisa à tarde. Durante a tarde o companheiro Stuart foi incessantemente torturado na sala especial destinada para estes fins. Deixei de ser torturado para sair de novo, cobrir novos *pontos frios*, só voltando no final da tarde, já escurecendo.

Fui retirado da cela para a sala de tortura, onde fui torturado praticamente ao lado do companheiro Stuart e acareado com ele por causa de duas metralhadoras que o companheiro tinha dito que seriam passadas por mim naquele dia. As condições do companheiro eram precárias, assim como as minhas. Fui arrastado pelos braços para cima, pois não podia andar sozinho. Ao chegar na cela, no 2º andar, ouvi gritos terríveis no pátio, que pareciam com os do companheiro Stuart. Fazendo um esforço quase impossível devido às minhas condições, subi no vaso sanitário e pude presenciar uma das formas de tortura mais bárbaras que jamais presenciei: o companheiro Stuart estava sendo arrastado de um extremo ao outro do pátio de areia e pedra, todo esfolado, tendo chegado às vezes a ficar com o rosto grudado ao cano de descarga de um automóvel, enquanto um torturador acelerava, obrigando-o com isso a engolir grande quantidade de gases tóxicos de monóxido de carbono.

Isso foi rápido, pois não podia me equilibrar, porém, depois pude ouvir nitidamente as aceleradas, os gritos, as arrancadas do carro, o barulho de um corpo arrastado, os acessos de tosse e todos os demais detalhes desse ritual sádico de morte, que refletem bem os métodos de interrogatório e assassinato que estão sendo usados por nossa polícia e forças armadas, os guardiões da "ordem". Os gritos e os espasmos do companheiro Stuart continuaram até mais ou menos as 20h, quando se fez silêncio. Algum tempo depois, houve um grande barulho no corredor, e colocaram uma pessoa na cela contígua à minha. Alguns torturadores vieram falar comigo na minha cela, que eu "ia descer de novo para a sala", se eu não falasse onde estavam as metralhadoras a que "*Paulo* (codinome usado por Stuart) tinha se referido". Já mais tarde da noite ouvi de novo as vozes do companheiro Stuart, entrecortadas de violentos espasmos de tosse, gritar: "Estou ficando louco, vou morrer", repetidas vezes. Tentei me comunicar com o companheiro, trocamos algumas palavras, mas ele já dizia coisas desconexas.

Quando o companheiro tossia, ouvi barulho de muita gente no corredor e abriram a cela dele e alguém disse: "Vai morrer nada *Paulo*, vou te dar uma injeção e você vai melhorar". Já de madrugada.

Os responsáveis diretos são o brigadeiro Burnier, ex-comandante da 2ª Zona Aérea, que ia ao Cisa ver a marcha dos acontecimentos, o brigadeiro Dellamora, chefe do Cisa e torturador pessoal, o coronel Alcântara, capitão Lúcio Barroso, da Aeronáutica, e o capitão João Alfredo Poeck, do Cenimar. Estes últimos praticaram pessoalmente tortura em mim e no companheiro Stuart, tendo comandado nosso interrogatório. São esses os assassinos do companheiro Stuart. Um dia, se não tomarem nenhuma providência, todas as mortes de nossos companheiros serão esclarecidas e a justiça do povo se fará.

Ousar lutar, ousar vencer.

Alex Polari de Alverga.[279]

Estavam esclarecidos o sequestro, a tortura e a morte de Stuart Angel Jones. No entanto, legalmente ele estava vivo. A pedido de Zuzu Angel, mãe de Stuart, Heleno Fragoso passou a defender o jovem, com ajuda de sua equipe, seu filho Fernando e Nilo Batista. Até 1972, quando Zuzu pediu que a defesa fosse interrompida.

15.d. A Denúncia — Sequestro do Embaixador Suíço

Alex Polari de Alverga e José Roberto Gonçalves Resende responderam pelo sequestro do embaixador da Suíça e também pelo da Alemanha. A pena prevista no art. 28[280] da Lei

---

[279] Cópia desta petição encontra-se no processo de indenização de Zuzu Angel, que tramitou no Ministério da Justiça. A original, gentilmente cedida, encontra-se com o advogado Nélio Machado.

[280] "Art. 28 — Devastar, saquear, assaltar, roubar, seqüestrar, incendiar, depredar, ou praticar atentado pessoal, ato de massacre, sabotagem ou terrorismo. Pena: reclusão de 12 a 30 anos. Parágrafo único — Se da prática do ato, resultar morte. Pena: prisão perpétua, em grau mínimo, e morte, em grau máximo."

898/69 era em grau máximo em ambos os processos: pena de morte. Para os crimes previstos no art. 28, o art. 84[281] da mesma lei determinava que os juízes seriam nomeados pelos ministros militares.

A denúncia referente ao sequestro do embaixador suíço foi assim redigida:

> A ação de sequestro do Sr. embaixador da Suíça no Brasil, Giovani Enrico Bucher, foi preparada e planejada sob direção de Gerson Theodoro de Oliveira, vulgo *Iven* ou *Hans*, tendo José Roberto Gonçalves Resende (*Ronaldo*), tomado conhecimento da ação uma semana antes, por intermédio do próprio Gerson Theodoro. José Roberto participou de um reconhecimento preliminar onde ficou acertado que sua função seria de motorista de um dos carros, ou seja, motorista do carro em que seria conduzido o embaixador sequestrado.
>
> O comandante da ação era Carlos Lamarca (*Paulista*) e o comandante da unidade Gerson Theodoro de Oliveira, vulgo *Ivan*, tudo previsto para o dia 3.12.70, mas não executaram por falha de montagem, sendo por esse motivo transferida para 7.12.70, aproximadamente às 9h, na Rua Conde de Baependi, quando, finalmente, se efetuou.
>
> A montagem da ação de sequestro compreendia um dispositivo montado que consistia em: um Aero Willys para o abalroamento, dois VW para fuga, um VW para fechar a calçada e um VW chapa *legal* para o transbordo.

---

[281] "Art. 84 — Serão nomeados pelos ministros da Marinha de Guerra, do Exército e da Aeronáutica Militar os membros dos Conselhos de Justiça competentes para o julgamento dos crimes punidos com as penas de prisão perpétua e de morte."

Voz Humana

A ação dos sequestradores compreendeu as seguintes fases:

1ª Fase — Posição inicial — Adair ficou como olheiro, em posição avançada e destacada do esquema para dar o sinal de aproximação do carro que conduzia o embaixador; que Adair daria o sinal para Gerson Theodoro e este para Alex Polari, que era motorista do carro de marca Aero Willys; que Lamarca ficou encarregado da abordagem do agente de segurança que estava no carro do embaixador; Hebert Eustácio ficou na calçada oposta, com a incumbência de retirar o embaixador do carro; Inez Etienne ficou na direção do VW parado no meio-fio para fechar a passagem pela calçada do carro do embaixador; em outros dois estavam mais os seguintes elementos: Maurício Guilherme, motorista de um dos carros, e José Roberto, motorista de outro carro.

2ª Fase — Abalroamento — Com a aproximação do carro que conduzia o embaixador, Adair deu o sinal para Gerson Theodoro, o qual, retirando de uma sacola uma metralhadora, correu para o local onde daria a "batida", o que levou Alex Polari a ligar o motor do Aero Willys, abalroando-o; em seguida, Adair retirou-se do local, tendo Lamarca dirigido o carro do embaixador, rendendo o agente de segurança, que, tendo reagido, Lamarca deu um tiro na capota do carro e outro no próprio agente de segurança Hélio Carvalho de Araújo, causando-lhe a morte (fls. 41, 42); que Hebert Eustácio abordou o carro pelo lado oposto em que Lamarca estava e retirou o embaixador; os carros colocaram-se em posição pré-determinada para empreender a fuga. Quando Alex Polari abalroou o carro do embaixador, Inez Etienne deu marcha à ré no VW que dirigia, impedindo a saída em marcha à ré do carro do embaixador.

3ª Fase — Fuga — No primeiro carro, conduzido por José Roberto, estavam Lamarca, Gerson Theodoro e o embaixador; no outro carro, Maurício Guilherme como motorista, Alex Polari, Inez Etienne e Hebert Eustácio; os quais seguiram o seguinte itinerário: Rua Conde de Baependi, Rua M. Ribeiro, Praça São Salvador, Rua Coelho Neto, Rua Pinheiro Machado, Túnel Santa Bárbara, e parando na primeira ou segunda rua à direita para transbordo, já se encontrava um outro carro "legal" dirigido por Alfredo Hélio, e passaram para este carro Gerson Theodoro, Lamarca e o embaixador, seguindo para o cárcere privado. Estava previsto um esquema médico em viatura que seria dirigida por um tal Joanes, mas por discordância de horário não funcionou. O carro dirigido por Maurício Guilherme foi abandonado em uma rua transversal à Rua do Riachuelo; o outro carro também foi abandonado em local desconhecido.

Alfredo Hélio, Carlos Lamarca, Gerson Theodoro, Teresa Ângelo e Hebert Eustácio foram as pessoas encarregadas da guarda do embaixador, os quais mantiveram o embaixador em cárcere privado, exigindo, junto a autoridades brasileiras, em troca da vida do embaixador, o envio de 70 terroristas presos por atividades subversivas para o estrangeiro, ou seja, para o Chile.

Todos os denunciados atuaram, cada um com sua atividade pré-determinada, para a prática do *evento criminis* que resultou na morte do agente de segurança Hélio Carvalho de Araújo. O denunciado Alex Polari, além da participação acima descrita, deixou no local onde se deu o sequestro panfletos subversivos (fls.12, 19, 28, 31); as fotos do local do sequestro acham-se às fls. 19/26; os comunicados distribuídos pelos denunciados, nos quais faziam "exigências" às autoridades brasileiras em troca da vida do embaixador, encontram-se às fls. 32, 40, 41, 49, 46, 55, 63; a perícia num projétil extraído do corpo do agente federal Hélio Carvalho de Araújo, fls. 219/252, 342/348; laudo pericial de impacto de arma de fogo, fls. 65 e 64.

Acham-se os denunciados incursos na ação penal do art. 28 único do Decreto-lei 898/69, c/c o art. 53 do CPM. Espera o MP que recebida a presente denúncia se prossiga na forma da lei.

Rio de Janeiro, 3 de novembro de 1971.

15.e. Depoimento de Giovanni Bucher

O embaixador suíço Giovanni Enrico Bucher prestou o seguinte depoimento:[282]

No dia 7 de dezembro de 1970, quando se dirigia para a embaixada, ao atingir a Rua Conde de Baependi, foi surpreendido com seu sequestro; ficou inteiramente perplexo e sem ação, não podendo adiantar o que ocorreu com o motorista e o agente de segurança; foi retirado do carro diplomático por duas pessoas, as quais o introduziram em um Volkswagen situado logo à frente; no ato do sequestro ouviu três ou quatro tiros; em sua opinião a operação não levou mais de 30 segundos; que foi colocado no banco traseiro do Volkswagen,

---

[282] Processo 39.544 arquivado no Superior Tribunal Militar, cópia gentilmente cedida por Nélio Roberto Seidl Machado.

indo ao seu lado um indivíduo, tipo nordestino, conduzindo uma metralhadora de mão, e no banco da frente apenas duas pessoas; quando o carro partiu, percebeu a aproximação de soldados correndo, que supõe serem da Polícia Militar do Estado da Guanabara; temendo qualquer violência, nada pôde fazer para chamar a atenção dos referidos soldados; pouco adiante, foram-lhe colocados óculos escuros sobre pastas de algodão; três a quatro minutos após, houve transbordo para outro carro, que supõe ser também um Volkswagen, por ter sido obrigado a abaixar para nele entrar, como pelo ruído do motor; esse transbordo ocorreu na entrada ou saída do túnel, possivelmente o Santa Alice, de vez que foi-lhe dado observar, pelo canto de uma das vistas, a estrutura deste tipo de obra; no transbordo, apenas permaneceu no novo carro, ao que supõe, o indivíduo que, de início, viajava ao seu lado, sempre na mesma posição; após o transbordo, houve uma parada que, conforme foi fácil de perceber pela conversa dos ocupantes do carro, foi realizada para operação de troca de chapa do veículo, e, nessa ocasião, ouviu de um deles a observação de que esperassem a passagem de um ônibus que se aproximava; o tempo total do percurso até o local da prisão deve ter sido de cerca de uma hora e meia; uma vez encarcerado, apenas manteve contato com duas pessoas, possivelmente as mesmas, embora nesses contatos aparecem com um capuz preto; essas pessoas eram homens de cor branca, sempre lhe recomendaram para falar baixo, e elas próprias assim procediam, quando iam ao quarto conversar sobre qualquer assunto, afirmando-lhe que não precisava temer nada, se cumprisse suas determinações, e que ali estaria perfeitamente seguro porém, caso o esconderijo fosse descoberto, lamentavam dizer que o prédio iria pelos ares, pois estava pronta para esse fim uma carga explosiva; as duas pessoas com quem mantinha contato procuravam, de vez em quando, conversar sobre a situação, mas, invariavelmente, se recusa a qualquer comentário; davam como motivo do sequestro esta situação e, ainda, uma represália ao fato de a Suíça ter expulsado Apolônio e Ladislaw; enquanto perdurasse esta situação no País, pretendiam continuar com os sequestros ou outras atividades perturbadoras (...).

15.f. Depoimento de José Roberto

Na instrução do processo, José Gonçalves Resende nega a participação no evento, denunciando sevícias:

Que não é verdadeira a imputação que lhe é feita; que não pode dizer que tem outra pessoa que possa atribuir como autora da infração da denúncia, mas pode dizer que não praticou nenhum ato referente à 1ª Auditoria do Exército CJM; que o processo referente à 1ª. Auditoria diz respeito ao sequestro do qual o depoente participou, onde já foi qualificado e interrogado; que foi preso em Copacabana por policiais, e daí foi levado para o Dops pelos policiais a coronhadas; que sofreu coação física; que em função dessa coação foi obrigado a assinar os depoimentos constantes nos autos; que assinou documentos sem tomar conhecimento dos mesmos, por isso mesmo acha que esses documentos não espelham a verdade. E como nada mais disse ... Em tempo: gostaria de declarar que quando foi preso já se encontrava desligado da organização a que pertenceu, da qual discordara, e que o contato era esparso, não recebia mais ordens e nem executava tarefas; que justifica a imputação deste sequestro por já ter participado do sequestro do embaixador da República Federal da Alemanha; que naquele processo não teve ação direta na morte do policial, pois a ordem era recuar caso houvesse resistência. E como nada mais disse (...).

15.g. A Denúncia — Sequestro do Embaixador Alemão

A denúncia contra Hebert Eustácio de Carvalho, José Milton Barbosa, José Maurício Gradel, Alex Polari de Alverga, Manoel Henrique Ferreira, Roberto das Chagas e Silva, José Roberto Gonçalves Resende, Alfredo Hélio Syrkis e Teresa Ângelo, assinada pelo procurador militar Mário Mattos Côrtes, assim relatava o sequestro do embaixador alemão:

> No dia 11 de junho de 1970, por volta das 19h50, os denunciados, sob o comando do indivíduo Eduardo Leite (*Bacuri*), já falecido, sequestraram o Sr. embaixador da República Federal da Alemanha, usando na mencionada ação 4 (quatro) veículos: uma *pick-up Aero Willys*, um carro *Opala* e dois automóveis marca *Volkswagen*, os quais foram colocados em posição estratégica, visando dificultar a marcha do veículo que conduzia o embaixador e possibilitar o sucesso do empreendimento. Desta forma, quando o carro do embaixador, uma *Mercedes-Benz*, cor preta, placa CD2, atingia as proximidades do prédio 383, da Rua Cândido Mendes, um sinal previamente combinado foi feito pelo indivíduo Jesus Paredes Souto (*Mário*) ao denunciado José Maurício Gradel, que dirigia a *pick-up Willys*, tendo o mesmo arrancado com o veículo, projetando-o, a seguir, de encontro ao carro do embaixador, ocasião em que Eduardo Leite (*Bacuri*) e Hebert Eustácio de Carvalho (*David*) correram em direção à viatura diplomática, tendo o primeiro deles

atirado no agente de segurança Irlando de Souza Régis, que se encontrava no banco dianteiro da mencionada viatura, matando-o, conforme se verifica do laudo de exame de cadáver de fls. 190/191, enquanto o segundo arrancava do interior de seu carro o embaixador, conduzindo-o para o Opala, em cuja direção se encontrava o denunciado José Roberto Gonçalves Resende (*Ronaldo*).

No mesmo momento em que se desenrolam os fatos acima narrados, Sônia Eliana Lafoz (*Paula*) de posse de uma pistola 7.63, e José Milton Barbosa, apontando um metralhadora INA, gritaram para que os agentes de segurança, ocupantes da Variant de placa São Bernardo do Campo SG92-64, se rendessem, e apesar de não terem oferecido nenhuma resistência, os referidos elementos dispararam suas armas, resultando feridos os policiais José Banharo da Silva e Luiz Antônio Sampaio, como se vê dos autos de corpo de delito de fls. 115/115 v. e 185/185 v., respectivamente.

Consumado o delito, o denunciado Roberto das Chagas e Silva (*Maciel*), que se encontrava à direção de um veículo, apanhou o denunciado Alex Polari de Alverga (*Rafael*), incumbido de guarnecer uma escada situada na Rua Fialho, a fim de evitar o acesso de qualquer pessoa àquele local, caso houvesse tiroteio durante a ação.

No mesmo veículo, embarcou, também Sônia Eliana Lafoz (*Paula*), rumando imediatamente para o local onde ficaria detido o embaixador. À sua retaguarda, seguiram o Opala, conduzindo Eduardo Leite (*Bacuri*), Hebert Eustácio de Carvalho (*David*) e o embaixador, tendo a dirigi-lo o denunciado José Roberto Gonçalves Resende (*Ronaldo*) e o

Volkswagen conduzindo os acusados José Milton Barbosa (*Claudio*) e José Maurício Gradel (*Jarbas*).

Em determinado trajeto anteriormente estabelecido, havia uma Kombi aguardando a chegada dos sequestradores, e, tão logo os mesmos ali chegaram, foi o embaixador cloroformizado e metido no interior de um caixote, sendo, a seguir, transportado para a viatura, cujo motorista era Maurício Guilherme da Silveira (*Honório*), sendo certo que a seguir foi transportado para a dita viatura, cujo motorista era Maurício Guilherme da Silveira (*Honório*), sendo certo que na mesma já se encontravam o denunciado Alfredo Sirkis, cuja missão era a de intérprete, e Gerson Theodoro de Oliveira (*Felipe*).

Após o transbordo, foi o embaixador conduzido para uma casa situada à Rua Juvêncio de Menezes, 535, em Cordovil, ficando sob a guarda de Teresa Ângelo (*Luzia*), Manoel Henrique Ferreira (*Diego*), Gerson Theodoro de Oliveira (*Ivan*), Alfredo Hélio Sirkis (*Felipe*) e Eduardo Leite (*Bacuri*). Ante o exposto, estão os denunciados Alex Polari de Alverga (*Barto, Rafael, Thomaz, Samuel*), Hebert Eustácio de Carvalho (*Olímpio, Daniel, David*), José Milton Barbosa (*Sargento, Claudio, Paulista*), José Roberto Gonçalves de Resende (*Ronaldo*) incursos nas penas do art. 28 parágrafo único, em grau máximo, do Decreto-lei nº 898, de 29 de setembro de 1969.

Rio de Janeiro, 3 de novembro de 1971.[283]

---

[283] Processo 39.280, arquivado no Superior Tribunal Militar. Cópia gentilmente cedida por Nélio Machado.

15.h. Os Depoimentos de Alex Polari e José Roberto

Alex e José Roberto também fazem denúncias de tortura no processo em que respondiam pelo sequestro do embaixador alemão:

Alex:

Que se encontrava no Estado da Guanabara, em sua casa, e não no local referido na denúncia; que não conhece as provas do processo; que dos codinomes citados não conhece nenhum, a não ser *Bartô* que é o seu; que além do presente processo, o declarante não está respondendo outros na justiça comum e nunca foi processado; que a razão de sua presença no processo foi por ter sofrido torturas na fase policial e sevícias. Nada mais o presente disse, nem lhe foi perguntado, pelo que se deu por findo o presente interrogatório que, lido e achado conforme, vai assinado na forma da lei. (23.9.71, presente o advogado Lino Machado.)

José Roberto:

Que se encontrava no Estado da Guanabara, na Rua Cândido Mendes, fazendo parte da equipe que daria fuga ao embaixador da Alemanha, caso bem sucedido o sequestro, ou daria fuga aos companheiros, caso falhasse o empreendimento; que não conhece as testemunhas arroladas pelo Ministério Público e, consequentemente, nada tem a alegar contra os mesmos; que não conhece as provas contidas no processo e nada tem a declarar contra as mesmas; que a função do declarante, já disse, era dar fuga, não sabendo por isso que armas teriam sido usadas pelo grupo de choque; que o fato é verdade em parte, que os demais denunciados não são conhecidos do declarante; que sendo uma operação bastante séria, os elementos atuantes na operação eram entre si desconhecidos; que foi preso no dia 7 de maio do corrente ano e, na fase do inquérito, as suas declarações foram tomadas na base da tortura e de sevícias; que o motivo do sequestro foi no sentido de libertar companheiros que estavam sofrendo tortura pelos órgãos de segurança; que finalmente esclarece que à época da sua prisão já estava desligado do movimento há cerca de cinco meses, por questões pessoais. (23.09.71, presente o advogado Nilo Batista.)

15.i. As Penas

A pena de Alex e Roberto, em ambos os processos, foi a de prisão perpétua, e em ambos a defesa apelou para o STM. No julgamento referente ao sequestro do embaixador alemão, Nilo Batista distribuiu memorial em favor de José Roberto; e Lino, em favor de Alex.

Bradava-se pela individualização da pena, de acordo com os princípios de direito e o art. 29[284] do CPM, assim como o parágrafo do mesmo artigo. Esta defesa oral não foi gravada, infelizmente. Nesta decisão Alex Polari de Alverga foi condenado a 12 anos, José Roberto Gonçalves Resende, Manoel Henrique Ferreira, Alfredo Hélio Sirkis, Roberto das Chagas e Silva, Teresa Ângelo e José

---

[284] "Art. 29 — O resultado de que depende a inexistência do crime somente é imputável a quem lhe deu causa. Considera-se causa a ação ou omissão sem a qual o resultado não teria ocorrido. Parágrafo primeiro: 'A superveniência de causa relativamente independente exclui a imputação quando, por si só, produziu o resultado. Os fatos anteriores imputam-se, entretanto, a quem os praticou.'"

Voz Humana

Maurício Gradel foram condenados a 15 anos, e Hebert Eustácio de Carvalho e José Milton Barbosa a 20 anos, havendo, ainda, um voto vencido do ministro Waldemar Torres da Costa, que não individualizava as ações e condenava todos à prisão perpétua.

Superior Tribunal Militar

Apelação 39.280 — Estado da Guanabara

Sequestro — É rejeitada a preliminar de inconstitucionalidade do art. 84, do DL 898/69, face ao exposto na própria descrição da denúncia (hipótese do parágrafo único, do art. 28, do citado decreto-lei). Toma-se conhecimento da apelação intempestiva do MP, bem como da defesa, quanto a um dos réus, que somente apresentou razões de recurso, sem dar entrada na respectiva petição, visto como a apelação seria interposta, de ofício, nos termos do parágrafo 1º do art. 97,[285] do mencionado estatuto, atendendo-se, ainda, à natureza da pena e à gravidade dos fatos. A primeira decisão, unanimemente, e a segunda, por maioria de votos.

Ainda com discrepância de votos, desclassifica-se o crime do parágrafo único, do art. 28, para o *caput* do mesmo artigo, tudo do DL 898/69, dando-se, para isso, provimento em parte às alegações do MP e da defesa, à vista do que contêm os autos e o descrito no arrazoado dos apelantes.

(Relator: ministro Jacy Guimarães Pinheiro)

---

[285] "Art. 97 Das sentenças de primeira instância caberá recurso de apelação, com efeito suspensivo, para o Superior Tribunal Militar. Parágrafo 1o: 'A apelação será interposta de ofício e, no prazo de dez dias contados da intimação da sentença, pelo acusado ou, se revel, por defensor ou, ainda, pelo procurador'".

Revisor: ministro almirante Sylvio Monteiro Moutinho

Apelantes: o Conselho Especial de Justiça da 1ª. Auditoria da 1ª. CJM, de ofício, a Procuradoria Militar da mesma Auditoria, Alex Polari de Alverga, José Roberto Gonçalves Resende, Manoel Henrique Ferreira e os revéis Alfredo Hélio Syrkis, Herbert de Carvalho, José Milton Barbosa, Roberto das Chagas e Silva, Teresa Ângelo e José Maurício Gradel, condenados à prisão perpétua, por infração do art. 28, parágrafo único, do DL 898/69.

Apelada: a sentença do Conselho Especial de Justiça da 1ª. da 1ª. CJM, de 14 de abril de 1972, que condenou os apelantes Alex Polari de Alverga, Herbert Heustáquio (sic) de Carvalho, José Milton Barbosa, José Maurício Gradel, Roberto das Chagas e Silva e José Roberto Gonçalves Resende.

23 de agosto de 1972.

15.j. Oração de Lino Machado (CD 1, faixa 4)

Chega, finalmente, a hora do julgamento dos envolvidos no sequestro do embaixador suíço.

Eminente presidente, ilustres senhores ministros, valoroso doutor procurador-geral, a quem neste instante parabenizo nesta tribuna.

Sem sombra de dúvida, senhores ministros, todo processo que nasce, que se desenvolve, que ganha pulso, que se intima, e que se proponha a julgamento, no meio a uma acusação da maior seriedade, há por isso mesmo de precatar o juiz, na aferição da responsabilidade, na avaliação da prova, na individualização da pena, na caracterização *pari passu* de cada qual dos elementos que formam o processo dentro do espírito maior, da conquista universal dos preceitos que informam e orientam a lei do processo que sabe ser a garantia de qualquer cidadão.

Estes princípios, senhores ministros, vem de longe, autores dos mais destacados, coleastas (sic) do maior quilate, têm informado e consolidado na cultura universal no terreno do Direito, do Direito Penal sobretudo para que realmente a justiça dos homens não seja a justiça das paixões, o homem, à semelhança de Deus, promova e distribua justiça com olhos divinos e com coração de ouro, atendendo, senhores ministros, sobretudo, à real finalidade do Direito de punir, que ao Estado, à sociedade, confere.

Senhores Ministros, trata-se de uma delinquência política e, portanto, não é demais que, dentro da lição de Altavilla na psicologia judiciária, leiamos e nos lembremos de pequenos conceitos que são grandes lições que transcendem a discussão até do dia a dia, e que fazem um quadro geral dos acontecimentos do mundo conturbado em que a violência passou a ser motivo de eleição; em que os programas que entram casa adentro, através da televisão, transformam os bandidos em heróis; em que os jovens são sacudidos pelo entusiasmo da violência; em que, senhores ministros, não há resguardo, não há cuidado para comunicação, no sentido de orientar esta mocidade desavinda quem sabe por culpa dos ancestrais, nossos antecedentes, da conjuntura do mundo, da disputa de paixões, do entrechoque de interesses das guerras travestidas, das conquistas de poder, da radicalização de doutrina.

Senhores Ministros, vejamos o que nos diz Altavilla na caracterização do delinquente político.

O delinquente político, a confissão extrajudicial, é um ato de coerência em relação ao crime; quem cometer um crime para afirmar uma ideia não pode deixar de ter interesse em divulgar o que fez, e deve sentir a necessidade disso. Se não o fizer, pode seu crime tornar-se um ato estéreo, o fenômeno e por conseguinte mais complexo, o orgulho pelo seu crime junta-se à necessidade de torná-lo (...). Dentro desta lição, senhores ministros, entendemos que assim como José Roberto confessara a sua participação no sequestro do embaixador da Alemanha, e o negara nesse processo em julgamento, assim também o jovem menor Alex Polari de Alverga o fez no que diz respeito neste processo, enquanto negava no outro. Não se trata de uma solidariedade orgânica, se trata dessa inclinação natural, dessa exigência de si mesmo, desse conhecimento de que ali está agindo quase como finoleísta, um mazoneísta, um ravaiaque, um quito, um Manso de Paiva, entendendo que brange assim a verdadeira razão de ser da sua cidadania, em defesa daquilo que lhe pareceu ser o melhor para sua gente, para sua comunidade, pelo seu país.

Este criminoso político não é um criminoso comum, que mente desabusadamente, que mente sempre, que nega sempre; este não, senhores juízes, porque negar-se-iam a si próprio se não confeçassem (sic) aquilo que realmente fizeram. Alex Polari de Alverga confessou, senhores ministros, o que na denúncia que lhe atribuiu, de ter realmente dirigido o automóvel para

Voz Humana

conduzir na mecânica dos acontecimentos para que fosse possível o sequestro de S. Exa. o Sr. Embaixador da Suíça, e só isso e não mais que isso, senhores ministros. Pois bem, ainda em Altavilla que nos ensina, "Os delinquentes políticos", diz Altavilla, é raríssima a chamada do co-réu nos crimes políticos, a não ser que o delinquente seja um "súcubo" que atue não por convicção própria, mas sob o império da vontade alheia. E na verdade, quando o crime é cometido em obediência às ideias próprias dificilmente acusará outros pelas razões que são de sua própria formação. Esse preâmbulo, senhores ministros, nos leva a discutir não a arte probatória, não a sucumbência de uma atuação do jovem rapaz motivado e liderado na altura desse evento por um terrorista, mas sem sombra de dúvida líder que se chamou Lamarca, que formou-se para comandar que revelou o espírito de liderança que foi preparado para dirigir e que não se submetia suas decisões ao exame ao crivo a sequela ou a crista de seus comandados eventuais. Alex Polari, integrante da VPR, e nunca negou, senhores ministros, menor de idade, na época menor de 18 anos assim motivado, levado pelo quadro que já procurei mostrar de um mundo de violência decantado em heroísmo quem sabe assim motivado não foi conduzido à participação do sequestro, mas resguardando a si próprio da sua formação, da sua origem dos princípios familiares, em que sempre viveu embarca além do propósito meramente político sem qualquer proposta homicida. O parecer, senhores ministros, o comentário que fazem, a respeito do prévio conhecimento de que armado seria uma presunção de que estariam dispostos a tudo evidentemente não faz sentido com a lógica dos fatos, nem com o bom senso comum, ora senhores ministros, evidentemente se proponha a participar de um sequestro, tal qual quem sai numa comitiva para perseguir um criminoso em fuga, intimamente pode presumir que haja uma reação, mas aí não pode se tirar uma conclusão de que estaria deliberadamente levado e condicionado disposto integrado num direito ou no dever de matar. E vejam V. Exas. sequestrou-se neste País um embaixador Helbri, e lá não houve evento morte, porque o evento morte não era necessário, porque o fim colimado era o sequestro, porque não estavam pré consorciados ou pré associados, em matar para poder sequestrar, que seria condição *sine qua non* do crime, do resultado e o resultado que se queria não era a morte, o resultado que queria era sequestro, e era sequestro para servir o refém de elemento de troca por prisioneiro da sua posição política, onde, senhores ministros, adotar-se do entendimento de generalização simplícia (?), de fazer a responsabilidade recair sobre a cabeça de todos, pela morte do agente quando desde o inquérito e até a denúncia se identificou o autor da morte isolado em seu mister criminoso, Lamarca, não era outro, não era um joão-ninguém, não era um doutor jacarandá, não era um assaltante vulgar, era um líder, um homem que fora formado para a arte da guerra, que fora formado para liderança e que liderava a menores, neste aspecto a nós me parece, senhores ministros, da maior relevância na verdadeira distribuição da justiça, não vamos penetrar já o dissemos, em dispudiar (?) o ato probatório embora entendamos que o que mais levou a denunciação foi a notoriedade. O eminente general Armos Lima no seu propósito de indagar com dignidade chegou ao termo de seu relatório sem apontar ninguém. Imediatamente, como preso já estavam e concomitantemente com procedimento se adiantou e se imputou a este jovem, Alex, Roberto, a inteira responsabilidade sesteiro (? Ou seria sexteiro) que faz um sexto faz cem. Como sequestraram o embaixador da Alemanha, também poderiam ter sequestrado, a probabilidade funcionando como razão de ser de raciocínio

Voz Humana

lógico, de entendimento jurídico, de bom senso de facilidade de responder a opinião pública, de encontrar criminosos para os crimes de autoria não identificada. E o mosaico das afirmações, o desenrolar das fases do inquérito, na proposta punitiva que chegou a justiça ao contrário de revelar perfeita tranquilidade certeza pelo contrário, impõe uma grande desconfiança. A prova que colhe chega-se a ser resultado de certeza pela divergência não pela similitude, não pela identidade, não pela comprovação do papel carbono, não pela justaposição como se fora um mosaico de aerogeometria, não como se fosse uma colocação ponto e ponto *pari passu* de cada detalhe. Aos mínimos detalhes da participação de cada qual formando um quadro em todo e unindo. Senhores ministros, isto dirá da confissão, não pretendemos negar a confissão de Alex, à medida em que Alex negou a confissão da participação no embaixador alemão e foi condenado, condenado está.

Aqui admitiu em juízo e não importa como, portanto, senhores ministros os pré-questionamentos do interrogatório em juízo se ter conduzido ao ponto de transformá-lo definitivamente em réu, mas a lição sempre oportuna dos mestres, talvez o mestre de todos os processos infectivos de penetração do ou na indagação da verdade processual através do testemunho de fatos próprios que sabe ser interrogatório, ou testemunho de fato alheio, ou de outrem, que sabem ser o depoimento de co-réu ou de co-acusado é ainda Altavilla quem fortifica ao lado de Malatesta, de Mitermaier, enfim ao lado de todos os doutrinadores do direito penal, e eles, senhores ministros, em alto e bom som proclamam que a confissão há de se dar credibilidade pelo todo. Isto quer dizer se alguém confessa um fato material, positivo identificado na peça incriminatória, mas ao lado disso esclarece outro detalhe o limite de sua participação, o limite de sua responsabilidade deve se dar crédito ao todo e não apenas parte. Não se pode estabelecer uma dicotomia ao inquérito ou a justiça interessa essa parte que confessou a outra parte que integra sua confissão, mas que é negação, não, não se há de aproveitar porque favorece o réu.

Senhores juízes, isto seria pinçar o oportuno do inoportuno, seria separar o interesse do desinteresse e fazer uma apreciação pré moldada dos acontecimentos colocando a boca ou a responsabilidade do depoente o arguido quantos saques bastassem ao interesse punitivo que o Estado tem no caso concreto; o Estado tem o interesse de punir na medida da certeza e a convicção e na medida da finalidade da pena. Não se pode saber ao Estado, não se pode conferir ao Estado, a sociedade não vê o *ius puniende* de agravamento de situações pessoais, tais ou quais, para determinar uma resposta a opinião pública, ou a resposta à notoriedade ou a satisfação as autoridades que investigaram. Não, senhores juízes, a justiça supassa (?) e sublima tudo isto, está muito além de tais requisitos, tais pressupostos, tais desejos, mas senhores ministros, dizia então, foi reconhecido. Altavilla também fala, não vamos tomar tempo de V. Exas., reconhecimento por fotografia, senhores Ministros. Ninguém consegue reter impressão diferente daquela que uma fotografia parada lhe penetrou no subsconsciente. Quem de relance vê um fato e depois vai reconhecer, aí sim, porque o fugar dos acontecimentos, a rapidez da cena tal um filme seriado, esta retém aquilo que, em sendo descrito se ajusta ou não à certeza (...) mas quem olha uma fotografia atentamente parada estática, induzida, conduzida: É esta? Foi este? evidentemente seu subconsciente "há de gravar esta fisionomia e verá está fisionomia em qualquer situação

Voz Humana

que lhe mostre. Até quando os reconhecimentos daqui não procedem, não se têm procedido com que a lei, isto é, a descrição por aquele que vai reconhecer da pessoa que há de ser reconhecida, a da sua mistura meio a outras de dados físicos semelhantes e o apontamento dentre tais, qual seria aquele a que os fatos se relacionam. Senhores ministros, tratemos agora de outro preceito de maior importância para o caso concreto que é do princípio da precisão morfológica legal ou da reserva legal. Admita-se como provada a participação de Alex. Ele confessou em juízo. Sequestrar um embaixador, a Lei de Segurança Nacional capitulou em artigo próprio, específico e identificado. E não há o que se indagar aqui, a pena que ali cominada é menor do que aquela que procura manter com relação a este apelante, a este acusado, pois se o legislador errou na dosagem da pena, o juiz sublima violentando ou violando a lei ou decidindo contra legis, o juiz aplica a lei, não legisla, se há erro na legislação o Poder Legislativo aí está para corrigir este erro, para colocar em termo de realidade pragmática a necessidade do Estado de se garantir e manutenir (?) a ordem jurídica vigente aos altos conceitos de segurança nacional e de estabilidade do regime. Mas o que fizeram esses consorciados, digamos assim, na sua *societa seleris* que tinha objetivos eminentemente políticos e isto não se nega e nem há quem o possa fazer.

Obter mediante a violação da figura do diplomata a violação do seu direito, a violação da sua imunidade, elementos para barganhar com o governo, no sentido de retirar do cárcere, quantos lá estavam condenados que pertenceram, organizaram ou participaram de Ações tais e quais. Então vejam V. Exas., que revejo, e é cansativo repetir, pois não na lei palavras inúteis e interpretação literal, há de ser sentida e examinada, a interpretação da lei sistemática obedece ordenamento, e evidentemente a precedência de um tipo coloca ao talento do examinador ou do aplicador da lei em confronto com os demais, mas objetivando aquilo que se chama o núcleo do tipo, isto é, a essência da figura penal, descrita e tipificada, para fazer jus ao enquadramento de que não há crime sem prévia cominação.

Então vejam V. Exas., que fez Alex ou o que teria feito Alex, um ato de violação de imunidade diplomática de um embaixador, sequestrando-o com propósito político para trocá-lo. "Violar imunidade diplomática pessoais ou reais, ou de chefe ou representante de nação estrangeira, ainda que de passagem pelo território nacional, pena de 6 a 12 anos". Exatamente este o crime objetivado com a violação um dano ou um resultado. O resultado seria a troca, o resultado seria a liberdade. O resultado seria abrir de bar em bar as portas da cadeia para aqueles que lá estavam saírem livres. Vejam V. Exas. o art. 28 em que se enquadrou e em que se apenou, e para o qual se pede não só sua aplicação, mas a exacerbação de sua aplicação, a pena de prisão perpétua para um jovem de 17 anos que participou do movimento sob a liderança de um líder que chamou Lamarca.

15.k. Oração de Nélio Machado (CD 2, faixa 1)

Egrégio Tribunal, ilustrado representante do Ministério Público:

Antes de mais nada, como introito, ou primeiras palavras, pretende a defesa chamar a atenção para o aspecto mais

Voz Humana

audissonante deste julgamento, que reside, precipuamente, no alarde, no estardalhaço, na repercussão pública causada na época do evento, e a partir daí, do início das investigações ao oferecimento da denúncia. Esse clamor, essa repercussão fez com que o primeiro inquérito policial instaurado, que foi o segundo, porque não houve um novo a despeito de terem participado dele dois encarregados, inicialmente o general Argos Lima, que indiciou várias pessoas e estas pessoas não foram denunciadas posteriormente. Após a prisão de um determinado elemento que acabou por ser denunciado, foram arrolados outros tantos nomes, e esses nomes passaram a ser indiciados, e como indiciados vieram a ser denunciados.

Vejam, V. Exas., antes de mais nada, dentro daquela finalidade precípua do inquérito policial militar, qual seja a de oferecer os elementos necessários à propositura da ação penal, o MP trabalhou com bases movediças, teve elementos contraditórios, teve informações que não se coadunavam, houve indiciados que não foram denunciados e por fim indiciados da segunda leva, do segundo inquérito, que por fim acabaram por ingressar na esfera judicial. Baseou-se o segundo encarregado do inquérito policial militar, para elaborar o seu relatório final, embora já houvesse relatório final anterior, em três dados básicos: nas declarações na fase inquisitorial, do acusado Alex Polari de Alverga, do acusado José Gonçalves de Resende, cujo patrocínio me compete nesta assentada, e nas declarações de um elemento supostamente ligado a movimentos de natureza subversiva ou até terrorista, Manoel Henrique Ferreira. Na fase inicial, ele se autoincriminara, confessando quanto às suas respectivas participações. Tanto Alex, quanto José Roberto e Manoel Henrique como coparticipantes no sequestro anterior, do embaixador alemão, afirmam que estavam informados — e eu me permitiria colocar aspas nesta expressão — de que estes elementos e outros tantos, afinal denunciados, fizeram parte do sequestro do embaixador suíço, hoje submetido a julgamento perante V. Exas. Então, vejam, V. Exas., que o esteio da denúncia, a base da propositura da ação penal consistiu na declaração dos co-réus, co-indiciados, então, não eram réus ainda, sequer acusados, e na informação de um co-réu em sentido lato, pelo fato de que tangenciou, ingressou, participou como réu de vários julgamentos que se fizeram na justiça castrense, a partir do movimento vitorioso de 1964. José Roberto Gonçalves Resende, neste processo, responde pelo fato de que teria participado de um reconhecimento preliminar e, neste ponto, há de se perguntar, há de se colocar, há de se concluir que, diante do princípio universalmente aceito, consagrado no direito penal brasileiro, os atos preparatórios não são puníveis e, por este fato, a denúncia não deve ser sequer apreciada, não deve ser sequer mensurada sob o crivo do contraditório, porque de toda forma, ainda que verdadeira fosse esta imputação, não seria capaz de tipificar nenhum delito. E, por isso mesmo, pelo princípio da reserva legal, V. Exas. não poderão, ainda que por íntima convicção, estejam convencidos da reprovabilidade da conduta de José Roberto Resende, condená-lo por este fato, atribuí-lo a ele também — e neste aspecto é que a acusação deverá ser apreciada — o fato de ter dirigido um automóvel marca Volkswagen, no qual deu-se fuga aos participantes da ação, e no qual veículo viajou o embaixador sequestrado, Giovanni Bucher. Quando é chamado a juízo, José Roberto Resende, está às fls. 633/634 dos autos, nega a imputação, afirma que, efetivamente, participou do sequestro do embaixador alemão. Os processos foram mais ou menos da mesma época, os inquéritos se instauraram concomitantemente, ambos os processos no Exército, respectivamente na 1ª. e na 3ª. Auditorias do Exército. Os interrogatórios foram em épocas simultâneas. Num dos interrogatórios, José Roberto confessa amplamente. "Realmente sofri maus-tratos, fui seviciado na fase policial, mas tudo é verdade, eu realmente participei, dirigi um automóvel Opala, conduzi o embaixador da Alemanha, não o da Suíça. E, por este fato, evidentemente, eu aceito a acusação, como também aceito a acusação de ter pertencido à VPR, como também quero informar ao Egrégio Conselho, naquela oportunidade, que me desliguei da organização." Esse desligamento tem uma relação direta com a época em que se deu o segundo sequestro. O motivo de José Roberto para o desligamento da organização teria sido, na sua versão, na sua fala — há um momento de seu interrogatório na 1ª. Auditoria do Exército — exatamente o procedimento violento em desconformidade ao assentado entre os envolvidos, os agentes naquele fato delituoso que V. Exas. já apreciaram na apelação nº 39.280.

Vejam, V. Exas, portanto, que tenho a incumbência de defender um acusado que tem a dignidade de não mentir à justiça, que assume a responsabilidade pelos atos que praticou e é o primeiro também a dizer que não praticou atos que, porventura, lhe tenham sido imputados, em relação aos quais inexiste qualquer participação neste evento. Como dizia José Roberto, às fls. 633 destes autos, que não é verdadeira a imputação que lhe é feita, que pode dizer que não praticou de nenhum ato no que se refere à denúncia a que está respondendo na 1ª. Auditoria do Exército, na 1ª. CJM. Vejam, V. Exas., que sequer teria ele motivação para querer este procedimento, pois sendo as penas perpétua ou de morte, nos termos da peça vestibular, penas perpétuas não se somam, penas de morte, executar-se-ia, em tese, apenas uma, então isto corresponde a um desígnio do réu, a uma necessidade interior tal qual o criminoso passional, tal qual o verdadeiro criminoso político, este que afronta a acusação, dá sua versão e reconhece a sua culpabilidade, que ele próprio não chama de culpabilidade, que diante das leis vigentes no estado brasileiro, no momento político que se vive, por força do DL 898, corresponde a uma figura penal e, por este fato, chegam às barras do tribunal.

Prosseguiu José Roberto neste depoimento que tem relação com este processo, referente, na 1ª. Auditoria, ao sequestro do qual o depoente participou, onde também foi qualificado e interrogado; que além da 1ª. Auditoria está sendo processado em outro juízo por pertencer à VPR; relata que sofreu sevícias na fase do inquérito e diz, em tempo, ao final de seu depoimento neste processo, que quando foi preso já se encontrava desligado da organização a que pertenceu, da qual discordara, e que o contato passou a ser muito esparso, não recebendo mais ordens nem executando tarefas. Que se justifica a imputação deste sequestro por já ter participado do sequestro do embaixador da República Federal Alemã. Que naquele processo não teve ação direta na morte do policial, pois a ordem era recuar, caso houvesse resistência. V. Exas., como julgaram o processo anterior, exatamente pelo fato de que o agente do resultado *mortis* houvesse também morrido, extinta a sua punibilidade, houveram por bem, bem apreciando a prova, de concluir pelo enquadramento dos participantes do sequestro no *caput* do art. 28, cuja penalidade alcança a cifra de 12 anos, no mínimo, e 30 anos, no máximo.

Voz Humana

Retiraram o nexo de causalidade entre o evento morte e os participantes do sequestro, considerando, inclusive, que o acordo prévio, que o ajuste entre os participantes seria no sentido de recuo, utilizando-se do mesmo esquema de ação, caso houvesse resistência. Isso teria uma motivação, exatamente pela reprovabilidade pública, supondo eles que o movimento pudesse alcançar alguma popularidade, se eles partissem para uma violência bárbara, uma violência desarvorada, o objetivo não seria alcançado. Naquele episódio morreu o agente de segurança do embaixador alemão; nesse que V. Exas. apreciam hoje, faleceu o desditoso policial agente de segurança que acompanhava o embaixador suíço. Numa hipótese como noutra, a questão jurídica, portanto, se colocaria na discussão preliminar da incidência do *caput* do art. 28 ou se passível de apenação, de verificação, de julgamento, também, o incursionamento de todos os participantes do sequestro no resultado *mortis*, causado, como se reconhece — o próprio MP é quem o diz —, por Carlos Lamarca, falecido, morto, extinta a sua punibilidade. Naquele processo anterior, José Roberto Resende reconheceu — consta da AP 39.290 — às fls. 556, em juízo, o seguinte: que na época do fato se encontrava no Estado da Guanabara, na Rua Cândido Mendes, fazendo parte da equipe que daria fuga ao embaixador da Alemanha, caso bem sucedido o sequestro, ou dar fuga a seus companheiros, caso falhasse o empreendimento. Isto quer significar, antes de mais nada, o robustecimento do que se disse. Efetivamente confessou em juízo, porque sentiu necessidade de confessar, porque sua índole o leva a sempre reconhecer a verdade. Nunca pretendeu iludir a justiça, submeteu-se às consequências do ato que praticou, mas é o primeiro que quer com as garantias da lei do processo, com as garantias do contraditório, com as garantias da prova sadia que se colhe na instrução criminal, amparado pelo princípio universal da Declaração dos Direitos do Homem, da presunção de sua inocência, amparado pela certeza de que na dúvida se absolve e só uma prova plena pode levar a uma apenação, que não é uma apenação simples, que não é uma apenação costumeira, que é uma apenação que equivale ao passamento do resto de seus dias no cárcere. Então, é este homem que V. Exas. vão julgar: José Roberto Resende, portanto, fazendo contraste à acusação.

Juntando aos autos declarações a seu respeito, evidentemente relacionadas a fatos anteriores ao evento do sequestro do embaixador alemão, quando tinha uma vida absolutamente regular, era escrevente no tribunal do júri em Minas Gerais, era um motorista de táxi, porque nas horas vagas, em seu automóvel, que pôde comprar, ganhava mais algum dinheiro para se sustentar. Houve um problema familiar, que não vale a pena mencionar porque não cabe, inclusive, nesta assentada, mas que seria o desencadeamento do processo de envolvimento do acusado com a subversão em geral. Este homem está condenado a 12 anos de reclusão, além de condenação por pertencer à VPR, evidentemente, e outros processos que sofreu porque se lhes atribuíram diversas ações, muitas dessas ações confessadas no inquérito, algumas confessadas também em juízo, por ele, e outras negadas. E a média tem sido a justiça se fazer exatamente em reconhecer o fato de que, se o réu confessa espontaneamente num fato e noutro deixa de confessar, não existindo, neste caso, por hipótese, por exemplo, nenhum motivo que o levasse a não confessar, estaria ele tranquilamente satisfeito com uma condenação que fosse até perpétua, poderia sua defesa, quando muito, insistir numa desclassificação para o *caput* e tentar que fosse ele condenado a uma pena de 12 anos de reclusão. Mas, hoje, não é essa a pretensão da defesa. Embora o minucioso relatório do eminente Ministro Waldemar, como sempre sói acontecer, pareça-nos que um aspecto não ficou bem realçado, no que diz respeito, exatamente, à postulação da defesa de José Roberto Resende. A defesa dele pretende a sua absolvição, não pretende mera desclassificação. Entende que inexiste prova cabal, válida e irretorquível, judicial e induvidosa que o coloque como co-partícipe desta ação delituosa. Estriba-se, para isto, no direito que a lei lhe faculta, na oportunidade que o legislador lhe deu, no princípio já secular de que distinguem-se autoincriminações e confissões. As confissões correspondem a uma necessidade íntima do acusado, ao passo que a autoacusação sempre se dá, sempre se colhe em situações de constrangimento, em relação às quais qualquer ser humano é capaz de dizer que matou a mãe, que não gosta do pai, que roubou o tio, que vilipendia cadáveres, e assim por diante. Em meio à prova judicial, presume-se inocência, já se disse. Nenhuma das testemunhas do fato delituoso refere-se a José Roberto Gonçalves Resende, nenhuma delas o reconhece, nenhuma delas o viu, nenhuma delas pode declarar à justiça da sua participação.

Os acusados em juízo que se disseram participantes do evento não o acusam, de igual modo. Da mesma forma, não se puderam obter provas técnicas que pudessem confirmar, corroborar aquelas declarações prestadas na fase do inquérito, que, diga-se de passagem, pela similitude com as declarações de Alex Polari de Alverga, de acordo com os princípios mais comezinhos de psicologia judiciária, deixam muito a desejar, pela extremada coincidência, pelo detalhismo exacerbado na descrição da minúcia, e até pela correspondência no número de páginas das declarações: fls. 386 a 396, José Roberto; fls. 4 a 14, também dez folhas, Alex Polari. E existe um dado, existe um fato que V. Exas. haverão de ponderar, ao lado da provisoriedade do inquérito policial, ao lado da instrução preliminar a que se destina a prova inquisitorial, ambos processos de investigação, não os processos judiciais de sequestro, tanto do embaixador alemão, quanto do embaixador suíço fizeram-se na mesma época, as declarações foram colhidas em oportunidades próximas, senão nas mesmas e nas exatas oportunidades.

Se José Roberto participou do sequestro do embaixador alemão, claro que potencialmente poderia participar, deveria ter participado, é muito mais provável que ele tenha participado do que eu, por exemplo, do que o doutor Heleno Fragoso, do que o doutor procurador, evidentemente ele reunia contra si indícios, e indícios até veementes, indícios que justificam e justificaram a propositada da ação penal, mas indícios que não podem consagrar, que não podem respaldar, que não podem acolher uma sentença condenatória. A natureza da acusação, ao contrário do que se possa supor, é exatamente o aspecto mais importante, é o ponto mais relevante que faz com que a reserva do julgador, as garantias da lei do processo, que são como que um desdobramento das garantias constitucionais, se imponham, tenham lugar, e estabeleçam um primado no cumprimento da lei e da supremacia do estado de direito. Ao lado deste ponto de vista, que me parece de uma clareza meridiana, talvez ofuscado pela perplexidade, pela dificuldade, pelo receio, pelo medo do advogado de não ser feliz, de não conseguir transmitir a V. Exas. Esse convencimento que corresponde à verdade, está a colocação que deflui de uma análise isenta da prova do processo. Mas haveria outros aspectos a serem abordados. Passada a questão inicial, que é a alegação reiterada e expressa de sua inocência, cabe argumentar, ainda, que, co-partícipe fosse do evento delituoso, na modalidade prevista e descrita pela denúncia, teria sido motorista de um automóvel. É até surpreendente, ou pelo menos a isto corresponde uma coincidência injustificável, que a missão dele neste sequestro corresponde exatamente à missão que desempenhara no sequestro anterior, isto é, lhe fora atribuído dirigir o automóvel, na primeira oportunidade um *Opala*, na segunda oportunidade um *Volkswagen*, segundo a denúncia, em que viajaria depois do sequestro, o sequestrador junto com o sequestrado.

Vejam, V. Exas., que vendo-se a causalidade material e psíquica que faz com que possa alguém ser responsabilizado criminalmente. Em termos do evento *mortis*, considerando-se o ajuste prévio na oportunidade anterior, e nesta provavelmente também, José Roberto não participou desta ação, mas, ainda que tivesse participado, em havendo resistência, em havendo oposição, a palavra de ordem era retirada.

Sua participação era posterior ao delito, no que concerne a sua realização material. Que seja fuga, fosse fuga, ou fosse a complementação do sequestro. De qualquer sorte, a sua missão era simplória, era secundária, era limitada a dirigir o automóvel do lugar onde se deu o evento à Rua "X", teria sido a segunda rua à esquerda depois do Túnel Santa Bárbara, momento em que, em um outro automóvel, dirigido por um outro co-acusado, seria feita uma operação de transbordo, como relatou o eminente ministro Waldemar Torres da Costa.

Vejam, V. Exas., que em termos de nexo causal e em termos de necessidade e de responsabilidade direta ou pelo menos presumida e assumida, circunstância de dolo eventual, que por certo o doutor procurador irá mencionar, não há nenhum elemento de prova válido, nenhuma informação aurida no procedimento que possa configurar o fato de que José Roberto sabia da disposição de Lamarca no sentido de que, diante de uma reação, fosse matar. Há que se considerar, inclusive, diante dos méritos da Lei de Segurança Nacional, a questão da tipicidade. Doutor Heleno Fragoso provavelmente o falará, como o fez em razões estritas no art. 18, razão pela qual me abstenho de qualquer consideração neste sentido, embora endosse integralmente esse ponto de vista. Mas o art. 28 diz: devastar, saquear, assaltar, roubar, sequestrar, circunstâncias que têm um cunho muito mais destinado a figuras patrimoniais do que propriamente a desígnios de afronta à imunidade diplomática, que significam induvidosamente um ato de sequestro, incendiar e assim por diante. Depois, diz o parágrafo único: "se da prática do ato resultar morte, prisão perpétua, em grau mínimo, e pena de morte, em grau máximo." Vejam V. Exas., neste desdobramento do nexo causal, atribuindo-se ao acusado José Roberto uma participação posterior, resultando a morte de um desígnio autônomo do acusado, se vivo estivesse, Lamarca. A figura penal seria art. 28 para os participantes, e, como a morte foi dolosa, como Lamarca teria querido liquidar quem resistisse à sua ação, já que era o líder, já que provavelmente tivesse uma capacidade de ludibriar os co-participantes, o fato é que, nesta hipótese, seria o caso de enquadrá-lo pela prática do art. 32 da Lei de Segurança Nacional, art. em relação ao qual eu pediria a atenção de V. Exas., no sentido de fazer uma ilação e tirar uma conclusão quanto à impossibilidade jurídica de se responsabilizar os acusados em geral, excetuado o responsável direto pela morte.

No parágrafo único do art. 28, diz o art. 32 a que isto corresponde, fazendo um paralelismo ao art. 121 parágrafo 2º, inciso V do Código Penal comum, no qual se prevê a figura delituosa de matar alguém para assegurar a execução do crime: é um crime doloso. O do art. 28 parágrafo único é uma modalidade do crime chamado *preter* doloso, ou *preter* intencional, que na doutrina, na jurisprudência, no entendimento de todos os tribunais significa aquele em relação ao qual há dolo no antecedente e culpa no consequente. Isto é, quanto à ação do sequestro, haveria a vontade dirigida à consecução do resultado, e, em relação à morte, esta seria decorrente. Em primeiro lugar, haveria o pré-questionamento de que a morte ocorresse no sujeito passivo, isto é, o embaixador da Suíça sequestrado, e não no agente de segurança, e aí também ensejaria a aplicação quer do Código Penal comum, quer do art. 32, que é específico da Lei de Segurança Nacional, porque é matar por motivo de facciosismo ou inconformismo político social, dolosamente, claro, quem exerça autoridade, no caso um agente de segurança exerce, indiscutivelmente, uma autoridade, pelo menos autoridade de polícia, ou estrangeiro que se encontrar no Brasil, a convite do governo brasileiro, a serviço de seu país, ou em missão de estudo. Portanto, fosse o morto o agente de segurança e ainda que o morto fosse o embaixador, dúvida não pode haver em termos jurídicos quanto à configuração em relação exclusiva ao acusado, se vivo estivesse, Lamarca, de triste memória. E vejam, V. Exas., por fim, que dentro desta argumentação, no sentido de que o art. 28 no seu parágrafo único, quando pressupõe a *preter* intencionalidade, há de se demonstrar a culpa na assunção do risco, há de se demonstrar de uma forma cabal, de uma maneira indiscutível e bem. Mesmo o art. 28, dentro do âmbito de sequestrar, e é sequestrar qualquer pessoa, no caso, o dolo era em termos de sequestrar quem? O embaixador. Então, se a morte advier, por culpa, no processo, por exemplo, como houve no episódio anterior de cloroformização do corpo do embaixador, que foi envolvido numa urna, colocaram clorofórmio, se houvesse morte, neste fato, evidentemente aí sim, seria a hipótese do parágrafo único do art. 28, porque todos os acusados teriam assumido o risco de produzir o resultado *mortis* pelo desígnio criminoso comum de realizar o sequestro. Mas, o sequestro por si só não enseja, não possibilita a responsabilidade coletiva do resultado *mortis*.

O direito penal repele o julgamento de cambulhada, abomina apenações identificadas. Até porque, se não fosse assim, não haveria razão para o legislador fazer o art. 42 do Código Penal comum, não haveria motivo para que fizesse o art. 69 do Código Penal militar, da mesma forma que não seriam de se conhecer circunstâncias agravantes, ou circunstâncias atenuantes, como menoridade, como confissão espontânea, e assim por diante. Sintetizando a V. Exas. a nossa sustentação, insistimos no pedido de absolvição, pela absoluta falta de provas em relação a José Roberto Resende, o que se deflui de uma análise imparcial que se faça do processo, deixando de lado o estardalhaço e o rumor causado, mas verificando este julgamento como um outro qualquer, obediente aos postulados universais que correspondem ao avanço da civilização. Só a certeza pode levar a um resultado apenatório. E, em termos jurídicos, na pior das hipóteses, se V. Exas. entenderem que a prova é suficiente, e certamente não o é, que o apenem na modalidade menor, prevista no art.

28 da Lei de Segurança Nacional. Mas é por fazer justiça que se tem engrandecido este tribunal, e é fazendo justiça mais uma vez, que será absolvido, por certo, José Roberto Gonçalves Resende.

Superior Tribunal Militar

Apelação 39. 544 — Estado da Guanabara

Nos crimes de sequestro, só deve ser responsabilizado pela morte que ocorrer quem, sem qualquer ajuda de outros, desfere o tiro causador da morte. Aplicáveis o art. 11 e seu parágrafo único do Código Penal. Precedentes deste tribunal e do Supremo Tribunal Federal. Consideradas indispensáveis ao êxito do crime de sequestro todas as atividades, os co-autores se igualam em responsabilidade, de modo a merecer a mesma punição. É de diminuir a pena do co-autor do sequestro, que era menor à época do crime. A gravidade do crime, os antecedentes dos acusados, a intensidade do dolo, as circunstâncias que antecederam e rodearam o crime, as consequências acarretando medidas contrárias aos interesses da justiça, qual a liberação de criminosos para preservar a vida de representante de País amigo, justificaram a fixação da pena em seu limite máximo. Dá-se provimento, em parte, ao apelo do MP e da defesa para, respectivamente, majorar a pena dos condenados e por desclassificação condenar a pena de reclusão os que foram condenados à prisão perpétua.

Relator: ministro Waldemar Torres da Costa

Revisor: ministro general-de-Exército Reynaldo Mello de Almeida

Apelantes: A Procuradoria Militar da 3ª. Auditoria da 1ª. CJM e Alex Polari de Alverga, José Roberto Gonçalves Resende e Inês Etienne Romeu, condenados à prisão perpétua, incursos no parágrafo único do art. 28, e Adair Gonçalves Reis, Alfredo Hélio Syrkis, Teresa Ângelo e Herbert Eustáquio (sic) de Carvalho, por desclassificação, do *caput* do art. 28 c/c o art. 49 inciso III do DL 898/69.

Advogados: Drs. Lino Machado, Terezinha G. Pádua, Mário Soares de Mendonça, Augusto Sussekind de Moraes Rego. 13 de maio de 1977.

CAPÍTULO 16

O Canto do Cisne

16.a. Osvaldo Pacheco Silva

As investigações são limitadas por um curto período, unicamente para dar subsídios para a ação penal. Mas, desde 1964, havia IPMs que jamais acabavam, dando eterno motivo para interrogar, para prender. Heleno Fragoso faz a seguinte observação:

> Alguns dos IPMs tinham objeto absolutamente vago e indeterminado, como sucedeu com o do Partido Comunista e o da Imprensa Comunista. Sob o rótulo "imprensa comunista" era possível considerar as publicações que se fizeram e as que se fariam por escritores esquerdistas Haveria sempre matéria para mais 10 anos de inquérito. O mesmo sucedeu com o IMP do Partido Comunista, que era nacional. Havia constantemente alguma agitação, em algum ponto do território nacional, a justificar a permanência desse inquérito cujos autos constituíram dezenas de milhares de folhas (...).

Osvaldo Pacheco Silva, que havia sido deputado federal pelo Partido Comunista, estava exilado.

Os dias foram passando até que Osvaldo Pacheco Silva sentiu saudades do País e dos filhos, que aqui ficaram. Deliberou voltar. Sabia, porém, que teria dificuldades de entrar tranquilamente no território nacional se conservasse sua identidade. Adotou, por isso, um nome diferente do seu, obtendo para isto os documentos correspondentes.

Alterada sua identidade, conseguiu entrar com facilidade no território nacional, onde viveu tranquilamente durante certo período, usufruindo a convivência dos filhos e dos amigos até o momento em que foi descoberto e preso pelas autoridades, policiais, civis e militares.[286]

Osvaldo foi duas vezes acusado de tentar reorganizar o Partido Comunista, art. 43 do Decreto-lei 898. Sobral Pinto ficou marcado como o "advogado da liberdade", foi e é, ao lado de Evandro Lins e Silva, um símbolo de luta e do dever do advogado. Sempre denunciando; sempre, magistralmente, ensinando.

16.b. Razões de Apelação

Razões de apelação, de Osvaldo Pacheco Silva:

Situação trágica a dos comunistas numa sociedade militar-burguesa: o que com ele ocorre só encontra uma definição exata nesta terrível expressão: é *um ser fora da lei*.

---

[286] PINTO, Sobral. Trecho das Razões de Apelação, de Osvaldo Pacheco Silva.

Voz Humana

O comportamento das autoridades governamentais do País em relação à sua pessoa revela, sem possibilidade de dúvida ou contestação, que o Estado, a ordem jurídica desse Estado e os seus órgãos de segurança encaram o comunista como alguém que está fora do alcance e da proteção da lei. Basta ser comunista para não ter mais direito a nada. A lei não o abrange nem protege.

A situação do comunista no Brasil de hoje, guardadas as devidas e necessárias proporções, se aproxima à do protestante na França monárquica no final do século XVII e em quase todo o decurso do século XVIII.

Como é de conhecimento geral, a Monarquia Francesa adotava o catolicismo como religião oficial. Em seu território, existiam, todavia, cerca de 500 mil protestantes, que adotavam, como religião, diferentes seitas protestantes.

Esta diversidade de crenças era causa de conflitos, que perturbavam, em certas cidades da França, a ordem e a paz social.

O rei Henrique IV, com o fito de fazer cessar tais conflitos, baixou, em 1598, na cidade de Nantes, um edito, que tomou o nome dessa localidade, o qual foi declarado perpétuo e irrevogável.

Permitia esse edito o exercício da religião protestante em todo o território de França, com exceção das residências reais e dos arredores de Paris até uma distância de cinco léguas. Era-lhe assegurada a construção de templos para o exercício da sua religião.

Os cargos e dignidades eram acessíveis aos adeptos da chamada religião reformada. Podiam eles, também, seguir o curso das Universidades de Montpellier, Sedan e mais outras duas.

Em virtude deste edito podiam os franceses divergir da religião oficial, adotar a religião protestante numa de suas seitas e continuar vivendo no território de sua pátria.

Entretanto, em 1685, Luís XIV resolveu revogar o referido edito, colocando, com isto, os protestantes franceses neste dilema trágico: conservar a sua religião, mas, em tal hipótese, abandonar o território da pátria; ou, pelo contrário, permanecer neste, abjurando, todavia, a sua religião. É que o art. 4º desse edito ordenava que o protestante que não quisesse se converter ao catolicismo teria de sair do reino dentro de 15 dias.

Brunetière, um dos maiores críticos literários e grande sociólogo da França do fim do século XIX e do começo deste século, focaliza, em termos impressionantes, este dilema trágico: "Um dos atos que os historiadores e a opinião pública do século que acaba de findar, terão, sem dúvida, reprovado mais severamente e mais eloqüentemente à antiga Monarquia, é a revogação do Edito de Nantes e (...) têm razão de o reprovar." (*La science et la religion,* págs. 271/272).

Mais adiante, o ilustre homem de letras esclarece: "A revogação do Edito de Nantes obrigou 500 ou 600 mil franceses a fazer uma opção entre a religião e a pátria. Ou sereis católicos, lhes disseram, em substância, os dragões de Louvois, isto é, abjurareis as crenças, que são as vossas, ou abandonareis o solo, que vos nutriu, e ireis debaixo de outros céus abrigar a vossa fé." (*Ibid.* pág. 272). Voltando a analisar este dilema trágico, Brunetière acentua: "A alternativa que se lhes propunha, ou antes, que se lhes impunha, era bem aquela que dissemos; o exílio ou a abjuração; o sacrifício de sua consciência ou o de sua Pátria; renunciar à França, neste mundo, ao que eles consideravam como a condição, o meio, a promessa de sua salvação no outro; romper, enfim, os laços que os prendiam a tudo que faz aqui embaixo para o homem o preço da vida, ou pisar covardemente aos pés a religião de seu País, de sua infância e de sua escolha." (*Ibid.* pág. 276).

É de justiça salientar que o Santo Padre, então reinante, desaprovou categoricamente esta medida real. Segundo Chantrel, "o papa Inocêncio XI, longe de manifestar a sua alegria pelas conversões à mão armada que fazia Luís XIV, se declarou vivamente contra as medidas violentas que eram empregadas: Jesus Cristo, disse ele, não se serviu deste método; é preciso conduzir os homens ao templo, e não arrastá-los para ele. Não é, então, sobre a Santa Sé que é preciso fazer recair as *dragonadas*." (*Cours d'histoire universelle* — vol. 6 pág. 97).

Esta é, em linhas gerais, mais ou menos e na devida proporção, a situação do comunista no Brasil da atualidade. Ou renega as suas convicções políticas, e os seus companheiros de ideia, isolando-se inteiramente no meio social onde vive e trabalha, ou, então, será preso arbitrariamente, submetido a interrogatórios cruéis e desalmados, durante dias, semanas, senão meses, e apresentado como inimigo da Pátria à Justiça Militar, para dela receber, sem a menor consideração nem respeito, sanções penais que lhe subtraem a liberdade, separando-o de suas famílias e afastando-o dos seus locais de trabalho (...).

Nestas Razões, denuncia torturas, clama por justiça, num texto escorreito, apaixonante (...) e termina.

Ora, ninguém pode ser condenado por presunções. A sentença de condenação requer certeza de fatos e certeza de autoria destes fatos. É de toda conveniência terminar estas razões, com a magnífica lição proferida por Heleno Fragoso:

"A condenação exige a certeza e não basta, sequer, a probabilidade que é apenas um juízo da nossa mente em torno à existência de certa realidade. Que alta probabilidade não basta é o que ensina Walter Stree, em sua notável monografia, *In dubio pro reo*, 1962,29 (...)."

A certeza é aqui a consciência *dubitandi* secura, de que fala Vico, e não admite graus. Tem de fundar-se em dados objetivos indiscutíveis, de caráter geral, que evidenciam o delito e a autoria (...) sob pena de conduzir tão somente à intima convicção insuficiente (*Jurisprudência Criminal*, pág. 189).

Em face de todo o exposto, argumentado e demonstrado, impõe-se a reforma da sentença que condenou o ora Apelante, Osvaldo Pacheco Silva, a fim de absolvê-lo, como é de serena e imparcial Justiça.

H. Sobral Pinto

São Paulo, 5 de fevereiro de 1976.

Sobem à tribuna Sobral Pinto, em favor de Osvaldo Pacheco, e Modesto da Silveira, em favor de Renato Guimarães.

Voz Humana

16.c. Oração de Sobral (CD 2, faixa 2)

Uma situação singular, ele já foi condenado aqui neste Tribunal em agosto do corrente ano por esses mesmos fatos que estão sendo agora apreciados por esse processo. Eu desconhecia integralmente este processo e essa condenação, pela circunstância muito simples de que Osvaldo Pacheco me constituiu advogado nesse processo, mas nada me avisou. Fez juntar a procuração sem, entretanto, me dar dito conhecimento. Por ocasião da pauta, foi anunciado processo sem indicação do meu nome, razão pela qual aqui não compareci.

Ao distribuir o memorial, que distribuí já há dias aos senhores ministros, eu me limitei a apresentar as razões de apelação que tinha oferecido no processo, muito antes da condenação, à qual faço referência. Eu cito esse fato para o conhecimento dos senhores ministros a respeito da maneira pela qual, uma vez alguém caindo nas malhas das autoridades repressivas, este alguém passa a ser processado pelo mesmo processo, pelos mesmos fatos, em processos diferentes. Quando o advogado tem dito conhecimento, levanta a questão da prejudicialidade, e eu já tenho obtido no Rio de Janeiro, várias anulações de processos de réu já condenado pelos mesmos fatos. Ressalvo, portanto, a minha responsabilidade e, também, o meu propósito de, conforme decisão neste processo, empregar os meios a que tiverem a meu alcance para que Osvaldo Pacheco Silva não seja condenado duas vezes pelo mesmo fato.

Ditas estas palavras, devo dizer ao senhor ministro aquilo que consta da minha razão de apelação.

Não há relativamente a Osvaldo Pacheco Silva prova de espécie alguma. Se a legislação militar fosse cumprida neste País, evidentemente a conclusão que iria chegar é a de que não haveria prova de espécie alguma.

Porquanto, como é do conhecimento do senhor ministro, o art. 9º do Código de Processo Militar determina que o inquérito policial serve apenas de informação para a denúncia do Ministério Público. Outro, o art. 307, declara que os senhores ministros e os juízes devem proferir a sua sentença de acordo com as provas colhidas em Juízo, e em relação a Osvaldo Pacheco não há prova nenhuma, nenhuma prova colhida em juízo. Aquilo que chama de prova e que serviu de base no complemento do relatório do senhor ministro relator, aquilo que serve de base para a afirmação de que ele praticou esses fatos é apenas a sua confissão feita em juízo, através de cruéis torturas, das quais eu sou pessoalmente testemunha, porque estive com esse homem quase um ano depois das torturas que ele sofreu para fazer esta confissão e era um molambo de homem. Ele esteve até perturbado três ou quatro meses em virtude do sofrimento, das torturas, das agonias conscientes que lhe foram impostas.

É impossível que juiz da categoria de ministro do Supremo Tribunal Militar considere esta confissão como prova!

Senhores ministros:

Não há mais nada em relação a este homem no que diz respeito à prova. Os dois co-réus cujos nomes foram declinados, quer pelo senhor relator, quer pelo senhor ministro revisor, os dois co-réus não têm a mais longínqua referência ao nome dele,

Voz Humana

só existe neste processo e portanto esta confissão arrancada através de torturas que deprimem e que depõem muito mais contra aqueles que as fizeram do que contra aqueles que as sofreram. Senhores ministros, há apenas uma afirmação longínqua de prova, mas que é ridículo que se afirme que isto é prova, que é um tal reconhecimento que baste, de Osvaldo Pacheco Silva, como se fosse um Marcos que estava tratando da venda de um imóvel pertencente ao Partido Comunista. Esse reconhecimento foi feito através de retrato, quando o senhor ministro sabe que o art. 368 do Código de Processo Militar estabelece cinco condições para que o reconhecimento possa ser levado a sério. E, na hipótese, nenhuma dessas condições foram obedecidas. Então, este homem foi reconhecido em um processo no qual não estava Osvaldo Pacheco Silva. Processo diferente, processo para o qual não foi chamado Osvaldo Pacheco Silva e nem nele foi denunciado, então neste processo, neste inquérito, ele teria declarado é que reconhecera Osvaldo Pacheco Silva pelo retrato. E, pela legislação militar, tal reconhecimento que é absolutamente nulo e é ridículo falar-se nesse reconhecimento. Fora disso, senhores ministros, não há mais longínqua prova, o mais longínquo indício de responsabilidade desse homem, sete testemunhas depuseram no processo, quatro numerárias, três informantes. Pois bem, senhores ministros, nenhuma dessas testemunhas se refere ao Osvaldo Pacheco e Silva. Há nos detalhes a respeito de atividade de organização no Partido Comunista no Brasil, estes detalhes são muito fáceis de serem obtidos porque sabem as autoridades policiais e as autoridade militares é que houve tais e tais reuniões, então é muito fácil impor a quem está preso e incomunicável durante meses seguidos, totalmente incomunicável, isolado, sofrendo ameaça e tortura de toda espécie, é muito fácil obter destas pessoas que as faz, perdendo até a inteligência e o seu sentido de responsabilidade, é muito fácil obter destas pessoas que assinem depoimentos feitos nessas condições. Condenar alguém com base apenas nessa confissão arrancada, e a prova disso é que esse homem apareceu em juízo ainda cheio de equimose, apareceu em juízo com o seu peito inteiramente com feridas impressionantes, seus braços eram uma ferida permanente até o pulso, assim compareceu em juízo, então quem é que fez estas equimoses? Quem é que fez estas equimoses? Quem é que praticou essas torturas neste homem preso e incomunicável? Pois bem, senhores ministros, não é possível com a responsabilidade de V. Exas., com a responsabilidade que a Nação inteira proclama, aceita e louva, não é possível que V. Exas. possam aceitar esta afirmação numa confissão arrancada nessas condições como sendo prova.

Não é possível que isso continue a perdurar neste País, eu tenho a confiança na Justiça Militar, aqui há um ministro que me acompanha há mais de 30 anos, que é o ministro Lima Torres, e sempre ouviu de mim a afirmação sincera, verdadeira e categórica que eu sou um entusiasta da Justiça Militar, os meus maiores triunfos têm sido nesta Justiça, porque é uma Justiça humana, é uma Justiça que sabe perfeitamente que muitas e muitas injustiças se praticam baseadas na impunidade da força e do poder.

Não, senhores ministros, eu faço um apelo à consciência de V. Exas., sobretudo tendo em vista esta condenação anterior, que é de quatro anos e qualquer coisa, no processo 40.017.

Não é possível que agora este mesmo fato seja utilizado para se confirmar uma sentença de três anos e meio, eu estou certo que os senhores ministros, refletindo maduramente a respeito destes acontecimentos, vão atender tal apelo que faço na razão de apelação, para que façam cumprir a legislação militar, aconteça o que acontecer, mas essa legislação deve ser respeitada e cumprida, coisa que não tem sido feita. Estou certo que os senhores ministros, em face destas informações que estou dando, que constam nas minhas apelações e que não podem ser contestadas, estou certo de que os senhores ministros saberão cumprir seu dever de juízes, atuando exclusivamente por imposição da sua condição de magistrados isentos, superiores e por amor à Justiça.

16.d. Oração de Modesto da Silveira (CD 2, faixa 3)

Senhor presidente, senhores ministros, nobre chefe da Procuradoria. Ouvi com bastante atenção o excelente relatório do eminente ministro Walter Gordilho e a revisão do eminente ministro Fábio Cintra e, me perdoem ministros se cometo um equívoco, mas me pareceu ouvir que meu constituinte Renato Guimarães Cupertino teria feito um curso na Rússia a respeito de armamento e teria também participado de uma organização de oficina de conserto de armamento. Se ouvi bem, eu peço desculpa para pedir ao eminente revisor que corrija, pois não faremos nenhuma menção a este fato, que não houve na denúncia da notícia. A denúncia não dá notícia, a sentença não dá notícia e os autos não dão notícia desse fato.

E, *en passant*, verificamos, aliás, através da sua excelente revisão, que esse fato se vincula a um outro acusado, que nem é acusado nesses autos, que seria um tal de José Arimatéia, que *en passant*, na Auditoria de São Paulo, verificamos que foi condenado por esses fatos, se não me engano, a pena de um ano. Mas logo contra Renato Guimarães Cupertino a denúncia na verdade dá notícia de que seria um militante do Partido Comunista Brasileiro e que teria estado na União Soviética, etc., e que usou documentos falsos. Essas são algumas acusações fundamentais sobre as quais, na verdade, a sentença focaliza à guisa de fundamentação às folhas 462. Ela focaliza na verdade estes pontos, estes tópicos, que reputou relevante.

E, senhores ministros, na verdade, houve no curso do inquérito uma série de indícios, porque estes acusados no curso do IPM confessaram. Com base nessas confissões, evidentemente o doutor procurador que funcionou então, o doutor Dácio Gomes de Araújo, fez um resumo dessas confissões e formou sua denúncia, nos termos do art. 77, prometendo ao Conselho Permanente de Justiça de São Paulo pagar a promessa que fazia em termos de prova judicial.

No curso do processo, verificou que através dos interrogatórios dos acusados, como através dos depoimentos de todas as testemunhas, que na verdade Renato Guimarães Cupertino era absolutamente inocente porque, diz o próprio promotor, nas suas alegações finais às fls. 383, não encontrou nenhuma prova contra Renato Guimarães Cupertino. Prova. É evidente que quando o nobre doutor procurador assim pronunciou em alegações escritas e depois em sustentação oral perante aquele Egrégio Conselho, ele o fez com base na lei, na doutrina e na jurisprudência dos tribunais. Fundado naturalmente por diversos artigos do Código de Processo Penal Militar a partir do art. 9º, 297,

Voz Humana

307, 309 e inúmeros outros que combinadamente, e todos, cada um de *per si*, mostram que o inquérito só tem um valor provisório e que serve ao doutor procurador a oferecer sua denúncia, mas o que vale para a sentença é necessariamente a prova judiciária. Por isso que a lei expressamente assim o diz e a doutrina e a jurisprudência também reafirmam. Atento à lei, à doutrina e à jurisprudência, o doutor procurador pede a absolvição do acusado Renato Guimarães Cupertino e o Conselho que funcionou então entendeu, com base na sentença que iremos examinar, entendeu de condená-lo, ainda assim, a pena de três anos e meio. O doutor procurador foi obrigado a apelar de ofício, contrariando a sua própria convicção, sua convicção objetiva, dentro dos autos, e chegando aqui o eminente procurador doutor Benedito I. Roem entendeu de discordar do seu colega de São Paulo, pedindo a manutenção da sentença de três anos e meio prolatada. Bem, permitam senhores ministros examinar a sentença naquilo que ela, depois do relatório, presume formular a sua fundamentação para poder condenar alguém.

Ora, senhor ministro, pelo comportamento do nobre procurador de São Paulo, pela determinação deste Tribunal e de todos os artigos quando se referem a esse tema no Código de Processo Penal Militar, 297, 9°, 307, 309, etc., condenar-se alguém com base no indício do inquérito seria violentar milênio de cultura universal. Se, na verdade, se pudesse condenar alguém, como vimos aqui, com base na prova inquisitorial, então seria o mesmo que colocar a polícia acima da própria Justiça. Seria o mesmo que dispensar a Justiça em favor do que determinou ou do que pretendeu apurar a polícia. Milênios de cultura humana mostraram o que é necessário para que não se volte às páginas negras da Idade Média, fazendo com que a polícia prevalecesse sobre a Justiça. Por isso é que a experiência humana mostrou a necessidade da existência dos arts. 297, 307, 309 e inúmeros outros. Por isso, senhores juízes, eu afirmo, eu ouso afirmar, que nenhuma prova legal, válida, existe nestes autos contra Renato Guimarães Cupertino. Mas, lamentavelmente, a sentença entendeu de enumerar os seguintes itens que seriam a fundamentação para a condenação de Renato. Diz a sentença, às fls. 482, que Renato confessou ser comunista em juízo. Sim, é verdade, está em sua confissão em juízo, ser comunista. Senhores juízes, entre o ser e o fazer há um abismo. O que nossa lei penal pune ou pode punir é o fazer ou deixar de fazer alguma coisa prevista em lei, mas o ser ou não ser alguma coisa, seja nazista, fascista, comunista, ou o que for é uma mera convicção uni, íntima, e a própria Constituição proíbe a discriminação ideológica. E esta sentença discriminou ideologicamente, entendendo que o ser comunista pode constituir uma prova de delito. Nessa alegação, a sentença violou a lei, a tradição brasileira e a tradição da cultura universal.

Em seguida, ainda à guisa de fundamentação da sentença, diz que ele estava de posse de vários documentos falsos. É verdade. Estava e confessou ao juiz que estava mesmo, e diz a sentença que se ele tivesse oferecido a prova da necessidade desses documentos falsos ainda seria compreensível, mas não ofereceu essa prova. Na verdade, não ofereceu e assim a própria defesa se penitencia, me permitam senhores ministros um segundo, eu creio que trouxe um material de maior importância a V. Exas. Mas a defesa se penitencia de não ter juntado à época a prova da absoluta necessidade de Renato Guimarães usar uma documentação que não fosse a sua própria.

Isso porque, senhores ministros, Renato Guimarães Cupertino é um jornalista, é um jornalista produtor e, como tal, ligado ao Sindicato dos Jornalistas do Rio de Janeiro. Acontece que por essa época, aí por volta de oito anos atrás, ou um pouco mais, havia um cidadão, jornalista também, de nome Renato Guimarães, que reiteradamente foi candidato a presidente do Sindicato dos Jornalistas e impugnado, não pôde sequer concorrer, não pôde concorrer às eleições sindicais porque o Ministério do Trabalho impugnou o seu nome sob alegação de que seria um homem perseguido. Verificando então a razão disso, foi-se ver que a pessoa objetivada pela polícia era Renato Guimarães Cupertino, e não Renato Guimarães que era candidato a presidente do sindicato, razão por que aquele presidente foi liberado. Foi liberado e pôde concorrer, concorreu, houve a impugnação, e em seguida corrigido o equívoco, ele pôde concorrer.

Mas, a partir daí, Renato Guimarães Cupertino tomou conhecimento de que era um homem perseguido, embora vivesse legalmente, tivesse uma vida absolutamente legal, trabalhando num jornal no Rio de Janeiro.

Senhores Juízes, a defesa lamenta, aparentemente os documentos não vieram, estou examinando aqui mas, se alguma dúvida houver do que afirmo, eu peço a V. Exas., no sentido de fazer justiça, que se converta este processo em diligência, as provas que eu afirmo e serão juntadas. Senão para efeito de convicção, deste momento, de Vs. Exas., mas até para efeito de revisão criminal, se for o caso. Mas, senhores juízes, então a vista diz, Renato Guimarães Cupertino sentiu necessidade e conversou com um amigo seu e mencionou o nome no seu interrogatório, Pragmon,[287] algo, Borges e que lhe forneceu documentos falsos, na verdade passou a usar porque perseguido pela polícia e o temor de ser preso, diz a sentença não justificaria a usar documentos falsos. Ora, isso é na verdade uma opinião meramente subjetiva, o medo pode levar uma pessoa a qualquer ato, ainda que ilógico, pode até ter sido ilógico, mas é perfeitamente compreensível, não se pode exigir da razão ou da sensibilidade humana uma conduta diversa. E tanto ele tinha razão na sua conduta, que quando preso e incomunicável, durante mais de 70 dias incomunicável, e quando visto, quando visto pelos seus advogados, seus familiares, todos ficaram de tal maneira impressionados, que comunicaram a situação em que ele se encontrava ao doutor juiz-auditor, que mandou fazer um exame de corpo de delito em Renato. Infelizmente não foi feito naquele período recomendável de até 10 dias, quando normalmente as marcas se apagam. Foi feito, portanto, meses depois do fato. V. Exas. verão às fls. 18: mesmo meses depois do fato, constataram que inúmeras lesões em quase todas as partes do corpo, desde a face, membro superior direito, membro inferior esquerdo, e outras partes do corpo, lesões que não se apagaram e que nunca mais se

---

[287] O nome correto é Fragmon Borges, foi companheiro e amigo do paciente e havia falecido de ataque cardíaco em 22 de abril de 1971, quatro anos antes de sua prisão. Renato Guimarães Cupertino eclarece que "na prisão, a meta de não dar informação alguma que pudesse ser útil ao inimigo — no caso a Ditadura Militar — e, mesmo a duras penas, consegui chegar ao fim sem ser derrotado neste propósito (...) recorrer a mortos (...)" ver CUPERTINO, Renato Guimarães. *Travessia — Da Tortura e dos Meios de Resisitir a Ela*. Rio de Janeiro: Revan, 1999. Ao ter acesso aos originais desta obra, referiu-se que a sustentação oral que tomava conhecimento, de Modesto da Silveira, "só vem acrescentar grandeza ao desempenho de defensor abnegado e amigo incansável meu e de minha mulher naqueles dias difíceis (...)".

Voz Humana

apagarão. E, se dúvida houvesse, todos nós poderíamos vê-lo aqui, hoje, agora, porque ele tentou vir e não veio, porque em liberdade, recebeu o livramento condicional do eminente juiz-auditor, e tinha hoje compromissos profissionais no Rio e por isso é que não veio, senão poderia ser visto até hoje por qualquer pessoa. Pois bem, então o seu receio era mais do que justificado de uma prisão e, quando esta ocorreu, os fatos comprovaram que ele tinha razão do receio. Mas, senhor juiz, a verdade é que, preso, Renato confessou na polícia — e não poderia deixar de confessar — negou na Justiça e ninguém o acusou em juízo. O único fato que a sentença alega — e é verdade — é que ele tinha documentos falsos, é verdade, e alegou e justificou as razões porque necessitava desses documentos falsos, e é verdade, mas a sentença continua dizendo o seguinte: que em nenhuma das auditorias consultadas e nenhuma de todas as auditorias consultadas do País nenhuma se encontrou qualquer referência a Renato Guimarães Cupertino, o que há de se presumir que, esse homem é comunista como diz, e ele não teve militância como afirmam os juízes e como todas as testemunhas e todos os demais acusados dizem nem sequer conhecê-lo, quando haviam dito em inquérito todas aquelas coisas de que se referem talvez a Arimatéia, ou outra pessoa, mas a sentença entendeu com tudo isso o encontraram os indícios para sua condenação, e mais, diz que na verdade o documento corresponde a um delito comum, é, quanto ao delito comum o que extraídas as peças como pretende o D. Procurador, depois de transitado em julgado, então, se apurará se era justo ou não que Renato usasse ou se ele falsificou e usou, aí é outro aspecto da Justiça Comum e não desta, e o doutor Auditor lamenta que não seja desta e reconhece que não é desta.

Continua o eminente doutor juiz-auditor, contrariando, então, as alegações finais da defesa e da própria Procuradoria, que entendeu que esses indícios seriam insuficientes para condenar Renato Guimarães Cupertino a uma pena extraordinariamente acima da mínima até sem qualquer fundamentação extra que pudesse comprovar, que pudesse informar ao Tribunal as razões por que o condenaram, e mais as razões por que o condenaram acima do mínimo.

Senhores juízes, na verdade não há nenhuma prova judiciária, nenhuma prova legal capaz de condenar Renato Guimarães Cupertino, e que, como eu ia dizendo, recebeu o livramento condicional do doutor procurador, do doutor juiz-auditor, e voltou para sua casa no Rio de Janeiro e lá voltou ao seu trabalho, e também há prova do seu trabalho anterior e posterior, e o advogado lamenta, mas parece que na verdade faltou esquecido no escritório em Brasília, mas insiste com V. Exa. que sobre este fato afirma até sob a fé se meu grau, de que existe as provas de que existe Renato Guimarães que foi por duas vezes candidato a Diretor do Sindicato dos Jornalistas, e mais, quanto a sentença estranha de que por tanto tempo ele não provou os meios de vida, eu afirmo ter as provas de seu meio de vida, sob a fé de meu grau ele junta as declarações de Imposto de Renda, ele junta declarações de empresas e de editoras para as quais ele trabalhou, inclusive na mesma comunidade, e inclusive através de seu irmão, que também é jornalista e também tradutor.

Srs. Juízes, Renato, em liberdade desde o Natal passado, vem por um ânimo, voltou à sua função, trabalhando como jornalista no Rio de Janeiro, demonstrando à Justiça Militar que nunca mereceu estar preso pelo seu comportamento,

Voz Humana

depois sofreu um processo, sofreu violências inacreditáveis, pagou por um preço de uma dívida que não devia, não existe prova legal válida nos autos capaz de condená-lo.

Condená-lo nas circunstâncias em que pediu o doutor Philippe Howen, contrariando o pedido de absolvição do doutor Valaquia, seria na verdade uma menção ao fato, toda tradição jurídica novamente feita por toda humanidade, durante séculos e séculos.

Espero que os senhores ministros absolvam Renato Guimarães Cupertino.

I

Conclusão

O estudo sobre a atuação do advogado nos tribunais da República, em defesa de presos políticos, é a história de resistência ao "desenvolvimento" da repressão, cristalizada nas leis de proteção ao Estado, que irá desembocar na Legislação de Segurança Nacional.

Dentre as conclusões a que se chegou, certamente a primeira é que o advogado é, e deve ser, um vetor de modificação, agindo dentro do Judiciário, que é a parte da supraestrutura de manutenção do *status quo*.

Pode-se verificar que a atuação de Rui Barbosa em defesa dos perseguidos pela Ditadura Florianista, cujo primeiro *habeas corpus* não foi conhecido pelo STF por entender este que não tinha competência o Judiciário para limitar as ações do Executivo, acaba pela concessão de um segundo *habeas corpus* em abril de 1892, o que significou o início da percepção de que o Judiciário poderia intervir para garantir direitos fundamentais.

Certamente, a atuação de advogados em defesa de anarquistas, representada por Evaristo de Moraes, também pode ser considerada importante vetor na resistência à legislação de repressão ao anarquismo, apesar de o STF, com a modificação do artigo 72 da Constituição de 1891 em 1926, consolidar o não cabimento de *habeas corpus*, pois o novo texto constitucional não permitiria a intervenção do Judiciário sobre atos do Executivo.

Sobral Pinto e Evandro Lins e Silva foram dois vetores, entre vários outros advogados, ao lutarem no TSN em favor dos comunistas (novos "anarquistas").

O mesmo ocorre com Heleno Fragoso, Evaristo de Moraes Filho, Nilo Batista, Lino Machado, Técio Lins e Silva, no enfrentamento ao Regime Militar pós-64.

No entanto, outras análises, que não estavam no plano original, podem ser feitas, tendo em vista que o estudo transpassa a perseguição aos negros, pobres, anarquistas e prostitutas, considerados, no início da República, "classes perigosas".[288]

Ou seja, o pensamento "liberal", que teria sido formador das ideias republicanas será bloqueado e deturpado, a fim de, apesar de assumir legalmente certos direitos, aplicá-los de acordo com a pessoa e não homogeneamente.[289]

Desta forma, falar do contratualismo no nosso cenário é quase uma ilusão, pois os perseguidos certamente não anuíram nestas supostas cláusulas. O próprio jusnaturalismo, defendido pelos burgueses, citava a peça "Antígona",[290] de Sófocles, para demonstrar que há um direito superior e anterior à lei, mostrando o julgamento divino de Creonte pela morte de

---

[288] CHALHOUB, Sidney. *Trabalho, Lar e Botequim — O cotidiano dos Trabalhadores no Rio de Janeiro da Belle Époque*. Editora UNICAMP: São Paulo, 2001, p. 76; CHALHOUB, Sidney, *Cidade Febril — Cortiços e Epidemias na Corte Imperial*. Companhia das Letras: São Paulo, 1996, p. 20, CARVALHO, José Murilo de. *Os Bestializados — O Rio de Janeiro e a República Que Não Foi*. Companhia das Letras: São Paulo, 1987, pp. 115-125.

[289] FILHO, Gisálio Cerqueira. *A Ideologia do Favor & a Ignorância Simbólica da Lei*. CEUEP — Vice-Governadoria do Rio de Janeiro Editora: Rio de Janeiro, 1953, p. 19.

[290] SÓFOCLES. *Antígona*. Trad. por Domingos Paschoal Cegalla. Difel Editora: Rio de Janeiro, 2001.

seu filho Hémon, que suicidou por ter seu pai dado a ordem injusta a Polinice de permanecer insepulto e ter punido com o sepultamento em vida a personagem Antígona, que descumpre a determinação sepultando o irmão. Assim como Aristóteles para dizer que "existe algo que é justo, mesmo por natureza, embora seja mutável. (...) existe uma justiça por natureza e outra por convenção (...)".[291]

Este jusnaturalismo acaba por ser abandonado pela burguesia, por correntes como o "historicismo jurídico, consubstanciado na chamada Escola Histórica do Direito, e, principalmente para o positivismo",[292] que se pretende a-histórico, e não reconhece direito senão aquele imposto pelo legislador.

No Brasil, se algo se reconhece de natural no escravo, certamente não é direito, mas inferioridade biológica. O negro, o pobre, o anarquista e todos que vão compor as ditas "classes perigosas" e serão encarados pelo higienismo (1) como transmissores de doenças, de vírus, enquanto no positivismo (2) como os próprios elementos viróticos, a própria doença, portadores de anomalias e (3) posteriormente como "inimigos internos".

Definir quando tem início esta terceira fase é algo controvertido, pois autores como Joseph Comblin identificam que no regresso dos pracinhas brasileiros da Segunda Guerra Mundial eles passaram pelas escolas americanas. Há, no entanto, fortes indícios de que algo do inimigo interno existia anteriormente no Brasil, assim como de permanência do higienismo e do positivismo na doutrina de Segurança Nacional.

Lená Medeiros de Menezes, em *Os Indesejáveis*, analisando a perseguição às "classes perigosas" entre 1890 e 1930, afirma,

---

[291] ARISTÓTELES. *Ética a Nicômaco*. Trad. por Pietro Nassetti. Martin Claret Editora: São Paulo, 2002, p. 119.
[292] SILVA, Carlos Augusto Canedo Gonçalves da. *Crimes Políticos*. Del Rey: Belo Horizonte, 1993, p. 34.

referindo-se aos anarquistas, que "a ideia de defesa da soberania nacional deixa de se referir à agressão de um outro estado para se voltar ao combate ao inimigo interno (...)".[293] Carlos Henrique de Aguiar, analisando a conjuntura de 1946 a 1964, também afirma que:

> (...) o pensamento jurídico-penal consegue articular "pobreza-subversão" e deste modo, criminaliza àqueles considerados como inimigos da segurança e da ordem pública, mesmo na conjuntura do pós-estado novo (...).[294]

Apesar da despreocupação dos autores na utilização deste termo, o que impossibilita afirmar que está corretamente aplicado nos momentos históricos respectivamente analisados, pode servir para importante indício, pelo menos da percepção destes, quanto à forma de tratamento dos perseguidos anteriormente ao Regime Militar, pós-64.

Importante é que Rui Barbosa, na sustentação transcrita no Capítulo 1, utiliza várias vezes a palavra inimigo: "E, todavia, por isto só me indigitam **como inimigo** da ordem, como provocador temerário de questões inoportunas ... O arbítrio ... **eis o inimigo**, senhores juízes!... Desafeiçoados, adversários, **inimigos**, isto sim, muitos. Dessa leva, atirada para as prisões e para o degredo".

Quanto à permanência higienista e positivista, como paradigmas médicos, é interessante notar que as ideias pangermanistas reabilitadas pelos Estados Unidos têm em Ratzel

---

[293] MENEZES, Lená Medeiros de. Os Indesejáveis — *Desclassificados da Modernidade. Protesto, Crime e Expulsão na Capital Federal* (1890-1930). Editora EDUERJ: Rio de Janeiro, 1996, p. 197.
[294] SERRA, Carlos Henrique Aguiar. *História das Ideias Jurídico-penal no Brasil*: 1937-1964, Tese para obtenção de grau de doutor na UFF, orientada pela profª. Drª Gizlene Neder, p. 86.

um dos seus pilares, que defende o Estado como um organismo que necessita de espaço e expansão como qualquer ser vivo, retomando a ideia de "espaço vital". Como se descreveu no Capítulo 10, um dos inspiradores de Ratzel foi Heinrich von Treitschke, autor da famosa frase: "a guerra é o único remédio para as nações doentes".

Este dado é intrigante para se perceber que sendo o Estado um organismo vivo, os componentes das "classes perigosas", tratados como vírus, são na realidade inimigos. Afinal, dentro de um organismo, o vírus é o maior "inimigo interno". O que faz compreender o discurso de que o país estava sendo tomado por dentro pelo "inimigo interno" é esta guerra, se não vencida, mataria o Estado.

Outro dado importante são as denominações "órgão de repressão", "braço armado" e a presença constante de "médicos" nas torturas e a formação policial na Escola do Panamá, onde há um ensinamento científico e médico de tortura.

Os *habeas corpus* são chamados de "Remédios Constitucionais", a fim de beneficiar o "paciente" como se a corte fosse formada de médicos a ministrar remédios aos "doentes" (portadores da patologia do crime).

Pode-se afirmar que a ideia de agentes internacionais que vinham subverter a ordem pairou sobre o negro,[295] sob o anarquista[296] e transpassou para o comunista, que no Brasil nasce do movimento operário, sendo o PCB uma cisão com o anarquismo.

---

[295] Vide Capítulo 2, 2.c. — *Classes Perigosas e o Código de 1890*, citando CHALHOUB, Sidney, *Op. Cit.*, p. 193.
[296] Vide Capítulo 3, 3.b. — *Repressão ao Anarquismo, Decreto 4.269, de 1922*, citando Gizlene Neder, *Discurso Jurídico e Ordem Burguesa no Brasil* — Sérgio Antônio Fabris, Editor, p. 55.

Hoje, temos como novo inimigo o portador da doença, o traficante de drogas ilícitas[297] "sobre o qual se pode reconstruir a face do inimigo (interno), também um compatriota".[298]

A raiz da legislação de "combate" a entorpecentes está na legislação de Segurança Nacional, nas mesmas influências do pensamento deturpado de Carl von Clausewitz,[299] transformando a política numa continuação da guerra por outros meios, onde, aqui, se estende a guerra em uma forma de tratamento à "criminalidade".

As raízes da lei de "combate" ao entorpecente têm inspiração na legislação de segurança.[300]

Este clima de "combate" de "guerra" contra os pobres tem permanências históricas fortíssimas do tratamento às "classes perigosas", e "é através da decifração do passado recente (ou longínquo) da cidade do Rio de Janeiro, que temos que ver as pistas, os indícios das opções do controle social erigidas a partir do fim da escravidão e da implantação do regime republicano".[301]

Os advogados continuam e devem continuar a ser vetores de resistência e modificação.

Recentemente o STF negou *habeas corpus* em favor de um "paciente" com o nome Latino da Silva, acusado de crime contra a Segurança Nacional[302] por ter sido preso contrabandeando armas de grosso calibre, que seriam vendidas para traficantes do Rio de

---

[297] BATISTA, Nilo. *Um Oportuno Estudo para Tempos Sombrios*. Discursos Sediciosos — Crime, Direito e Sociedade — ano 1, nº 2. Instituto Carioca de Criminologia — ICC. Freitas Bastos Editora: Rio de Janeiro, 1996, p. 301.

[298] BATISTA, Nilo. *Política Criminal com Derramamento de Sangue*. Discursos Sediciosos — Crime, Direito e Sociedade, Instituto Carioca de Criminologia — ICC, ano 3, nº 5 e 6, 1º e 2º semestres. Freitas Bastos Editora: Rio de Janeiro, 1998. p. 77.

[299] CLAUSEWITZ, Carl Von. *Da Guerra*. Trad. por Maria Teresa Ramos, Martins Fontes: São Paulo, 1996.

[300] BATISTA, Nilo. *Op. Cit.*, p. 301.

[301] FILHO, Gisálio Cerqueira e NEDER, Gizlene. *Quando o Eu é um Outro*, Rio de Janeiro: Discursos Sediciosos — Crime, Direito e Sociedade. Instituto Carioca de Criminologia — ICC, ano 1, nº 2, 2º semestre. Freitas Bastos Editora: Rio de Janeiro, 1996, p. 88.

[302] RT 753 — Julho de 1998 — 87 ano, p. 517 e RTJ 164, p. 280.

Janeiro, o que em tese tipificaria, à época do fato, contrabando, art. 334 do Código Penal.

O nome do "paciente" (Latino da Silva) pode ser considerado forte indício do papel criminalizado do latino-americano, de eterno perseguido pelas Legislações de Segurança Nacional.

Do voto do ministro Ilmar Galvão pode-se retirar duas frases em que consta trecho da denúncia:

> (...) nas casas dos humildes moradores da favela que, amordaçados pela "lei do silêncio" temerosos da represália, sufocando no peito um grito angustiado, não tem outro remédio além de acoitá-los (...) o nosso ordenamento jurídico não vale para os seus "súditos" (...).

Certamente que o termo utilizado foi remédio, ao se referir à_____, e ao se ler na frase a palavra "acoitá-los", que tem como um dos significados "esconder, ocultar", procurando o que está escondido ou oculto na frase, poderia ser substituída a palavra "acoitá-los" por "açoitá-los", talvez, possa se abstrair a uma permanência de tratamento aos negros, escravos, e a insubordinação dos novos cortiços, as favelas e um desejo oculto.

Esta linha de decisão do STF, julgando "colaboradores do tráfico" por crimes contra a Segurança Nacional, no pleno não foi mantida, havendo, no entanto, pequena diferença de votos. O STF entendeu que não cabe a aplicação da LSN por falta de intuito político do agente no fato de vender armas ao tráfico, pois, para aplicação desta legislação especial, exige-se a combinação do art. 1º e 2º (Lei 7.170/82), "perigo de lesão à soberania nacional" e "motivação e os objetivos do agente". Novamente, os advogados serviram de vetor de resistência, sendo o maior precedente citado no acórdão o antecedente (HC 73.451-1) em que era impetrante Evaristo de Moraes Filho.

O debate se deu quanto à exigência ou não das razões políticas do crime, para configuração de Crime Contra a Segurança Nacional. Portanto, unânime que as razões de Latino da Silva não eram políticas, acaba por ser registrado na ata:

> (...) votaram os Senhores Ministros Ilmar Galvão (Relator), Nelson Jobim, Octavio Gallotti, Sydney Sanches e Moreira Alves, no sentido de desprovimento do recurso, **considerada a natureza política do crime**, e os senhores Ministros Maurício Corrêa (revisor), Celso de Mello, Sepúlveda Pertence, Néri da Silveira e Marco Aurélio, no sentido (sic) de dar provimento em parte, para assentada a natureza comum do crime, anular a sentença proferida e determinar que outra seja prolatada, observado o Código Penal.

Veja que, apesar de ser unânime que a natureza não era política, no registro da ata a posição dos ministros favoráveis à aplicação da LSN saiu como se estes ministros considerassem político o crime, quando na realidade entendiam que não havia necessidade ser político para configurar Crime Contra a Segurança Nacional.

Importante lembrar fragmento do livro de Augusto Thompson:[303]

> Não é matar ou roubar o que se penaliza, mas a atitude de rebeldia contra as estruturas que tais atos estejam a revelar.
>
> (...)

---

[303] THOMPSON, Augusto. *Quem são os Criminosos — O Crime e o Criminoso: Entes Políticos*. Lumen Juris: Rio de Janeiro, 1998.

Voz Humana

Pouco importa se o meliante age por motivos egoístas e imediatistas, inconsciente a respeito de seu papel social, sem a intenção definida de derruir estruturas. Seu desrespeito às normas, em qualquer caso, se traduz num fato, cujo conteúdo consiste numa rebelião intermitente contra o *status quo*. Por isso, é político e por isso é tratado politicamente pelos detentores do poder. Vale lembrar: a História se constrói tanto de atos quanto de fatos.[304]

Ou seja, na realidade, metade da mais alta corte do país entendia que Latino da Silva (este brasileiro comum — da Silva) deveria ser eleito o novo perseguido político pela Lei de Segurança.

É preciso resistir. Os advogados são fundamentais como vetores de modificação e resistência. A história dos perseguidos é a história dos advogados que lutaram contra o poder punitivo.

Voz Humana é o grito da liberdade, o momento humanizador do processo. Napoleão desejava que fosse cortada a língua dos advogados.[305]

---

[304] *Op. Cit.*, p. 135.
[305] Trecho de sustentação de Rui Barbosa que compõe o primeiro capítulo: "Mas a espada, parenta próxima da tirania, detesta instintivamente esse elemento. No começo do século atual, quando a França expiava, sob a ditadura de Bonaparte, os excessos do delírio revolucionário, uma das necessidades, que primeiro se impuseram ao tino dos seus administradores, foi a reconstituição da ordem dos advogados que a revolução condenara, e dispersara. Ela reapareceu com o decreto imperial de 1810. Mas, quando Cambacerès submeteu ao imperador o projeto desse ato, Napoleão, ao primeiro impulso do seu ânimo, o repeliu com um dos seus terríveis arremessos: (...) 'Enquanto eu trouxer ao lado esta espada, nunca assinarei tal decreto. **Quero que se possa cortar a língua ao advogado que a utilize contra os interesses do governo**'."

I I

Anexos

II.a. Oração de Rui Barbosa

Oração perante o Supremo Tribunal Federal, em 23 de abril de 1892:

Senhores juízes do Supremo Tribunal Federal:

Minha impressão, neste momento, é quase superior às minhas forças, é a maior com que jamais me aproximei da tribuna, a mais profunda com que a grandeza de um dever público já me penetrou a consciência, assustada da fraqueza do seu órgão. Comoções não têm faltado à minha carreira acidentada, nem mesmo as que se ligam ao risco das tempestades revolucionárias. Mas nunca o sentimento da minha insuficiência pessoal ante as responsabilidades de uma ocasião extraordinária, nunca o meu instinto da Pátria, sob a apreensão das contingências do seu futuro momentaneamente associado aqui às ansiedades de uma grande expectativa, me afogaram o espírito em impressões transbordantes, como as que enchem a atmosfera deste recinto, povoado de temores sagrados e esperanças sublimes.

Subjugado pela vocação desta causa incomparável, custa-me, entretanto, a dominar o respeito, quase supersticioso, com que me acerco deste tribunal, o oráculo da nova Constituição, a encarnação viva das instituições federais. Sob a influência deste encontro, ante esta imagem do antigo areópago transfigurada pela distância dos tempos, consagrada pela América no capitólio de sua democracia, ressurge-me, evocada pela imaginação, uma das maiores cenas da grande arte clássica, da idade misteriosa em que os imortais se misturavam com os homens: "Atenas, a olímpica, desenhada em luz na obscuridade esquiliana, assentando, na rocha da colina de Arés, sobranceira ao horizonte helênico, para o regime da lei nova que devia substituir a contínua alternativa das reações trágicas, o rito das deusas estéreis da vingança, pelo culto da justiça humanizada, essa magistratura da consciência pública, soberana mediadora entre as paixões, que destronizou as Eumênides atrozes."

O sopro, a que a República vos evocou, a fórmula da vossa missão, repercute tradição grega, divinamente prolongada através da nossa experiência política:

"Eu instituo este tribunal venerando, severo, incorruptível, guarda vigilante desta terra através do sono de todos, e o anuncio aos cidadãos, para que assim seja de hoje pelo futuro adiante."

Formulando para nossa Pátria o pacto da reorganização nacional, sabíamos que os povos não amam as suas constituições senão pela segurança das liberdades que elas lhes prometem, mas que as constituições, entregues, como ficam,

Voz Humana

ao arbítrio dos parlamentos e à ambição dos governos, bem frágil anteparo oferecem a essas liberdades, e acabam quase sempre e quase sempre se desmoralizam, pelas invasões, graduais ou violentas, do poder que representa a legislação e do poder que representa a força. Nós, os fundadores da Constituição, não queríamos que a liberdade individual pudesse ser diminuída pela força, nem mesmo pela lei. E por isso fizemos deste tribunal o sacrário da Constituição, demos-lhe a guarda da sua hermenêutica, pusemo-lo como um veto permanente aos sofismas opressores da razão de Estado resumimos-lhe a função específica nesta ideia.

Se ela vos penetrar, e apoderar-se de vós, se for, como nós concebíamos, como os Estados Unidos conseguiram o princípio animante deste tribunal, a revolução republicana estará salva. Se, pelo contrário, se coagular, morta, no texto, como o sangue de um cadáver, a Constituição de 1891 estará perdida. Ora, é a primeira vez que essa aspiração se vai ver submetida à prova real. E aqui está porque eu tremo, senhores, receando que o julgamento desta causa venha a ser o julgamento desta instituição.

(...)

Mas a espada, parenta próxima da tirania, detesta instintivamente esse elemento. No começo do século atual, quando a França expiava, sob a ditadura de Bonaparte, os excessos do delírio revolucionário, uma das necessidades, que primeiro se impuseram ao tino dos seus administradores, foi a reconstituição da ordem dos advogados que a revolução condenara, e dispersara. Ela reapareceu com o decreto imperial de 1810. Mas, quando Cambacerès submeteu ao imperador o projeto desse ato, Napoleão, ao primeiro impulso do seu ânimo, o repeliu com um dos seus terríveis arremessos: "Enquanto eu trouxer ao lado esta espada, nunca assinarei tal decreto. Quero que se possa cortar a língua ao advogado que a utilize contra os interesses do governo."

Andará entre nós a alma dos Napoleões? Terá ela encarnado na legião dos nossos Césares, contrafeitos sob o manto republicano? Andará em metempsicose expiatória por estas paragens? Não seria sem fundamento a suspeita, a julgarmos pelas agressões, que me tem valido a interposição deste requerimento de *habeas-corpus*. Que crime cometi, para que os sabres se embebam na tinta dos jornalistas, e a pena dos jornalistas escreva com o retinir dos sabres? Falo às ruas? Não: dirijo-me à autoridade judicial. Movo paixões? Não: apelo para a lei. E, todavia, por isto só me indigitam como inimigo da ordem, como provocador temerário de questões inoportunas. Inoportuna a reivindicação da liberdade pelos meios legais, quando o Poder Executivo semeia sobre a sociedade espavorida prisões e desterros? Mas, por que havia este País de merecer tamanha humilhação, a humilhação deste medo à lei?

Substituímos o Império pela República, malcontentes com a soma de liberdades que o Império nos permitia; e, logo aos primeiros passos após a conquista da República, o uso de uma das garantias liberais que atravessaram o Império invioladas alvorota o governo republicano. Que títulos deram a esses cortesãos do poder o direito de representar a República, e defendê-la contra nós, que a fizemos?

Eu disse, na publicidade agitada do jornalismo, e quero repeti-lo aqui, ante a majestade impassível da Justiça: este País não seria uma nação, mas uma escravaria digna do seu vilipêndio, se o direito destas vítimas não encontrasse um patrono para este *habeas-corpus*. Teríamos descido tanto, que o cumprimento deste dever trivial assuma as proporções dos grandes heroísmos? Por que se inquietam os agentes da ordem social? Que perigo os ameaça? A concessão do *habeas-corpus*? Nessa hipótese, só uma coisa poderia enfraquecer o governo: a sua insubmissão à sentença do tribunal. Falsas noções da ordem nos levam a supor sempre que a força do poder está na ostentação da força. Mas, em verdade, em verdade vos digo, Senhores: o poder forte é aquele cujo amor-próprio capitula à boa mente diante da lei.

A força da força tem a sua fraqueza incurável na desestima da nação que a odeia. Quereis a estabilidade do poder? Fazei-o dócil à justiça.

(...)

Das vítimas dos decretos de 10 e 12 de abril não trago procuratura.[306] O meu mandato nasce da minha consciência impessoal de cidadão. Estamos num desses casos em que cada indivíduo é um órgão da lei. E, se para casos tais, a lei não instituiu uma função obrigatória, uma curatela especial, proposta à reclamação da justiça e à promoção do *habeas-corpus*, é porque legisladores de povos livres não poderiam conceber que o Executivo desterre e prenda cidadãos em massa, sem que do seio da sociedade, lacerada por essas explosões brutais da força, se levante espontaneamente ao menos uma voz de homem, um coração, uma consciência, lutando pela restituição do direito suprimido. O cidadão que se ergue, propugnando contra o poder delirante, a liberdade extorquida, não representa uma vocação do seu egoísmo: exerce verdadeira magistratura. Os

---

[306] Conforme original, termo antigo.

aduladores da opressão, os eunucos do cativeiro, satisfeitos argüirão de perturbadora a voz que protesta. (...).

É necessário termos baixado muito, e perdido tudo, para haver censura de imprudência contra uma tentativa, como esta, rigorosamente legalista. Trememos do nosso próprio direito público, como os negros, sob o tagante do feitor, se amedrontam de pensar que são homens. Nunca o meu País foi tão caluniado. Ele perece à sede dessa legalidade, com que não lhe acenaram senão para o tantalizar. O arbítrio, eis o inimigo, senhores juízes! Não vos temais senão dele: fora da legalidade é que se escondem os grandes perigos e se preparam os naufrágios irremediáveis.

(...)

Não são essas as artes da ambição política. O agitador não repudia tais armas, as mais formidáveis na conquista do poder.

Quisesse eu levantar escarcéus políticos e não me dirigiria ao remanso deste tribunal, a este recanto de paz, abrigado contra todos os ventos, a esta enseada, a cuja beira vem morrer a marulhada do oceano que brame lá fora. Aqui não podem entrar as paixões, que tumultuam a alma humana, porque este lugar é o refúgio da justiça.

(...)

Advogado, afeito a não ver na minha banca o balcão do mercenário, considero-me obrigado a honrar a minha profissão como um órgão subsidiário da Justiça, como um instrumento espontâneo das grandes reivindicações do direito, quando os atentados contra ele ferirem diretamente, através do indivíduo, os interesses gerais da coletividade. Autor da Constituição republicana, estremecendo-a pelas afinidades morais da paternidade, sinto-me obrigado a defendê-la contra os sofistas armados, que a retalham, a pugnar pela integridade das suas intenções, a evidenciar que a teoria deste crime a difama na sua moralidade, no seu senso, no seu patriotismo. Conservador, sob a República, tão energicamente quando fui radical sob o Império, acredito que, para o novo regime, a condição capital de durabilidade é o amor do povo, mas que o povo acabará por abominar a legalidade republicana, se ela for, como o governo se esforça por demonstrar, o sinônimo da proscrição irresponsável.

E é, sobretudo, por inspiração conservadora, senhores juízes, que eu compareço à vossa presença: é na rocha dos sentimentos conservadores, interessados na inviolabilidade da lei, que assento este *habeas-corpus*, que procuro salvá-lo contra as imprudências de um governo de agitação e de combate.

(...)

Apelo outra vez, senhores juízes, para Bernardo Pereira de Vasconcelos. Esse refinado conservador há de receber o estigma póstumo de anarquista, que, pelo crime desta petição de *habeas-corpus*, talvez me esteja indignado aos réus da mais próxima suspensão de garantias. Ou esta República aceita praticamente as instituições, cuja fórmula adotou, ou há de ser reduzida a confessar que a sua dieta de liberdade arrastaria à revolta os estadistas mais conservadores do Primeiro Reinado.

De toda a parte, a desordem, por todos os lados a violência. E flutuando apenas à sua tona, expostas à ironia do inimigo, as formas violadas de uma Constituição, que os seus primeiros executores condenaram ao descrédito imerecido e à ruína precoce.

Está em vossas mãos reparar a falha da barranca, por onde a corrente indisciplinada irrompe leito e transborda sobre o País.

É restabelecerdes a confiança na Justiça, firmardes por um aresto involdável a jurisprudência da liberdade, mostrardes resplandecente, acima de todos os poderes da força, a supremacia desta autoridade desarmada e espiritual: o direito. Será o maior dos serviços à causa da ordem, enfraquecida pelas intemperanças do governo.

Em nome da conservação da República, a bem dos grandes interesses conservadores, eu vos suplico, senhores juízes. Eles pendem todos deste *habeas-corpus*. E, se o não concederdes, como a lei quer, que milagre salvará o País das misérias desse desengano?

II.b. A Lição de Ética "O dever do advogado"

Rio, Vila Maria Augusta, 26 de outubro de 1911.

Dr. Evaristo de Moraes:

Só agora posso acudir à sua carta de 18 do corrente, que me chegou às mãos dois dias depois.

Recusando-me ao apelo, que a sua consciência dirige à minha, cometeria eu um ato de fraqueza, que não se concilia com a minha maneira de sentir.

Voz Humana

Quando se me impõe a solução de um caso jurídico ou moral, não me detenho em sondar a direção das correntes que me cercam: volto-me para dentro de mim mesmo, e dou livremente a minha opinião, agrade, ou desagrade a minorias, ou maiorias.

Na hipótese, tanto mais sem liberdade me acharia, para me furtar à consulta, que me endereça, quanto ela está resolvida por antecedências de grande notoriedade na minha vida.

Tendo assumido o patrocínio da causa do principal acusado do crime da Avenida, cujo protagonista militou com honras e galões na campanha do hermismo contra a ordem civil, vê-se o meu prezado colega, a quem tão bons serviços deve o civilismo, diante das censuras que por isso lhe irrogam, em presença destas questões que formula e me dirige: devo, por ser o acusado nosso adversário, desistir da defesa iniciada? Prosseguindo nela, sem a menor quebra dos laços que me prendem à bandeira do civilismo, cometo uma incorreção partidária?

O meu senso íntimo não hesita na resposta.

Os partidos transpõem a órbita da sua legítima ação, toda a vez que invadam a esfera da consciência profissional, e pretendam contrariar a expressão do Direito. Ante essa tragédia, por tantos lados abominável, de que foi vítima o comandante Lopes da Cruz, o único interesse do civilismo, a única exigência do seu programa, é que se observem rigorosamente as condições da justiça. Civilismo quer dizer ordem civil, ordem jurídica, a saber: governo da lei, contraposto ao governo do arbítrio, ao governo da força, ao governo da espada. A espada enche hoje a política do Brasil.

De instrumento de obediência e ordem, que as nossas instituições constitucionais a fizeram, coroou-se em rainha e soberana. Soberana das leis. Rainha da anarquia. Pugnando, pois, contra elas, o civilismo pugna pelo restabelecimento da nossa Constituição, pela restauração da nossa legalidade.

Ora, quando quer e como quer que se cometa um atentado, a ordem legal se manifesta necessariamente por duas exigências, a acusação e a defesa, das quais a segunda, por mais execrando que seja o delito, não é menos especial a satisfação da moralidade pública do que a primeira.

A defesa não quer, o panegírico da culpa, ou do culpado. Sua função consiste em ser, ao lado do acusado, inocente, ou criminoso, a voz dos seus direitos legais.

Se a enormidade da infração reveste caracteres tais, que o sentimento geral recue horrorizado, ou se levante contra ela em violenta revolta, nem por isto essa voz deve emudecer. Voz do Direito no meio da paixão pública, tão susceptível de se demasiar, às vezes pela própria exaltação da sua nobreza, tem a missão sagrada, nesses casos, de não consentir que a indignação degenere em ferocidade e a expiação jurídica em extermínio cruel.

O furor dos partidos tem posto muitas vezes os seus adversários fora da lei. Mas, perante a humanidade, perante o cristianismo, perante os direitos dos povos civilizados, perante as normas fundamentais do nosso regime, ninguém, por mais bárbaros que sejam os seus atos, decai do abrigo da legalidade. Todos se acham sob a proteção das leis, que, para os acusados, assenta na faculdade absoluta de combaterem

Voz Humana

a acusação, articularem a defesa, e exigirem a fidelidade à ordem processual. Esta incumbência, a tradição jurídica das mais antigas civilizações a reservou sempre ao ministério do advogado. A este, pois, releva honrá-lo, não só arrebatando à perseguição os inocentes, mas reivindicando, no julgamento dos criminosos, a lealdade às garantias legais, a equidade, a imparcialidade, a humanidade.

Esta segunda exigência da nossa vocação é a mais ingrata. Nem todos para ela têm a precisa coragem. Nem todos se acham habilitados, para ela, com essa intuição superior da caridade, que humaniza a repressão, sem a desarmar. Mas os que se sentem com a força de proceder com esse desassombro de ânimo, não podem inspirar senão simpatia às almas bem formadas.

Voltaire chamou um dia, brutalmente, à paixão pública "a demência da canalha". Não faltam, na história dos instintos malignos da multidão, no estudo instrutivo da contribuição deles para os erros judiciários, casos de lamentável memória, que expliquem a severidade dessa aspereza numa pena irritada contra as iniquidades da justiça no seu tempo. No de hoje, com a opinião educada e depurada que reina sobre os países livres, essas impressões populares têm, por via de regra, a orientação dos grandes sentimentos. Para elas se recorre, muitas vezes com vantagens, das sentenças dos maiores tribunais.

Circunstâncias há, porém, ainda entre as nações mais adiantadas e cultas, em que esses movimentos obedecem a verdadeiras alucinações coletivas. Outras vezes a sua inspiração é justa, a sua origem magnânima. Trata-se de um crime detestável que acordou a cólera popular. Mas, abrasada assim, a irritação pública entra em risco de se descomedir.

Já não enxerga a verdade com a mesma lucidez. O acusado reveste aos seus olhos a condição de monstro sem traço de procedência humana. A seu favor não se admite uma palavra. Contra ele tudo o que se alegar, ecoará em aplausos.

Desde então começa a justiça a correr perigo, e com ele surge para o sacerdócio do advogado a fase melindrosa, cujas dificuldades poucos ousam arrostar. Faz-se mister resistir à impaciência dos ânimos exacerbados, que não tolera a serenidade das formas judiciais. Em cada uma delas a sofreguidão pública descobre um fato à impunidade. Mas é, ao contrário, o interesse da verdade o que exige que elas se esgotem; e o advogado é o ministro desse interesse. Trabalhando porque não faleça ao seu constituinte uma só dessas garantias da legalidade, trabalha ele, para que não falte à justiça nenhuma de suas garantias.

Eis porque, seja quem for o acusado, e por mais horrenda que seja a acusação, o patrocínio do advogado, assim entendido e exercido assim, terá foros de meritório, e se recomendará como útil à sociedade.

Na mais justa aversão dela incorreu a causa do infeliz, cuja defesa aceitou o meu ilustrado colega. Aceitando-a, pois, o eloqüente advogado corre ao encontro da impopularidade. É um rasgo de sacrifício, a que um homem inteligente como ele se não abalançaria, sem lhe medir o alcance, e lhe sentir o amargor. As considerações, expendidas na sua carta, que levaram a fazê-lo, são das mais respeitáveis. Nenhum coração de boa têmpera lhas rejeitará.

A cabeça esmagada pela tremenda acusação estava indefesa. O horror da sua miséria moral lhe fechara todas as portas.

Voz Humana

Todos os seus amigos, os seus co-associados em interesses políticos, os companheiros de sua fortuna até o momento do crime, não tiveram a coragem de lhe ser fiéis na desgraça. Foi então que o abandonado se voltou para o seu adversário militante, e lhe exorou o socorro que Deus com a sua inesgotável misericórdia nos ensina a não negar, aos maiores culpados.

O meu prezado colega não soube repelir as mãos, que se lhe estendiam implorativamente. A sua submissão a esse sacrifício honra aos seus sentimentos e a nossa classe, cujos mais eminentes vultos nunca recusaram o amparo da lei a quem quer que lho exorasse. Lachaud não indeferiu a súplica de Troppmann, o infame e crudelíssimo autor de uma hecatombe de oito vítimas humanas, traiçoeiramente assassinadas sob a inspiração do roubo.

A circunstância, cuja alegação se sublinha na sua carta, de "ser o acusado nosso adversário", não entra em linha de conta, senão para lhe realçar o merecimento a esse ato de abnegação. Em mais de uma ocasião, na minha vida pública, não hesitei em correr ao encontro dos meus inimigos, acusados e perseguidos, sem nem sequer aguardar que eles mo solicitassem, provocando contra mim desabridos rancores políticos e implacáveis campanhas de malsinação, unicamente por se me afigurar necessário mostrar aos meus conterrâneos, com exemplos de sensação, que acima de tudo está o serviço da justiça.

Diante dela não pode haver diferença entre amigos e adversários, senão para lhe valermos ainda com mais presteza, quando ofendida nos adversários do que nos amigos.

Recuar ante a objeção de que o acusado é "indigno de defesa" era o que não poderia fazer o meu douto colega, sem ignorar as leis do seu ofício, ou traí-las. Tratando-se de um acusado em matéria criminal, não há causa em absoluto indigna de defesa. Ainda quando o crime seja de todos o mais nefando, resta verificar a prova: e ainda quando a prova inicial seja decisiva, falta, não só apurá-la no cadinho dos debates judiciais, senão também vigiar pela regularidade estrita do processo nas suas mínimas formas. Cada uma delas constitui uma garantia, maior ou menor, da liquidação da verdade, cujo interesse em todas se deve acatar rigorosamente.

A este respeito não sei que haja divergências, dignas de tal nome, na ética da nossa profissão. Zanardelli, nos seus célebres discursos aos advogados de Brescia, acerca da advocacia, depois de estabelecer como, em matéria civil, se faz cúmplice da iniquidade o patrono ciente e consciente de uma causa injusta, para logo ali se dá pressa em advertir: "Em princípio, todavia, não pode ter lugar nas causas penais, onde ainda aqueles que o advogado saiba serem culpados, não só podem mas devem ser por eles defendidos".

"Mittermaier observa que os devemos defender, até no caso que deles tenhamos diretamente recebido a confissão de criminalidade. Algumas leis germânicas estatuam que nenhum advogado se poderá subtrair à obrigação da defesa com o pretexto de nada achar que opor à acusação. No juramento imposto pela lei genebrina de 11 de julho de 1836, juramento no qual se compendiam os deveres do advogado, entre outras promessas, que se lhe exigem, se encontra a de 'não aconselhar ou sustentar causa, que lhe não pareça justa, a menos que se trate da defesa de um acusado'."

Voz Humana

Ante a justiça primitiva, pois, o patrocínio de uma causa má, não só é legítimo, senão ainda obrigatório; porquanto a humanidade o ordena, a piedade o exige, o costume o comporta, a lei o impõe (*L'avvocatura*, pp. 160-1).

Na grande obra de Campani sobre a defesa penal se nos depara a mesma lição. Nos mais atrozes crimes, diz ele, por isso mesmo que sobre o indivíduo pesa a acusação de um horrível delito, expondo-o a castigos horríveis, é que mais necessidade tem ele de assistência e defesa (*La difesa penale*, vol. I, pp. 39-41).

O professor Christian, anotando os *Comentários* de Blackstone (IV, 356), diz: "Circunstâncias podem haver que autorizem ou compilam um advogado a enjeitar a defesa de um cliente.

Mas não se pode conceber uma causa que deva ser rejeitada por quantos exerçam essa profissão; visto como esse procedimento de todos os advogados tal prevenção excitaria contra a parte, que viria a importar quase na sua condenação antes do julgamento."

Por mais atrozes que sejam as circunstâncias contra um réu, ao advogado sempre incumbe o dever de atentar, para que o seu cliente não seja condenado senão de acordo com as regras e formas, cuja observância a sabedoria legislativa estabeleceu como tutelares da liberdade e segurança individual.

As falhas da própria incompetência dos juízes, os erros do processo são outras tantas causas de resistência legal da defesa, pelas quais a honra da nossa profissão tem o mandato geral de zelar; e, se uma delas assiste ao acusado, cumpre que, dentre a nossa classe, um ministro da lei se erga, para estender o seu escudo sobre o prejudicado, ainda que, diz o autor de um livro magistral sobre estes assuntos, "daí resulte escapar o delinqüente" (William Forsyth. *Hortensius*, pp. 388-9, 408-9).

Nesse tratado acerca da nossa profissão e seus deveres, escrito com a alta moral e o profundo bom-senso das tradições forenses da Grã-Bretanha, se nos relata o caso da censura articulada pelo *Lord Justice-Clerk*, no processo de Gerald, réu de sedição, que, em 1794, requeria às justiças de Edimburgo lhe nomeassem defensor, queixando-se de lhe haverem negado os seus serviços todos os advogados, a cuja porta batera. "Ainda sem a interferência deste tribunal", admoestou o magistrado, a quem se dirigia a petição, nenhum *gentleman* devia recusar-se a defender um acusado, fosse qual fosse a natureza do seu crime; *whatever the nature of his crime might be*.

De tal modo calou nos ânimos essa advertência, que Howell, o editor dos *Processos de Estado*, endereçou uma nota ao decano da Faculdade dos Advogados, Henry Erskine, irmão do famoso Lord Erskine, o Demóstenes do foro inglês, único do seu tempo a quem cedia em nomeada, e Henry Erskine se apressou em responder que o acusado o não procurara: "Tivesse ele solicitado o meu auxílio, e eu lhe assistiria (...) pois sempre senti, como o *Lord Justice-Clerk*, que se não deve recusar defesa a um acusado, qualquer que seja a natureza do seu crime; *whatever be the nature of his crime*" (William Forsyth. *Hortensius*, p. 388).

Do que a esse respeito se usa e pensa nos Estados Unidos, temos documento categórico no livro escrito sobre a ética forense por um eminente magistrado americano o juiz Sharswood, da Suprema Corte de Pensilvânia. Professando, na universidade desse Estado, sobre os deveres da nossa profissão, ensinava ele aos seus ouvintes: "O advogado não é somente o mandatário da parte, senão também um funcionário do tribunal".

À parte assiste o direito de ver a sua causa decidida segundo o direito e a prova, bem como de que ao espírito dos juízes se exponham todos os aspectos do assunto, capazes de atuar na questão. Tal o ministério, que desempenhava o advogado. Ele não é moralmente responsável pelo ato da parte em manter um pleito injusto, nem pelo erro do tribunal, se este em erro cair, sendo-lhe favorável no julgamento. Ao tribunal e ao júri incumbe pesar ambos os lados da causa; ao advogado, auxiliar o júri e o tribunal, fazendo o que o seu cliente em pessoa não poderia, por míngua de saber, experiência ou aptidão. O advogado, pois, que recusa a assistência profissional, por considerar, no seu entendimento, a causa como injusta e indefensável, usurpa as funções, assim do juiz, como do júri (*An essay on professional ethics*, pp. 83-6).

Páginas adiante (89-91) reforça o autor ainda com outras considerações esta noção correntia, que ainda por outras autoridades americanas vamos encontrar desenvolvida com esclarecimentos e fatos interessantes (Henry Hardwicke. *The art of winning cases.* New York, 1896, p. 457, nº XV; Snyder. *Great speeches by great lawyers.* New York, 1892, p. 372).

Ante a deontologia forense, portanto, não há acusado, embora o fulmine a mais terrível das acusações, e as provas o acabrunhem, que incorra no anátema de indigno de defesa. "A humanidade exige que todo o acusado seja defendido" (Mollot. *Règles de la profession d'avocat,* t. I, p. 92 apud Sergeant. *De la nature juridique du ministère de l'avocat,* pp. 74-5).

Lachaud não recusa assistência da sua palavra a *La Pommérais*, ladrão e assassino, que, depois de ter envenenado friamente a sua sogra, envenena com os mesmos requisitos de insensibilidade e perfídia a mulher que o amava, para se apoderar do benefício de um seguro, que, com esse plano, a induzira a instituir em nome do amante, cuja celerada traição não suspeitava.

Já vimos que o grande orador forense não se dedignou de patrocinar a causa de Troppmann. Na crônica do crime não há muitos vultos mais truculentos. De uma assentada; sem ódio, sem agravo, por mera cobiça de ouro, matara uma família inteira: o casal, um adolescente de 16 anos, quatro meninos, dos quais o mais velho com 13 anos e uma criancinha de dois. Pois esse monstro teve por defensor o advogado mais em voga do seu tempo.

Nunca, desde o processo Lacenaire, houvera um caso, que levasse a indignação pública a um tal auge. Quando o criminoso escreveu a Lachaud, implorando-lhe que lhe acudisse, esta sua pretensão de eleger por patrono aquele, a quem então se começava a chamar, por excelência "o grande advogado", ainda mais irritou a cólera popular; e, ao saber-se que ele aceitara a defesa do matador de crianças, cuja causa a multidão queria liquidar, linchando o grande criminoso, não se acreditou, protestou-se, tentou-se demovê-lo, e deu-se voz de escândalo contra essa honra a tão vil aborto da espécie humana.

Mas ao mundo forense essas imprecações e clamores não turvaram a serenidade. O advogado, fosse quem fosse, que Troppmann escolhesse, teria, nestas tristes circunstâncias, cumprido o seu dever honestamente, como querem a lei e o regimento da Ordem.

Voz Humana

Lachaud, impassível ao vozear da ira pública, apresentou-se com simplicidade ao tribunal, diz o editor de seus discursos, como auxiliar da Justiça, para ajudá-la a se desempenhar dos seus deveres, e, como defensor, para levantar entre o culpado e os ardores da multidão uma barreira (*Plaidoyers de Ch. Lachaud, tome second*, pp. 257- 258).

A sua oração ali, obra-prima de eloquência judiciária e consciência jurídica, abre com estes períodos de ouro:

Troppmann me pediu que o defendesse: é um dever o que aqui venho cumprir. Poderão tê-lo visto com espanto os que ignoram a missão do advogado. Os que dizem haver crimes tão abomináveis, tão horrendos criminosos que não há, para eles, a mínima atenuante na aplicação da justiça, os que assim entendem, senhores, laboram em engano, confundindo, na sua generosa indignação, a justiça com a cólera e a vingança.

Não percebem que, abrasados nessa paixão ardente e excitados da comiseração para com tantas vítimas, acabam por querer que se deixe consumar um crime social, de todos o mais perigoso: o sacrifício da lei. Não compreendo eu assim as obrigações da defesa.

O legislador quis que, ao lado do réu, fosse quem fosse, houvesse sempre uma palavra leal e honrada, para conter, quanto ser possa, as comoções da multidão, as quais, tanto mais terríveis quanto generosas, ameaçam abafar a verdade.

A lei é calma, senhores: não tem jamais nem sequer os arrebatamentos da generosidade. Assentou ela que a verdade não será possível de achar, senão quando buscada juntamente pela acusação e pela defesa. Compreendeu que nem tudo está nas vítimas, e que também é mister deixar cair um olhar sobre o acusado; que à justiça e ao juiz toca o dever de interrogar o homem, sua natureza, seus desvarios, sua inteligência, seu estado moral. Ao advogado então disse: "Estarás à barra do Tribunal, lá estarás com a tua consciência. (...)

O direito da defesa, a liberdade da defesa, confiou-os à honra profissional do advogado, conciliando assim os legítimos direitos da sociedade com os direitos não menos invioláveis do acusado. (...) Houve algum dia, senhores, uma causa criminal, que mais exigisse a audiência da defesa? Malvadezas sem precedentes (...) e no meio desta emoção geral, clamores exaltados a exigirem, contra o culpado, severidades implacáveis. Não avaliais, senhores, que a palavra de um defensor vos deve acautelar desse perigo? Jurastes não sacrificar os interesses da sociedade, nem os do acusado; prometesses ser calmos, inquirir da verdade fora das paixões tumultuosas da multidão; jurastes deixar falar a vossa consciência, quando se recolher, depois de tudo ouvido. Pois bem! eu vo-lo exoro, impondo silêncio às vossas consciências, tende essa coragem, e esperai!." (*Plaidoyers de Ch. Lachaud, tome second, pp. 282-283*)

Onze anos antes os auditórios de Paris se haviam agitado aos debates de um processo, que ainda mais comovera a sociedade francesa.

Um atentado extraordinário estremecera a nação toda, abalando o mundo político até os fundamentos.

Voz Humana

O Império escapara de soçobrar num momento, fulminado, nas pessoas do Imperador e da Imperatriz, pela audácia de um tenebroso conspirador.

A mais miraculosa das fortunas sobrara do excídio a Napoleão III com o chapéu varado por uma bala e o próprio rosto escoriado.

Mas os estragos em torno dele operados foram medonhos.

Dilacerando o carro imperial pelas estilhas da carga homicida, os animais ficaram vasquejando, num charco de sangue, de envolta com uns poucos de agonizantes: lanceiros, gendarmes, lacaios, transeuntes, alcançados todos pela ação exterminadora das bombas.

A estatística dessa devastação instantânea contou 512 ferimentos, 148 feridos e oito mortos. Dificilmente se poderia improvisar de um só golpe maior número de infortúnios e sofrimentos. O fulminato de mercúrio obrara maravilhas de instantaneidade na supressão de vidas inocentes; e a influência maligna dos projetis empregados revestira um caráter singularmente desumano, condenando os sobreviventes, pela natureza das chagas abertas nos tecidos lacerados, a cruciadores tormentos, ou moléstias incuráveis.

Tal se apresentara a obra da sanguinária conjura, que imortalizou com uma auréola negra o nome de Felice Orsini.

As intenções, que a haviam animado, não menos sinistras. "Pouco importava", diz o historiador do Segundo Império, que os estilhaços, projetando-se por toda a parte, juntassem à grande vítima votada à morte um sem conto de vítimas obscuras.

Pouco importava, contanto que se imolasse o Imperador. Reinaria, então, a anarquia em França, mediante a sua repercussão a anarquia na Itália, e, destarte, se realizariam os pavorosos sonhos dessas imaginações doentias e pervertidas (De la Gorce, II, 219).

Pois bem: a esse crime, de tão infernal aspecto e tão bárbaras entranhas, não faltou, nos julgamentos em conforto de esperança, a mão piedosa de um advogado, e esse o maior dos contemporâneos, aquele que exercia então sobre a sua classe o principado da eloquência e da celebridade profissional.

Todos se inclinaram com admiração e respeito a esse ato de religiosa solenidade. Ninguém tolheu a defensiva ao execrado réu cuja altivez de recriminações levou, o primeiro presidente do tribunal a declarar-lhe que só o respeito às liberdades da defesa o obrigara a tolerar semelhante linguagem; e foi sobre a cabeça do réprobo, escoltado de espectros, que a inspiração de Júlio Favre ousou acabar, apelando das durezas da justiça da terra para as equidades da clemência do céu. "Para cumprirdes o vosso dever sem paixão nem fraqueza", dizia ele em acentos de Bossuet, não haveis mister, senhores, as adjurações do sr. procurador-geral. Mas Deus, que a todos nos há de julgar; Deus, ante quem os grandes deste mundo comparecem tais quais são, despojados do séquito dos seus cortesãos e lisonjeiros; Deus que mede, ele só, a extensão das nossas culpas, a força dos impulsos que nos desvairam, a expiação que os resgata; Deus pronunciará depois de vós, a sua sentença: e talvez não recuse o perdão, que os homens houverem tido por impossível na terra (Favre, Júlio. *Discours du batonnat*, pp. 169-70).

Bem vê, pois, o meu colega: não há de que se arrepender. Tem consigo a lição geral e os melhores exemplos da nossa gloriosa profissão.

Há de lhe ser árdua a tarefa. Não vejo na face do crime, cujo autor vai defender, um traço, que destoe da sua repugnante expressão, que lhe desbaste o tipo da refinada maldade.

Fala-me em elementos, de que está de posse, os quais "muito diminuem, senão excluem, sua responsabilidade".[307] Queira Deus que se não iluda. Essa responsabilidade se acentua, no conjunto das provas conhecidas, com uma evidência e uma proeminência, que se me afiguram insusceptíveis de atenuação.

Nem, por isso, todavia, a assistência do advogado, na espécie, é de menos necessidade ou o seu papel menos nobre.

II.c. Mandado de Segurança pela abertura dos arquivos do Regime Militar

EXMº MINISTRO DO SUPERIOR TRIBUNAL MILITAR

MANDADO DE SEGURANÇA

FERNANDO AUGUSTO HENRIQUES FERNANDES, brasileiro, casado, acadêmico de Direito, portador da Cédula de Identidade nº 09239703-3 e CPF nº 014.500.837-14 e FERNANDO TRISTÃO FERNANDES, brasileiro, casado, advogado, inscrito

---

[307] Na *Revista Universitária*, de onde foi copiado o parecer: "muito lhe diminuem senão excluem, a responsabilidade".

na Ordem dos Advogados do Brasil sob o nº 49.344 OAB/RJ, ex-OAB/PR nº 1.848, ex-OAB/RJ nº 682-B, com escritório na Av. Marechal Câmara 350/903, Rio Janeiro — RJ CEP 20020-080, vêm impetrar, de acordo com inciso LXIX do artigo 5º da Constituição Federal, art. 1º da Lei 1.533 de 31/12/51 e artigo 94 do Regimento Interno do STM,

MANDADO DE SEGURANÇA

contra o ato do EXMº Ministro General do Exército Antônio Joaquim Soares Moreira, presidente desta Egrégia corte, que feriu direito líquido e certo de ambos os impetrantes.

Primeiramente é de salientar que ambos os impetrantes interpõem o presente mandado com reservas, pois têm admiração e respeito pelo EXMº Ministro Presidente deste Tribunal. No entanto, pela ética profissional, que o segundo requerente está obrigado, de acordo com o artigo 31 §2º da Lei 9.028/95, de não ter "receio de desagradar magistrado ou qualquer autoridade, ou de incorrer em impopularidade, deve deter o advogado no exercício da profissão".

Os impetrantes requererão ao Ministro Presidente desta egrégia Corte cópia de processos, relacionados no requerimento, que tramitaram há mais de vinte anos, e de suas respectivas gravações feitas pelo Tribunal.

Prosseguindo, o ato pelo qual o Ilustre Ministro negou requerimentos dos impetrantes de copiar diversos processos, autos e suas correspondentes sustentações orais da defesa, em relação ao primeiro totalmente, e em relação ao segundo parcialmente, suprimindo o direito de cópias de atos processuais gravados, feriu o inciso XIV e LX do artigo 5º da Constituição Federal e negou vigência aos parágrafos XIII, XIV, XV, artigo 7º da Lei 8.906/94, artigos 3º, 29, 75, 387 do Código Penal Militar; artigos 40, 155 do

Voz Humana

Código de Processo Civil; artigos 4º, 22 da Lei 8.159/91; artigos 3º, 15 e 19 da Lei 2.134/97.

É princípio garantido pela Declaração Universal dos Direitos do Homem, assim como pela nossa Lei Maior, em seu artigo 5º, inciso LX, a publicidade do processo. Não poderia ser de outra forma, as leis especiais que seguindo ditame constitucional que remonta às Cartas Magnas anteriores, garantem a publicidade do processo. E assim, também, o faz o CPM em seu artigo 29, que toma liberdade de transcrever, seguido da garantia constitucional

"CF Art. 5º. LX — a lei só poderá restringir a publicidade dos atos processuais quando a defesa da intimidade ou o interesse social o exigirem;"

"Art. 29 do CPPM — A ação penal é pública e somente pode ser promovida por denúncia do Ministério Público Militar."

A exceção da publicidade do processo só ocorre, quando em processo civil, exigir o interesse público ou que diz respeito a casamento, à filiação, à separação dos cônjuges e nos outros casos elencados no art. 155 do CPC, pois diz respeito à intimidade das partes.

No processo militar, de acordo com o art. 387, ocorre quando há interesse da ordem e disciplina militar, ou à Segurança Nacional, portanto, "cuja divulgação quando ainda em trâmite, comprometa as operações, ou os objetivos neles previstos".

Os processos que correram sem nenhum decreto de sigilo são, portanto públicos, o que significa que qualquer cidadão pode ter vistas e tirar cópias.

Isto é líquido e certo, garantido pelo princípio da publicidade e pelos artigos das leis citadas, confirmando-se em outros dispositivos legais como ficará demonstrado.

Pedindo vênia, é de se acentuar que tirar cópias de processo não é ato privativo de advogado, constante no art. 1º da Lei 9.028/95. Tem sim, o advogado direito explícito e confirmado, em nome do resguardo profissional, como se comprova nos incisos XIII, XIV e XV, do art. 7º da Lei 8.906/94.
"Art. 7º da Lei 8.906/94. São direitos do advogado:

XIII — examinar, em qualquer órgão dos poderes Judiciário e Legislativo, ou da Administração Pública em geral, autos de processos findos ou em andamento, mesmo sem procuração, quando não estejam sujeitos a sigilo, assegurada a obtenção de cópias, podendo tomar apontamentos.

XIV — examinar qualquer repartição policial, mesmo sem procuração, autos de flagrante e de inquérito, findos ou em andamento, ainda que conclusos à autoridade, podendo copiar peças e tomar apontamentos.

XV — ter vista dos processos judiciais ou administrativos de qualquer natureza, em cartório ou na repartição competente, ou retirá-los pelos prazos legais."

Naturalmente o CPPM, no artigo 75, reafirmando o direito ofendido, assegura ao advogado garantia outorgada pelo estatuto da Ordem dos Advogados do Brasil. Fica então claro que em relação ao advogado, segundo impetrante, não há como negar cópias dos autos. Somente para acrescentar, mesmo os processos em segredo da justiça no Direito Processual Civil, parágrafo único do art. 155, é garantido a terceiro que demonstrar interesse jurídico, cópia de parte do processo.

Não se tratando aqui de simples interpretação de lei, ou ferimento em tese, mas do conceito literal de cada palavra que compõe os textos legais que garantem o direito reclamado neste mandado, o que é processo? O que são autos? O que é arquivo público?

Ensinam os doutos que processo é uma sequência de atos complexos com fim de solucionar a lide.

"Daí por que é o processo (processo judicial) 'o movimento dos atos da ação judiciária, ou melhor, o movimento dos atos da ação em juízo' (id., p. 217)."

AUTOS

"São o conjunto dos atos e termos do processo. Os autos são, conforme sejam os originais e suplementares. Os autos originais se constituem dos atos e termos originais que compõem o processo. A petição inicial, o instrumento de procuração, documentos que instruem a inicial e outros que se juntam, requerimentos das partes, quesitos, laudos perícias, termos de depoimentos, despachos etc."

(Moacyr Amaral Santos, Direito Processual Civil, São Paulo, Max Limonad, 1973, vol. 1º, págs. 336 e 340).

Portanto, antes de definir arquivo público, podemos ver claramente que se o processo é público, uma sequência de atos e a sustentação oral é um destes atos, é pública. Mais do que isto, sendo os autos conjunto "de atos e termos do processo", a sustentação oral, um ato do processo, faz parte dos atos e sendo gravada pelo Tribunal, o advogado em decorrência da prerrogativa de classe, tem direito garantido pelo estatuto da OAB de cópias e o segundo requerente garantido pelo princípio da publicidade, assegurado por todas as leis processuais.

Retornando, o que é arquivo público? É o conjunto de documentos, seja em áudio, vídeo, papel, papiro, ou seja, independentemente do suporte da informação ou a natureza dos documentos, produzidos e recebidos por órgãos públicos ou de interesse público.

Desta forma, é inegável que o arquivo de áudio, representação de atos do processo, gravações das sustentações orais, são arquivo público.

De arquivo público todos têm direito a ampla cópia e acesso ao acervo, exceto em casos excepcionais em que há restrição legal. No entanto, a regra do arquivo público destinado, de acordo com art. 1º da Lei 8.159/91, à cultura, ao desenvolvimento científico, é de acesso pleno aos documentos.

Lei 8.159/91, "art. 22 — é assegurado o direito de acesso pleno aos documentos públicos."

O art. 4º do mesmo diploma legal garante a todos o direito de receber dos órgãos públicos informação de interesse particular, coletivo ou geral, apenando de responsabilidade a autoridade que, no prazo de lei, não prestar tais informações. Ressalva, no entanto, os documentos sigilosos imprescindíveis à segurança da sociedade e do Estado, bem como, a inviabilidade da vida privada, da honra e da imagem das pessoas.

Pedindo vênia, novamente, pelas razões que se estendem, é função do advogado, como dizia Calamandrei, levar ao Magistrado, como auxiliar deste, os argumentos jurídicos que clareiem e auxiliem a visão do juiz. Como esclarecimento, ressalva-se que, como já se explicitou, somente no processo civil (art. 155 CPC), é que o decreto de sigilo tem como sustentáculo a vida privada e a imagem das partes. No processo penal militar não! O embasamento do sigilo no CPPM é a Segurança Nacional. Então, primeiramente, todos os processos que tiveram despacho de sigilo embasados no Decreto 898/69, ou nos Atos Institucionais, quando editada a lei, em 1978, anistiando todos os crimes políticos, deixaram aqueles processos de serem sigilosos.

Mas, não cabe aqui ferimento de lei em tese, demonstraremos ferimento literal a outros diplomas legais, como os artigos anteriormente citados, que garantem a publicidade do processo, e o amplo acesso ao acervo público.

Regulamentando o art. 23 da Lei 8.159/91, que dispõe sobre a categoria dos documentos públicos sigilosos, e acesso a eles, foi publicado o Decreto 2.134/97. É de se acentuar que os processos que tramitam publicamente não são sigilosos. Somente são sigilosos aqueles que tramitam em segredo de justiça, decretado pelo CPPM, para proteção da Segurança Nacional. Analisaremos então a seguir as duas vertentes.

Quanto aos processos e, logicamente às defesas orais, acervo público, que tramitam sem segredo de justiça é assegurado amplo acesso, o que o Decreto 2.134/97 confirma.

"Art. 3º — É assegurado o direito de acesso pleno aos documentos públicos, observado o disposto neste decreto e no art. 22 da Lei nº 8.159, de 8 de janeiro de 1991."

Quanto aos processos que tramitam em segredo de justiça, há que se verificar vários aspectos. Primeiramente, se algum dia, mesmo que por uma vez houve consulta, que não seja das partes de seus procuradores, não há mais como restringir o acesso ao público. Assim, como a lei é igual para todos, o art. 4º do decreto determina.

"QUALQUER DOCUMENTO CLASSIFICADO COMO SIGILOSO, NA FORMA DO ART. 15 DESTE DECRETO, RECOLHIDO A INSTITUIÇÃO ARQUIVÍSTICA PÚBLICA, QUE EM ALGUM MOMENTO TENHA SIDO OBJETO DE CONSULTA PÚBLICA, NÃO PODERÁ SOFRER RESTRIÇÃO DE ACESSO."

Caso o processo sigiloso, referente à segurança da sociedade ou do Estado, portanto os que tratam o Código de Processo Penal

Militar, que nunca tenha sido acessado, de acordo com o art. 23, § 2º da Lei 8.159/91, será restrito por um prazo máximo de 30 anos.

Os documentos sigilosos, de que tratam o artigo 155 do CPC, de acordo com o parágrafo 3º, art. 23 da Lei 8.159/91, serão restritos por um prazo máximo de 100 anos.

Demonstrado claramente que a determinação literal da lei é que os documentos arquivados de que tratam o CPPM são regulados pelo art. 23, § 2º da Lei 8.159/91, cabe agora, à luz do Decreto 2.134/97, analisar o direito objeto desse mandado. O artigo 20 do referido decreto classifica, e acentuando mais uma vez, que os processos que tramitam sem segredo de justiça são de acesso irrestrito, classifica documentos restritos em 4 categorias: ultrassecretos, com prazo máximo de restrição de 30 anos; secretos, vinte; confidenciais, dez; e reservados, cinco anos.

Como são classificados os processos penais militares que tramitaram em segredo de justiça? De acordo com o art. 16 do referido decreto, são passíveis de classificação ultrassecreta aqueles documentos que se refiram a planos de guerra e relações internacionais cuja divulgação põe em risco a segurança da sociedade e do Estado. Óbvio, não tratamos de documentos ultrassecretos.

São passíveis de classificação como secretos, de acordo com o art. 17 do mesmo diploma legal, aqueles que indiquem estações estratégicas etc., cuja divulgação põe em risco a segurança da sociedade e do Estado. Portanto, também não tratamos de documentos secretos.

Já o art. 18 coloca como passível de classificação como confidencial aqueles documentos cujo sigilo deva ser mantido do interesse do governo e das partes.

É até possível classificar os documentos tratados nesse Mandado como confidenciais; no entanto, seria inócuo esta classificação, pois como veremos o prazo de restrição já teria se esvaído.

Além do mais, a Comissão Permanente de Acesso do STM não classificou documento algum, pois não houve publicação alguma no Diário Oficial como determina o art. 6º do mesmo Decreto.

Voz Humana

O Acervo de que tratamos também pode ser classificado de acordo com o art. 19, como reservado, pois, quando ainda em trâmite, a divulgação comprometia o processo.

Confidencial ou reservado, pelo prazo fixado no artigo 20 do decreto, máximo de dez anos de restrição para o primeiro e cinco para o segundo, prazo com início da contagem de acordo com a determinação legal, na data da produção do documento, já de pleno acesso de público.

Aprofundando-se na determinação literal, repita-se na determinação literal da lei, que garante direito líquido e certo, *permissa maxima venia*, fica demonstrado ser absolutamente ilegal o ato do Exmo. Ministro Gen. ex.-Presidente desta Egrégia Corte, que negou acesso e cópia a arquivo público.

Indiscutivelmente, o arquivo referente aos anos de regime de exceção é de importância histórica para as futuras gerações, muito bem conservado pelo Tribunal Militar que, de acordo com os maiores nomes da advocacia brasileira, Sobral Pinto, Heleno Fragoso, Lino Machado, Nélio Machado e outros, o Superior Tribunal Militar afirmou-se como a Corte da Liberdade.

Tratamos, portanto, de documentos de cunho permanente regulados pelo art. 7º, parágrafo 3º da Lei 8.159/91, que não podem ser destruídos. O Presidente deste Tribunal, em primeiro despacho, anterior a este objeto de Mandado, havia deferido o acesso e as cópias do arquivo de áudio e dos autos, como manda o bom direito. É de extrema importância para análise desse Mandado este primeiro despacho, pois o Acadêmico primeiro impetrante, passou duas semanas em Brasília, acessando este arquivo, escutando e copiando as partes que interessam para a pesquisa histórica que comporá o livro *Voz Humana*, em homenagem aos advogados que militaram na defesa dos acusados de crimes políticos, homenagem esta estendida aos Ministros do Tribunal Militar, que fizeram justiça em época tão conturbada de nossa Nação.

Repita-se: o jovem acadêmico de Direito passou duas semanas acessando e copiando o arquivo de áudio. Para conhecimento dos Senhores Ministros, o material copiado durante esta pesquisa foi totalmente limpo e digitalizado em CD em um dos melhores Estúdios de Gravação do Rio de Janeiro, com defesa do advogado Sobral Pinto, um símbolo para a advocacia brasileira, que entre outras sustentações, como de Heleno Fragoso, Lino Machado, Nélio Machado, fazem parte deste trabalho.

Assim, Senhores Ministros, este acervo já foi consultado e copiado em parte, pelo primeiro impetrante. A lei é clara. A lei não deixa dúvida. É determinação literal da lei, garantindo direito líquido e certo que documento uma vez acessado nunca mais poderá sofrer restrição de acesso.

ARTIGO 4º DEC. LEI 2.134/97

"QUALQUER DOCUMENTO CLASSIFICADO COMO SIGILOSO, NA FORMA DO ART. 15 DESTE DECRETO, RECOLHIDO A INSTITUIÇÃO ARQUIVÍSTICA PÚBLICA, QUE EM ALGUM MOMENTO TENHA SIDO OBJETO DE CONSULTA PÚBLICA, NÃO PODERÁ SOFRER RESTRIÇÃO DE ACESSO."

Portanto, Senhores Ministros, o primeiro despacho do Exmo. Ministro, Presidente deste Tribunal, foi correto.

E mesmo que todos os diplomas legais trazidos a este Mandado fossem esquecidos, o primeiro despacho que permitiu ao Acadêmico acessar e copiar parte daquele acervo impossibilitou qualquer restrição posterior.

Requerem que V. Exa. requisite à autoridade coatora as informações de praxe, no prazo legal de dez dias e prestadas, ou não, requerem a concessão da ordem determinando ao Exmo. Ministro general Presidente desta Egrégia Corte que garanta aos impetrantes o direito líquido e certo de acesso pleno e de cópia de autos e suas respectivas gravações, acervo de arquivo público.

O advogado que esta subscreve receberá as eventuais intimações no seu escritório na Av. Marechal Câmara 350/903, Rio Janeiro — RJ CEP 20020-080.

Dão valor à causa de R$ 1.000,00. Pedem e Esperam deferimento. Rio de Janeiro, 10 de outubro de 1997. Fernando Tristão Fernandes OAB/RJ nº 49.344 — ex-OAB/PR 1848 — ex OAB/RJ 682-B

II.d. Sustentação Oral de Fernando Tristão Fernandes perante o STM

"Senhor Ministro Presidente desta Sessão. Senhor Ministro Presidente desta Corte.
Senhor Procurador-Geral da Justiça.
Demais membros componentes, Ministros Civis e Ministros Militares

Aqui estamos não só para defender o direito ao acesso a todos os documentos públicos deste país, mas também, para esclarecer que lamentavelmente foi criado um ambiente hostil ao jovem que está querendo formular uma obra para enaltecer e febrilizar a juventude brasileira, mas também a este advogado que tem um exemplo a ser indicado pelo Ministro Geisel que compôs este Tribunal e que exerceu a Presidência da República com dignidade e desempenho elogioso para toda a nação brasileira. Diz ele no seu depoimento às folhas 368 da obra "Geisel" de Maria Celina e Celso Castro:

"O Senhor não recebia informações diretas do CIE...", responde o presidente Geisel. Às vezes o Ministério do Exército também me dava súmulas de informações, mas eu tinha de passá-las para um crivo, porque frequentemente eram apaixonadas, nem sempre eram isentas.

Conseguir uma informação isenta, real, de um fato é muito difícil. Ela sempre traz algo da personalidade do informante, que, mesmo que não queira, insensivelmente a deforma. Um informante mais tímido tende a majorar o fato e lhe atribuir um valor maior do que tem. Outros mais desleixados que não estejam engajados no problema, podem menosprezá-lo, não lhe dar importância. Análise e avaliação de uma informação é um problema complexo. Há uma frase atribuída a um político mineiro José Maria Alkimin, que foi Vice-Presidente de Castelo, segundo o qual "o que vale não é o fato mas a sua versão". O Presidente Geisel alerta para as informações à Presidência. E não condizem à realidade o incidente havido neste Tribunal, quando o jovem Fernando Augusto Henriques Fernandes, ao acessar o arquivo deslocamos para Brasília todo material necessário, na certeza de que o que nós desejamos não é nada para denegrir imagem do Tribunal, Tribunal este que todos que aqui tiveram durante todo o Regime a partir de 64, elogiam como anteparo aos excessos que alguns fizeram. E que inclusive Juracy Magalhães na sua obra também "O Último Tenente", informa: "O Ato Institucional nº 2 nasceu da verificação da impossibilidade de se conciliar o fervor revolucionário com a legalidade formal (...)

Mas devemos admitir que o presidente Castelo Branco foi o mais equilibrado de todos que assumiram o poder por força militar nas últimas décadas. Nem praticava, nem admitia a violência. Toda a sua preocupação estava em evitá-la. Infelizmente, muitos de seus colegas de farda se deixaram levar pela volúpia do Autoritarismo."

Portanto, querendo deixar claro aos Ministros que representam o Poder Judiciário específico, Fernando Augusto Henriques Fernandes, este jovem de 23 anos, está com o propósito de fazer uma obra que dignifica tanto os militares quanto as instituições, porque todas as camadas da população, todo segmento tem seus heróis, basta olhar na entrada deste Tribunal os Heróis Militares e todos nós conhecemos, que foram eles que fizeram a Independência. Foram eles que proclamaram a República. Foram eles que fizeram o "18 de Copacabana". Foram eles que clamaram, a partir de 22, por um país jovem, por um país moderno, por um país sério, e então, isto está impregnado em todos nós. E também nós queremos impor e propagar os heróis dos advogados, que se fizeram com a coragem necessária, quando no Regime de exceção, enfrentavam a força para defender aqueles que como este que vos fala, Fernando Tristão Fernandes, foi preso e o Tribunal Superior Militar, por unanimidade, fechou a ação penal, em que eram ministros Waldemar Torres da Costa, almirante de Esquadra Sílvio Monteiro Moutinho, o Grande Ernesto Geisel, Alcides Vieira Carneiro, Octacílio Terra Ururahy, José Santos de Saldanha da Gama, Francisco de Assis Corrêa de Mello, Gabriel Grun Moss, Waldemar de Figueiredo Costa, Pery Constant Bevilágua, Octávio Murgel de Resende, João Romeiro Neto e Olympio Mourão Filho.[308]

Olha só o que este Tribunal decidiu: "Quando o fato narrado na denúncia é penalmente atípico, concede-se o *habeas corpus* por falta de justa causa. Exas., Advogado do Banco do Brasil, preso, encarcerado, colocado em aviões, levado de um lugar para outro. A Suprema Corte Militar que era a mais alta Corte do país, disse: "Não há crime, feche a ação penal". É este tribunal que nós confiamos, confiamos tanto que temos a coragem de impetrar um Mandado de Segurança contra o digno e honrado Presidente da Corte.

Este jovem que foi feito, por essas informações e a experiência do Geisel, e tem aqui fotografia dele já jovem com o Presidente Getúlio Vargas, desempenhou funções, desde jovem, Presidente da Petrobras, nacionalista, e que todos nós guardamos a sua serenidade em pôr o divórcio neste país, quando era impossível sem o seu raciocínio, sem o seu patriotismo.

---

[308] Compunha também o Tribunal o Ministro Dr. G. A. de Lima Tôrres.

Esse liberal, posição da sociedade familiar brasileira, divórcio não atrapalhou nada, ao contrário, solidificou mais as famílias. Quanto ao relato do Ministro Relator, perfeito relato. Agora, a fundamentação legal está no Mandado de Segurança. E os Senhores são Ministros não só dentro deste Tribunal, e Advogado é Advogado em toda a área do território nacional destes 8.500.000 km², e então esta lei permite ao advogado, em qualquer circunstância, e sob qualquer motivo, olhar, acessar e ver os processos que estão já em arquivo. E não tem nada, nesses arquivos que possa pôr dúvida na honestidade, na serenidade e na imparcialidade de seus Ministros. Não tem nada! E nós temos de passar, e não ter medo de expor aqueles que foram realmente enaltecedores da posição humana. Os advogados, tem advogados que não merecem, mas tem também, durante algum tempo, militares também que cometeram falhas terríveis. Não é o Exército, não é a Aeronáutica, o que nós precisamos é destas forças de Marinha para um Brasil de 8.500.000 km², 165.000.000 de habitantes, que precisamos progredir, precisamos progredir."

II.e. Sustentação Oral de Fernando Augusto Fernandes perante o STM

"Exmo. Senhor Ministro Presidente

Exmo. Ministro Relator deste Mandado de Segurança Demais Ministros Togados e Militares
Exmo. Senhor Procurador-Geral da Justiça Militar

Como introito, eu gostaria aqui de fazer uma homenagem aos advogados que me precederam nesta Tribuna. Como meu pai disse, tenho certeza que V. Exas. honram o uniforme que usam e tenho orgulho do uniforme que uso, tenho orgulho da Toga que acabo de colocar, e hoje faço aqui minha primeira sustentação oral, e nessa sustentação gostaria de homenagear estes advogados que aqui me precederam: Dr. Lino Machado, que acaba de estar aqui; Dr. Nélio Machado, Sobral Pinto, Evandro Lins e Silva, Técio Lins e Silva entre outros. E como não estender, Senhores Ministros, estas homenagens a V. Exas. Este Tribunal tem se marcado através do tempo como Tribunal da legalidade. Em 1935, quando foi criado o Tribunal de Segurança Nacional para julgar os comunistas, da Intentona, foi este Tribunal antes de ser cassado deste Tribunal o direito de julgar, pois acabava virando o Tribunal de Segurança Nacional 1ª e 2ª Instâncias dos processos que lá tramitavam, este Tribunal se marcou como "Tribunal da Legalidade".

Foi a segurança do país, e o mesmo fez esse Tribunal em 1964. Foi o baluarte da liberdade e todos os advogados que aqui estiveram, todos sem exceção, proclamam isto.

Senhores Ministros, neste Mandado de Segurança há duas questões que devem ser analisadas. A primeira, a questão legal específica e depois que trata-se estes processos, de processos de crimes políticos e os crimes políticos levantam paixões.

Quando Lombroso apresentou sua tese de crime político, acabou o Congresso, todos cercaram e discutiram em volta unicamente de sua tese. O mesmo aconteceu, Senhores Ministros, quando o Ministro, veio a ser Ministro depois e advogado na época, 1945, Evandro Lins e Silva, apresentava sua tese sobre crime político no Congresso Internacional de Direito Penal no Rio de Janeiro, também o Congresso, devido às paixões, parou de analisar qualquer outra tese e analisava sua tese que citava Ferri, citava Jimenez Asúa, demonstrando que os crimes políticos que muitas vezes na história são avançados.

Senhores Ministros, esses processos não podem ser sigilosos, embasados na intimidade. Aqui, Srs. Ministros, vários advogados citavam e citaram Altavilla no seu clássico "Psicologia Judiciária", e ele disse, Srs. Ministros, "que os criminosos políticos, confessam com alegria porque negar o seu crime seria negar a si próprio".

Carrara, no final de seu livro sobre Direito penal, no último capítulo diz: "Não tratarei aqui de crime político, pois crime político não é crime, é história". Já deixando então essas paixões de lado, podemos analisar faticamente o Mandado de Segurança. A lei é clara Srs. Ministros, e diz que arquivo público, Lei nº 8.159/91, art. 22: "É assegurado o direito de acesso pleno aos documentos públicos". O art. 23 dessa lei diz quais são os documentos sigilosos. E aí vem um decreto e este decreto classifica os documentos sigilosos em quatro categorias: ultrassecretos, secretos, confidenciais e reservados. Não tratamos aqui de documentos ultrassecretos, nem secretos, pois não dizem respeito à Segurança Nacional, de maneira nenhuma. A divulgação destas sustentações orais feitas por nobres advogados nessa Corte não afeta o país, muito pelo contrário, então, só podem ser classificados se fossem sigilosos estes processos, como confidenciais e reservados, e o prazo já teria se esvaído.

"Srs. Ministros, confio nesta Corte, confio no resultado desta Corte, e termino aqui, pedindo que V. Exas. permitam uma obra que só enaltecerá esta Corte e os Advogados que aqui sustentaram, oralmente as suas razões."

II.f. Acórdão proferido pelo Superior Tribunal Militar

SUPERIOR TRIBUNAL MILITAR

MANDADO DE SEGURANÇA Nº 380-0/RJ

EMENTA: MANDADO DE SEGURANÇA. EXAME E RETIRADA DE AUTOS FINDOS, DIREITO ASSEGURADO AO ADVOGADO, NO EXERCÍCIO DA PROFISSÃO, COM

RESTRIÇÃO (CF, ART. 5º, LX, E LEI Nº 8906/94, ART. 7º, XIII E XVI, E § 1º, Nº 1, 2 E 3). INEXISTÊNCIA DE DIREITO LÍQUIDO E CERTO A SER CONHECIDO AO IMPETRANTE QUE NÃO OSTENTA A QUALIDADE DE ADVOGADO E, POR MERO INTERESSE QUE, SEQUER FIGURA EM NORMAS OBJETIVAS, PRETENDE TER ACESSO PLENO A AUTOS FINDOS E AGRAVAÇÕES, QUE NÃO INTEGRAM PROCESSOS. ESTAS ÚLTIMAS DE USO INTERNO DO TRIBUNAL E DE ACESSO PRIVATIVO, NÃO SÃO CONSIDERADAS DE CARÁTER PÚBLICO, EM RAZÃO DE NORMA INTERNA REGULAMENTADORA DE SEU USO, EX VI DA LEI Nº 9.507, DE 12/11/97. ADVOGADO QUE PRETENDE ACESSAR REGISTROS FONOGRÁFICOS CONTIDOS EM FITAS NÃO INTEGRANTES DE PROCESSOS E DE USO EXCLUSIVO DO ÓRGÃO, PARA SUBSIDIAR SERVIÇOS PARTICULARES — ELABORAÇÃO DE LIVRO ATIVIDADE, INCLUSIVE DE CARÁTER COMERCIAL, NÃO TEM EM VISTA A DEFESA DE DIREITO SUBJETIVO AMPARADO EM LEI. DECISÃO ADMINISTRATIVA EM HARMONIA COM O ORDENAMENTO JURÍDICO, NÃO SE VISLUMBRANDO AFRONTA AO ROL DAS GARANTIAS ONDE SE DEFINE O PRESSUPOSTO REMÉDIO HERÓICO (CF, ART. 5º, LXIX, E LEI Nº 1.533, ART. 1º). MEDIDA DE USO EXCEPCIONAL CONHECIDA E DENEGADA. UNÂNIME.

Relator: Ministro Alte. Esq. Domingos A. Silva

Impetrantes: FERNANDO AUGUSTO HENRIQUES FERNANDES e FERNANDO TRISTÃO FERNANDES impetram
Mandado de Segurança contra ato do Exmo. Ministro Gen. Ex. Antônio Joaquim Soares Moreira, Presidente deste Tribunal, "que

negou requerimento dos impetrantes de copiar diversos processos, autos e suas correspondentes sustentações orais de defesa" e pedem, liminarmente, que lhes sejam entregues as fitas de gravações que foram "apreendidas" das mãos de um dos impetrantes.

Advogado. Fernando Tristão Fernandes

O Dr. Fernando Tristão Fernandes, Advogado, inscrito na OAB/RJ sob o n° 49.344, em causa própria e em favor de Fernando Augusto Henriques Fernandes, impetra o presente *mandamus* contra ato do Ministro Presidente deste Tribunal, postulando:

LIMINAR, *inaudita altera pars*, visando a restituição de duas fitas contendo gravações de defesas orais de processos findos do STM; referentes à década de 1970, ilegalmente apreendidas, no entender dos Impetrantes, pois tal medida afronta a Constituição Federal e o art. 7° da Lei n° 9.028, de 1995, que garante a inviolabilidade dos arquivos do Advogado.

No MÉRITO, seja-lhes garantido, segundo frisam "o direito líquido e certo de acesso pleno e de cópia de autos e suas respectivas gravações, acervo de arquivo público".

Invocam como respaldo à pretensão ora deduzida o disposto nos arts. 5°, inciso LXIX, da Carta Magna, 1° da Lei n° 1.533, de 1951, e 94 do RI/STM.

Argumentam, em sua petição de fls. 02/15, em síntese:

Os impetrantes requerem, em 31/07/97 (fls. 13/17 do ANEXO I), ao Ministro — Presidente deste Tribunal, cópias de processos ali discriminados, que tramitam nesta Corte há mais de vinte (20) anos e de suas gravações;

S. Exa. o Ministro — Presidente, Gen. Ex. Moreira, em Despacho exarado em 08 de agosto de 1997 (fls. 13 do ANEXO I), indeferiu a pretensão em relação a Fernando Augusto Henriques Fernandes, qualificado nestes autos como Acadêmico de Direito, deferindo-a ao Advogado ora Impetrante, exceto quanto à permissão para reproduções de fitas;

Voz Humana

Com essa medida, sustentam os Impetrantes, o Ministro-Presidente violou a Constituição Federal, art. 5º incisos XIV e LX; negou vigência à Lei nº 8.906, de 1994, art. 7º, incisos XIII, XIV e XV; ao Código de Processo Penal Militar, arts. 3º, 29, 75 e 387; ao Código de Processo Civil, arts. 40 e 155, à Lei nº 8.159, de 1991, arts. 4º e 22, e ao Decreto nº 2.134, de 1997;

Por reputarem de extrema importância para o deslinde desta Ação Mandamental, citam precedente da lavra do Ministro-Presidente, ora apontado como autoridade coatora, deferindo ao Dr. Lino Machado Filho, via o primeiro impetrante, Fernando Augusto Henriques Fernandes, o direito de tirar cópias do arquivo de áudios e dos autos. Por conta dessa permissão Fernando Augusto Henriques Fernandes passou 2 (duas) semanas compulsando os arquivos deste Tribunal, escutando e copiando julgados para servirem de subsídios ao livro que está redigindo com o título "Voz Humana", em homenagem a Advogados que militaram na defesa de sentenciados por crimes políticos;

O material copiado durante essa pesquisa feita por Fernando Augusto Henriques Fernandes foi digitalizado em CD em um dos melhores Estúdios de Gravação do Rio de Janeiro;

Sustentam que a publicidade do processo é uma garantia constitucional (art. 5º, LX) e legal (CPPM, art. 29). A exceção é prevista no Código de Processo Civil, art. 155, no tocante aos atos referentes à intimidade das partes, ressalvado o interesse jurídico de terceiro, e no CPPM, art. 387, quando há interesse da ordem, disciplina militar ou à Segurança Nacional;

No entender dos Impetrantes, os processos sigilosos, nos casos do Decreto-Lei nº 898/68 e dos Atos Institucionais, com a anistia, deixaram de ser sigilosos. Ademais, a exceção contida no citado art. 387 do CPPM, diz respeito a processos que nunca foram consultados. O sigilo resta mantido por um prazo de 30 anos, ex vi, da Lei nº 8.159, de 1991, art. 25,

§ 2º. Contudo, como antes enfocado, o acervo já foi consultado e copiado, em parte, por Fernando Augusto Henriques Fernandes, não comportando mais restringir acesso ao público, conforme preceitua o art. 4º do Decreto nº 2.134, de 1997;

Salientam que tirar cópias de processo não é ato privativo de Advogado, este tem direito explícito e confirmado em nome do resguardo profissional, consoante as Leis nºs 9.028, de 1995, art. 1º, e 8.906, de 1994, art. 7º, incisos XII, XIV e XV, e o CPPM, art. 75;

Passam a discorrer sobre os conceitos de "Processo", "Autos" e "Arquivo Público", concluindo que a sustentação oral é ato do processo e se este é público, consequentemente aquele também o é. Assim, embora essa peça esteja gravada, o Advogado tem direito de acessá-la, pois trata-se de acervo público. Invocam em respaldo a essa tese, o Estatuto da OAB, a Lei nº 8.159/91 e o Decreto nº 2.134/97;

Fazem remissão à classificação dos documentos públicos sigilosos e ao prazo de acesso a eles, na forma descrita no Decreto nº 2.134, de 1997 (arts. 15 e 20), e passam a classificar os processos penais militares em ultrassecretos, secretos, confidenciais e reservados;

Rotulam de confidenciais ou reservados os processos tratados nesta ação mandamental, escudando-se nos arts. 18 e 19 do Decreto nº 2.134/97, cujos prazos de restrição de acesso a eles são de 10 e 05 anos, respectivamente, tendo, por conseguinte, se esvaído.

Aponta omissão da Constituição Permanente de Acesso do STM que não classificou documento algum, como determina o art. 16 do citado Decreto, e diante desses argumentos os impetrantes consideram demonstrada a ilegalidade do ato do Ministro — Presidente, ao negar-lhes acesso e cópia a arquivo público, referente ao regime de exceção, de importância histórica a futuras gerações, onde há o registro de atuação dos maiores nomes da advocacia brasileira, e o STM consagrou-se como a Corte da Liberdade.

Voz Humana

A petição vem instruída com cópias não autenticadas, que constituem os ANEXOS I e II deste processo, merecendo destaque as a seguir transcritas, acostadas ao ANEXO I:

Requerimento formulado ao Ministro — Presidente deste Tribunal, pelos ora Impetrantes, datado de 31/07/97 (fls. 13 e 15/16), onde postulam a autorização de cópias dos processos relacionados à fl. 17, compreendendo os períodos de 1975 e 1979, e que, segundo os peticionários, ora impetrantes, não estão em segredo de Justiça.

O objeto dessa pesquisa, consoante assinalam, se prende ao fato de Fernando Augusto Henriques Fernandes, "estar redigindo livro intitulado 'Voz Humana', em homenagem aos grandes oradores, em especial Lino Machado Filho e Nélio Roberto Seidl Machado, advogados que militaram neste Tribunal".

Despacho exarado, em 08 de agosto de 1997, por S. Exa. o Ministro — Presidente, Gen. Ex. Antônio Joaquim Soares Moreira, no requerimento ora mencionado, versando:

"Defiro o pedido, em relação ao segundo requerente, Dr. Fernando Tristão Fernandes — OAB/RJ nº 49.344 — nos seus precisos termos.

Providências pela SEPLE" (fl. 13 do ANEXO I).

Em 26 de agosto de 1997, S. Exa. o Ministro — Presidente exarou novo Despacho, reformulando a Decisão anteriormente transcrita, nos termos, in verbis:

"Quando da operacionalização das medidas preliminares para o entendimento do pedido, advertiu-se este Presidente que as fitas, indicadas pelos requerentes não são partes integrantes de qualquer processo e de que, ademais, os registros fonográficos nelas contidos, sobre o transcurso das sessões de julgamento, objetivam tão só subsidiar internamente, a elaboração dos Acórdãos, contendo-se nestes, bastantemente, as indicações relativas ao contraditório e às razões de decidir da Corte.

Porto (sic) isto, e considerando ainda que a concessão de cópia de tais fitas viria a constituir indesejável precedente, a comprometer essa estrita finalidade dos registros fonográficos nelas gravados, reformulo a decisão anterior, datada de oito do corrente, indeferindo, em consequência, o pedido tocantemente ao fornecimento e reproduções das prefaladas fitas. Providências pela SEPLE/DIJUR ..." (fls. 13/14 — Anexo I).

Conclusos os autos a este Relator em 13 de outubro de 1997, foi exarado o Despacho de fls. 21/22, em 14 seguinte, indeferindo o pedido liminar, cuja fundamentação versa, in verbis:

"Isto posto decido:

Infere-se do Auto de Apreensão (fls. 02 do ANEXO I) que o Dr. Fernando Tristão Fernandes não estava autorizado a gravar as sustentações orais de processos findos deste Tribunal, contidas nas fitas apreendidas em seu poder.

Por sua vez, exceto a peça ora mencionada, à inicial não foi acostado qualquer documento comprobatório dos fatos nela narrados, nem de atos configuradores de constrangimento ilegal, há, sim, dois volumosos ANEXOS, contendo cópias não autenticadas.

Desse modo, a cautelar, objetivando liberar bens apreendidos, totalmente dissociada da segurança, carece de pressupostos indispensáveis à sua concessão.

Primeiro, não há como vislumbrar, nessa fase de prova, *o fumus boni juris*. Segundo, a presistência (sic) da apreensão das fitas não importará em ineficácia do writ, quando de sua apreciação pela Corte.

Tais circunstâncias, por si só, afastam, no contexto em análise, o receio de que o tardio conhecimento do direito vinicado (sic) possa gerar o seu total comprometimento (Lei nº 1.533, de 19551, art. 7º, II).

Sob esses argumentos, indefiro o pedido liminar.

Solicitem-se as informações à ilustre autoridade apontada como coatora; após, vista à douta Procuradoria-Geral da Justiça Militar.

Publique-se. Intime-se".

Às fls. 28/31, S. Exa. o Ministro — Presidente prestou os esclarecimento *in litteris*:

"(...) 1 — A Lei nº 8.906, de 04 de julho de 1994, em especial no seu art. 7º, confere aos advogados um elenco de direitos, os quais, todavia, se encontram a meu sentir, rigorosamente atrelados ao exercício das suas atividades profissionais específicas.

2 — Na hipótese vertente, observa-se que o segundo impetrante postula em favor de objetivo, que, evidentemente, não se enquadra no estrito exercício profissional da advocacia, não sendo, pois, de se lhe reconhecer, repita-se especificamente in casu, qualquer direito conferido ao advogado pela precitada Lei nº 8.906/94.

Também não serve a lei em tela para amparar qualquer pretensão do primeiro Impetrante FERNANDO AUGUSTO HENRIQUES FERNANDES, pela singela razão de não ser sequer advogado e não ter comprovado a qualquer outro título, inscrição na OAB.

3 — Apesar de, desde logo, ter observado tal circunstância, ou seja, que a pretensão deduzida pelos impetrantes em 31 de julho de 1997 não se conformava com o exercício estrito da advocacia, deferi o pedido de pesquisa em autos e registros fonográficos existentes nesta Corte, todavia somente quanto ao segundo impetrante, advogado FERNANDO TRISTÃO FERNANDES."

Ao primeiro impetrante, FERNANDO AUGUSTO HENRIQUES FERNANDES, estudante e filho do advogado FERNANDO TRISTÃO FERNANDES, foi autorizado tão-só que encaminhasse o trabalho de pesquisa, examinando e indicando as peças processuais e os registros fonográficos julgados de interesse para a aventada pesquisa, os quais, ulteriormente, poderiam ser retirados por seu pai.

4 — Assim decidi não só por ter entendido, à época, que a alegada intenção de pesquisa, sobre teses defendidas por advogados ilustres com passado brilhante nesta Corte, revestisse de real e positivo interesse para a cultura jurídica nacional, mas também por ter julgado que, assim procedendo, estaria revelando, mais uma vez, o profundo respeito e a imensa consideração que nutre esta Corte pela nobre classe dos advogados.

5 — Agi desse modo, enfatizo, não por força da Lei 8.906/94, que, como visto, não confere a qualquer dos impetrantes, na

hipótese especificamente vertente, quaisquer direitos (que, repito, são inerentes exclusivamente ao exercício da advocacia), mas sim fazendo uso do poder de discricionariedade que é dado ao Administrador para, na ausência de previsão legal específica pertinente à espécie, adotar a medida que, a seu juízo, melhor responda ao interesse público.

6 — Todavia, logo a seguir, quando da operacionalização das medidas preliminares para o atendimento do pedido, adverti-me, conforme bem traduzi na decisão hostilizada pelo segundo impetrante, que fitas indicadas para a reprodução não integravam qualquer processo e que, ademais, os registros fonográficos nelas contidos sobre as sessões de julgamento objetivam subsidiar precipuamente a elaboração dos acórdãos, contendo-se nestes, bastantemente, as indicações relativas ao contraditório e às razões de decidir da Corte.

Com base nesse entendimento e considerando, também, que a concessão de cópias de tais registros fonográficos poderia constituir indesejável precedente, em 26 de agosto de 1997 reformulei a minha decisão anterior, indeferindo (sic) o pedido, também com relação ao advogado FERNANDO TRISTÃO FERNANDES, tocantemente ao fornecimento de reproduções dos registros fonográficos em questão.

Ademais, em abono dessa decisão, estava a circunstância de que — após a operacionalização das já mencionadas medidas preliminares para atendimento do pleito — restou evidenciado que as fitas identificadas e selecionadas pelo Senhor FERNANDO AUGUSTO HENRIQUES FERNANDES sofriam restrições de acesso e consequente reprodução, a teor do inciso I, do Provimento nº 54/STM, verbis:

'I — Os Representantes do Ministério Público Militar e os Advogados terão acesso às gravações de julgamento dos processos em que tenham tomado parte, exceto quanto à matéria discutida e votada em sessão secreta pelo Plenário do Superior Tribunal Militar' (grifei).

Embora se trate de restrição contida em matéria de competência do presidente da Corte, eis que definida em Provimento, entendi oportuno não alterá-la, mantendo-a, assim, irretocada em toda a sua plenitude.

7 — Acrescento que, ao retornar de férias no dia 14 de outubro do corrente, tomei conhecimento de sério incidente, ocorrido no dia 10 do mesmo mês, em que, instado a esclarecer o destino dado a registros fonográficos de que se assenhorara sem autorização, o senhor FERNANDO AUGUSTO HENRIQUES FERNANDES afirmou que já os transferira para CD (Compact Disk), aliás, como declarado na petição do presente mandado, com o claro fito de desnaturar a validade de tal questionamento e, mais do que isso, com o evidente propósito de caracterizar que já tornara irreversível, à revelia do tribunal, a posse de tais registros.

Certifiquei-me, ainda, na oportunidade, que, como ápice de tal incidente, por determinação do Presidente em, exercício, foram apreendidas cópias de registros fonográficos (duas fitas), que havia sido colhidas no Tribunal, naquele dia, pelo senhor FERNANDO AUGUSTO HENRIQUES FERNANDES.

À luz dessa circunstância — e considerando que, in casu, restou desatendido o despacho que proferi em 26 de agosto de 1997, em que neguei o pedido de reprodução de tais registros, e que, ademais, o proceder do nominado senhor revela claro desprezo para com a especial consideração que lhe foi deferida pelo tribunal e, principalmente, inequívoco desvio do objetivo de pesquisa antes declarado na petição da lavra de ambos os impetrantes — em 16 de outubro de 1997 reformulei, usando do mesmo poder de discricionariedade a que já aludi em linhas precedentes, a minha decisão exarada em 08 de agosto de 1997, para INDEFERIR NA ÍNTEGRA o pedido originalmente formulado pelos impetrantes, agora também quanto ao advogado Dr. FERNANDO TRISTÃO FERNANDES...

Oficiando nos autos, a douta Procuradoria-Geral da Justiça Militar, representada pelo Dr. Edmar Jorge de Almeida (fls. 34/49), após retrospectiva do pedido formulado pelos impetrantes, opina pelo não conhecimento da presente ação mandamental, por carecer das condições exigidas pela lei para a sua propositura ou, se conhecida, seja denegada a segurança, à míngua de amparo legal.

Para os custos legis, in casu, a falta de condições da ação revela-se quando, in verbis:

'... não demonstram os Impetrantes em que medida julgam-se titulares do direito de acesso pleno e irrestrito aos ditos arquivos dessa Corte.

Não há qualquer documento que permita a demonstração de que o requerimento (indeferido) contemplasse, tão-somente, o direito que dizem líquido e certo de acesso e reprodução de documentos.

Não constituído direito absoluto, sequer, de advogado, penso (o acesso pleno e reprodução de quaisquer documentos incorporados aos arquivos públicos) imprescritível nos parece que a pretensão comprovasse de plano a sua viabilidade, com a juntada do pedido endereçado à Administração, de forma a verificar os seus limites objetivos e subjetivos.

Como com acuidade colheu o eminente Ministro-Relator, à inicial nenhum documento comprobatório dos fatos nela narrados foi acostado, ou atos configuradores de restrição desautorizada pela lei, inviabilizando, a nosso ver, desde logo, o pleito.

Direito que depende de comprovação posterior não é líquido nem certo para o fim de segurança...' (fls. 45)

Aduz, ainda, o douto Parecerista, que, no âmbito dos pressupostos do processo, o primeiro impetrante não é parte legítima para propor o mandamus, pois lhe falece o direito de examinar autos de processo e reproduzi-los ao seu alvedrio.

Até mesmo ao Advogado, no entender do custos legis, não se consagra o direito absoluto de acesso a processos findos, inquéritos ou documentos integrados a acervo público, ressalvados os casos que a Lei enumerada, quando no exercício de sua profissão, à luz do invocado art. 7º da Lei nº 8.906/94. E neste processo não se cuida de exercício de advocacia.

Da mesma forma, assevera o Douto Parecerista que os diplomas legais citados pelos impetrantes — Lei nº 8.159, de 1991, e o Decreto nº 2.134, de 1997, que a regulamentou — não servem de amparo ao pretenso direito postulado, em face das vedações constantes dos arts. 5º, X, da Carta Magna, e 4º da citada Lei nº 8.906/91.

Salienta a douta PGJM, que o art. 23, § 1º, da Lei nº 8.159, de 1991, considera originariamente sigilosos os documentos públicos cuja divulgação ponha em risco "a segurança da sociedade e do Estado, bem como a inviolabilidade da intimidade, da vida privada, da honra e da imagem das pessoas", garantias essas amparadas pelo mencionado dispositivo constitucional (art. 5º, X). E a lei ordinária ora enfocada estabelece o prazo máximo de 30 (trinta) anos para os documentos referentes à segurança da sociedade e do Estado, prorrogáveis, a critério da autoridade competente, por igual período. Por sua vez, o § 2º do mencionado art. 23 fixa o prazo de 100 (cem) anos, em relação aos documentos que ponham em risco a honra e a imagem das pessoas, demonstrando, sem sombra de dúvida, que o direito de acesso pleno encontra limitações na própria lei que o autoriza.

Quanto aos argumentos dos impetrantes, a respeito da impossibilidade de virem a sofrer qualquer restrição aos documentos por eles já pesquisados, descabe a alegação de afronta às disposições do art. 4º e 15 do Decreto nº 2.134/97. Nesse particular aspecto, não se confunde consulta pública com pesquisa limitada a documentos determinados, com vista à reprodução restrita e dependente de prévio exame e autorização, para uma só pessoa, no caso o segundo Impetrante, o único com direito a executá-la."

E encerra seu parecer, aduzindo:

"(...) Com efeito, a consulta pública e reprodução dos documentos que ponham em risco a honra e a imagem das pessoas exige, prévia e expressa, autorização dos titulares ou dos seus herdeiros, arts. 8º, 28, 29 e 30 § 2º do Dec. 2.134/97, pelo prazo de 100 (cem) anos, limites que não pode o administrador ultrapassar.

A tudo acresce que o art. 4º do Dec. nº 2.134/97, invocado em arrimo à pretensão, não regula todos os casos em que a não restrição do acesso se impõe, senão aos que tratem, exclusivamente, da Segurança do Estado e da Sociedade, art. 15, como antes sublinhado e se constata pelos dispositivos assinalados quando postos em cotejo.

Pensar diferente é alargar, indevidamente, o alcance da norma e, pior, desfigurar-lhe o sentido, em homenagem ao manifesto desrespeito à autorização original, levado a cabo pelo primeiro impetrante ao adotar procedimento que ultrapassou, sem cerimônia, os limites da pesquisa e os objetivos nela expressos, visando, exclusivamente, interesse pessoal, em absoluta desconformidade com os interesses dos que se viram, por qualquer via, envolvidos nos processos em questão..." (fls. 48/49).

À fl. 53, o ilustre Advogado Dr. Fernando Tristão Fernandes manifestou interesse de fazer sustentação oral, sendo marcado julgamento para esta data (fls. 53), de tudo ciente as partes (fls. 55 e 59).

Isto posto:

De início, convém assinalar que Fernando Augusto Henriques Fernandes, representado por Advogado (fls. 16), qualificado nestes autos (fls. 02 e 19), pessoa que se afirma titular da relação jurídica deduzida, em nenhum momento demonstrou a certeza e liquidez do direito invocado e a própria plausibilidade jurídica do pedido consignado na impetração.

Como Acadêmico de Direito, que assim se qualifica sem sustentar, por documento, tal condição, só o fazendo no momento que precedeu à sustentação oral, por ocasião do julgamento em Plenário, deixou de apresentar a prova, de forma incontestável e certa, que lhe assegura a alegada titularidade "de acesso pleno e de cópia de autos e suas respectivas gravações, acervo de arquivo público", para fins de redigir o livro "VOZ HUMANA", de seu peculiar interesse, para tanto, procurando escudar-se na Constituição Federal e em um elenco de outras leis, totalmente desvinculadas dessa particular pretensão.

"A prova assume no processo do mandado de segurança excepcional relevo (...), pois a base de definição do que seja direito líquido e certo ("pedra de toque, a chave de abóbada de todo o edifício") repousa na indiscutibilidade dos fatos e consequentemente, na questão probatória" (Celso Agrícola Barbi, in Do Mandado de Segurança, 7ª edição, Forense, 1993, p. 55 e 205).

Por sua vez, o momento da produção das provas, no remédio heroico, é o da apresentação da inicial.

Leciona o consagrado autor ora nominado, que tal exigência justifica-se, pois "... não havendo audiência de instrução e julgamento, o réu é obrigado a apresentar sua defesa já com a análise das provas produzidas pelo autor, e que, para isso, lhe são remetidas, por cópias, com a citação inicial..."(*Op. Cit.*, p. 208).

A propósito, a Excelsa Suprema Corte já decidiu que "Descabe o mandado de segurança quando o impetrante não tem em vista a defesa de direito subjetivo, mas mero interesse reflexo de normas objetivas. Precedentes e doutrina" (Relator Ministro Francisco Rezek — 2ª Turma, em 30/06/1986, in RTJ — 120/329).

Vê-se, ainda, que o indeferimento à pretensão de Fernando Augusto Henriques Fernandes (fls. 13) não só se calça em norma interna deste Tribunal (Provimento nº 54, de 27/08/87), como retrata observância à lei.

O próprio Estatuto da Ordem dos Advogados (Lei nº 8.906, de 04/07/94) assegura ao Advogado "examinar" e "retirar" autos de processos findos, com restrição e reconhecendo esse direito para o perfeito exercício da profissão (art. 7º, incisos XII e XVI, e § 1º, nºs 1, 2 e 3).

Fernando Augusto Henriques Fernandes não é Advogado e, à época da impetração deste mandado de segurança (10/10/97), sequer ostentava a condição de estagiário, haja vista a data da expedição de sua carteira (30/10/97), que só veio aos autos, repita-se, por ocasião do julgamento desta lide, que se deu em 18/11/97.

Ora, se ao Advogado, seu Estatuto confere o direito de acesso a autos findos, quando do exercício de sua profissão, com restrição, como estender de modo amplo e irrestrito esse direito a quem sequer Advogado é e para subsidiar atividade dissociada do exercício da advocacia, de caráter comercial?

Os limites de exame e retirada de autos findos estabelecidos ao próprio Advogado (e o impetrante não ostenta essa condição, frise-se), pelo Estatuto da OAB, relacionam-se, na essência, "quando não estejam sujeitos a sigilo", bem como as exceções ao direito de obter informações de órgão público, tratados na Lei n° 8.159, de 1991, e no Decreto n° 2.134, de 1997, trazidos à colação pelos impetrantes, repousam em preceitos constitucionais (art. 5°, LX), onde são invocados, para excepcionar o princípio da publicidade, "o interesse social" e a "defesa da intimidade".

Como leciona Manuel Gonçalves Ferreira Filho (in Comentários à Constituição Brasileira, de 1988, vol. 1, arts. 1° a 43 — Saraiva p. 71), ao comentar as exceções ao princípio da publicidade (CF, art. 5° LX): '... Certamente, aqui, a defesa da intimidade compreende a da vida privada, da honra e da imagem das pessoas envolvidas no processo...' (Grifado)

Desse modo, evidencia-se que o impetrante não tem em vista a defesa de direito subjetivo, mas mero interesse que, na forma de seu pedido — de ter acesso pleno e irrestrito aos autos findos e às gravações não integrantes de processos, estas últimas de uso privativo, com a finalidade de subsidiar o livro "A Voz Humana", que está redigindo — sequer figura em normas objetivas.

Nessas condições, inexistindo direito líquido e certo a respaldar a pretensão deduzida por Fernando Augusto Henriques Fernandes, impõe-se denegar o mandado de segurança.

Quanto ao impetrante, Dr. Fernando Tristão Fernandes, o despacho, objeto desta medida de uso excepcional, indefere a pretensão tão-somente no tocante ao fornecimento de reproduções das fitas indicadas à fls. 17 do ANEXO I, por não integrarem os processos e serem de uso interno deste Tribunal.

Assim, com acerto procedeu o Administrador, ora apontado como autoridade coatora, ao fazer uso do poder discriocionário e reformular a Decisão exarada anteriormente, autorizada de acesso às aludidas fitas, indeferindo o pedido, nesse particular aspecto.

Reformulou seu posicionamento, conforme explicitado em suas informações (fls. 28/31), por ter se advertido, ademais, o Ministro-Presidente, que o acesso aos registros fonográficos de julgamento desta Casa está restrito aos representantes do Ministério Público Militar e a Advogados, desde que tenham atuado como parte, nos termos do Provimento nº 54, de 27 de agosto de 1987.

Desse modo, forçoso é reconhecer o dever do Ministro-Presidente em velar para que a tais registros só tenham acesso os Advogados e representantes do MPM, nos estritos limites da citada norma interna deste Tribunal.

Aliás, a ratificar o posicionamento ora sustentado, vê-se a recente promulgação da Lei nº 9.507, de 12/11/97 (Diário Oficial da União, Seção I, de 13 subsequente), que não considera de caráter público norma de uso privativo do órgão.

Convém ressaltar, por oportuno, que a pretensão do Dr. Fernando Tristão Fernandes de ter acesso às aludidas gravações, visa a subsidiar o livro "A Voz Humana", que está sendo redigido por seu filho Fernando Augusto Henriques Fernandes (fls. 13 e 15), que sequer é Advogado, ou, ainda, que fosse, não se trata de atividade inerente ao exercício profissional do Advogado e sim de atividade tipicamente particular, inclusive de caráter comercial. Consequentemente, seu pedido não encontra respaldo nos preceitos invocados na Lei nº 8.906, de 1994 (Estatuto da OAB), nem nos demais diplomas legais referidos na impetração.

Admitir-se que este Tribunal estaria compelido a permitir a qualquer cidadão e até mesmo ao Advogado, acesso pleno aos seus arquivos, sem restrição, para subsidiar serviços particulares — elaboração de livro —, no mínimo, teria o Administrador que enveredar pela prática de ato visando a fins diversos dos objetivados pela lei ou exigidos pelo interesse público, para fomentar interesses privados.

Assim, se a Decisão ora sob censura está em consonância com as normas internas desta Casa e não viola qualquer dispositivo de lei, não consigo vislumbrar afronta ao rol das garantias onde se define o pressuposto do remédio heroico (CF, art. 5º, LXIX, e Lei nº 1.533, art. 1º).

Prosseguindo, vê-se pendente a liminar deduzida neste processo, no tocante à restituição de duas (2) fitas apreendidas em poder do Impetrante remanescente, Dr. Fernando Tristão Fernandes, contendo sustentações orais de processos findos do STM, o qual não estava autorizado a efetuar a gravação, conforme assinalam o Auto de Apreensão de fls. 02 do ANEXO I e as informações de S. Exa. o Ministro-Presidente (fls. 28/31).

Nos termos enfocados no Relatório, indeferi a liminar, por não vislumbrar o *fumus boni juris* e tendo em vista que a persistência da apreensão das fitas não importaria na ineficácia do *writ*, quando de sua apreciação por este Plenário.

Embora considere esta matéria totalmente dissociada do mérito desta medida heroica, entendendo que está a merecer a deliberação deste Plenário.

Em razão das circunstâncias apontadas, onde se evidencia que o Impetrante não mais estava autorizado a executar reproduções dos registros fonográficos, entendo devam ser restituídas as fitas, de propriedade do impetrante remanescente, Dr. Fernando Tristão Fernandes, tão-somente após, desfeita a gravação ali contida.

Diante do exposto, acordam os Ministros do Superior Tribunal Militar, à unanimidade, em conhecer da Impetração, para denegar a segurança dada a inexistência de direito líquido e certo a ser conhecido em favor do Sr. Fernando Augusto Henriques Fernandes e do Dr. Fernando Tristão Fernandes e, determinar a devolução das fitas apreendidas, de propriedade deste último impetrante, tão-somente após desfeita a gravação ali contida.

Superior Tribunal Militar, 18 de novembro de 1997. Dr. ANTÔNIO CARLOS DE SEIXAS TELLES

Ministro, no impedimento do Ministro-Presidente Almirante-de-Esquadra DOMINGOS ALFREDO SILVA Ministro Relator

Dr. KLEBER DE CARVALHO COÊLHO

Procurador-Geral da Justiça Militar

II.g. Recurso Ordinário para o Supremo Tribunal Federal

Exmo. Ministro Presidente do Superior Tribunal Militar
Mandado de Segurança 380-0
Fernando Augusto Henriques Fernandes, inscrito na OAB/RJ sob o número 98684-E e Fernando Tristão Fernandes, advogado inscrito na OAB-RJ sob o número 682-B, com escritório na Av. Marechal Câmara nº 350 — Grupo 903 — Centro, Rio de Janeiro — Cep.: 20020-080, interpõem o presente

RECURSO ORDINÁRIO

para o Supremo Tribunal Federal, com base no art. 128 do Regimento Interno desta Corte e, arts. 102, II, "a" da Constituição

Federal, fundamentado com as razões anexas, que passam a fazer parte do presente recurso.

Termos em que, pedem deferimento

Brasília, 17 de dezembro de 1997. Fernando Tristão Fernandes OAB 682-B

Fernando Augusto Fernandes OAB 89684-E

Exmos. Ministros do Supremo Tribunal Federal

"Ora, acontece, Srs. Senadores, que justamente para os papéis reservados é que se criam com especialidade os arquivos. Podem, muitas vezes, sem maior inconveniente, desaparecer dos arquivos certos papéis não reservados. Os de caráter reservado, porém, justamente pelo caráter de papéis reservados, pertencem, como uma propriedade mais sagrada que todos os outros, ao domínio dos arquivos, que foram especialmente instituídos com o objeto de entesourarem em si essas preciosidades, sobre as quais, muitas vezes, durante dezenas de anos e até séculos, os governos não consentem penetrar as investigações até dos historiadores.

> ... Não há por aí, nas repartições públicas, nos ministérios, onde quer que exista a mínima parcela de experiência administrativa, quem ignore que os documentos recolhidos ao seio de um arquivo constituem objeto de domínio público, e se esses documentos têm sobre si essa nota, então dobrada obrigação dos governos de cuidadosamente ali os conservarem, e maior atentado será o de quem quer que dali os desvie."

(Rui Barbosa, Obras Completas, VOL. XLI 1914, Tomo III, Resposta A Pinheiro Machado e a Azevedo-V) - grifo nosso

As palavras processo e movimento estão intimamente ligadas semanticamente. Vezes os procedimentos nos atropelam, vezes participamos deles. E, é o judicial que registra a história através dos conflitos.

As razões deste recurso tentarão não se estender. E nem seria necessário, pois já diziam os franceses:

"Advogado, passai aos fatos; a corte conhece o direito" ou

"da mihi factum dabo tibi jus"

Ficará demonstrado que a decisão do Tribunal *a quo*, que denegou o pedido do Mandado de Segurança, contra ato do Exmo. Ministro Presidente do Superior Tribunal Militar, que impediu acesso e cópias de autos e suas respectivas gravações, em contrariedade com despacho anterior, que havia permitido, feriu a Constituição Federal, em seu artigo 5°, nos incisos XIV e LX e negou vigência aos parágrafos XIII, XIV, XV, do artigo 7° da Lei 8.906/94, artigos 3°, 29, 75, 387 do Código Penal Militar; artigos 40, 155 do Código de Processo Civil; artigos 4°, 22 da Lei 8.159/91; art. 3°, 15 e 19 da Lei 2.134/97.

Primeiramente é de salientar que é garantido pela Declaração Universal dos Direitos do Homem a publicidade do processo, assim como o é pela Constituição Federal, em seu artigo 5°, LX, que tomamos a liberdade de transcrever:

"LX: a lei só poderá restringir a publicidade dos atos processuais quando a defesa da intimidade ou do interesse social o exigirem;"

O devido processo legal, em sua extensão nas leis processuais, prevê o sigilo dos processos em casos extremos. Segundo a lei processual militar pode haver segredo de justiça "desde que o exija o interesse da ordem e disciplina militares, ou seja a segurança nacional" (art. 387 do CPPM). Como se verá, pelo prazo legal de sigilo regulado pela lei de arquivo público, para os processos que tiveram decreto embasado na segurança nacional, já se esvaiu, tornando de pleno acesso.

A Lei 8.159/91, que dispõe sobre a política nacional de arquivos públicos e privados, em seu artigo 22 proclama que "é assegurado o direito de acesso pleno aos documentos públicos" e em seguida, no artigo subsequente, diz que decreto fixará as categorias de sigilo. Já em 1997, quando ainda o Exmo. Ministro Nelson Jobim ocupava a pasta do Ministério da Justiça, o presidente da República baixa o Decreto 2.134, que também inicia dispondo:

"Art. 3º - É assegurado o direito de acesso pleno aos documentos públicos, observando o disposto neste decreto e no art. 22 da Lei 8.159, de 8 de janeiro de 1991."

O referido decreto classifica os documentos sigilosos em quatro categorias:

"Art. 20...
Ultra-secretos com prazo máximo de restrição de 30 anos;
Secretos, máximo de vinte anos;
Confidenciais, máximo de dez anos;
reservados, máximo de cinco anos;"

A classificação do documento, logicamente, não é aleatória. O próprio decreto regula como um documento é passível de classificação.

Sendo como ultrassecreto (art. 16) "aqueles referentes à soberania e integridade territorial nacionais, planos de guerra e relações internacionais do País".

Os secretos são "aqueles referentes a planos ou detalhes de operações militares, as informações que indiquem instalações estratégicas e aos assuntos diplomáticos que requeiram rigorosas medidas de segurança".

Como os documentos que são objeto deste Mandado de Segurança são processos judiciais e suas respectivas gravações de sessões de julgamento, durante o Regime de Exceção, já podemos concluir que não podem ser classificados em nenhum dos dois tipos anteriores. Só nos seguintes: Confidenciais e reservados.

Confidenciais são aqueles em que o sigilo deva ser mantido por interesse do governo e das partes e cuja divulgação prévia possa vir a frustrar seus objetivos ou ponha em risco a segurança da sociedade e do Estado.

E, por fim, "são passíveis de classificação como reservado aqueles cuja divulgação, quando ainda em trâmite, comprometa as operações ou objetivos neles previstos".

Em relação ao prazo de restrição, qualquer que seja a classificação nos dois itens anteriores, os documentos que tratamos já são de amplo acesso. Portanto a decisão "*a quo*" nega vigência à Lei. 8.159/91 e ao Decreto 2.134/97.

Pedimos vênia para transcrever parte do Acórdão recorrido, quando em sua fundamentação afronta a Lei 8.906/94, que regula a profissão dos advogados.

"Admitir-se que este Tribunal estaria compelido a permitir a qualquer cidadão e até mesmo advogado, acesso pleno aos seus arquivos, sem restrição, para subsidiar serviços particulares, elaboração de livro no mínimo, teria o Administrador que enveredar pela prática de ato visando a fins diversos dos objetivados pela lei ou exigidos pelo interesse público, para interesses privados."

Primeiramente o interesse público é de que trabalhos de pesquisa cultural, no intuito de se conhecer melhor a história e a cultura do país, como este intitulado "Voz Humana", deve ser incentivado e é a própria essência do arquivo público, pois (Lei 8.159/91):

"Art. 1º. É dever do Poder Público a gestão documental e a proteção especial a documentos de arquivos, como instrumento de apoio à administração, à cultura, ao desenvolvimento científico e como elementos de prova e informação."

Não é necessário transcrever os diversos incisos do art. 7º da Lei 8.906/94, que garantem ao advogado o direito de ter vista e copiar processos findos e em andamento. É direito contido na Constituição, quando designa em nível constitucional o advogado como auxiliar da justiça, quando prevê o devido processo legal e quando proclama que os atos processuais são públicos.

Ocorre que a decisão, que trata de processos que tramitaram na Justiça Militar, em sua grande maioria em publicidade, sendo os que tiveram decreto de sigilo tiveram pela legislação militar, embasada no, art. 387 do CPPM, Segurança Nacional, perverteu a norma, negando a vigência e adotando a tese de que o decreto tem sustentáculo na intimidade:

(Do Acórdão)

"... Com efeito, a consulta pública e a reprodução dos documentos que ponham em risco a honra e a imagem das pessoas exige, prévia e expressa, autorização dos titulares ou dos seus herdeiros, arts. 8º, 28, 29 e 30 & 2 do Dec. 2.134/97, pelo prazo de 100 anos, limite que não pode o administrador ultrapassar.

... Os limites de exame e retirada de autos findos estabelecidos ao próprio Advogado (e o impetrante não ostenta essa condição, frise-se), pelo Estatuto da OAB, relacionam-se, na essência, 'quando não estejam sujeitos a sigilo", bem como as exceções ao direito de obter informação de órgão público, tratados na Lei nº 8.159, de 1991, e no Decreto nº 2.131, de 1997, trazidos à colação pelos impetrantes, repousam em preceitos constitucionais (art. 5º, LX), onde são invocados, para excepcionar o princípio da publicidade, "o interesse social" e a "defesa da intimidade".

Voz Humana

Naturalmente é uma perversão da lei dar um prazo de 100 anos de restrição aos processos e documentos do Regime de Exceção!! em nome da intimidade!!

Sabemos, é público e notório que os perseguidos, as famílias dos mortos e desaparecidos políticos lutam pela abertura dos arquivos que aqui tratamos. E também há nos autos ato do mesmo Tribunal, via seu Presidente, despacho, negando acesso às gravações das sessões de julgamento a advogado que patrocinou as causas e participou das sessões sustentando oralmente, Dr. Lino Machado Filho.

Mais do que isto, como já dissemos o decreto de sigilo embasado na segurança pública, como é o caso da legislação militar, pelo prazo de lei já é de acesso público. O prazo de 100 anos é para aqueles documentos que tiveram decreto de sigilo em nome da intimidade, sustentado pelo art. 155 do CPC, causas de família etc., o que não são os casos.

É de se acentuar que as afirmações de que os processos em questão são sigilosos são feitas ao vento, sem fundamentação, pois primeiramente em nenhum momento foi dada qualquer certidão, ou individualizados quais dos processos relacionados tiveram decreto de sigilo. Para a decisão todo o acervo é sigiloso, no entanto o Código de Processo Penal Militar, em seu artigo 29 define que: "A ação penal é pública e somente pode ser promovida por denúncia do Ministério público".

Ainda, soma-se a estes argumentos e à afronta de todos os dispositivos legais citados, o fato de que aos documentos referidos já foi autorizado acesso e cópia, o que ocorreu. O despacho do Ministro Presidente foi precedido de outro que autorizava o acesso e as cópias.

A prova de que houve pleno acesso está nos anexos, onde todo o material está relacionado, e ao auto de apreensão das cópias, nos autos principais. Apreensão esta em afronta à inviolabilidade dos arquivos do advogado, pois foram apreendidas da pasta do advogado contra o Estado de Direito e às garantias constitucionais da ampla defesa, do devido processo legal, aí sim da intimidade e da inviolabilidade referida no art. 5º XII, que no caso é absoluto.

A lei determina que aos arquivos que já foram acessados publicamente, seja por que o trâmite se deu sem segredo de justiça, seja por já ter havido autorização de acesso, não poderá ser restrito.

Art. 4º
Dec. Lei 2.134/97

"Qualquer documento classificado como sigiloso, na forma do art. 15 deste decreto, recolhido a instituição arquivista pública, que em algum momento tenha sido objeto de consulta pública, não poderá sofrer restrição de acesso."

Requerem a reforma da decisão *a quo* prolatada pelo Colendo Superior Tribunal Militar, e destarte concedida a ordem do Mandado de Segurança, e expedido ofício ao Exmo. Sr. Ministro Presidente da Corte Castrense, para que seja garantido o direito líquido e certo dos impetrantes terem acesso pleno e irrestrito aos processos, cuja relação instruiu o "Writ" e suas respectivas sustentações orais, como também o direito de copiar estes documentos, parte do acervo público no arquivo do STM.

Os pedidos da ordem se baseiam em provas pré-constituídas e o indeferimento, *permissa maxima venia*, fere o direito líquido e certo dos recorrentes garantido pelo artigo 7º da Lei Federal 8.906 de 04/07/94 — incisos II, XII, XIV, XV, XVI.

Requerem ainda, ordem de restituição das fitas apreendidas em desrespeito ao exercício da advocacia e, em afrontas às garantias legais e constitucionais, e que seja expedida ordem ao

Exmo. Sr. Ministro Presidente do Superior Tribunal Militar, para que se abstenha de desgravar as ditas fitas magnéticas, que não deverão ser alteradas em seus conteúdos. Ou, no caso das fitas, se elas lá permanecerem, deverão ficar intactas, sem alterações em seus conteúdos, até a apreciação deste Recurso por esta Corte.

Termos em que,
Pede deferimento.

Rio de Janeiro,

Fernando Tristão Fernandes OAB/RJ nº 49.344 ex-OAB/RJ nº 682-B ex-OAB/PR nº 1848 Fernando Augusto Fernandes OAB/RJ 89684-E

II.h. Notícias sobre o caso

II.i. Compact Disk (CD) 1 — Sustentações Orais

Acesse Faixa 01: Sobral Pinto
Acesse Faixa 02: Lino Machado
Acesse Faixa 03: Nélio Machado

II.j. Compact Disk (CD) 2 — Sustentações Orais

Acesse Faixa 01: Sobral Pinto
Acesse Faixa 02: Modesto da Silveira
Acesse Faixa 03: Fernando Tristão Fernandes
Acesse Faixa 04: Fernando Augusto Fernandes

III

Siglas

AIB – Ação Integralista Brasileira
ANL – Aliança Nacional Libertadora
BNDE – Banco Nacional do Desenvolvimento Econômico
CCC – Comando de Caça aos Comunistas
Cenimar — Centro de Informações da Marinha
Cexim – Carteira de Exportação e Importação
CGT – Comando Geral dos Trabalhadores
CIA – Central Intelligence Agency
CIE – Centro de Informações do Exército
CIEP – Centros Integrados de Ensino Público
Cisa – Centro de Informações da Aeronáutica
CLT – Consolidação das Leis do Trabalho
CNJ – Conselho Nacional de Justiça
CODI – Centros de Operações de Defesa Interna
DIP – Departamento de Imprensa e Propaganda
DOI – Destacamento de Operações de Informação
DOPS – Departamento de Ordem Política e Social
DSI – Divisão de Segurança Interna
EMFA – Estado-Maior das Forças Armadas

ESG – Escola Superior de Guerra
FIESP – Federação das Indústrias do Estado de São Paulo
FMI – Fundo Monetário Internacional
IPM – Inquérito Policial Militar
JOC – Juventude Operária Católica
LSN – Lei de Segurança Nacional
MAC – Movimento Anticomunista
MDB – Movimento Democrático Brasileiro
OAB – Ordem dos Advogados do Brasil
Oban – Operação Bandeirante
PC – Partido Comunista
PCB – Partido Comunista Brasileiro
PD – Partido Democrático
PTB – Partido Trabalhista Brasileiro
SNI – Serviço Nacional de Informações
STF – Supremo Tribunal Federal
STJ – Supremo Tribunal de Justiça
STM – Supremo Tribunal Militar
TSN – Tribunal de Segurança Nacional
TST – Tribunal Superior do Trabalho
UDN – União Democrática Nacional
UFF – Universidade Federal Fluminense
UFMG – Universidade Federal de Minas Gerais
UFRJ – Universidade Federal do Rio de Janeiro
UnB – Universidade de Brasília
VPR – Vanguarda Popular Revolucionária

IV

Referências bibliográficas

ANDRADE, Vera Regina Pereira. *A Ilusão de Segurança Jurídica — Do Controle da Violência à Violência do Controle Penal*. Livraria do Advogado Editora: Porto Alegre, 1997.

ALVES, Márcio Moreira. *68 Mudou o Mundo*. Nova Fronteira: Rio de Janeiro, 1993.

ARAGÃO, José Campos de. *A Intentona Comunista de 1935*. Biblioteca do Exército Editora: Rio de Janeiro, 1973.

ARISTÓTELES. *Ética a Nicômaco*. Trad. por Pietro Nassetti. Martin Claret Editora: São Paulo, 2002.

ARQUIDIOCESE DO ESTADO DE SÃO PAULO. *Um Relato para a História: Brasil Nunca Mais*. Editora Vozes: Rio de Janeiro, 1985.

BARANDIER, Carlos da Gama. *Contos Criminais*. Lumen Juris Editora: Rio de Janeiro, 1998.

___. *Relatos de um Advogado na Ditadura*. J. Di Giorgio Editora: Rio de Janeiro, 1994.

BARATTA, Alessandro. *Criminologia Crítica e Crítica do Direito Penal — Introdução à Sociologia do Direito Penal*. Instituto Carioca de Criminologia — ICC. Coleção Pensamento Criminológico. Freitas Bastos Editora: Rio de Janeiro, 1999.

BARBOSA, Rui. *Obras Completas — A Ditadura de 1893*, Vol. XX, 1893, Tomo II. *Jornal do Brasil*: Rio de Janeiro, 1949.

___. *Obras Completas — Trabalhos Jurídicos: Estado de Sítio*, Vol. XIX, 1892, Tomo III. *Jornal do Brasil*: Rio de Janeiro, 1956.

___. BATISTA, Nilo. *Direito Penal Brasileiro*. Revan: Rio de Janeiro, 2003.

BATISTA, Nilo. *Punidos e Mal Pagos — Violência, Justiça, Segurança Pública e Direitos Humanos no Brasil de Hoje*. Editora Revan: Rio de Janeiro, 1990.

___. *Política Criminal com Derramamento de Sangue*. Discursos Sediciosos — Crime, Direito e Sociedade, Instituto Carioca de Criminologia — ICC, ano 03, n° 5 e 6, 1° e 2° semestres. Freitas Bastos Editora: Rio de Janeiro, 1998.

___. *A Violência do Estado e os Aparelhos Policiais*. Discursos Sediciosos — Crime, Direito e Sociedade, Instituto Carioca de Criminologia — ICC, ano 2, n° 4, 2° semestre. Freitas Bastos Editora: Rio de Janeiro, 1997.

___. *Matrizes Ibéricas do Sistema Penal Brasileiro* — I. Instituto Carioca de Criminologia — ICC. Coleção Pensamento Criminológico. Freitas Bastos Editora: Rio de Janeiro, 2000.

___. *Um Oportuno Estudo para Tempos Sombrios*. Discursos Sediciosos — Crime, Direito e Sociedade — ano 1, n° 2. Instituto Carioca de Criminologia — ICC. Freitas Bastos Editora: Rio de Janeiro, 1996.

___ e ZAFFARONI. Raúl Eugenio. *Direito Penal Brasileiro*. Revan: Rio de Janeiro, 2003.

BATISTA, Vera Malaguti S. W. *Difíceis Ganhos Fáceis — Drogas e Juventude Pobre no Rio de Janeiro*. Instituto Carioca de Criminologia — ICC. Coleção Pensamento Criminológico. Freitas Bastos Editora: Rio de Janeiro, 1998.

___. *O Medo na Cidade do Rio de Janeiro: Dois Tempos de uma História*. Tese para obtenção do grau de Doutor em Saúde Coletiva na UERJ. Orientação do Prof. Dr. Joel Birman.

BASTOS, Humberto. *O Golpe*. Record Editora: São Paulo.

BAUMAN, Zygmunt. *O Mal-Estar da Pós-Modernidade*. Trad. por Mauro Gama e Cláudia Martinelli Gama. Jorge Zahar Editor: Rio de Janeiro, 1998.

___. *Em Busca da Política*. Trad. por Marcus Penchel. Jorge Zahar Editor: Rio de Janeiro, 2000.

___. *Globalização — As Conseqüências Humanas*. Trad. por Marcus Penchel. Jorge Zahar Editor: Rio de Janeiro, 1999.

BETO, Frei. *Batismo de Sangue: Os Dominicanos e a Morte de Carlos Marighella*. Civilização Brasileira: Rio de Janeiro, 1982.

BIELSCHOWSKY, Ricardo. *Pensamento Econômico Brasileiro — O Ciclo Ideológico do Desenvolvimento*. Editora Contraponto: Rio de Janeiro, 2000.

CABRAL, Reinaldo e LAPA, Ronaldo. *Desaparecidos Políticos — Prisões Sequestros Assassinatos*. Edições Opção Editora: Rio de Janeiro, 1979.

CAMPOS, Reynaldo Pompeu de. *Repressão Judicial no Estado Novo — Esquerda Direita no Banco dos Réus*. Achiamé Editora: Rio de Janeiro, 1982.

CANTARINO, Geraldo. *1964 A Revolução para Inglês Ver*. Mauad Editora: Rio de Janeiro, 1999.

CARNEIRO, Levi. *O Livro de um Advogado*. A. Coelho Branco Filho Editor: Rio de Janeiro, 1943.

CARVALHO, Antônio Gontijo de. *Rui Estudante*. Casa de Rui Barbosa, 1949, Gráfica Olímpica Editora — Luiz Franco: Rio de Janeiro, 1951.

CARVALHO, José Murilo de. *Os Bestializados — O Rio de Janeiro e a República Que Não Foi*. Companhia das Letras: São Paulo, 1987.

CHACON, Vamireh. *Vida e Morte das Constituições*. Forense: Rio de Janeiro, 1987.

CHALHOUB, Sidney. *Cidade Febril — Cortiços e Epidemias na Corte Imperial*. Companhia das Letras: São Paulo, 1996.

____. *Trabalho, Lar e Botequim — O cotidiano dos Trabalhadores no Rio de Janeiro da* Belle Époque. Editora UNICAMP: São Paulo, 2001.

____. *Visões da Liberdade — Uma História das Últimas Décadas da Escravidão na Corte.* Companhia das Letras: São Paulo, 1990.

CHRISTIE, Nils. *A Indústria do Controle do Crime — A Caminho dos GULAGs em Estilo Ocidental.* Trad. por Luis Leiria. Forense: Rio de Janeiro, 1998.

CIOTOLA, Marcello. *Os Atos Institucionais e o Regime Autoritário no Brasil.* Lumen Juris: Rio de Janeiro, 1997.

CLAUSEWITZ, Carl. *Da Guerra.* Trad. por Maria Teresa Ramos, Martins Fontes: São Paulo, 1996.

COMBLIN, Padre Joseph. *A Ideologia da Segurança Nacional — O Poder Militar na América Latina.* Tradução de A. Veiga Fialho, Civilização Brasileira: Rio de Janeiro, 1978.

CONTREIRAS, Hélio. *Militares Confissões — Histórias Secretas do Brasil.* Mauad Editora: Rio de Janeiro, 1988.

CORRÊA, Mariza. *As Ilusões da Liberdade — A Escola Nina Rodrigues e a Antropologia no Brasil.* Editora da Universidade São Francisco: Bragança Paulista, 2001.

D'ARAÚJO, Maria Celina, SOARES, Gláucio Ary Dillon e CASTRO, Celso. *Visões do Golpe: A Memória Militar sobre 1964.* Relume-Dumará Editora: Rio de Janeiro, 1994.

____. *Os Anos de Chumbo — A Memória Militar sobre A Repressão.* Relume-Dumará Editora: Rio de Janeiro, 1994.

____. *A Volta aos Quartéis: A Memória Militar sobre A Abertura.* Relume-Dumará Editora: Rio de Janeiro, 1995.

DARMON, Pierre. *Médicos e Assassinos na Belle Époque: A Medicalização do Crime.* Paz e Terra: Rio de Janeiro, 1991.

DELUMEAU, Jean. *História do Medo no Ocidente, 1300-1800. Uma Cidade Sitiada.* Trad. por Maria Lúcia Machado, Companhia das Letras: São Paulo, 1989.

DIAS, Luiz Sérgio. *Quem tem Medo da Capoeira?* Rio de Janeiro, 1890-1904. Arquivo Geral da Cidade do Rio de Janeiro Editora: Rio de Janeiro, 2001.

DISCURSOS SEDICIOSOS — *Crime, Direito e Sociedade*. Ano 1, n° 1, 1° semestre de 1996. Instituto Carioca de Criminologia – ICC. Relume-Dumará Editora: Rio de Janeiro, 1996.

____. Ano 1, n° 2, 2° semestre de 1996. Instituto Carioca de Criminologia — ICC. Rio de Janeiro, 1996.

____. Ano 2, n° 3, 1° semestre de 1997. Instituto Carioca de Criminologia — ICC. Rio de Janeiro, 1997.

____. Ano 2, n° 4, 2° semestre de 1997. Instituto Carioca de Criminologia — ICC. Freitas Bastos Editora: Rio de Janeiro, 1997.

____. Ano 4, n° 7 e 8, 1° e 2° semestres, 1999. Instituto Carioca de Criminologia — ICC. Freitas Bastos Editora: Rio de Janeiro, 1999.

____. Ano 3, n° 5 e 6, 1° e 2° semestres, 1998. Instituto Carioca de Criminologia — ICC. Freitas Bastos Editora: Rio de Janeiro, 1998.

____. Ano 5, n° 9 e 10, 1° e 2° semestres, 2000. Instituto Carioca de Criminologia — ICC. Freitas Bastos Editora: Rio de Janeiro, 2000.

DORIA, Francisco Antônio. *No Tempo de Vargas — Memórias, Reflexões e Documentos*. Editora Revan: Rio de Janeiro, 1946.

DOTTI, René Ariel. *Casos Criminais Célebres*. Revista dos Tribunais: São Paulo, 1998.

____. *Bases e Alternativas para o Sistema de Penas*. Revista dos Tribunais: São Paulo, 1998.

____. *Curso de Direito Penal — Parte Geral*. Forense: Rio de Janeiro, 2001.

____. *A História da Legislação Penal Brasileira*. São Paulo: Revista Brasileira de Ciências Criminais. Instituto Brasileiro de Ciências Criminais — IBCCRIM. Revista dos Tribunais: ano 3, n° 12, outubro-dezembro, 1995.

DULLES, John W. F.; Sobral Pinto: *A Consciência do Brasil — A Cruzada Contra o Regime Vargas (1930-1945)*. Trad. por Flávia Mendonça Araripe, Nova Fronteira: Rio de Janeiro, 2001.

FAGUNDES, Miguel Seabra. *O Poder de Polícia: o Desenvolvimento e a Segurança Nacional.* Conferência na Escola Superior de Guerra, 30 de julho de 1974.

FAUSTO, Boris. *A Revolução de 1930 — Historiografia e História.* Brasiliense: São Paulo, 1970.

FILHO, Daniel Aarão Reis; e MORAES, Pedro de. *68 A Paixão de uma Utopia.* Editora Fundação Getúlio Vargas: Rio de Janeiro, 1998.

FILHO, Evaristo de Moraes. *O Deputado Rui Barbosa.* Fundação Casa de Rui Barbosa, Ébano Gráfica e Editora: Rio de Janeiro, 1987.

___. *Lei de Segurança: Um Estado de Emergência Permanente. Lei de Segurança Nacional — Um Atentado à Liberdade.* Zahar Editores: Rio de Janeiro, 1982.

___. *Reforma da Lei de Segurança Nacional Vigente (Lei nº 6.620, 17 de dezembro de 1978). Lei de Segurança Nacional — Um Atentado à Liberdade.* Zahar Editores: Rio de Janeiro, 1982.

FILHO, Gisálio Cerqueira. *A Ideologia do Favor & a Ignorância Simbólica da Lei.* CEUEP — Vice-Governadoria do Rio de Janeiro Editora: Rio de Janeiro, 1953.

___ e Neder, Gizlene. *Quando o Eu é um Outro.* Rio de Janeiro: Discursos Sediciosos — Crime, Direito e Sociedade, Instituto Carioca de Criminologia — ICC, ano 1, nº 2, 2º semestre. Freitas Bastos Editora: Rio de Janeiro, 1996.

FILHO, Hamilton Almeida. *A Sangue Quente — A Morte do Jornalista Vladimir Herzog.* Editora Alfa-Omega: São Paulo, 1978.

FILHO, Luis Viana. *Rui Barbosa: Seis Conferências.* Gráfica Olímpica Editora: Rio de Janeiro, 1977.

FONSECA, Rubem. *Agosto: Romance.* Companhia das Letras: São Paulo, 1990.

FUNDAÇÃO CASA DE RUI BARBOSA. *Rui Barbosa — Oração aos Moços.* Editora Teatra: Rio de Janeiro, 1997.

___. Fundação Casa de Rui Barbosa, Atos de sua Criação e Organização. Gráfica Olímpica Editora: Rio de Janeiro, 1975.

____. *Correspondência Primeiros Tempos — Curso Jurídico: Colegas e Parentes.* Fundação Casa de Rui Barbosa, Companhia Gráfica Lux: Rio de Janeiro, 1973.

____. *Rui Barbosa e a Queima dos Arquivos.* Gráfica do Departamento de Imprensa Nacional: Rio de Janeiro, 1988.

____. *Rui Barbosa: Cronologia da Vida e Obra.* Fundação Casa de Rui Barbosa, Corbã Editora e Gráfica: Rio de Janeiro, 1995.

____. *Rui Barbosa — O Organizador da República.* Fundação Casa de Rui Barbosa. Ébano Gráfica e Editora: Rio de Janeiro, 1989.

____. *Rui, Sua Casa e Seus Livros.* Fundação Casa de Rui Barbosa. Gráfica Olímpia Editora: Rio de Janeiro, 1980.

____. *O Abolicionista Rui Barbosa.* Fundação Casa de Rui Barbosa. Imprinta Gráfica e Editora: Rio de Janeiro, 1988.

____. *Rui Barbosa e a Constituição de 1891.* Graphos Editora: Rio de Janeiro, 1985.

FRAGOSO, Heleno Cláudio. *Lei de Segurança Nacional — Uma Experiência Antidemocrática.* Sérgio Antônio Fabris Editor: Porto Alegre, 1980.

____. *Advocacia da Liberdade — A Defesa nos Processos Políticos.* Forense: Rio de Janeiro, 1984.

____. *Terrorismo e Criminalidade Política.* Forense: Rio de Janeiro, 1981.

FRANCO, Virgílio A. de Melo. *Outubro de 1930.* Nova Fronteira: Rio de Janeiro, 1980.

FREIRE, Alípio; ALMADA, Izaías e PONCE, J. A. de Granville. Organizadores. *Tiradentes: Um Presídio da Ditadura — Memórias de Presos Políticos.* Scipione Cultural: São Paulo, 1997.

GABEIRA, Fernando. *O que é Isso, Companheiro?* Companhia das Letras: São Paulo, 1996.

GALEANO. Eduardo. *Procura-se.* Discursos Sediciosos — Crime, Direito e Sociedade, Instituto Carioca de Criminologia — ICC, ano 3, n° 5 e 6, 1° e 2° semestres. Freitas Bastos Editora: Rio de Janeiro, 1998.

GARNERO, Jorge. *Jogo Duro — O Caso Brasilinvest e Outras Histórias de Velhas e Novas Repúblicas.* Best Seller: Campinas, 1988.

HELLER, Milton Ivan. *Resistência Democrática — A Repressão no Paraná*. Paz e Terra: Curitiba, 1988.

HILSMAN, Roger. *Informações Estratégicas e Decisões Nacionais*. Trad. por major Álvaro Galvão Pereira, Editora DAICI: Rio de Janeiro, 1956.

HILTON, Stanley. *1932 A Guerra Civil Brasileira — A História da Revolução Constitucionalista de 1932*. Nova Fronteira: Rio de Janeiro, 1982.

HOLLOWAY, Thomas H. *Polícia no Rio de Janeiro — Repressão e Resistência numa Cidade do Século XIX*. Trad. por Francisco de Castro Azevedo, Editora Fundação Getúlio Vargas: Rio de Janeiro, 1997.

INSTITUTO CARIOCA DE CRIMINOLOGIA — ICC. *Coleção Pensamento Criminológico*. Freitas Bastos Editora: Rio de Janeiro, 1999.

___. Instituto Carioca de Criminologia — ICC. *Coleção Pensamento Criminológico*. Freitas Bastos Editora: Rio de Janeiro, 2000.

___. Instituto Carioca de Criminologia — ICC. *Coleção Pensamento Criminológico*. Freitas Bastos Editora: Rio de Janeiro, 1998.

JORDÃO, Fernando. *O Dossiê Herzog*. Global Editora: São Paulo, 1979.

JUNIOR, Caio Prado. *História Econômica do Brasil*. Brasiliense: São Paulo, 1998.

KENT, Sherman. *Coleção General Benício, Informações Estratégicas*. Trad. por Cel. Hélio Freire, Biblioteca do Exército Editora: Rio de Janeiro, 1967.

LARA, Silvia Hunold. *Campos da Violência — Escravos e Senhores na Capitania do Rio de Janeiro, 1750-1808*. Paz e Terra: 1988.

LOMBROSO, Cesare. *O Homem Criminoso*. Trad. por Maria Carlota Carvalho Gomes. Editora Rio: Rio de Janeiro, 1983.

LUPPI, Carlos Alberto. *Manoel Fiel Filho: Quem vai Pagar por este Crime?* Editora Escrita: São Paulo, 1980.

MACHADO, Maria Helena Pereira Toledo. *Crime e Escravidão — Trabalho, Luta e Resistência nas Lavouras Paulistas (1830-1888)*. Brasiliense, 1997.

MAGALHÃES, Rejane Mendes Moreira de Almeida. *Rui Barbosa na Vila Maria Augusta*. Fundação Casa de Rui Barbosa Editora: Rio de Janeiro, 1994.

MARKUN, Paulo e HAMILTON, Duda. *1961 — Que as Armas Não Falem*. Editora SENAC: São Paulo, 2001.

MARTINS, Roberto R. *A Repressão e a Liberdade no Brasil: Cinco Séculos de Luta*.

MÉDICI, Emílio Garrastazu. *A verdadeira Paz*. Departamento de Imprensa Nacional Editora: Brasília, 1971.

MELLO E SOUZA, Lena de. *O Diabo e a Terra de Santa Cruz*. Companhia das Letras: São Paulo, 1986.

MENEZES, Lená Medeiros. *Os Indesejáveis — Desclassificados da Modernidade. Protesto, Crime e Expulsão na Capital Federal (1890-1930)*. Editora EDUERJ: Rio de Janeiro, 1996.

MENEZES, Lená Medeiros de. *Os Estrangeiros e o Comércio do Prazer nas Ruas do Rio (1890-1930)*. Arquivo Nacional Editora: Rio de Janeiro, 1992.

MONTEIRO, Exupero. *Rui Barbosa — Separata de Conferências V*. Casa de Rui Barbosa, Gráfica Olímpica Editora — Luiz Franco: Rio de Janeiro, 1958.

MORAES, Evaristo de. *Reminiscências de um Rábula Criminalista*. Editora Briguiet: Belo Horizonte, 1989.

MORAIS, Fernando de. *Olga — A Vida de Olga Benário Prestes, Judia Comunista Entregue a Hitler pelo Governo Vargas*. Editora Alfa-Omega: São Paulo, 1987.

MOREL, Edmar. *A Marcha da Liberdade*. Editora Vozes: Rio de Janeiro, 1987.

NABUCO, Joaquim. *Campanha Abolicionista no Recife: Eleições de 1884*. Fundação Casa de Rui Barbosa. Gráfica do Senado Federal: Brasília, 1992.

NEDER, Gizlene. *Discurso Jurídico e Ordem Burguesa no Brasil*. Sergio Antonio Fabris Editor: Porto Alegre, 1994.

NEEDELL, Jeffrey D. *Belle Époque Tropical — Sociedade e Cultura de Elite no Rio de Janeiro na Virada do Século*. Trad. por Celso Nogueira. Companhia das Letras: São Paulo, 1993.

NETO, Geneton Moraes. *Dossiê Brasil — As Histórias por Trás da História Recente do País*. Editora Objetiva: Rio de Janeiro, 1997.

OLIVEIRA, Lúcia Lippi; VELLOSO, Mônica Pimenta e GOMES, Ângela Maria Castro. *Estado Novo — Ideologia e Poder*. Zahar Editores: Rio de Janeiro, 1982.

PAIVA, Maurício. *Companheira Carmela: A História e Luta de Carmela Pezzuti e Seus Dois Filhos na Resistência ao Regime Militar e no Exílio*. Mauad Editora: Rio de Janeiro, 1996.

PERRIN, Dimas. *Depoimento de um Torturado — A Defesa da Dignidade da Pessoa Humana e dos Direitos do Povo*. Nova Cultura Editora: Rio de Janeiro, 1979.

PIERANGELI, José Henrique. *Códigos Penais do Brasil — Evolução Histórica*. Revista dos Tribunais: São Paulo, 2001.

PIRES, Homero. *Rui Barbosa e os Livros* — Casa de Rui Barbosa, 1949. Gráfica Olímpica Editora — Luiz Franco: Rio de Janeiro, 1951.

PINTO, Sobral. *Lições de Liberdade — Os Direitos do Homem no Brasil*. Universidade Católica de Minas Gerais, Editora Comunicação: Belo Horizonte, 1977.

QUATTOCCHI, Ângelo e NAIRN, Tom. *O Começo do Fim: França, Maio de 68*. Trad. por Marcos Aarão Reis, Record Editora: Rio de Janeiro, 1998.

QUINTELLA, Ary. Organizador. *Por que Defendo os Comunistas — Sobral Pinto*. Universidade Católica de Minas Gerais, Editora Comunicação: Belo Horizonte, 1979.

REVISTA DE DIREITO — Civil, Commercial e Criminal. Organizador Antônio Bento de Faria. Vol. XVI. Jacintho Ribeiro dos Santos Editor: Rio de Janeiro, 1908.

RIBEIRO, Belisa. *A Bomba no Riocentro — O Fim de uma Farsa*. Editora Sisal: Rio de Janeiro, 1999.

RUSCHE, Georg e KIRCHHEIMER, Otto. *Punição e Estrutura Social*.

Trad. por Gizlene Neder. Instituto Carioca de Criminologia — ICC. Coleção Pensamento Criminológico. Freitas Bastos Editora: Rio de Janeiro, 1999.

SERRA, Carlos Henrique Aguiar. *História das Ideias Jurídico-penal no Brasil: 1937-1964*. Tese para obtenção de grau de doutor na UFF. Orientado pela Profª. Drª. Gizlene Neder.

SCHWARCZ, Lilia Moritz. *Retrato em Branco e Negro — Jornais, Escravos e Cidadãos em São Paulo no Final do Século XIX*. Companhia das Letras: São Paulo, 1987.

SILVA, Carlos Augusto Canedo Gonçalves da. *Crimes Políticos*. Del Rey: Belo Horizonte, 1993.

SILVA, Evandro Lins e. *O Salão dos Passos Perdidos — Depoimento ao CPDOC*. Editora Fundação Getúlio Vargas — Nova Fronteira: Rio de Janeiro, 1997.

____. *A Defesa Tem a Palavra — O Caso Doca Street e Algumas Lembranças*. Aide Editora: Rio de Janeiro, 1991.

____. *Arca de Guardados — Vultos e Momentos nos Caminhos da Vida*. Civilização Brasileira Editora: Rio de Janeiro, 1995.

SILVA, Golbery do Couto e. *Coleção Documentos Brasileiros, Vol. 190, Conjuntura Política Nacional — O Poder Executivo & Geopolítica do Brasil*. José Olympio Editora: Rio de Janeiro, 1981.

SIRKIS, Alfredo. *Os Carbonários — Memória da Guerrilha Perdida*. Global Editora: São Paulo, 1988. SKIDMORE, Thomas, E. Trad. por Raul Fiker, *Uma História do Brasil*. Paz e Terra: São Paulo, 1998.

SKIDMORE, Thomas, E. Trad. por Ismênia Tunes Dantas, *Brasil: De Getúlio a Castelo (1930-1964)*. Paz e Terra: Rio de Janeiro, 1992.

SÓFOCLES. *Antígona*. Trad. por Domingos Paschoal Cegalla. Difel Editora: Rio de Janeiro, 2001.

SOUZA, Percival de. *Eu, Cabo Anselmo — Depoimento a Percival de Souza*. Globo Editora: São Paulo, 1999.

TAVARES, Juarez. *A Crescente Legislação Penal e os Discursos de Emergência*. Discursos Sediciosos — Crime, Direito e Sociedade,

Instituto Carioca de Criminologia — ICC, ano 2, n° 4, 2° semestre. Freitas Bastos Editora: Rio de Janeiro, 1997.

TÁVORA, Araken. *O Avogado da Liberdade*. Editora Repórter: Rio de Janeiro.

TÉRCIO, Jason. *A Espada e a Balança — Crime e Política no Banco dos Réus*. Jorge Zahar Editor: Rio de Janeiro, 2002.

THOMPSON, Augusto Frederico Gaffree. *O Advogado de Defesa II*. Forense: Rio de Janeiro, 1992.

____. *Quem são os Criminosos — O Crime e o Criminoso: Entes Políticos*. Lumen Juris: Rio de Janeiro, 1998.

TÓRTIMA, Pedro. *Crime e Castigo para Além do Equador*. Editora Inédita: Belo Horizonte, 2002.

TRANJAN, Alfredo. *Beca Surrada — Meio Século no Foro Criminal*. Civilização Brasileira: Rio de Janeiro, 1994.

VALLADÃO, Haroldo. *História do Direito Especialmente do Direito Brasileiro*. Freitas Bastos Editor: Rio de Janeiro, 1977.

VALLI, Virgínia. *Eu Zuzu Angel, Procuro Meu Filho — A Verdadeira História de um Assassinato Político*. Record Editora: São Paulo, 1987.

VIANNA, Marly de Almeida Gomes. *Revolucionários de 35 — Sonhos e Realidade*. Companhia das Letras: São Paulo, 1992.

VIEIRA, Luis Guilherme e LIRA, Ricardo Pereira. Organizadores. *Antonio Evaristo de Moraes Filho Por Seus Amigos*. Renovar: Rio de Janeiro, 2001.

VENTURA, Zuenir. *1968 O Ano que Não Terminou — A Aventura de uma Geração*. Nova Fronteira: Rio de Janeiro, 1988.

WACQUANT, Loïc. *As Prisões da Miséria*. Trad. por André Telles. Jorge Zahar Editor: Rio de Janeiro, 2001

. *Punir os Pobres — A Nova Gestão da Miséria nos Estados Unidos*. Instituto Carioca de Criminologia — ICC. Coleção Pensamento Criminológico. Freitas Bastos Editora: Rio de Janeiro, 2000.

YOUNG, Jack. *A Sociedade Excludente — Exclusão Social, Criminalidade e Diferença na Modernidade Recente*. Trad. por Renato Aguiar. Instituto Carioca de Criminologia — ICC. Coleção Pensamento

Criminológico. Freitas Bastos Editora: Rio de Janeiro, 2002.
ZAFFARONI. Raúl Eugenio. *Globalização e Sistema Penal na América Latina: Da Segurança Nacional e Urbana. Discursos Sediciosos — Crime, Direito e Sociedade,* Instituto Carioca de Criminologia — ICC, ano 2, n° 4, 2° semestre. Freitas Bastos Editor: Rio de Janeiro, 1997.

IV.a. Fontes Consultadas

SUPERIOR TRIBUNAL MILITAR:
Processos tramitados no Tribunal de Segurança Nacional entre 1937 e 1945. Processos tramitados na Justiça Militar entre 1970 e 1979. Gravações de sustentações orais de julgamentos entre 1970 e 1979. Este índice instrui Recurso Ordinário em Mandado de Segurança n° 23.036

ARQUIVO NACIONAL:
João Cândido e Outros (marinheiro) Sublevação após anistia — Revolta da Chibata — Notação: BW 2847
Vicente José de Sousa
habeas corpus — Proc. 413 - Ano: 1904 6ª V.C. — T.C. e Criminal Cx 1986
Pinto de Andrade Proc. 819 — Ano 1900
Art. 124 CLP — T.C. e Criminal cx. 1981
Alfredo Nunes Varella HC n° 3685 — ano 1901
T.C. e Criminal cx. M929
Antonio Victor Varela Proc. A 4326
Juízo da 10ª V. Criminal cx. 75
Artur Rodrigues
proc. 1745/50 — notação: 255.147 20ª V. Criminal cx. 1331
Arthur José Rodrigues e Outros Proc. 405
Juízo da 10ª Vara Criminal Cx 218

Artur Eugênio Rodrigues Proc. 670
Juízo da 10ª Vara Criminal Cx 152
Arthur Rodrigues Proc. 619
Juízo da 10ª Vara Criminal cx. 219
Arthur Rodrigues e Outros Proc. 1092 — Ano 1920
Gal: A — Autor: Justiça 3ª Pretoria
Cx: M 2161
Arthur Rodrigues Proc. 488-1 — Gl: B
Maço: 71/33
7ª Vara Criminal

ESCOLA SUPERIOR DE GUERRA:
Escola Superior de Guerra, Dep. de Estudos nº 110, T211-78, Legislação de Segurança Nacional, Min. Gualter Godinho.
Escola Superior de Guerra, Dep. de Estudos nº 258, T211-78, Legislação de Segurança Nacional, Mário Pessoa.
Escola Superior de Guerra, Dep. de Estudos nº 210, C107-123-70, A Segurança Nacional e o Poder Judiciário, Themistocles Brandão Cavalcanti.
Escola Superior de Guerra, Dep. de Estudos, T202-76, Legislação de Segurança Nacional, Hely Lopes Meirelles.
Escola Superior de Guerra, Dep. de Estudos, C-01-67, Segurança e Desenvolvimento — Conceito de Segurança Nacional, Mal. Humberto de Alencar Castello Branco.
Escola Superior de Guerra, Dep. de Estudos, nº 164, T210-79, Lei de Segurança Nacional, Gen. Ex. (Ref.) Augusto Fragoso).
Escola Superior de Guerra, Dep. de Estudos, L3-123-72, Leitura Selecionada — Campo Psicossocial. Escola Superior de Guerra, Dep. de Estudos MB-75, Manual Básico.
Escola Superior de Guerra, Dep. de Estudos MB 5-74, Informações.
Escola Superior de Guerra, Dep. de Estudos MB 4-74, Segurança Nacional.

BIBLIOTECA DO SENADO FEDERAL:
Leis:
    Lei 38, de 04.04.1935
    Lei 244, de 11.09.1936
    Lei 1.802, de 05.01.1953

Decretos:
    Decreto 37, de 02.07.1837
    Decreto 791, de 10.04.1892
    Decreto 160, de 14.08.1893
    Decreto 2.737, de 11.12.1897
    Decreto 2.810, de 30.01.1898
    Decreto 1.641, de 07.01.1907
    Decreto 8.400, de 28.11.1910
    Decreto 4.247, de 06.01.1921
    Decreto 4.269, de 17.01.1921
    Decreto 299, de 15.08.1935
    Decreto 428, de 16.05.1938
    Decreto 431, de 18.05.1938
    Decreto 474, de 08.06.1938
    Decreto 869, de 18.11.1938
    Decreto 314, de 13.03.1967
    Decreto 510, de 20.03.1969
    Decreto 898, de 29.09.1969

AUDIOVISUAIS:
Filme "O Velho", de Miguel Costa Jr.

ARQUIVOS PESSOAIS:
Drs. Lino Machado e Nélio Machado — 14 fitas com gravações de julgamentos.

IV.b. Periódicos

JORNAIS:
Crítica do Dia.
Jornal do Commércio.
O Popular.
A Manhã.
A Noite.
O País.
A Pátria.
O Estado de S. Paulo.
Correio da Manhã, 4 outubro de 1956.
Folha de S. Paulo, Caderno Mais, 23.8.98.
Jornal do Brasil, de 14.11.97, junto aos Autos 37.059.
Flagrante Livre, março/abril, 1978.
O Galo — Diversas Edições.
O Pasquim — Diversas Edições.

REVISTAS:
DISCURSOS SEDICIOSOS — Crime, Direito e Sociedade. Ano 1, n° 1, 1° semestre de 1996. Instituto Carioca de Criminologia — ICC. Relume-Dumará Editora: Rio de Janeiro, 1996.

DISCURSOS SEDICIOSOS — Crime, Direito e Sociedade. Ano 1, n° 2, 2° semestre de 1996. Instituto Carioca de Criminologia — ICC. Rio de Janeiro, 1996.

DISCURSOS SEDICIOSOS — Crime, Direito e Sociedade. Ano 2, n° 3, 1° semestre de 1997. Instituto Carioca de Criminologia — ICC. Rio de Janeiro, 1997.

DISCURSOS SEDICIOSOS — Crime, Direito e Sociedade. Ano 2, n° 4, 2° semestre de 1997. Instituto Carioca de Criminologia — ICC. Freitas Bastos Editora: Rio de Janeiro, 1997.

DISCURSOS SEDICIOSOS — Crime, Direito e Sociedade. Ano 4,

n° 7 e 8, 1° e 2° semestres, 1999. Instituto Carioca de Criminologia — ICC. Freitas Bastos Editora: Rio de Janeiro, 1999.

DISCURSOS SEDICIOSOS — Crime, Direito e Sociedade. Ano 3, n° 5 e 6, 1° e 2° semestres, 1998. Instituto Carioca de Criminologia — ICC. Freitas Bastos Editora: Rio de Janeiro, 1998.

DISCURSOS SEDICIOSOS — Crime, Direito e Sociedade. Ano 5, n° 9 e 10, 1° e 2° semestres, 2000. Instituto Carioca de Criminologia — ICC. Freitas Bastos Editora: Rio de Janeiro, 2000.

REVISTA DE DIREITO — CIVIL, COMMERCIAL E CRIMINAL. Organizador Antônio Bento de Faria. Vol. XVI. Jacintho Ribeiro dos Santos Editor: Rio de Janeiro, 1908.

REVISTA BRASILEIRA DE CIÊNCIAS CRIMINAIS. Instituto Brasileiro de Ciências Criminais — IBCCRIM. Revista dos Tribunais: ano 3, n° 12, outubro-dezembro, 1995.

INSTITUTO CARIOCA DE CRIMINOLOGIA — ICC. Coleção Pensamento Criminológico. Freitas Bastos Editora: Rio de Janeiro, 1999.

INSTITUTO CARIOCA DE CRIMINOLOGIA — ICC. Coleção Pensamento Criminológico. Freitas Bastos Editora: Rio de Janeiro, 2000.

INSTITUTO CARIOCA DE CRIMINOLOGIA — ICC. Coleção Pensamento Criminológico. Freitas Bastos Editora: Rio de Janeiro, 1998.

V

DOCUMENTOS

COORD. DE ANÁLISE DE JURISPRUDÊNCIA
D.J. 25.08.2006
EMENTÁRIO Nº 2 2 4 4 - 2

28/03/2006   **SEGUNDA TURMA**

RECURSO ORD. EM MANDADO DE SEGURANÇA 23.036-1 RIO DE JANEIRO

RELATOR ORIGINÁRIO	:	MIN. MAURÍCIO CORRÊA
RELATOR PARA O ACÓRDÃO	:	MIN. NELSON JOBIM
RECORRENTES	:	FERNANDO AUGUSTO HENRIQUES FERNANDES E OUTRO
ADVOGADOS	:	FERNANDO TRISTÃO FERNANDES E OUTROS
RECORRIDO	:	SUPERIOR TRIBUNAL MILITAR

EMENTA: RECURSO EM MANDADO DE SEGURANÇA. SUPERIOR TRIBUNAL MILITAR. CÓPIA DE PROCESSOS E DOS ÁUDIOS DE SESSÕES. FONTE HISTÓRICA PARA OBRA LITERÁRIA. ÂMBITO DE PROTEÇÃO DO DIREITO À INFORMAÇÃO (ART. 5º, XIV DA CONSTITUIÇÃO FEDERAL).

1. Não se cogita da violação de direitos previstos no Estatuto da Ordem dos Advogados do Brasil (art. 7º, XIII, XIV e XV da L. 8.906/96), uma vez que os impetrantes não requisitaram acesso às fontes documentais e fonográficas no exercício da função advocatícia, mas como pesquisadores.

2. A publicidade e o direito à informação não podem ser restringidos com base em atos de natureza discricionária, salvo quando justificados, em casos excepcionais, para a defesa da honra, da imagem e da intimidade de terceiros ou quando a medida for essencial para a proteção do interesse público.

3. A coleta de dados históricos a partir de documentos públicos e registros fonográficos, mesmo que para fins particulares, constitui-se em motivação legítima a garantir o acesso a tais informações.

4. No caso, tratava-se da busca por fontes a subsidiar elaboração de livro (em homenagem a advogados defensores de acusados de crimes políticos durante determinada época) a partir dos registros documentais e fonográficos de sessões de julgamento público.

5. Não configuração de situação excepcional a limitar a incidência da publicidade dos documentos públicos (arts. 23 e 24 da L. 8.159/91) e do direito à informação.

Recurso ordinário provido.

RMS 23.036 / RJ

ACÓRDÃO

Vistos, relatados e discutidos estes autos, **acordam** os Ministros do Supremo Tribunal Federal, em Segunda Turma, sob a Presidência do Senhor Ministro **NELSON JOBIM,** na conformidade da ata de julgamentos e das notas taquigráficas, **por maioria** de votos, **em dar provimento ao recurso ordinário**, nos termos do voto do Relator.

Brasília, 28 de março de 2006.

NELSON JOBIM – Relator para o Acórdão

Supremo Tribunal Federal

06/04/99   SEGUNDA TURMA

RECURSO ORD. EM MANDADO DE SEGURANÇA N. 23.036-1 RIO DE JANEIRO

RELATOR   : MIN. MAURÍCIO CORRÊA
RECORRENTES: FERNANDO AUGUSTO HENRIQUES FERNANDES E OUTRO
ADVOGADOS: FERNANDO TRISTÃO FERNANDES E OUTROS
RECORRIDO: SUPERIOR TRIBUNAL MILITAR

R E L A T Ó R I O

O SENHOR MINISTRO MAURÍCIO CORRÊA: Fernando Augusto Henriques Fernandes, acadêmico de direito, e Fernando Tristão Fernandes, advogado, requereram administrativamente ao Presidente do Superior Tribunal Militar, em 31/07/97, cópias de processos, que relacionaram em requerimento e que tramitaram há mais de vinte anos, bem como de suas respectivas gravações, visto que o primeiro requerente "está redigindo livro intitulado "Voz Humana", em homenagem aos grandes oradores, em especial Lino Machado Filho e Nélio Roberto Seidl Machado, advogados que militaram neste Tribunal" (fls. 13/16 do volume 1 em apenso).

2.   O Presidente da Corte a quo, em 08/08/97, assim despachou o pleito: "Defiro o pedido, em relação ao segundo requerente, Dr. Fernando Tristão Fernandes - OAB/RJ nº 49.344 - nos seus precisos termos" (fls. 13 do mesmo apenso).

3.   Contudo, em 26/08/97, na mesma petição, reconsiderou o deferimento antes proferido, fazendo-o na forma do seguinte despacho, *verbis*:

> "Quando da operacionalização das medidas preliminares para o atendimento do pedido, advertiu-se este Presidente de que as fitas,

RECURSO ORD. EM MANDADO DE SEGURANÇA N. 23.036-1 RIO DE JANEIRO

indicadas pelo requerente, não são partes integrantes de qualquer processo e de que, ademais, os registros fonográficos nelas contidos, sobre o transcurso das sessões de julgamento, objetivam tão só subsidiar internamente a elaboração dos Acórdãos, contendo-se nestes, bastantemente, as indicações relativas ao contraditório e às razões de decidir da Corte. Posto isto, e considerando ainda que a concessão de cópias de tais fitas viria a constituir indesejável precedente, a comprometer essa estrita finalidade dos registros fonográficos nelas gravados, reformulo a decisão anterior, datada de oito do corrente, indeferindo, em conseqüência, o pedido tocantemente ao fornecimento de reproduções das prefaladas fitas. Providências pelas SEPLE/DIJUR." (Fls. 13/14 do volume 1 em apenso).

4. Contra essa decisão veio a ser impetrado mandado de segurança cuja inicial sustenta, em síntese, que (i) o referido ato feriu os incisos XIV e LX do artigo 5º da Constituição Federal e negou vigência aos incisos XIII, XIV, XV e XVI do artigo 7º da Lei nº 8.906/94; artigos 3º, 29, 75 e 387 do Código de Processo Penal Militar; 40, incisos I, II e III e 155, incisos I e II, do Código de Processo Civil; 4º e 22 da Lei nº 8.159/91, e 3º, 15, incisos I, II, III e IV e 19 do Decreto nº 2.134/97; (ii) e que os processos que tramitaram sem a imposição de sigilo são públicos, o que significa que qualquer cidadão pode deles ter vista e tirar cópias; (iii) ademais, tirar cópias de processos não é ato privativo de advogado; (iv) sendo que, em relação ao segundo impetrante, por ser advogado, não há como negar-lhe cópias dos autos, mesmo dos processos que tramitaram em segredo de justiça; e, finalmente, (v) que as gravações das sustentações orais são arquivo público (fls 03/06).

RECURSO ORD. EM MANDADO DE SEGURANÇA N. 23.036-1 RIO DE JANEIRO

5. Nas razões que sustentam a segurança discorrem os impetrantes sobre conceitos de processo, autos e arquivo público (fls. 06/07); dizem que se em algum momento o documento classificado como sigiloso foi objeto de consulta pública, não poderá sofrer restrição de acesso, na forma do artigo 15 do Decreto nº 2.134/97, que regulamenta o artigo 23 da Lei nº 8.159/91 (fls. 08/10).

6. Salientam que o acadêmico de direito, primeiro impetrante, passou duas semanas acessando e copiando o arquivo de áudio e que "o material copiado durante esta pesquisa foi totalmente limpo e digitalizado em CD em um dos melhores Estúdios de Gravação do Rio de Janeiro, ...", por isso há de observar-se a "determinação literal da lei, garantindo o direito líquido e certo de que documento uma vez acessado nunca mais poderá sofrer restrição de acesso" (fls. 12/13).

7. Na mesma data da impetração (10/10/97), à inicial foi aditado o seguinte pedido:

> "Tendo em vista que hoje às 15:30 horas, na sala de gravações do Pleno desta Corte foram apreendidas duas fitas rolo, de gravações de defesas orais feitas durante a década de 70, gravadas antes do 2º despacho do Juiz-Ministro Presidente do TST, dizem STM, das mãos e das Pastas do Advogado Fernando Tristão Fernandes (cópia do Auto em anexo) requer Liminar, inaudita altera parte, para liberá-la e serem entregues ao proprietário.
> A apreensão é ilegal, face a Constituição e desrespeita o art. 7º da Lei 9.028/95 (**rectius 8.906/1994**), que garante a inviolabilidade dos arquivos do advogado.

RECURSO ORD. EM MANDADO DE SEGURANÇA N. 23.036-1 RIO DE JANEIRO

Requer que, a final, conceda a ordem definitiva da entrega das fitas, indevida e ilegalmente apreendidas" (fls. 14/15)

8. A liminar postulada perante o Tribunal a quo foi indeferida, persistindo a apreensão das fitas, conforme auto de apreensão assim lavrado:

"Em cumprimento à determinação do Ministro-Presidente do STM, em exercício, declaro que foram apreendidas, nesta data, duas fitas de propriedade do Dr. Fernando Tristão Fernandes, OAB/RJ N° 49.344, contendo gravações de sustentações orais de processos findos deste Tribunal, cuja autorização de gravação fora cancelada por ordem do Ministro-Presidente, conforme despacho de 26.08.97. As referidas fitas foram lacradas, tendo o referido advogado assinado no respectivo lacre e colocadas em uma pasta preta, com segredo, de propriedade do mesmo, ficando tudo sob a custódia da Secretaria do Tribunal Pleno." (Fls. 02 do volume 1 em apenso).

9. Às fls. 28/31 estão acostadas as informações prestadas pela autoridade subscritora do despacho então impugnado, ao Relator do mandado de segurança impetrado na origem, que transcrevo para uma melhor compreensão dos fatos:

"1 - A lei n° 8.906, de 04 de julho de 1994, em especial no seu art. 7°, confere aos advogados um elenco de direitos, os quais, todavia, se encontram, a meu sentir, rigorosamente atrelados ao exercício das suas atividades profissionais específicas.
2 - Na hipótese vertente, observa-se que o segundo Impetrante postula em favor de objetivo, que, evidentemente, não se enquadra no estrito exercício profissional da advocacia, não sendo,

4

RECURSO ORD. EM MANDADO DE SEGURANÇA N. 23.036-1 RIO DE JANEIRO

pois, de se lhe reconhecer, repita-se, especificamente in casu, qualquer Direito conferido ao advogado pela precitada lei Nº 8.906/94.

Também não serve a lei em tela para amparar qualquer pretensão do primeiro Impetrante, FERNANDO AUGUSTO HENRIQUES FERNANDES, pela singela razão de não ser sequer advogado e não ter comprovado, a qualquer outro título, inscrição na OAB.

3 - Apesar de, desde logo, ter observado tal circunstância, ou seja, que a pretensão deduzida pelos Impetrantes em 31 de julho de 1997 não se conformava com o exercício estrito da advocacia, deferi o pedido de pesquisa em autos e registros fonográficos existentes nesta Corte, todavia somente quanto ao segundo Impetrante, advogado FERNANDO TRISTÃO FERNANDES.

Ao primeiro Impetrante, FERNANDO AUGUSTO HENRIQUES FERNANDES, estudante e filho do advogado FERNANDO TRISTÃO FERNANDES, foi autorizado tão só que encaminhasse o trabalho de pesquisa, examinando e indicando as peças processuais e os registros fonográficos julgados de interesse para a aventada pesquisa, os quais, ulteriormente, poderiam ser retirados por seu pai.

4 Assim decidi não só por ter entendido, à época, que a alegada intenção de pesquisa, sobre teses defendidas por advogados ilustres com passado brilhante nesta Corte, revestia-se de real e positivo interesse para a cultura jurídica nacional, mas também por ter julgado que, assim procedendo, estaria revelando, mais uma vez, o profundo respeito e a imensa consideração que nutre esta Corte pela nobre classe dos advogados.

5 Agi desse modo, enfatizo, não por força da lei 8.906/94, que, como visto, não confere a qualquer dos Impetrantes, na hipótese especificamente vertente, quaisquer direitos (que, repito, são inerentes exclusivamente ao exercício da advocacia), mas sim fazendo uso do poder de discricionariedade que é dado ao Administrador para, na ausência de previsão legal

5

RECURSO ORD. EM MANDADO DE SEGURANÇA N. 23.036-1 RIO DE JANEIRO

específica pertinente à espécie, adotar a medida que, a seu juízo, melhor responda ao interesse público.

6 Todavia, logo a seguir, quando da operacionalização das medidas preliminares para o atendimento do pedido, adverti-me, conforme bem traduzi na decisão hostilizada pelo segundo Impetrante, que as fitas indicadas para reprodução não integravam qualquer processo e que, ademais, os registros fonográficos nelas contidos sobre as sessões de julgamento objetivavam subsidiar precipuamente a elaboração dos acórdãos, contendo-se nestes, bastantemente, as indicações relativas ao contraditório e às razões de decidir da Corte.

Com base nesse entendimento e considerando, também, que a concessão de cópias de tais registros fonográficos poderia constituir indesejável precedente, em 26 de agosto de 1997 reformulei a minha decisão anterior, indeferindo o pedido, também com relação ao advogado FERNANDO TRISTÃO FERNANDES, tocantemente ao fornecimento de reproduções dos registros fonográficos em questão.

Ademais, em abono dessa decisão, estava a circunstância de que - após a operacionalização das já mencionadas medidas preliminares para atendimento do pleito - restou evidenciado que as fitas identificadas e selecionadas pelo senhor FERNANDO AUGUSTO HENRIQUES FERNANDES sofriam restrições de acesso e conseqüente reprodução, a teor do inciso I, do Provimento n° 54/STM, verbis:

"I - Os Representantes do Ministério Público Militar e os Advogados terão acesso às gravações de julgamento dos processos em que tenham tomado parte, exceto quanto à matéria discutida e votada em sessão secreta pelo Plenário do Superior Tribunal Militar" (grifei).

Embora se trate de restrição contida em matéria de competência do Presidente da Corte, eis que definida em Provimento, entendi oportuno não alterá-la, mantendo-a, assim, irretocada em toda a sua plenitude.

6

RECURSO ORD. EM MANDADO DE SEGURANÇA N. 23.036-1 RIO DE JANEIRO

7 Acrescento que, ao retornar de férias no dia 14 de outubro corrente, tomei conhecimento de sério incidente, ocorrido no dia 10 do mesmo mês, em que, instado a esclarecer o destino dado a registros fonográficos de que assenhorara sem autorização, o senhor FERNANDO AUGUSTO HENRIQUES FERNANDES afirmou que já os transferira para CD (Compact Disk), aliás, como declarado na Petição do presente Mandado, com o claro fito de desnaturar a validade de tal questionamento e, mais do que isso, com o evidente propósito de caracterizar que já tornara irreversível, à revelia do Tribunal, a posse de tais registros. Cientifiquei-me, ainda, na oportunidade, que, como ápice de tal incidente, por determinação do Presidente em exercício, foram apreendidas cópias de registros fonográficos (duas fitas), que haviam sido colhidas no Tribunal, naquele dia, pelo senhor FERNANDO AUGUSTO HENRIQUES FERNANDES.

À luz dessa circunstância - e considerando que, in casu, restou desatendido o despacho que proferi em 26 de agosto de 1997, em que neguei o pedido de reprodução de tais registros, e que, ademais, o proceder do nominado senhor revela claro desprezo para com a especial consideração que lhe foi deferida pelo Tribunal e, principalmente, inequívoco desvio do objetivo de pesquisa antes declarado na petição da lavra de ambos os Impetrantes - em 16 de outubro de 1997 reformulei, usando do mesmo poder de discricionariedade a que já aludi em linhas precedentes, a minha decisão exarada em 08 de agosto de 1997, para INDEFERIR NA ÍNTEGRA o pedido originalmente formulado pelos Impetrantes, agora também quanto ao advogado Dr. FERNANDO TRISTÃO FERNANDES." (Fls. 28/31)

10. Denegada a segurança, restou assim ementado o respectivo acórdão:

"Mandado de Segurança. Exame e retirada de autos findos, direito assegurado ao Advogado, no

RECURSO ORD. EM MANDADO DE SEGURANÇA N. 23.036-1 RIO DE JANEIRO

exercício da profissão, com restrição (CF, art. 5°, LX, e Lei n° 8.906/94, art. 7°, XIII e XVI, e § 1°, n° 1,2, e 3). Inexistência de direito líquido e certo a ser conhecido ao impetrante que não ostenta a qualidade de Advogado e, por mero interesse que, sequer figura em normas objetivas, pretende ter acesso pleno a autos findos e a gravações, que não integram processos. Estas últimas de uso interno do Tribunal e de acesso privativo, não são consideradas de caráter público, em razão de norma interna regulamentadora de seu uso, *ex vi* da Lei n° 9.507, de 12/11/97. Advogado que pretende acessar registros fonográficos contidos em fitas não integrantes de processos e de uso exclusivo do Órgão, para subsidiar serviços particulares - elaboração de livro -, atividade, inclusive de caráter comercial, não tem em vista a defesa de direito subjetivo amparado em lei. Decisão administrativa em harmonia com o ordenamento jurídico, não se vislumbrando afronta ao rol das garantias onde se define o pressuposto remédio heróico (CF, art. 5°, LXIX, e Lei n° 1.533, art. 1°). Medida de uso excepcional conhecida e denegada. Unânime" (fls. 66).

11. Realizado o julgamento, o Presidente da Corte Federal castrense proferiu despacho determinando a abertura da pasta guardada nas dependências do Tribunal e a restituição das fitas aos impetrantes, tão logo desgravadas (fls. 82-A).

12. Segue-se a interposição do presente recurso ordinário em que é sustentada a mesma tese esposada na inicial, na qual se afirma restar induvidoso que os recorrentes gozam do direito de pleno acesso a documentos públicos, máxime, como no caso, de terem vista de autos, inclusive findos, permitindo-se-lhes copiar trechos de seu interesse.

RECURSO ORD. EM MANDADO DE SEGURANÇA N. 23.036-1 RIO DE JANEIRO

13. Reportando-se à apreensão das fitas gravadas, argumentam que tal ato "está em afronta à inviolabilidade dos arquivos do advogado, pois foram apreendidas da pasta do advogado contra o Estado de Direito e às garantias constitucionais da ampla defesa, do devido processo legal, aí sim da intimidade e da inviolabilidade referida no art. 5°, XII, que no caso é absoluto".

14. Ao apreciar procedimento cautelar deferi liminar atribuindo efeito suspensivo a este recurso, para determinar que as fitas permanecessem intactas em poder do Superior Tribunal Militar, até o julgamento final do recurso (fls. 89 da Petição n° 1.423-5, em apenso).

15. O Ministério Público Federal, em parecer da lavra da ilustre Subprocuradora-Geral da República, Dra. Anadyr de Mendonça Rodrigues (fls.119/135), opina pelo não provimento do recurso.

É o relatório.

Voz Humana

Supremo Tribunal Federal

257

RECURSO ORD. EM MANDADO DE SEGURANÇA N. 23.036-1 RIO DE JANEIRO

V O T O

O **SENHOR MINISTRO MAURÍCIO CORRÊA (Relator)**: Os recorrentes pretendem que lhes seja garantido "o direito líquido e certo de acesso pleno e de cópia de autos e suas respectivas gravações, acervo de arquivo público", sobretudo o de reproduzir gravações de defesas orais, para fins de pesquisa histórica que comporá o livro "Voz Humana", a ser editado em homenagem a advogados que atuaram na defesa de acusados de crimes políticos.

2. Embora conste das razões do recurso que os recorrentes buscam acesso irrestrito aos autos findos perante o Tribunal a *quo*, para copiar-lhes partes que eventualmente lhes interessem, frise-se que esta matéria não foi objeto de qualquer negativa no acórdão recorrido, limitando-se o *thema decidendum* ao despacho que reconsiderou anterior deferimento para a transcrição de fitas relativas às sustentações orais e respectivos debates realizados nas Sessões daquela Corte. É o que está claramente disposto no voto condutor, ao assentar que "*quanto ao Impetrante, Dr. Fernando Tristão Fernandes, o Despacho, objeto desta medida de uso excepcional, indefere a pretensão tão-somente no tocante ao fornecimento de reprodução das fitas indicadas à fls. 17 do ANEXO I, por não integrarem os processos e serem de uso interno do Tribunal. Assim, com acerto procedeu o Administrador, ora apontado como autoridade coatora, ao fazer uso do poder discricionário e reformular a Decisão exarada anteriormente, autorizadora de acesso às aludidas fitas, indeferindo o pedido, neste particular aspecto*" (fls.78/80).

10

RECURSO ORD. EM MANDADO DE SEGURANÇA N. 23.036-1 RIO DE JANEIRO

3. Restrita a questão às fitas apreendidas, julgo oportuno fazer a transcrição dos preceitos invocados no apelo, como sendo os que dão sustentação às teses nele suscitadas.

4. Estabelecem os incisos XIV e LX do artigo 5º da Constituição Federal:

> "XIV - é assegurado a todos o acesso à informação e resguardado o sigilo da fonte, quando necessário ao exercício profissional;
> (...)
> LX - a lei só poderá restringir a publicidade dos atos processuais quando a defesa da intimidade ou o interesse social o exigem;"

Indiscutível que o preceito do inciso XIV nada tem a ver com a hipótese, dado que não se cuida de assegurar-se o exercício profissional do advogado, estando claro que os fins alvitrados pelos requerentes não dizem respeito a qualquer procedimento necessário à defesa de seus eventuais clientes. Quanto ao inciso LX é de ver-se que a publicidade a que se refere o preceito não pode agasalhar a pretensão dos recorrentes, de modo que seja permitido que as gravações produzidas perante os Tribunais em seus julgamentos, que são passíveis de revisões, possam ser levadas ao domínio público, de modo irrestrito. Até porque, no calor dos debates, sobretudo entre advogados, podem aflorar linguagem e colocações tais, que eles próprios não desejam que venham a público o que disseram, o que leva a admitir que essa intimidade deve ser preservada, como a dos juízes, das partes e dos membros do Ministério Público que tenham participado do julgamento.

RECURSO ORD. EM MANDADO DE SEGURANÇA N. 23.036-1 RIO DE JANEIRO

5. Dizem os incisos XIII, XIV, XV e XVI, do artigo 7°, da Lei n° 8.906, de 4 de julho de 1994:

> XIII - examinar, em qualquer órgão dos Poderes Judiciário e Legislativo, ou da Administração Pública em geral, autos de processos findos ou em andamento, mesmo sem procuração, quando não estejam sujeitos a sigilo, assegurada a obtenção de cópias, podendo tomar apontamentos;
> XIV - examinar, em qualquer repartição policial, mesmo sem procuração, autos de flagrante e de inquérito, findos ou em andamento, ainda que conclusos à autoridade, podendo copiar peças e tomar apontamentos;
> XV - ter vista dos processos judiciais ou administrativos de qualquer natureza, em cartório ou na repartição competente, ou retirá-los pelos prazos legais;
> XVI - retirar autos de processos findos, mesmo sem procuração, pelo prazo de dez dias;"

Como antes fiz constar, o acórdão impugnado não não fez qualquer restrição ao exame de autos findos ao 2° recorrente, que é advogado inscrito nos quadros da OAB do Rio de Janeiro. Assim sendo, não é de aplicar-se o preceito invocado (XIII). Quanto ao inciso XIV, é evidente que a norma não se aplica à hipótese, pois trata-se de órgão do Poder Judiciário e não de repartição policial. Relativamente aos incisos XV e XVI opera-se a mesma situação do inciso XIII, tendo em vista que o acesso não foi negado pelo acórdão atacado.

6. Invoca-se como vulneradas as seguintes disposições do Código de Processo Penal Militar, *verbis*:

12

RECURSO ORD. EM MANDADO DE SEGURANÇA N. 23.036-1 RIO DE JANEIRO

"Art. 3º. Os casos omissos neste Código serão supridos:
a) pela legislação de processo penal comum, quando aplicável ao caso concreto e sem prejuízo da índole do processo penal militar;
b) pela jurisprudência;
c) pelos usos e costumes militares;
d) pelos princípios gerais de Direito;
e) pela analogia.
(...)
Art. 29. A ação penal é pública e somente pode ser promovida por denúncia do Ministério Público Militar.
(...)
Art. 75. No exercício de sua função no processo, o advogado terá os direitos que lhe são assegurados e os deveres que lhe são impostos pelo Estatuto da Ordem dos Advogados do Brasil, salvo disposição em contrário, expressamente prevista neste Código.
(...)
Art. 387. A instrução criminal será sempre pública, podendo, excepcionalmente, a juízo do Conselho de Justiça, ser secreta a sessão, desde que o exija o interesse da ordem e disciplina militares, ou a segurança nacional."

À toda evidência, os preceitos citados nada têm a ver com o caso em tela, e no pouco que podem ter, o acórdão recorrido não contrariou.

7. Alegam os recorrentes que houve descumprimento dos seguintes dispositivos do Código de Processo Civil:

"Art. 40. O advogado tem o direito de:
I - examinar, em cartório de justiça e secretaria de tribunal, autos de qualquer processo, salvo o disposto no art. 155;

13

RECURSO ORD. EM MANDADO DE SEGURANÇA N. 23.036-1 RIO DE JANEIRO

> II - requerer, como procurador, vista dos autos de qualquer processo pelo prazo de cinco (5) dias;
> III - retirar os autos de cartório ou secretaria, pelo prazo legal, sempre que lhe competir falar neles por determinação do juiz, nos casos previstos em lei.
> (...)
> Art. 155. Os atos processuais são públicos. Correm, todavia, em segredo de justiça os processos:
> I - em que o exigir o interesse público;
> II - que dizem respeito a casamento, filiação, separação dos cônjuges, conversão desta em divórcio, alimentos e guarda de menores."

As hipóteses disciplinadas nestas disposições não foram contrariadas pelo acórdão impugnado. Como salientado acima, no que diz respeito à verificação de autos, o respectivo acórdão assegurou.

8.   No que concerne à Lei nº 8.159/91, sustentam os recorrentes que foram ofendidas as seguintes regras:

> "Art. 4º. Todos têm direito a receber dos órgãos públicos informações de seu interesse particular ou de interesse coletivo ou geral, contidas em documentos de arquivos, que serão prestadas no prazo da lei, sob pena de responsabilidade, ressalvadas aquelas cujo sigilo seja imprescindível à segurança da sociedade e do Estado, bem como à inviolabilidade da intimidade, da vida privada, da honra e da imagem das pessoas;
> (...)
> Art. 22. É assegurado o direito de acesso pleno aos documentos públicos."

14

Supremo Tribunal Federal

RECURSO ORD. EM MANDADO DE SEGURANÇA N. 23.036-1 RIO DE JANEIRO

A esse propósito, recordo o que sobre o tema salientou a Dra. Anadyr de Mendonça Rodrigues, em nome do Ministério Público Federal, às fls.132/133, e que adoto:

> "De outra parte, o direito de acesso pleno aos documentos públicos é condicionado, pela própria Lei federal nº 8.159/91, que o instituiu, a que o candidato à sua obtenção esteja buscando **"informações de seu interesse particular ou de interesse coletivo ou geral"** (art. 4º), o que não se configura, na presença do simples propósito de se reunirem dados para a edição de livro, ainda que, nesse caso, nem pode ser afirmado o necessário **INTERESSE PARTICULAR**, nem o imprescindível **INTERESSE COLETIVO OU GERAL**."

9. Do Decreto federal nº 2.134, de 27.01.1997, teriam sido contrariados os seguintes preceitos:

> "Art. 3º. É assegurado o direito de acesso pleno aos documentos públicos, observado o disposto neste Decreto e no art. 22 da Lei nº 8.159, de 8 de janeiro de 1991.
> (...)
> Art. 15. Os documentos públicos sigilosos classificam-se em quatro categorias:
> I - ultra-secretos: os que requeiram excepcionais medidas de segurança e cujo teor só deva ser do conhecimento de agentes públicos ligados ao seu estudo e manuseio;
> II - secretos: os que requeiram rigorosas medidas de segurança e cujo teor ou característica possam ser do conhecimento de agentes públicos que, embora sem ligação íntima com seu estudo ou manuseio, sejam autorizados a deles tomarem conhecimento em razão de sua responsabilidade funcional;
> III - confidenciais: aqueles cujo conhecimento e divulgação possam ser prejudiciais ao interesse do País;

15

RECURSO ORD. EM MANDADO DE SEGURANÇA N. 23.036-1 RIO DE JANEIRO

>IV - reservados: aqueles que não devam, imediatamente, ser do conhecimento do público em geral.
>(...)
>Art. 19. São documentos passíveis de classificação como reservados aqueles cuja divulgação, quando ainda em trâmite, comprometa as operações ou objetivos neles previstos.
>Parágrafo único. A classificação de documento na categoria reservada somente poderá ser feita pelas autoridades indicadas no parágrafo único do art. 18 deste Decreto e pelos agentes públicos formalmente encarregados da execução de projetos, planos e programas."

10. Esse Decreto é regulamentador do artigo 23 da Lei nº 8.159/91, que cuida de renovação de classificação de documentos considerados de interesse da sociedade e do Estado.

Entendo que tais dispositivos não têm, *in casu*, o alcance que lhes emprestam os recorrentes, pois, como bem salienta o parecer da Procuradoria Geral da República, são preceitos que têm por sua *ratio* a proteção de valores outros, diversos dos que motivaram o acesso aos registros de áudio da Corte *a quo*.

11. Como é sabido, o direito de obter informações não é amplo, face à vedação relativa à inviolabilidade da intimidade, da vida privada, da honra e da imagem das pessoas (CF, artigo 5º, inciso X).

12. Ora, está fora de dúvida que as gravações realizadas pelo STM podem ser ouvidas pelos advogados e membros do **Parquet militar** que tomaram parte no processo, porém não podem ser expostas à consulta pública, parecendo-me, por isso mesmo, revestido de legalidade o inciso I do Provimento nº 54 do STM, que assim restringiu o acesso às gravações apenas àquelas pessoas.

16

RECURSO ORD. EM MANDADO DE SEGURANÇA N. 23.036-1 RIO DE JANEIRO

13. Some-se a isso o fato de as gravações das sessões realizadas pelos Tribunais terem por fim exclusivo subsidiar a coleta de elementos que devam constar do processo, após transcritas, o que não se confunde com a noção de arquivo público. De uso irrestrito são as notas taquigráficas já revisadas pelos juízes que as subscrevem, e não o teor das gravações contendo todas as discussões travadas por época do respectivo julgamento. São registros fonográficos de uso privativo do órgão e que sofrem restrição quanto à divulgação, como se infere do parágrafo único do artigo 1º da Lei nº 9.507/97, verbis:

> "Considera-se de caráter público todo registro ou banco de dados contendo informações que sejam ou que possam ser transmitidas a terceiros ou que não sejam de uso privativo do órgão ou entidade produtora ou depositária das informações."

14. Na espécie, entendo inexistir direito líquido e certo, visto que o interesse dos recorrentes - editar o livro "Voz Humana" - não pode ultrapassar o dever de proteger a imagem dos que se viram envolvidos em processos julgados pelo Superior Tribunal Militar.

15. Resta saber, a teor do artigo 7º, inciso I, do Estatuto da Advocacia e da Ordem dos Advogados do Brasil, que assegura ao advogado **o sigilo profissional e inviolabilidade de seu escritório ou local de trabalho, de seus arquivos e dados, de sua correspondência e de suas comunicações,** se, ao aprender as fitas já gravadas sob a custódia da Secretaria do Tribunal, teria se caracterizado maltrato à essa garantia.

17

RECURSO ORD. EM MANDADO DE SEGURANÇA N. 23.036-1 RIO DE JANEIRO

Tenho que de fato a pasta do advogado, pela natureza da atividade que exerce, constitui-se em extensão do próprio escritório do advogado, tendo em vista que, como usual, contém documentos e dados que integram o seu acervo. Não é, porém, o que se dá na espécie, como adiante se verá.

16. Limitando-se a questão à apreensão de dois rolos de fitas, impõe-se salientar que, por época desse evento, já teriam os requerentes obtido cópias de parte das gravações, como expresso na própria inicial do mandado de segurança, que estão fora da apreciação deste recurso. Dando continuidade a essa pesquisa e coleta, já em 10 de outubro de 1997, portanto, após o despacho que reconsiderou o deferimento (fls. 13/14 do apenso), proferido em 26 de agosto de 1997, é que os recorrentes tiveram os rolos de fita apreendidos.

17. É aí que reside o cerne da controvérsia, a meu ver.

Enquanto os recorrentes, como está posto no aditamento à inicial do mandado de segurança (fls.14/15), asseveram que *duas fitas de rolo foram apreendidas das mãos e das Pastas do Advogado Fernando Tristão Fernandes*, o auto de apreensão específica (fls.02 do apenso) que elas foram apreendidas tendo em vista a determinação do Presidente do STM, dela constando claramente, que *"as referidas fitas foram lacradas, tendo o referido advogado assinado no respectivo lacre e colocadas em uma pasta preta, com segredo, de propriedade do mesmo, ficando tudo sob a custódia da Secretaria do Tribunal Pleno"*

18

RECURSO ORD. EM MANDADO DE SEGURANÇA N. 23.036-1 RIO DE JANEIRO

18. Resulta daí que a questão é mesmo controvertida quanto à consumação do ato de apreensão, dado que há uma versão para cada uma das partes, situação que nesse ponto inviabiliza a aferição de como realmente ocorreu o evento, não se podendo afirmar que houve ofensa à inviolabilidade protegida pela lei, porque o lacre contém a assinatura do próprio advogado, presumindo-se que para tanto possa ter havido anuência. Não há nenhum elemento nos autos de que se possa colher haver sido a apreensão efetivada de dentro da pasta, a consumar a aventada violência ao princípio da inviolabilidade adstrita ao exercício profissional.

Tal é a hipótese dos autos que não tenho como extrair, também nesta parte, qualquer certeza e liquidez do direito pleiteado.

19. Ainda que tal não se desse, como informam os autos, quando da apreensão dos rolos, em 10 de outubro de 1997, já havia o Presidente da Corte revogado o seu primeiro despacho autorizador das gravações, circunstância que indica a correção do procedimento adotado, que resultou na apreensão do material indevidamente colhido.

Ante o exposto, nego provimento ao recurso, ficando cassada a liminar deferida nos autos do procedimento cautelar (PET nº 1423-5).

É o meu voto.

Voz Humana

Supremo Tribunal Federal

06/04/1999   SEGUNDA TURMA

RECURSO ORD. EM MANDADO DE SEGURANÇA 23.036-1 RIO DE JANEIRO

PEDIDO DE VISTA

O SENHOR MINISTRO NELSON JOBIM - Sr. Presidente, o caso impõe-se pela existência de autos de processos criminais, em crimes eventualmente contra a segurança nacional, junto ao Superior Tribunal Militar. Nas sessões de julgamento do Superior Tribunal Militar os procedimentos são orais, são sustentações feitas pela defesa e pelo Ministério Público perante os Conselhos de Sentença, em primeiro grau, e também perante os Tribunais Colegiados. Temos, portanto, duas coisas distintas: os autos do processo, e as gravações do que se passou na sessão pública. Das gravações, temos: a gravação dos debates ou as sustentações orais produzidas pela acusação e pela defesa, e os eventuais debates realizados pelos juízes quando do julgamento, tal qual se passa agora nesta sessão. As sessões são públicas, na maioria das vezes, mas algumas são secretas quando autorizadas pela lei. O recorrente, sob o argumento de que estava fazendo uma pesquisa de natureza científica ou histórica, pretendeu acesso às gravações das sustentações orais feitas nos processos criminais junto ao Superior Tribunal Militar. A informação que ouvi do eminente Relator é que esse livro "Voz Humana", que seria por ele realizado, tinha por objetivo resgatar a memória da sustentação oral de alguns advogados por ele elencados, se não de todos. Referiu-se ao nome do eminente Advogado Sobral Pinto, Modesto da Silveira e Nélio Machado.

Sr. Presidente, o eminente Relator e a discussão que se travou nos autos do recurso situaram o tema, ou parte da fundamentação, no exercício da profissão de Advogado. Excluo, desde logo, para o caso em tema, a possibilidade de estarmos perante o exercício da profissão de Advogado, e não recorro, portanto, ao Estatuto da Ordem dos Advogados do Brasil. Creio que o Sr. Relator tem razão quando menciona o art. 7º, inciso XIII da Lei nº 8.906:

"*Art. 7º..................................*

XIII - examinar, em qualquer órgão dos Poderes Judiciário e Legislativo, ou da Administração Pública em geral, autos de processos findos ou em andamento, mesmo sem procuração, quando não estejam sujeitos a sigilo, assegurada a obtenção de cópias, podendo tomar apontamentos;"

Aqui é o exercício de um direito para exercer a função de Advogado, ou seja, para fazer sustentações na área judiciária e exercer a função em conflitos de natureza jurídica.

No caso em espécie, parece-me que está o impetrante Fernando Tristão Fernandes, não no exercício da função de Advogado, está ele à busca de dados históricos para produção de uma obra que resgata a memória dos trabalhos judiciários praticados por advogados. Faz-me lembrar - e isso não foi obra de advogado, embora tenha sido uma grande obra de Araújo Lima - se não me engano "Os grandes processos do júri" que tive oportunidade de manusear junto ao meu pai, o grande advogado Júlio Santa Maria, como também examinar na revista "O Direito", de Bento de Farias, as extraordinárias sustentações do advogado Evaristo de Morais, o pai, em grandes processos do júri.

Estou excluindo da minha análise o problema das notas taquigráficas dos votos dos Ministros, porque parece que isto não está em jogo, mas sim os trabalhos desenvolvidos pelos advogados nas sustentações orais. Pelo que ouvi do Relatório foi vedada a reprodução das fitas - num momento foi concedida e depois a decisão foi revista pelo Presidente do Superior Tribunal Militar -, não houve

RMS 23.036 / RJ

negativa de acesso aos autos, mesmo porque não estamos falando em questão de advogados, houve a negativa de reprodução das fitas. O primeiro conjunto de fitas copiadas pelo advogado teria integrado um CD com faixas em que estariam gravados os trabalhos de Sobral Pinto e Modesto da Silveira. Esse material não chegou às minhas mãos na condição de Ministro do Supremo Tribunal, mas, sim, à época em que me encontrava no Ministério da Justiça. Ouvi as gravações desse primeiro conjunto.

Sr. Presidente, está no poder discricionário do Presidente de Tribunal conceder ou vedar de forma discricionária o acesso a dados de processos que são públicos, as sustentações orais dos advogados?

A Constituição Federal, no inciso XIV do art. $5^{\underline{o}}$ diz:
"*Art. $5^{\underline{o}}$.............................*
XIV - é assegurado a todos o acesso à informação e resguardado o sigilo da fonte, quando necessário ao exercício profissional."

O que é assegurado, o exercício profissional? O que é resguardado, o sigilo da fonte? A expressão "quando necessário ao exercício profissional" é uma restrição ao direito assegurado ou ao que está se resguardando, que é o sigilo da fonte? Foi uma imensa discussão quando se debateu sobre esse tema no seio da Assembléia Nacional Constituinte, considerando que o resguardo da fonte para o jornalista era condição básica para o acesso à informação. Muitas informações eram dadas ao profissional da mídia, se houvesse a contrapartida daquilo que conhecemos como "off the record", ou seja, fora da menção da origem.

Sr. Presidente, uma coisa é assegurar o acesso à informação. Outra coisa é resguardar o sigilo da fonte, quando necessário ao exercício profissional. Entendo que esta restrição "quando necessária ao exercício profissional" autoriza o resguardo da fonte se, e somente se, o resguardo da fonte for condição para o exercício da profissão. A questão é saber se o acesso à informação de todos é viável, ou não.

A Constituição Federal, extensiva, portanto, a qualquer órgão, quer o Judiciário, quer o Legislativo, quer o Executivo, diz que:
Art. $5^{\underline{o}}$.............................
XXXIII - todos têm direito a receber dos órgãos públicos informações de seu interesse particular, ou de interesse coletivo ou geral, que serão prestadas no prazo da lei, sob pena de responsabilidade, ressalvadas aquelas cujo sigilo seja imprescindível à segurança da sociedade e do Estado.

Lá, se resguardou a fonte; aqui, se resguardou a segurança da sociedade e do Estado.

O sigilo dessas sustentações orais, produzidas pelos advogados mencionados no recurso e que teriam sido realizadas perante o Superior Tribunal Militar, é imprescindível à segurança da sociedade e do Estado?

O SR. MINISTRO MAURÍCIO CORRÊA (RELATOR) - Não. Aí é o direito às partes envolvidas no julgamento.

O SENHOR MINISTRO MARCO AURÉLIO - Mas se o julgamento é público, por que a limitação apenas às partes?

O SR. MINISTRO MAURÍCIO CORRÊA (RELATOR) - Além do mais, como separar, num rolo de fitas, o que é a parte que o advogado está sustentando, ou que sustentou, e os debates travados entre os ministros? Além do mais os advogados fazem a defesa de seus clientes com base nos fatos

2

RMS 23.036 / RJ

que os envolvem, circunstância que pode trazer a veiculação de matéria que não seja do interesse deles divulgar. Tema que, como se vê, está relacionado com o direito constitucional à privacidade.

O SENHOR MINISTRO MARCO AURÉLIO - Daí o Ministro haver dissociado a matéria do âmbito restrito da advocacia.

O SR. MINISTRO NÉRI DA SILVEIRA (PRESIDENTE) - Essas fitas de gravações são elementos definitivos como documentos, ou são simples elementos auxiliares para esclarecimento dos fatos ?

O SENHOR MINISTRO NELSON JOBIM - De nenhum acórdão consta a sustentação oral da acusação e da defesa; constam os debates que travamos.

O SR. MINISTRO MAURÍCIO CORRÊA (RELATOR) - Esta é uma questão intrincada que se prevalecer o entendimento contrário, abre-se um precedente para todos os tribunais brasileiros.

O SENHOR MINISTRO MARCO AURÉLIO - Por que não abrir, Excelência? O que temos para esconder?

O SR. MINISTRO MAURÍCIO CORRÊA (RELATOR) - Porque o Tribunal não libera. As notas taquigráficas ...

O SENHOR MINISTRO MARCO AURÉLIO - Deveria liberar, deveria liberar. Perdoe-me, deveria liberar. O exemplo deve vir de cima.

O SR. MINISTRO NÉRI DA SILVEIRA (PRESIDENTE) - É matéria que o debate realmente destaca ser importante. Conviria levá-la ao Plenário.

O SENHOR MINISTRO NELSON JOBIM - Peço vista dos autos.

SEGUNDA TURMA

EXTRATO DE ATA

RECURSO ORD. EM MANDADO DE SEGURANÇA N. 23.036-1
PROCED. : RIO DE JANEIRO
RELATOR : MIN. MAURÍCIO CORRÊA
RECTES. : FERNANDO AUGUSTO HENRIQUES FERNANDES E OUTRO
ADVDOS. : FERNANDO TRISTÃO FERNANDES E OUTROS
RECDO. : SUPERIOR TRIBUNAL MILITAR

Decisão: Após o voto do Senhor Ministro-Relator negando provimento ao recurso e cassando a liminar concedida, o julgamento foi adiado, em virtude de pedido de vista do Senhor Ministro Nelson Jobim. Falou, pelos recorrentes, o Dr. Fernando Augusto Henriques Fernandes. 2ª Turma, 06.04.99.

Presidência do Senhor Ministro Néri da Silveira. Presentes à Sessão os Senhores Ministros Carlos Velloso, Marco Aurélio, Maurício Corrêa e Nelson Jobim.

Subprocurador-Geral da República, Dr. Mardem Costa Pinto.

Carlos Alberto Cantanhede
Coordenador

28/03/2006   SEGUNDA TURMA

RECURSO ORD. EM MANDADO DE SEGURANÇA 23.036-1 RIO DE JANEIRO

V O T O

O SENHOR MINISTRO NELSON JOBIM:

1. O CASO.

Os IMPETRANTES requereram ao Presidente do SUPERIOR TRIBUNAL MILITAR cópias de processos que tramitaram há mais de 20 anos perante aquele Tribunal, bem como cópia áudio das respectivas sessões.

Informaram os IMPETRANTES que os documentos serviriam como fonte histórica para compor obra literária em *"homenagem aos advogados que militaram na defesa dos acusados de crimes políticos"* (fl. 12).

Em um primeiro momento o pedido foi deferido, para logo em seguida, por meio de despacho de reconsideração, ser recusado pelo Presidente do STM.

Essa a razão do *writ*.

2. O MANDADO DE SEGURANÇA.

Em 10.10.1997, FERNANDO AUGUSTO HENRIQUES FERNANDES e FERNANDO TRISTÃO FERNANDES impetraram MS, com pedido de liminar, perante o STM, contra ato de seu Presidente.

O motivo:

- a recusa em permitir aos IMPETRANTES o acesso às informações solicitadas, quais sejam, cópias de processos já arquivados e de suas respectivas gravações.

Sustentaram como fundamento de seu direito líquido e certo a ofensa ao art. 5º, XIV e LX, da CF; ao art. 7º, XIII, XIV e XV, da Lei nº 8.906/94 (Estatuto da Ordem dos Advogados do Brasil); arts. 3º, 29, 75 e 387, do CPM; arts. 40 e 155, do CPC; art. 4º e 22, da Lei nº 8.159/97; e arts. 3º, 15 e 19, do Decreto nº 2.134/97, que regulamenta a Lei nº 8.159/97.

A liminar foi indeferida.

A autoridade apontada como coatora prestou informações.

RMS 23.036 / RJ

Alegou:

a) que ao caso não se aplicava a L. 8.906/97, pois não se tratava de exercício estrito da advocacia;

b) que as fitas indicadas não integravam qualquer processo;

c) que os registros fonográficos contidos nas fitas sobre as sessões de julgamento objetivavam subsidiar precipuamente a elaboração dos acórdãos;

d) que o pedido constituía indesejável precedente naquela Corte; e

e) que as fitas solicitadas sofriam restrições de acesso e reprodução, com base no inciso I, do Provimento nº 54/STM.

A segurança foi denegada.

Leio:

"............................

Mandado de Segurança. Exame e retirada de autos findos, direito assegurado ao Advogado, no exercício da profissão, com restrição (CF, art. 5º, LX, e Lei nº 8.906/94, art. 7º, XIII e XVI, e § 1º, nº 1, 2, e 3). Inexistência de direito líquido e certo a ser conhecido ao impetrante que não ostenta a qualidade de Advogado e, por mero interesse que, sequer figura em normas objetivas, pretende ter acesso pleno a autos findos e a gravações, que não integram processos. Estas últimas de uso interno do Tribunal e de acesso privativo, não são consideradas de caráter público, em razão de norma interna regulamentadora de seu uso, ex vi da Lei nº 9.507, de 12/11/1997. Advogado que pretende acessar registros fonográficos contidos em fitas não integrantes de processos e de uso exclusivo do Órgão, para subsidiar serviços particulares - elaboração de livro -, atividade, inclusive de caráter comercial, não tem em vista a defesa de direito subjetivo amparado em lei. Decisão administrativa em harmonia com o ordenamento jurídico, não se vislumbrando afronta ao rol das garantias onde se define o pressuposto remédio heróico (CF, art. 5º, LXIX, e Lei nº 1.533, art. 1º). Medida de uso excepcional conhecida e denegada. Unânime.

............................" (fl. 66).

3. O RMS.

Dessa decisão foi interposto Recurso Ordinário.

O PGR opinou pelo desprovimento do RMS.

RMS 23.036 / RJ

4. O VOTO DO RELATOR.

MAURÍCIO desproveu o recurso ordinário.

Leio no voto:

"............................

Os recorrentes pretendem que lhes seja garantido "o direito líquido e certo de acesso pleno e de cópia de autos e suas respectivas gravações, acervo de arquivo público", sobretudo o de reproduzir gravações de defesas orais, para fins de pesquisa histórica que comporá o livro "Voz Humana", a ser editado em homenagem a advogados que atuaram na defesa de acusados de crimes políticos.
2. Embora conste das razões do recurso que os recorrentes buscam acesso irrestrito aos autos findos perante o Tribunal a quo, para copiar-lhes partes que eventualmente lhes interessem, frise-se que esta matéria não foi objeto de qualquer negativa no acórdão recorrido, limitando-se o thema decidendum ao despacho que reconsiderou anterior deferimento para a transcrição de fitas relativas às sustentações orais e respectivos debates realizados nas Sessões daquela Corte. É o que está claramente disposto no voto condutor, ao assentar que "quanto ao Impetrante, Dr. Fernando Tristão Fernandes, o Despacho, objeto desta medida de uso excepcional, indefere a pretensão tão-somente no tocante ao fornecimento de reprodução das fitas indicadas à fls. 17 do ANEXO I, por não integrarem os processos e serem de **uso interno do Tribunal.** *Assim, com acerto procedeu o Administrador, ora apontado como autoridade coatora, ao fazer uso do poder discricionário e reformular a Decisão exarada anteriormente, autorizadora de acesso às aludidas fitas, indeferindo o pedido, neste particular aspecto" (fls.78/80).*
3. Restrita a questão às fitas apreendidas, julgo oportuno fazer a transcrição dos preceitos invocados no apelo, como sendo os que dão sustentação às teses nele suscitadas.
4. Estabelecem os incisos XIV e LX do artigo 5º da Constituição Federal:
'XIV - é assegurado a todos o acesso à informação e resguardado o sigilo da fonte, quando necessário ao exercício profissional;
(...)
LX - a lei só poderá restringir a publicidade dos atos processuais quando a defesa da intimidade ou o interesse social o exigem;'
Indiscutível que o preceito do inciso XIV nada tem a ver com a hipótese, dado que não se cuida de assegurar-se o exercício profissional do advogado, estando claro que os fins alvitrados pelos requerentes não dizem respeito a qualquer procedimento necessário à defesa de seus eventuais clientes. Quanto ao inciso LX é de ver-se que a publicidade a que se refere o preceito não pode agasalhar a pretensão dos recorrentes, de modo que seja permitido que as gravações produzidas perante os Tribunais em seus julgamentos, que são passíveis de revisões, possam ser levadas ao domínio público, de modo irrestrito. Até porque, no calor dos debates, sobretudo entre advogados, podem aflorar linguagem e colocações tais, que eles próprios não desejam que venham a público o que disseram, o que leva a admitir que essa intimidade deva ser preservada, como a dos juízes, das partes e dos membros do Ministério Público que tenham participado do julgamento.
5. Dizem os incisos XIII, XIV, XV e XVI, do artigo 7º, da Lei nº 8.906, de 4 de julho de 1994:
XIII - examinar, em qualquer órgão dos Poderes Judiciário e Legislativo, ou da Administração Pública em geral, autos de processos findos ou em andamento, mesmo sem procuração, quando não estejam sujeitos a sigilo, assegurada a obtenção de cópias, podendo tomar apontamentos;
XIV - examinar, em qualquer repartição policial, mesmo sem procuração, autos de flagrante e de inquérito, findos ou em andamento, ainda que conclusos à autoridade, podendo copiar peças e tomar apontamentos;

3

RMS 23.036 / RJ

XV - ter vista dos processos judiciais ou administrativos de qualquer natureza, em cartório ou na repartição competente, ou retirá-los pelos prazos legais;

XVI - retirar autos de processos findos, mesmo sem procuração, pelo prazo de dez dias;
Como antes fiz constar, o acórdão impugnado não fez qualquer restrição ao exame de autos findos ao 2º recorrente, que é advogado inscrito nos quadros da OAB do Rio de Janeiro. Assim sendo, não é de aplicar-se o preceito invocado (XIII). Quanto ao inciso XIV, é evidente que a norma não se aplica à hipótese, pois trata-se de órgão do Poder Judiciário e não de repartição policial. Relativamente aos incisos XV e XVI opera-se a mesma situação do inciso XIII, tendo em vista que o acesso não foi negado pelo acórdão atacado.

6. Invoca-se como vulneradas as seguintes disposições do Código de Processo Penal Militar, verbis:

'*Art. 3º. Os casos omissos neste Código serão supridos:*
a) pela legislação de processo penal comum, quando aplicável ao caso concreto e sem prejuízo da índole do processo penal militar;
b) pela jurisprudência;
c) pelos usos e costumes militares;
d) pelos princípios gerais de Direito;
e) pela analogia.
(...)
Art. 29. A ação penal é pública e somente pode ser promovida por denúncia do Ministério Público Militar.
(...)
Art. 75. No exercício de sua função no processo, o advogado terá os direitos que lhe são assegurados e os deveres que lhe são impostos pelo Estatuto da Ordem dos Advogados do Brasil, salvo disposição em contrário, expressamente prevista neste Código.
(...)
Art. 387. A instrução criminal será sempre pública, podendo, excepcionalmente, a juízo do Conselho de Justiça, ser secreta a sessão, desde que o exija o interesse da ordem e disciplina militares, ou a segurança nacional.'

À toda evidência, os preceitos citados nada têm a ver com o caso em tela, e no pouco que podem ter, o acórdão recorrido não contrariou.

7. Alegam os recorrentes que houve descumprimento dos seguintes dispositivos do Código de Processo Civil:

'*Art. 40. O advogado tem o direito de:*
I - examinar, em cartório de justiça e secretaria de tribunal, autos de qualquer processo, salvo o disposto no art. 155;
II - requerer, como procurador, vista dos autos de qualquer processo pelo prazo de cinco (5) dias;
III - retirar os autos de cartório ou secretaria, pelo prazo legal, sempre que lhe competir falar neles por determinação do juiz, nos casos previstos em lei.
(...)
Art. 155. Os atos processuais são públicos. Correm, todavia, em segredo de justiça os processos:
I - em que o exigir o interesse público;
II - que disserem respeito a casamento, filiação, separação dos cônjuges, conversão desta em divórcio, alimentos e guarda de menores.'

As hipóteses disciplinadas nestas disposições não foram contrariadas pelo acórdão impugnado. Como salientado acima, no que diz respeito à verificação de autos, o respectivo acórdão assegurou.

4

RMS 23.036 / RJ

8. No que concerne à Lei n° 8.159/91, sustentam os recorrentes que foram ofendidas as seguintes regras:
'Art. 4°. Todos têm direito a receber dos órgãos públicos informações de seu interesse particular ou de interesse coletivo ou geral, contidas em documentos de arquivos, que serão prestadas no prazo da lei, sob pena de responsabilidade, ressalvadas aquelas cujo sigilo seja imprescindível à segurança da sociedade e do Estado, bem como à inviolabilidade da intimidade, da vida privada, da honra e da imagem das pessoas;
(...)
Art. 22. É assegurado o direito de acesso pleno aos documentos públicos.'
A esse propósito, recordo o que sobre o tema salientou a Dra. Anadyr de Mendonça Rodrigues, em nome do Ministério Público Federal, às fls.132/133, e que adoto:
'De outra parte, o direito de acesso pleno aos documentos públicos é condicionado, pela própria Lei federal n° 8.159/91, que o instituiu, a que o candidato à sua obtenção esteja buscando **"informações de seu interesse particular ou de interesse coletivo ou geral"** (art. 4°), o que não se configura, na presença do simples propósito de se reunirem dados para a edição de livro, ainda que, nesse caso, nem pode ser afirmado o necessário **INTERESSE PARTICULAR**, nem o imprescindível **INTERESSE COLETIVO OU GERAL.**
9. Do Decreto federal n° 2.134, de 27.01.1997, teriam sido contrariados os seguintes preceitos:
'Art. 3°. É assegurado o direito de acesso pleno aos documentos públicos, observado o disposto neste Decreto e no art. 22 da Lei n° 8.159, de 8 de janeiro de 1991.
(...)
Art. 15. Os documentos públicos sigilosos classificam-se em quatro categorias:
I - ultra-secretos: os que requeiram excepcionais medidas de segurança e cujo teor só deva ser do conhecimento de agentes públicos ligados ao seu estudo e manuseio;
II - secretos: os que requeiram rigorosas medidas de segurança e cujo teor ou característica possam ser do conhecimento de agentes públicos que, embora sem ligação íntima com seu estudo ou manuseio, sejam autorizados a deles tomarem conhecimento em razão de sua responsabilidade funcional;
III - confidenciais: aqueles cujo conhecimento e divulgação possam ser prejudiciais ao interesse do País;
IV - reservados: aqueles que não devam, imediatamente, ser do conhecimento do público em geral.
(...)
Art. 19. São documentos passíveis de classificação como reservados aqueles cuja divulgação, quando ainda em trâmite, comprometa as operações ou objetivos neles previstos. Parágrafo único. A classificação de documento na categoria reservada somente poderá ser feita pelas autoridades indicadas no parágrafo único do art. 18 deste Decreto e pelos agentes públicos formalmente encarregados da execução de projetos, planos e programas.'
10. Esse Decreto é regulamentador do artigo 23 da Lei n° 8.159/91, que cuida de renovação de classificação de documentos considerados de interesse da sociedade e do Estado.
Entendo que tais dispositivos não têm, in casu, o alcance que lhes emprestam os recorrentes, pois, como bem salienta o parecer da Procuradoria Geral da República, são preceitos que tem por sua ratio a proteção de valores outros, diversos dos que motivaram o acesso aos registros de áudio da Corte a quo.

RMS 23.036 / RJ

11. Como é sabido, o direito de obter informação não é amplo, face à vedação relativa à inviolabilidade da intimidade, da vida privada, da honra e da imagem das pessoas (CF, artigo 5°, inciso X).

12. Ora, está fora de dúvida que as gravações realizadas pelo STM podem ser ouvidas pelos advogados e membros do **Parquet militar** que tomaram parte no processo, porém não podem ser expostas à consulta pública, parecendo-me, por isso mesmo, revestido de legalidade o inciso I do Provimento n° 54 do STM, que assim restringiu o acesso às gravações apenas àquelas pessoas.

13. Some-se a isso o fato de as gravações das sessões realizadas pelos Tribunais terem por fim exclusivo subsidiar a coleta de elementos que devam constar do processo, após transcritas, o que não se confunde com a noção de arquivo público. De uso irrestrito são as notas taquigráficas já revisadas pelos juízes que as subscrevem, e não o teor das gravações contendo todas as discussões travadas por época do respectivo julgamento. São registros fonográficos de uso privativo do órgão e que sofrem restrição quanto à divulgação, como se infere do parágrafo único do artigo 1° da Lei n° 9.507/97, verbis:

'Considera-se de caráter público todo registro ou banco de dados contendo informações que sejam ou que possam ser transmitidas a terceiros ou que não sejam de uso privativo do órgão ou entidade produtora ou depositária das informações.'

14. Na espécie, entendo inexistir direito líquido e certo, visto que o interesse dos recorrentes - editar o livro "Voz Humana" - não pode ultrapassar o dever de proteger a imagem dos que se viram envolvidos em processos julgados pelo Superior Tribunal Militar.

15. Resta saber, a teor do artigo 7°, inciso I, do Estatuto da Advocacia e da Ordem dos Advogados do Brasil, que assegura ao advogado o **sigilo profissional e inviolabilidade de seu escritório ou local de trabalho, de seus arquivos e dados, de sua correspondência e de suas comunicações**, se, ao apreender as fitas já gravadas sob a custódia da Secretaria do Tribunal, teria se caracterizado maltrato à essa garantia.

Tenho que de fato a pasta do advogado, pela natureza da atividade que exerce, constitui-se em extensão do próprio escritório do advogado, tendo em vista que, como usual, contém documentos e dados que integram o seu acervo. Não é, porém, o que se dá na espécie, como adiante se verá.

16. Limitando-se a questão à apreensão de dois rolos de fitas, impõe-se salientar que, por época desse evento, já teriam os requerentes obtido cópias de parte das gravações, como expresso na própria inicial do mandado de segurança, que estão fora da apreciação deste recurso. Dando continuidade a essa pesquisa e coleta, já em 10 de outubro de 1997, portanto, após o despacho que reconsiderou o deferimento (fls. 13/14 do apenso), proferido em 26 de agosto de 1997, é que os recorrentes tiveram os rolos de fita apreendidos.

17. É aí que reside o cerne da controvérsia, a meu ver.

Enquanto os recorrentes, como está posto no aditamento à inicial do mandado de segurança (fls.14/15), asseveram que duas fitas de rolo foram apreendidas das mãos e das Pastas do Advogado Fernando Tristão Fernandes, o auto de apreensão específica (fls.02 do apenso) que elas foram apreendidas tendo em vista a determinação do Presidente do STM, dela constando claramente, que "as referidas fitas foram lacradas, tendo o referido advogado assinado no respectivo lacre e colocadas em uma pasta preta, com segredo, de propriedade do mesmo, ficando tudo sob a custódia da Secretaria do Tribunal Pleno".

18. Resulta daí, que a questão é mesmo controvertida quanto à consumação do ato de apreensão, dado que há uma versão para cada uma das partes, situação que nesse ponto inviabiliza a aferição de como realmente ocorreu o evento, não se podendo afirmar que houve ofensa à inviolabilidade protegida pela lei, porque o lacre contém a assinatura do próprio advogado, presumindo-se que para tanto possa ter havido anuência. Não há nenhum elemento nos autos de que

6

RMS 23.036 / RJ

se possa colher haver sido a apreensão efetivada de dentro da pasta, a consumar a aventada violência ao princípio da inviolabilidade adstrita ao exercício profissional.

Tal é a hipótese dos autos que não tenho como extrair, também nesta parte, qualquer certeza e liquidez do direito pleiteado.

19. Ainda que tal não se desse, como informam os autos, quando da apreensão dos rolos, em 10 de outubro de 1997, já havia o Presidente da Corte revogado o seu primeiro despacho autorizador das gravações, circunstância que indica a correção do procedimento adotado, que resultou na apreensão do material indevidamente colhido.

Ante o exposto, nego provimento ao recurso, ficando cassada a liminar deferida nos autos do procedimento cautelar (PET nº 1423-5).

É o meu voto.
........................."

5. VOTO VISTA.

Pedi vista para melhor exame.

Conforme destaquei quando do pedido de vista, excluo da análise da questão a possibilidade de estarmos perante o exercício da profissão de Advogado.

Os IMPETRANTES não agem no exercício da função advocatícia, mas sim como pesquisadores em busca de dados históricos para produção de obra que resgata a memória dos trabalhos judiciários praticados por advogados.

O caso não comporta, portanto, a invocação do Estatuto da OAB (Lei 8.906/94) ou de outras normas processuais que dizem respeito ao exercício da advocacia.

A pergunta que se faz nos autos é a seguinte:

Está no poder discricionário de Presidente de Tribunal conceder ou vedar acesso a dados de processos que são públicos ou sustentações orais de advogados?

Ou ainda, qual o limite do direito de informação no que se refere ao acesso a gravações de sustentações orais proferidas em julgamentos públicos dos Tribunais?

Trata-se de tema de extrema relevância para o país, qual seja, o direito de informação.

A CF prevê que a lei só poderá restringir a publicidade dos atos processuais quando a defesa da intimidade ou o interesse social o exigirem (art. 5º LX).

É sabido que os direitos e garantias fundamentais não são absolutos.

No entanto, o caso dos autos não se enquadra em nenhuma das limitações previstas na Constituição.

RMS 23.036 / RJ

Os recorrentes apenas pleitearam acesso a dados de julgamentos que entendem ser de grande relevância para a história do Poder Judiciário.

Não consta dos autos que referidos julgados estivessem sob segredo de justiça.

MAURÍCIO argumenta que

"o interesse dos recorrentes... não pode ultrapassar o dever de proteger a imagem dos que se viram envolvidos em processos julgados pelo Superior Tribunal Militar".

Dificilmente se poderia falar em ferimento à honra daqueles que naquele momento fizeram parte da história da Justiça brasileira.

Um exemplo atual de prestígio ao princípio da publicidade é a TV JUSTIÇA.

Nela as sessões do Plenário são transmitidas todas as quartas e quintas, reprisadas em outros horários, e, nem por isso, se cogitou em falar de ferimento à imagem dos Ministros ou dos ilustres advogados que sustentam na tribuna.

Todos os personagens que ali atuam exercem o *munus* público.

Não há falar em violação à intimidade, à vida privada, à honra ou à imagem destas pessoas.

Cito, também, a Instrução Normativa nº 28, de 31.8.2005, deste Tribunal, que assim dispõe:

"..........................
Art. 1º Fica autorizado o fornecimento, por escrito, em áudio, vídeo ou meio eletrônico, de cópia de sustentação oral proferida em sessão de julgamento do Pleno e das Turmas, desde que a expensas do interessado."
....

Vejam que o SUPREMO, por meio de ato interno, autoriza aquilo que é negado no caso concreto.

Entendo que o voto de MAURÍCIO diverge da própria orientação do SUPREMO no que diz respeito ao direito de informação.

Destaco trecho da ementa do MI 284, julgado em 22.11.1991:

"..........................
Alguns dos muitos abusos cometidos pelo regime de exceção instituído no Brasil em 1964 traduziram-se, dentre os vários atos de arbítrio puro que o caracterizaram, na concepção e formulação das liberdades públicas. Esse sistema, fortemente estimulado pelo 'perigoso fascínio do absoluto' (Pe. JOSEPH COMBLIN, 'A Ideologia da Segurança Nacional - O Poder Militar na América Latina', p. 225, 3ª ed., 1980, trad. de A. Veiga Fialho, Civilização Brasileira), ao privilegiar e cultivar o sigilo, transformando-o em 'praxis' governamental institucionalizada, frontalmente ofendeu

RMS 23.036 / RJ

o princípio democrático, pois, consoante adverte NORBERTO BOBBIO, em lição magistral sobre o tema ('O Futuro da Democracia', 1986, Paz e Terra), não há, nos modelos políticos que consagram a democracia, espaço possível reservado ao mistério.

O novo estatuto político brasileiro - que rejeita o poder que oculta e não tolera o poder que se oculta - consagrou a publicidade dos atos e das atividades estatais como valor constitucionalmente assegurado, disciplinando-o, com expressa ressalva para as situações de interesse público, entre os direitos e garantias fundamentais.

.... " (CELSO, REDATOR PARA O ACÓRDÃO, DJ 26.6.1992).

Trago, ainda, recente decisão de CELSO seguindo essa mesma orientação:

"...........................
Não custa rememorar, neste ponto, tal como decidi no MS 24.725-MC/DF, Rel. Min. CELSO DE MELLO (Informativo/STF nº 331), que os estatutos do poder, numa República fundada em bases democráticas, não podem privilegiar o mistério.

Na realidade, a Carta Federal, ao proclamar os direitos e deveres individuais e coletivos (art. 5º), enunciou preceitos básicos, cuja compreensão é essencial à caracterização da ordem democrática como um regime do poder visível, ou, na lição expressiva de BOBBIO ("O Futuro da Democracia", p. 86, 1986, Paz e Terra), como "um modelo ideal do governo público em público".

A Assembléia Nacional Constituinte, em momento de feliz inspiração, repudiou o compromisso do Estado com o mistério e com o sigilo, que fora tão fortemente realçado sob a égide autoritária do regime político anterior (1964-1985), quando no desempenho de sua prática governamental.

Ao dessacralizar o segredo, a Assembléia Constituinte restaurou velho dogma republicano e expôs o Estado, em plenitude, ao princípio democrático da publicidade, convertido, em sua expressão concreta, em fator de legitimação das decisões e dos atos governamentais.

É preciso não perder de perspectiva que a Constituição da República não privilegia o sigilo, nem permite que este se transforme em "praxis" governamental, sob pena de grave ofensa ao princípio democrático, pois, consoante adverte NORBERTO BOBBIO, em lição magistral sobre o tema ("O Futuro da Democracia", 1986, Paz e Terra), não há, nos modelos políticos que consagram a democracia, espaço possível reservado ao mistério.

Tenho por inquestionável, por isso mesmo, que a exigência de publicidade dos atos que se formam no âmbito do aparelho de Estado traduz conseqüência que resulta de um princípio essencial a que a nova ordem jurídico-constitucional vigente em nosso País não permaneceu indiferente.

O novo estatuto político brasileiro - que rejeita o poder que oculta e que não tolera o poder que se oculta - consagrou a publicidade dos atos e das atividades estatais como expressivo valor constitucional, incluindo-o, tal a magnitude desse postulado, no rol dos direitos, das garantias e das liberdades fundamentais, como o reconheceu, em julgamento plenário, o Supremo Tribunal Federal (RTJ 139/712-713, Rel. Min. CELSO DE MELLO).

Impende assinalar, ainda, que o direito de acesso às informações de interesse coletivo ou geral - a que fazem jus os cidadãos e, também, os meios de comunicação social - qualifica-se como instrumento viabilizador do exercício da fiscalização social a que estão sujeitos os atos do poder público.

.... " (MS 25.832, DJ 20.2.2006).

Não obstante a decisão de CELSO dissesse respeito ao direito de liberdade de imprensa, é perfeitamente aplicável à hipótese ora em exame.

9

RMS 23.036 / RJ

Conclui-se de tudo isso, que o Presidente do Tribunal só poderia limitar o acesso à informação requerida desde que estivesse agindo dentro dos limites objetivos da lei. Somente nesse caso.

A norma adotada como fundamento de recusa ao pedido dos IMPETRANTES (inciso I do Provimento nº 54/STM), ora recorrentes, não tem o alcance desejado pela autoridade apontada como coatora.

Leio o que diz o inciso I do Provimento nº 54/STM:

"............................
I - Os Representantes do Ministério Público Militar e os Advogados terão acesso às gravações de julgamento dos processos em que tenham tomado parte, exceto quanto à matéria discutida e votada em sessão secreta pelo Plenário do Superior Tribunal Militar.
............................"

Não se pode inferir dessa regra uma restrição ao direito de informação dos recorrentes.

Quando se trata do direito à informação não há espaço para discricionariedade.

Do mesmo modo, não se pode dar a uma norma interpretação ampliativa para restringir um direito fundamental, restrição essa que não se pautaria em nenhum princípio constitucional de mesmo valor em nosso ordenamento.

O direito fundamental à informação, diante de nossa história recente, é talvez um dos mais caros no elenco do art. 5º da Constituição.

Somente justificativa pautada em princípio estrutural do sistema político brasileiro - como a proteção ao interesse público ou a defesa da intimidade - legitimaria a sua restrição.

Não se perfaz em justificativa plausível a alegação de que o material de que se pleiteou cópia apenas serviria para o controle interno do tribunal ou para o exame dos Ministros da Corte.

Ante o exposto, dou provimento ao recurso para cassar o acórdão recorrido e garantir aos IMPETRANTES o direito de acesso (possibilidade de consulta) e de cópia dos autos e das respectivas gravações requisitadas à autoridade coatora, e, ainda, a devolução das fitas apreendidas do Sr. Fernando Tristão Fernandes.

Voz Humana

281

Supremo Tribunal Federal

28/03/2006   SEGUNDA TURMA

RECURSO ORD. EM MANDADO DE SEGURANÇA 23.036-1   RIO DE JANEIRO

À revisão de aparte do Sr. Ministro Nelson Jobim (Presidente).

VOTO

O SENHOR MINISTRO GILMAR MENDES – Senhora Presidente, pensei em pedir vista, mas percebo tratar-se, aqui, de uma discussão quase que de pesquisa histórica, puramente, sem nenhum reflexo maior sobre a proteção à dignidade da pessoa humana, à vida privada, à intimidade. E saúdo, também, a evolução do Ministro Nelson Jobim quanto ao trato dos direitos fundamentais.

O SENHOR MINISTRO NELSON JOBIM – Continuo sustentando os direitos fundamentais, mas não inventando conversas de núcleos essenciais: se há núcleo essencial, há núcleo não-essencial, e o Ministro Gilmar Mendes sofre muito com o fato dessa contradição.

Supremo Tribunal Federal

SEGUNDA TURMA

EXTRATO DE ATA

RECURSO ORD. EM MANDADO DE SEGURANÇA 23.036-1
PROCED.: RIO DE JANEIRO
RELATOR ORIGINÁRIO : MIN. MAURÍCIO CORRÊA
RELATOR PARA O ACÓRDÃO : MIN. NELSON JOBIM
RECTES.: FERNANDO AUGUSTO HENRIQUES FERNANDES E OUTRO
ADVDOS.: FERNANDO TRISTÃO FERNANDES E OUTROS
RECDO.: SUPERIOR TRIBUNAL MILITAR

Decisão: Após o voto do Senhor Ministro-Relator negando provimento ao recurso e cassando a liminar concedida, o julgamento foi adiado, em virtude de pedido de vista do Senhor Ministro Nelson Jobim. Falou, pelos recorrentes, o Dr. Fernando Augusto Henriques Fernandes. 2ª Turma, 06.04.99.

Decisão: A Turma, por maioria, vencido o Ministro-Relator, deu provimento ao recurso ordinário, nos termos do voto do Senhor Ministro Nelson Jobim. Lavrará o acórdão o Senhor Ministro Nelson Jobim. Não participou, deste julgamento, o Senhor Ministro Eros Grau. Presidiu, este julgamento, o Senhor Ministro Nelson Jobim. Ausente, justificadamente, neste julgamento, o Senhor Ministro Celso de Mello. **2ª Turma**, 28.03.2006.

Presidência da Senhora Ministra Ellen Gracie. Presentes à sessão os Senhores Ministros Gilmar Mendes, Joaquim Barbosa e Eros Grau. Ausente, justificadamente, o Senhor Ministro Celso de Mello. Compareceu o Senhor Ministro Nelson Jobim, Presidente do Tribunal, assumindo, nesta ocasião, a Presidência da Turma, de acordo com o art. 148, parágrafo único, RISTF, a fim de julgar processo a ele vinculado.

Subprocurador-Geral da República, Dr. Wagner Gonçalves.

Carlos Alberto Cantanhede
Coordenador

281

Supremo Tribunal Federal

28/03/2006   SEGUNDA TURMA
RECURSO ORD. EM MANDADO DE SEGURANÇA 23.036-1   RIO DE JANEIRO

À revisão de aparte do Sr. Ministro Nelson Jobim (Presidente).

VOTO

O SENHOR MINISTRO GILMAR MENDES - Senhora Presidente, pensei em pedir vista, mas percebo tratar-se, aqui, de uma discussão quase que de pesquisa histórica, puramente, sem nenhum reflexo maior sobre a proteção à dignidade da pessoa humana, à vida privada, à intimidade. E saúdo, também, a evolução do Ministro Nelson Jobim quanto ao trato dos direitos fundamentais.

O SENHOR MINISTRO NELSON JOBIM -- Continuo sustentando os direitos fundamentais, mas não inventando conversas de núcleos essenciais: se há núcleo essencial, há núcleo não-essencial, e o Ministro Gilmar Mendes sofre muito com o fato dessa contradição.

Supremo Tribunal Federal

16/03/2017 PLENÁRIO

RECLAMAÇÃO 11.949 RIO DE JANEIRO

RELATORA : MIN. CÁRMEN LÚCIA
RECLTE.(S) : FERNANDO AUGUSTO HENRIQUES FERNANDES
ADV.(A/S) : FERNANDO TRISTÃO FERNANDES
RECLDO.(A/S) : SUPERIOR TRIBUNAL MILITAR
ADV.(A/S) : ADVOGADO-GERAL DA UNIÃO

EMENTA: *RECLAMAÇÃO CONSTITUCIONAL. DESCUMPRIMENTO DE JULGADO DO SUPREMO TRIBUNAL FEDERAL NO RECURSO ORDINÁRIO EM MANDADO DE SEGURANÇA N. 23.036. DETERMINAÇÃO DE ACESSO A REGISTROS DOCUMENTAIS DE SESSÕES DO SUPERIOR TRIBUNAL MILITAR OCORRIDAS NA DÉCADA DE 1970. INEXISTÊNCIA, NO PARADIGMA DE CONTROLE, DE RESTRIÇÃO ÀS SESSÕES PÚBLICAS DE JULGAMENTO. ACESSO AOS DOCUMENTOS RELATIVOS ÀS SESSÕES SECRETAS. RECLAMAÇÃO JULGADA PROCEDENTE.*

1. A decisão proferida no julgamento do Recurso Ordinário no Mandado de Segurança n. 23.036 não restringiu o acesso dos então Impetrantes aos documentos e arquivos fonográficos relacionados às sessões públicas de julgamentos do Superior Tribunal Militar ocorridas na década de 1970, assentando que todos os julgamentos seriam públicos e que as gravações dos áudios dessas sessões deveriam ser disponibilizadas aos Impetrantes, também no que se refere aos debates e votos proferidos pelos julgadores.

2. Injustificável a resistência que o Superior Tribunal Militar tenta opor ao cumprimento da decisão emanada deste Supremo Tribunal, que afastou os obstáculos erigidos para impedir fossem trazidos à lume a integralidade dos atos processuais lá praticados, seja oralmente ou por escrito, cujo conhecimento cidadãos brasileiros requereram, para fins de pesquisa histórica e resguardo da memória nacional.

3. O direito à informação, a busca pelo conhecimento da verdade sobre sua história, sobre os fatos ocorridos em período grave contrário à democracia, integra o patrimônio jurídico de todo cidadão, constituindo

RCL 11949 / RJ

dever do Estado assegurar os meios para o seu exercício.

4. A autoridade reclamada deve permitir o acesso do Reclamante aos documentos descritos no requerimento administrativo objeto da impetração, ressalvados apenas aqueles indispensáveis à defesa da intimidade e aqueles cujo sigilo se imponha para proteção da sociedade e do Estado, o que há de ser motivado de forma explícita e pormenorizada pelo Reclamado, a fim de sujeitar a alegação ao controle judicial.

5. Reclamação julgada procedente.

ACÓRDÃO

Vistos, relatados e discutidos estes autos, acordam os Ministros do Supremo Tribunal Federal, em Sessão Plenária, em conformidade com a ata de julgamento e notas taquigráficas, por unanimidade, **em julgar procedente a Reclamação para determinar à autoridade Reclamada dê fiel e integral cumprimento à ordem concedida no julgamento do Recurso Ordinário em Mandado de Segurança 23.036,** nos termos do voto da Relatora. Ausente o Ministro Dias Toffoli, participando da solenidade de abertura do 110º Encontro do Conselho dos Tribunais de Justiça, na cidade de São Paulo. Falaram, pelo amicus curiae Ordem dos Advogados do Brasil, o Dr. Oswaldo Pinheiro Ribeiro Júnior, e, pela Procuradoria-Geral da República, o Vice-Procurador-Geral da República, Dr. José Bonifácio Borges de Andrada.

Brasília, 16 de março de 2017.

Ministra **CÁRMEN LÚCIA**
Relatora

Supremo Tribunal Federal

RECLAMAÇÃO 11.949 NÃO INFORMADA

RELATORA	: MIN. CÁRMEN LÚCIA
RECLTE.(S)	: FERNANDO AUGUSTO HENRIQUES FERNANDES
ADV.(A/S)	: FERNANDO TRISTÃO FERNANDES
RECLDO.(A/S)	: SUPERIOR TRIBUNAL MILITAR
ADV.(A/S)	: ADVOGADO-GERAL DA UNIÃO

R E L A T Ó R I O

A SENHORA MINISTRA CÁRMEN LÚCIA (RELATORA):

1. Reclamação, com requerimento de medida liminar, ajuizada por Fernando Augusto Henrique Fernandes contra o Presidente do Superior Tribunal Militar, sob a alegação de descumprimento do Recurso Ordinário em Mandado de Segurança n. 23.036, proferido pela Segunda Turma deste Supremo Tribunal Federal.

O caso

2. Consta do relatório do RMS 23.036, Relator o Ministro Maurício Corrêa, que Fernando Augusto Henrique Fernandes e Fernando Tristão Fernandes impetraram, em 10.10.1997, mandado de segurança contra ato de indeferimento do Presidente do Superior Tribunal Militar a pedido de acesso aos registros fonográficos das sessões de julgamento daquele Tribunal, ocorridas na década de 1970.

Na inicial daquela ação, os Impetrantes relataram ter requerido *"administrativamente ao Presidente do Superior Tribunal Militar, em 31/07/97, cópias de processos, que relacionaram em requerimento e que tramitaram há mais de vinte anos, bem como de suas respectivas gravações, visto que o primeiro requerente 'esta*[ria] *redigindo livro intitulado 'Voz Humana', em homenagem aos grandes oradores, em especial Lino Machado Filho e Nélio Roberto Seidl Machado, advogados que militaram'"* naquele Tribunal Superior.

Informaram que o pedido tinha sido inicialmente deferido pelo

RCL 11949 / NÃO INFORMADA

Presidente do Superior Tribunal Militar e, depois de realizada cópia de parte dos arquivos, a autorização fora cancelada, o que teria resultado na apreensão de documentos que estavam em poder dos Impetrantes.

Ao examinar o mandado de segurança impetrado contra esse ato, o Plenário do Superior Tribunal Militar decidiu:

> "Mandado de Segurança. Exame e retirada de autos findos, direito assegurado ao Advogado, no exercício da profissão, com restrição (CF, art. 5º, LX, e Lei nº 8.906/94, art. 7º, XIII e XVI, e § 1º, nº 1,2 e 3). Inexistência de direito líquido e certo a ser conhecido ao impetrante que não ostenta a qualidade de Advogado e, por mero interesse que, sequer figura em normas objetivas, pretende ter acesso pleno a autos findos e a gravações, que não integram processos. Estas últimas de uso interno do Tribunal e de acesso privativo, em razão de norma interna regulamentadora de seu uso, ex vi da Lei nº 9.507, de 12/11/97. Advogado que pretende acessar registros fonográficos contidos em fitas não integrantes de processos e de uso exclusivo do Órgão, para subsidiar serviços particulares – elaboração de livro -, atividade, inclusive de caráter comercial, não tem em vista a defesa de direito subjetivo amparado em lei. Decisão administrativa em harmonia com o ordenamento jurídico, não se vislumbrando afronta ao rol das garantias onde se define o pressuposto remédio heróico (CF, art. 5º, LXIX, e Lei nº 1.533, art. 1º). Medida de uso excepcional conhecida e denegada. Unânime."

Contra essa decisão foi interposto recurso ordinário, ao qual a Segunda Turma deste Supremo Tribunal Federal deu provimento, nos seguintes termos:

> "RECURSO EM MANDADO DE SEGURANÇA. SUPERIOR TRIBUNAL MILITAR. CÓPIA DE PROCESSOS E DOS ÁUDIOS DE SESSÕES. FONTE HISTÓRICA PARA OBRA LITERÁRIA. ÂMBITO DE PROTEÇÃO DO DIREITO À INFORMAÇÃO (ART. 5º, XIV DA CONSTITUIÇÃO FEDERAL).

RCL 11949 / NÃO INFORMADA

1. Não se cogita da violação de direitos previstos no Estatuto da Ordem dos Advogados do Brasil (art. 7º, XIII, XIV e XV da L. 8.906/96), uma vez que os impetrantes não requisitaram acesso às fontes documentais e fonográficas no exercício da função advocatícia, mas como pesquisadores.

2. A publicidade e o direito à informação não podem ser restringidos com base em atos de natureza discricionária, salvo quando justificados, em casos excepcionais, para a defesa da honra, da imagem e da intimidade de terceiros ou quando a medida for essencial para a proteção do interesse público.

3. A coleta de dados históricos a partir de documentos públicos e registros fonográficos, mesmo que para fins particulares, constitui-se em motivação legítima a garantir o acesso a tais informações.

4. No caso, tratava-se da busca por fontes a subsidiar elaboração de livro (em homenagem a advogados defensores de acusados de crimes políticos durante determinada época) a partir dos registros documentais e fonográficos de sessões de julgamento público.

5. Não configuração de situação excepcional a limitar a incidência da publicidade dos documentos públicos (arts. 23 e 24 da L. 8.159/91) e do direito à informação. Recurso ordinário provido" (RMS 23.036/DF, Redator para o Acórdão o Ministro Nelson Jobim, DJ 28.3.2006).

Reiniciados os trabalhos de pesquisa, Fernando Augusto Henriques Fernandes formulou, em 21.3.2011, requerimento para acesso as *"gravações dos julgamentos pelo STM durante a década de 1970, nas sequências públicas e secretas que foram objeto da* [decisão proferida no julgamento do Recursos Ordinário em Mandado de Segurança n. 23.036/DF]*"* (fl. 4).

Em 13.4.2011, o Presidente do Superior Tribunal Militar deferiu o pedido apenas no que se refere às sessões públicas.

É contra essa decisão que se ajuíza a presente reclamação.

3. O Reclamante sustenta, em síntese, que a restrição imposta pela

RCL 11949 / NÃO INFORMADA

autoridade Reclamada, descumpriria a decisão proferida no julgamento do Recursos Ordinário em Mandado de Segurança n. 23.036/DF por este Supremo Tribunal.

Informa que *"os julgamentos ocorridos na década de 70 (...) eram divididos em sessões públicas (onde ocorriam os relatórios e as sustentações orais) e as sessões secretas, em que se colhiam os votos (...)* [, pelo que] *as fitas magnéticas são divididas em duas partes, públicas e secretas, embora constituam sequência dos mesmos procedimentos"* (fl. 3).

Ressalta que *"ambas as sequencias já se constituem públicas, seja em razão de ter-se esvaído o prazo de restrição da Lei 8.159/91, seja em razão da publicidade dos julgamentos instaurada pela Carta Magna"* (fl. 3), inexistindo razão para a restrição imposta pelo ato Reclamado.

Assevera que, a partir do julgamento de seu recurso, *"aqueles processos considerados secretos que não tiveram seu sigilo decretado em nome da intimidade, ou de qualquer das hipóteses previstas arts. 23 e 24 da Lei 8159/91, alcançaram a publicidade. Assim, a restrição oposta pelo Exmo Presidente da Corte Castrense, persistindo na divisão pública e secreta daqueles processos, como se dava anteriormente à decisão do Pretório Excelso, ofende a citada decisão transitada em julgado"* (fl. 5).

Pede seja julgada procedente a reclamação *"para determinar ao Superior Tribunal Militar que franqueie o acesso integral das gravações de julgamentos ocorridos na década de 70, antes classificadas em públicos e secretos"* (fl. 6).

4. Em 2.2.2012, indeferi a medida liminar requerida nesta ação (DJe 6.3.2012).

5. Em suas informações, prestadas em 19.3.2012, a autoridade Reclamada ressaltou que a negativa do acesso pretendido pelo

RCL 11949 / NÃO INFORMADA

reclamante estaria lastreada no art. 9º do Ato Normativo n. 244, de 12.4.2007, que restringe o *"acesso à documentação considerada sigilosa ou que contenha dados e informações restritos à administração do Tribunal, bem como aquela necessária ao resguardo da inviolabilidade, da vida privada, da intimidade, da honra e da imagem das pessoas"* (fl. 1, doc. 6).

Destacou que a decisão apontada como descumprida teria *"tão-somente autoriz[ado] o impetrante a acessar registros documentais e fonográficos de sessões de julgamento público' nada determinando sobre julgados sigilosos deste Pretório Castrense"* (fl. 2, doc. 6).

6. Em 30.9.2013, o Conselho Federal da Ordem dos Advogados do Brasil requereu *"sua admissão no feito na condição de assistente do Reclamado (…) ou (…)* amicus curiae" (doc. 11). Para tanto, destacou ter tradição na defesa da Constituição da República, dos direitos humanos e da justiça social, competindo-lhe *"a defesa da Constituição Federal e, particularmente, do acesso à informação, direito fundamental"* (doc. 11).

7. Em 26.2.2014, o Procurador-Geral da República opinou pela procedência da presente Reclamação, nos termos seguintes:

"Reclamação. Superior Tribunal Militar. Acesso ao áudio das sessões de julgamento realizadas há mais de 30 anos. Fonte histórica para pesquisa. Âmbito de proteção do direito à informação (Art. 5º, XIV, da Constituição Federal). Impossibilidade de restrição por ato discricionário da publicidade e direito à informação, ressalvadas as hipóteses de defesa da honra, da imagem e da intimidade de terceiros, ou quando essencial para a proteção do interesse público. Legitimidade de todo cidadão em ter acesso adequado às fontes históricas primárias. Parecer pela procedência do pedido".

8. Em 27.2.2014, o Conselho Federal da Ordem dos Advogados do Brasil reiterou o pedido de ingresso no feito e requereu a reconsideração da decisão de indeferimento da medida liminar pleiteada nesta ação.

RCL 11949 / NÃO INFORMADA

9. Em 7.3.2014, a Presidência do Superior Tribunal Militar prestou informações complementares, noticiando que, a partir da promulgação da Lei n. 12.527/2011 (Lei de Acesso à Informação) e consequentes alterações nos atos normativos daquele Tribunal, não remanesceria óbice para o acesso aos documentos pretendidos, bastando a formulação de novo requerimento administrativo.

Assinalou que, *"a partir da ulterior normatização contida na Lei n. 12.527/2011, inexiste qualquer restrição quanto ao acesso à informação no âmbito deste Tribunal. Inúmeras foram as solicitações de órgãos públicos e instituições privadas (...) e de particulares atendidas, com o propósito de ter acesso aos arquivos findos deste Tribunal"* (doc. 18).

10. Determinei ao Reclamante que se manifestasse sobre o interesse no prosseguimento da presente ação (DJe 14.3.2014), o qual salientou persistir seu interesse na demanda e requereu a admissão do Conselho Federal da Ordem dos Advogados do Brasil como *amicus curiae* (doc. 21).

É o relatório.

16/03/2017   PLENÁRIO

RECLAMAÇÃO 11.949 RIO DE JANEIRO

VOTO

A SENHORA MINISTRA CÁRMEN LÚCIA (RELATORA):

1. O que se põe em foco na presente reclamação é se, ao restringir o acesso do Reclamante apenas aos arquivos fonográficos das sessões de julgamento públicas realizadas pelo Superior Tribunal Militar na década de 1970, a autoridade Reclamada teria desrespeitado a autoridade da decisão proferida por este Supremo Tribunal no julgamento do Recurso Ordinário em Mandado de Segurança n. 23.036.

2. Inicialmente, admito o ingresso do Conselho Federal da Ordem dos Advogados do Brasil na presente ação, na condição de assistente simples do Reclamante, por reconhecer a presença de interesse jurídico legítimo na promoção da transparência e da acessibilidade dos cidadãos ao conteúdo de atos de autoridades públicas, notadamente àqueles praticados em período tão obscuro de nossa história. Nesse intento, reavivo a memória de sua atuação na Arguição de Descumprimento de Preceito Fundamental n. 153/DF.

3. Consta das informações prestadas pela autoridade Reclamada que a negativa de acesso aos arquivos relacionados às sessões secretas ou sigilosas de julgamentos do Superior Tribunal Militar lastreou-se no art. 9º do Ato Normativo n. 244/2007 daquele Tribunal e na suposta ausência de determinação, na decisão paradigma, *"de acesso a julgados sigilosos deste Pretório Castrense"* (fl. 2, doc. 6).

4. Diversamente do que sustenta a autoridade reclamada, a decisão proferida no julgamento do Recurso Ordinário no Mandado de Segurança n. 23.036 não restringiu o acesso dos então Impetrantes aos documentos e arquivos fonográficos relacionados às sessões públicas de

RCL 11949 / RJ

julgamentos ocorridas na década de 1970.

Assentou-se, naquela oportunidade, que todos os julgamentos seriam públicos e que as gravações dos áudios dessas sessões deveriam ser disponibilizadas aos Impetrantes, até mesmo no que se refere aos debates e votos proferidos pelos julgadores.

Na assentada de 28.3.2006, o Plenário deste Supremo Tribunal concluiu o julgamento do Recurso Ordinário em Mandado de Segurança n. 23.036, iniciado em 6.4.1999, e, parecendo antever a evolução legislativa que resultaria na promulgação da Lei n. 12.527/2011, reconheceu o direito dos impetrantes de amplo acesso aos documentos que contivessem os dados das sessões de julgamento requeridas, seja no que se refere às sustentações orais lá realizadas pelos advogados, seja no que pertine aos debates e votos proferidos pelos componentes daquele Superior Tribunal.

No voto condutor desse julgado, o Ministro Nelson Jobim, meu antecessor neste Supremo Tribunal, realçou:

"*Conforme destaquei quando do pedido de vista, excluo da análise da questão a possibilidade de estarmos perante o exercício da profissão de Advogado.*
Os IMPETRANTES não agem no exercício da função advocatícia, mas sim como pesquisadores em busca de dados históricos para produção de obra que resgata a memória dos trabalhos judiciários praticados por advogados. (...)
A pergunta que se faz nos autos é a seguinte:
Está no poder discricionário de Presidente de Tribunal conceder ou vedar acesso a dados de processos que são públicos ou sustentações orais de advogados?
Ou ainda, qual o limite do direito de informação no que se refere ao acesso a gravações de sustentações orais proferidas em julgamentos públicos dos Tribunais?
Trata-se de tema de extrema relevância para o país, qual seja, o direito de informação.

2

RCL 11949 / RJ

A CF prevê que a lei só poderá restringir a publicidade dos atos processuais quando a defesa da intimidade ou o interesse social o exigirem (art. 5º LX).

É sabido que os direitos e garantias fundamentais não são absolutos.

No entanto, o caso dos autos não se enquadra em nenhuma das limitações previstas na Constituição.

Os recorrentes apenas pleitearam acesso a dados de julgamentos que entendem ser de grande relevância para a história do Poder Judiciário.

Não consta dos autos que referidos julgados estivessem sob segredo de justiça.

MAURÍCIO argumenta que:

"o interesse dos recorrentes... não pode ultrapassar o dever de proteger a imagem dos que se viram envolvidos em processos julgados pelo Superior Tribunal Militar".

Dificilmente se poderia falar em ferimento à honra daqueles que naquele momento fizeram parte da história da Justiça brasileira.

Um exemplo atual de prestígio ao princípio da publicidade é a TV JUSTIÇA.

Nela as sessões do Plenário são transmitidas todas as quartas e quintas, reprisadas em outros horários, e, nem por isso, se cogitou em falar de ferimento à imagem dos Ministros ou dos ilustres advogados que sustentam na tribuna.

Todos os personagens que ali atuam exercem o munus público.

Não há falar em violação à intimidade, à vida privada, à honra ou à imagem destas pessoas.

Cito, também, a Instrução Normativa nº 28, de 31.8.2005, deste Tribunal, que assim dispõe:

"............................

Art. 1º Fica autorizado o fornecimento, por escrito, em áudio, vídeo ou meio eletrônico, de cópia de sustentação oral proferida em sessão de julgamento do Pleno e das Turmas, desde que a expensas do interessado.

............................"

Vejam que o SUPREMO, por meio de ato interno, autoriza

RCL 11949 / RJ

aquilo que é negado no caso concreto.

Entendo que o voto de MAURÍCIO diverge da própria orientação do SUPREMO no que diz respeito ao direito de informação.

Destaco trecho da ementa do MI 284, julgado em 22.11.1991:

'(...) Alguns dos muitos abusos cometidos pelo regime de exceção instituído no Brasil em 1964 traduziram-se, dentre os vários atos de arbítrio puro que o caracterizaram, na concepção e formulação das liberdades públicas. Esse sistema, fortemente estimulado pelo 'perigoso fascínio do absoluto' (Pe. JOSEPH COMBLIN, 'A Ideologia da Segurança Nacional - O Poder Militar na América Latina', p. 225, 3ª ed., 1980, trad. de A. Veiga Fialho, Civilização Brasileira), ao privilegiar e cultivar o sigilo, transformando-o em 'praxis' governamental institucionalizada, frontalmente ofendeu o princípio democrático, pois, consoante adverte NORBERTO BOBBIO, em lição magistral sobre o tema ('O Futuro da Democracia', 1986, Paz e Terra), não há, nos modelos políticos que consagram a democracia, espaço possível reservado ao mistério.

O novo estatuto político brasileiro - que rejeita o poder que oculta e não tolera o poder que se oculta - consagrou a publicidade dos atos e das atividades estatais como valor constitucionalmente assegurado, disciplinando-o, com expressa ressalva para as situações de interesse público, entre os direitos e garantias fundamentais' (CELSO, REDATOR PARA O ACÓRDÃO, DJ 26.6.1992).

Trago, ainda, recente decisão de CELSO seguindo essa mesma orientação:

'Não custa rememorar, neste ponto, tal como decidi no MS 24.725-MC/DF, Rel. Min. CELSO DE MELLO (Informativo/STF nº 331), que os estatutos do poder, numa República fundada em bases democráticas, não podem privilegiar o mistério.

Na realidade, a Carta Federal, ao proclamar os direitos e deveres individuais e coletivos (art. 5º), enunciou preceitos básicos, cuja compreensão é essencial à caracterização da ordem democrática como um regime do poder visível, ou, na lição expressiva de BOBBIO ("O Futuro da Democracia", p. 86, 1986, Paz e Terra), como "um modelo ideal do governo público em público'.

4

RCL 11949 / RJ

A Assembléia Nacional Constituinte, em momento de feliz inspiração, repudiou o compromisso do Estado com o mistério e com o sigilo, que fora tão fortemente realçado sob a égide autoritária do regime político anterior (1964-1985), quando no desempenho de sua prática governamental.

Ao dessacralizar o segredo, a Assembléia Constituinte restaurou velho dogma republicano e expôs o Estado, em plenitude, ao princípio democrático da publicidade, convertido, em sua expressão concreta, em fator de legitimação das decisões e dos atos governamentais.

É preciso não perder de perspectiva que a Constituição da República não privilegia o sigilo, nem permite que este se transforme em "praxis" governamental, sob pena de grave ofensa ao princípio democrático, pois, consoante adverte NORBERTO BOBBIO, em lição magistral sobre o tema ("O Futuro da Democracia", 1986, Paz e Terra), não há, nos modelos políticos que consagram a democracia, espaço possível reservado ao mistério.

Tenho por inquestionável, por isso mesmo, que a exigência de publicidade dos atos que se formam no âmbito do aparelho de Estado traduz conseqüência que resulta de um princípio essencial a que a nova ordem jurídico-constitucional vigente em nosso País não permanecer indiferente.

O novo estatuto político brasileiro - que rejeita o poder que oculta e que não tolera o poder que se oculta - consagrou a publicidade dos atos e das atividades estatais como expressivo valor constitucional, incluindo-o, tal a magnitude desse postulado, no rol dos direitos, das garantias e das liberdades fundamentais, como o reconheceu, em julgamento plenário, o Supremo Tribunal Federal (RTJ 139/712-713, Rel. Min. CELSO DE MELLO).

Impende assinalar, ainda, que o direito de acesso às informações de interesse coletivo ou geral - a que fazem jus os cidadãos e, também, os meios de comunicação social - qualifica-se como instrumento viabilizador do exercício da fiscalização social a que estão sujeitos os atos do poder público.

...................." (MS 25.832, DJ 20.2.2006).

Não obstante a decisão de CELSO dissesse respeito ao direito de liberdade de imprensa, é perfeitamente aplicável à hipótese ora em

RCL 11949 / RJ

exame.

Conclui-se de tudo isso, que o Presidente do Tribunal só poderia limitar o acesso à informação requerida desde que estivesse agindo dentro dos limites objetivos da lei. Somente nesse caso.

A norma adotada como fundamento de recusa ao pedido dos IMPETRANTES (inciso I do Provimento nº 54/STM), ora recorrentes, não tem o alcance desejado pela autoridade apontada como coatora.

Leio o que diz o inciso I do Provimento nº 54/STM:

"..............................

I - Os Representantes do Ministério Público Militar e os Advogados terão acesso às gravações de julgamento dos processos em que tenham tomado parte, exceto quanto à matéria discutida e votada em sessão secreta pelo Plenário do Superior Tribunal Militar.

.............................."

Não se pode inferir dessa regra uma restrição ao direito de informação dos recorrentes.

Quando se trata do direito à informação não há espaço para discricionariedade.

Do mesmo modo, não se pode dar a uma norma interpretação ampliativa para restringir um direito fundamental, restrição essa que não se pautaria em nenhum princípio constitucional de mesmo valor em nosso ordenamento.

O direito fundamental à informação, diante de nossa história recente, é talvez um dos mais caros no elenco do art. 5º da Constituição.

Somente justificativa pautada em princípio estrutural do sistema político brasileiro - como a proteção ao interesse público ou a defesa da intimidade - legitimaria a sua restrição.

Não se perfaz em justificativa plausível a alegação de que o material de que se pleiteou cópia apenas serviria para o controle interno do tribunal ou para o exame dos Ministros da Corte.

Ante o exposto, dou provimento ao recurso para cassar o acórdão recorrido e garantir aos IMPETRANTES o direito de acesso (possibilidade de consulta) e de cópia dos autos e das respectivas gravações requisitadas à autoridade coatora, e, ainda, a devolução das

RCL 11949 / RJ

fitas apreendidas do Sr. Fernando Tristão Fernandes" (DJ 25.8.2006, grifos nossos).

5. Nem mesmo uma leitura apressada e superficial da decisão cujo descumprimento se alega permitiria inferir, como fez a autoridade Reclamada, que este Supremo Tribunal teria se limitado a determinar fosse franqueado o acesso apenas aos documentos relacionados às sessões públicas, ressalvando os documentos produzidos a partir dos debates e votos proferidos nas sessões secretas de julgamento.

A decisão paradigma de controle é explícita ao dispor sobre a ilegitimidade da exceção imposta quanto à matéria discutida e votada em sessão secreta pelo Plenário daquele Tribunal Superior, prevista em ato normativo interno, e sobre a ausência de plausibilidade jurídica da justificativa apresentada, segundo a qual *"o material de que se pleiteou cópia apenas serviria para o controle interno do tribunal ou para o exame dos Ministros da Corte"*.

Realçou-se, naquela assentada de julgamento, não haver espaço para a discricionariedade da Administração em restringir o amplo acesso que os então Recorrentes deveriam ter aos documentos gerados a partir dos julgamentos ocorridos no período mencionado, conferindo induvidosa amplitude àquela decisão. Asseverou-se que o ato pelo qual fora indeferido o acesso estaria em evidente descompasso com a ordem constitucional vigente, que erigiu o direito à informação à natureza de direito fundamental.

Essa linha de entendimento é perfilhada pelo Procurador-Geral da República, que assim se pronunciou:

> *"Atualmente o acesso à informação encontra-se regulado pela Lei 12.527, de 18 de novembro de 2011, diploma legal que, a teor do art. 1º, incisos I e II, se aplica expressamente aos órgãos públicos integrantes da administração direta dos Poderes Executivo,*

RCL 11949 / RJ

Legislativo - incluindo as Cortes de Contas - e Judiciário, e do Ministério Público, bem como as autarquias, as fundações públicas, as empresas públicas, as sociedades de economia mista e demais entidades controladas direta ou indiretamente pela União, pelos Estados, pelo Distrito Federal e pelos Municípios.

Não obstante a decisão que concedeu a segurança no RMS 23.036/RJ ser de 28 de março de 2006, anterior em cinco anos à Lei de Acesso à Informação, a análise do acórdão revela integral compatibilidade com o conteúdo da lei que veio a ser editada, o que decorre da identidade entre a fundamentação constitucional daquela decisão, cujo pioneirismo aqui se registra, e o diploma legal que veio a ser aprovado. (...)

<u>Como se vê, a Segunda Turma do Supremo Tribunal Federal abordou, e superou, todos os aspectos considerados pelo Presidente do STM como impedientes do acesso aos áudios das sessões secretas daquela Corte, de maneira que não há obscuridade ou omissão no acórdão, mas, antes, empenho do reclamado em negar-lhe cumprimento.</u>

Inicialmente a Suprema Corte afastou a tese de inexistência de direito líquido e certo do ora reclamante (...) A partir daí a discussão encontra o seu foco no questionamento dos limites do direito de informação no que se refere a dados de processos judiciais, que são, a princípio, públicos, e em especial quanto aos registros fonográficos do que foi sustentado e debatido nas sessões de julgamentos.

<u>Ressalte-se, para além de qualquer dúvida, que a discussão não se cinge ao acesso aos autos dos processos que tramitaram no STM no período compreendido pelos governos militares, mas de acesso aos registros daquela dimensão oral que mesmo o processo escrito mantém, e que se encontra preservada nos rolos com as gravações de áudio. Essa dimensão de oralidade nos processos do STM compreende as sustentações orais dos advogados e o registro dos debates que se seguiam entre os Ministros daquela Corte.</u>

Também nesse aspecto o Relator designado abordou acertadamente as hipóteses nas quais a Constituição Federal, de forma exauriente, autoriza a restrição à publicidade dos atos processuais (...)

<u>A restrição de acesso que persiste, por parte do STM, diz</u>

8

RCL 11949 / RJ

respeito justamente aos debates realizados entre os Ministros durante as sessões de julgamento. As manifestações dos advogados e do Ministério Público, em prol da inocência e da culpabilidade dos réus, constam das gravações públicas.

O objetivo do reclamante, ao pesquisar a atuação de renomados advogados que sustentaram a defesa dos seus clientes perante o STM em período ainda não plenamente elucidado da história brasileira, é de contribuir para a preservação da memória nacional. Tendo em vista que o nobre ato de julgar se opera em público e não às escondidas, não há que se falar em desonra ou violação de imagem de quem quer que seja nos julgamentos daquela Corte. *E quanto ao requisito do interesse público, milita em favor da publicidade e não da manutenção de segredos e silêncios.*

Sobre a possibilidade de recusa ao pedido dos impetrantes no mandado de segurança com base em disposição de provimento do próprio STM, também nesse ponto o acórdão rejeitou o argumento do Tribunal a quo (...)

Sendo inconteste que cada uma das sessões do STM, cujo acesso ao áudio é requerido pelo reclamante, era registrada em duas gravações distintas, sendo a primeira pública e a segunda secreta, correspondendo a última aos debates realizados entre os Ministros daquela Corte, evidencia-se da parte final do acórdão que o STM, ao autorizar o acesso apenas às sessões públicas, violou a decisão do Supremo Tribunal Federal nos autos do RMS 23.036/RJ.

Ante o exposto, opina a Procuradoria-Geral da República pela procedência da Reclamação, para que determine ao Superior Tribunal Militar o acesso integral do reclamante aos registros de áudio de todas as sessões daquele Tribunal realizadas na década de 1970, independentemente da anterior classificação em registros públicos e secretos" (grifos nossos).

6. Tem-se, pois, como injustificável a resistência que o Superior Tribunal Militar tenta opor ao cumprimento da decisão emanada deste Supremo Tribunal, que taxativamente afastou os obstáculos erigidos para impedir fossem trazidos à lume a integralidade dos atos processuais lá praticados, seja oralmente ou por escrito, cujo conhecimento cidadãos

RCL 11949 / RJ

brasileiros requereram, para fins de pesquisa histórica e resguardo da memória nacional.

7. O direito à informação, a busca pelo conhecimento da verdade sobre sua história, sobre os fatos ocorridos em período grave e contrário à democracia, integra o patrimônio jurídico de todo cidadão, constituindo dever do Estado assegurar os meios para o seu exercício.

Sobre esse aspecto, pontuei no voto que proferi no julgamento da Arguição de Descumprimento de Preceito Fundamental n. 153/DF:

> *"É certo que todo povo tem direito de conhecer toda a verdade da sua história, todo o cidadão tem o direito de saber o que o Estado por ele formado faz, como faz, porque faz e para que faz.*
> *Todo povo tem o direito de saber, mesmo dos seus piores momentos. Saber para lembrar, lembrar para não esquecer e não esquecer para não repetir erros que custaram vidas e que marcam os que foram sacrificados por pais torturados, irmãos desaparecidos, dentre outras atrocidades".*

8. De se registrar que a assertiva do Reclamado de que, após a promulgação da Lei n. 12.527/2011 (lei de acesso à informação), não subsistiriam óbices ao atendimento do pedido de acesso aos documentos em foco, bastando, para isso, a renovação do pedido administrativo, não esvazia a pretensão deduzida nesta ação, tampouco subtrai do Reclamante o interesse legítimo em ver assegurada a autoridade da decisão proferida por este Supremo Tribunal.

Não se pode perder de perspectiva que o Reclamante persegue a tutela judicial que lhe garanta o acesso aos documentos requeridos há quase duas décadas. A impetração data de 1997, demonstrando-se o despropósito de sujeitá-lo, novamente, a qualquer decisão do Superior Tribunal Militar para ver cumprir o que judicialmente conquistou.

10

RCL 11949 / RJ

Fosse a reiteração do pedido suficiente para garantir o acesso aos documentos em foco poderia a autoridade apontada como Reclamada, independente de novo pedido administrativo, exercer o poder/dever de autotutela administrativa para reconsiderar o ato ora censurado e pôr fim ao presente litígio.

9. O respaldo constitucional conferido à coisa julgada não bastou ao Reclamante para ver assegurado o exercício do direito que lhe fora reconhecido. Precisou instaurar nova demanda para garantir a eficácia de tutela judicial já alcançada, cujos efeitos estão sendo embaraçados pela renitência do Reclamado em dar-lhe cumprimento.

Assim, deve a autoridade reclamada permitir o acesso do Reclamante aos documentos descritos no requerimento administrativo objeto da impetração em questão, ressalvados apenas aqueles indispensáveis ao resguardo da defesa da intimidade e aqueles cujo sigilo se imponha para proteção da sociedade e do Estado, o que há de ser motivado de forma explícita e pormenorizada pelo Reclamado, a fim de sujeitar argumento eventualmente apresentado neste sentido ao controle judicial.

Pelo exposto, **voto no sentido de julgar procedente a presente Reclamação, para determinar à autoridade Reclamada dê fiel e integral cumprimento à ordem concedida no julgamento do Recurso Ordinário em Mandado de Segurança n. 23.036.**

16/03/2017 PLENÁRIO

RECLAMAÇÃO 11.949 RIO DE JANEIRO

ANTECIPAÇÃO AO VOTO

O SENHOR MINISTRO EDSON FACHIN - Senhora Presidente, eminentes Pares, ilustre Advogado representante do Conselho Federal da OAB, que, com brio, fez a sustentação, como de praxe, da tribuna, Senhor Subprocurador-Geral da República.

Senhora Presidente, vou juntar declaração de voto. Permito-me apenas dizer que, em tudo e por tudo, acompanho a fundamentação e a conclusão de Vossa Excelência, que profere um voto lúcido, histórico e relevante, quer na matéria de fundo muito bem exposta no voto de Vossa Excelência, quer na dimensão estrita do cabimento e do acolhimento da reclamação, que, a um só tempo, ofende a decisão desse Supremo Tribunal Federal e também a legislação incidente na matéria.

Por essas razões e por outros aspectos com essas razões coerentes, que estão na declaração de voto, tenho a honra de acompanhar integralmente Vossa Excelência.

É como voto.

16/03/2017   PLENÁRIO

RECLAMAÇÃO 11.949 RIO DE JANEIRO

V O T O - V O G A L

O SENHOR MINISTRO EDSON FACHIN: Saúdo o bem lançado relatório proferido pela e. Ministra Cármen Lúcia.

Trata-se, como afirmou Sua Excelência, de reclamação interposta em face de despacho, proferido pelo Presidente do Superior Tribunal Militar, que deferiu o acesso às gravações dos julgamentos pelo STM durante a década de 1970 apenas nas sessões **públicas** por ele realizadas. Na reclamação, alega-se ofensa a acórdão deste Supremo Tribunal Federal que, em sede de julgamento de recurso ordinário em mandado de segurança, autuado sob n. 23.036, havia deferido o acesso às sessões públicas e secretas.

O acórdão do Supremo Tribunal Federal foi assim ementado:

"EMENTA: RECURSO EM MANDADO DE SEGURANÇA. SUPERIOR TRIBUNAL MILITAR. CÓPIA DE PROCESSOS E DOS ÁUDIOS DE SESSÕES. FONTE HISTÓRICA PARA OBRA LITERÁRIA. ÂMBITO DE PROTEÇÃO DO DIREITO À INFORMAÇÃO (ART. 5º, XIV DA CONSTITUIÇÃO FEDERAL).

1. Não se cogita da violação de direitos previstos no Estatuto da Ordem dos Advogados do Brasil (art. 7º, XIII, XIV e XV da L. 8.906/96), uma vez que os impetrantes não requisitaram acesso às fontes documentais e fonográficas no exercício da função advocatícia, mas como pesquisadores.

2. A publicidade e o direito à informação não podem ser restringidos com base em atos de natureza discricionária, salvo quando justificados, em casos excepcionais, para a defesa da honra, da imagem e da intimidade de terceiros ou quando a medida for essencial para a proteção do interesse público.

3. A coleta de dados históricos a partir de documentos públicos e registros fonográficos, mesmo que para fins

RCL 11949 / RJ

particulares, constitui-se em motivação legítima a garantir o acesso a tais informações.

4. No caso, tratava-se da busca por fontes a subsidiar elaboração de livro (em homenagem a advogados defensores de acusados de crimes políticos durante determinada época) a partir dos registros documentais e fonográficos de sessões de julgamento público.

5. Não configuração de situação excepcional a limitar a incidência da publicidade dos documentos públicos (arts. 23 e 24 da L. 8.159/91) e do direito à informação. Recurso ordinário provido."

(RMS 23036, Relator(a): Min. MAURÍCIO CORRÊA, Relator(a) p/ Acórdão: Min. NELSON JOBIM, Segunda Turma, julgado em 28/03/2006, DJ 25-08-2006 PP-00067 EMENT VOL-02244-02 PP-00246 RTJ VOL-00199-01 PP-00225 LEXSTF v. 28, n. 333, 2006, p. 159-195)

A liminar foi indeferida, porquanto implicaria o provimento da reclamação.

Em parecer, a Procuradoria-Geral da República defendeu a procedência da reclamação.

Esses eram os fatos relevantes a se rememorar.

A solução, como se depreende da comparação entre o ato reclamado e o teor da decisão paradigma, é, de fato, a procedência da reclamação.

No voto condutor da maioria, o Ministro Nelson Jobim, ao dar provimento ao recurso ordinário, assentou que:

"Conclui-se de tudo isso, que o Presidente do Tribunal só poderia limitar o acesso à informação requerida desde que estivesse agindo dentro dos limites objetivos da lei. Somente nesse caso.

A norma adotada como fundamento de recusa ao pedido dos IMPETRANTES (inciso I do Provimento nº 54/STM), ora recorrentes, não tem o alcance desejado pela autoridade apontada como coatora.

RCL 11949 / RJ

Leio o que diz o inciso I do Provimento nº 54/STM:

'I - Os Representantes do Ministério Público Militar e os Advogados terão acesso às gravações de julgamento dos processos em que tenham tomado parte, exceto quanto à matéria discutida e votada em sessão secreta pelo Plenário do Superior Tribunal Militar.'

Não se pode inferir dessa regra uma restrição ao direito de informação dos recorrentes.

Quando se trata do direito à informação não há espaço para discricionariedade.

Do mesmo modo, não se pode dar a uma norma interpretação ampliativa para restringir um direito fundamental, restrição essa que não se pautaria em nenhum princípio constitucional de mesmo valor em nosso ordenamento.

O direito fundamental à informação, diante de nossa história recente, é talvez um dos mais caros no elenco do art. 5º da Constituição.

Somente justificativa pautada em princípio estrutural do sistema político brasileiro - como a proteção ao interesse público ou a defesa da intimidade - legitimaria a sua restrição.

Não se perfaz em justificativa plausível a alegação de que o material de que se pleiteou cópia apenas serviria para o controle interno do tribunal ou para o exame dos Ministros da Corte.

Ante o exposto, dou provimento ao recurso para cassar o acórdão recorrido e garantir aos IMPETRANTES o direito de acesso (possibilidade de consulta) e de cópia dos autos e das respectivas gravações requisitadas à autoridade coatora, e, ainda, a devolução das fitas apreendidas do Sr. Fernando Tristão Fernandes."

O pedido, por sua vez, nos termos em que relatado pelo e. Ministro Maurício Corrêa, consistia na pretensão de que fosse garantido aos

RCL 11949 / RJ

impetrantes:

> "o direito líquido e certo de acesso pleno e de cópia de autos e suas respectivas gravações, acervo de arquivo público, sobretudo o de reproduzir gravações de defesas orais, para fins de pesquisa histórica que comporá o livro 'voz humana', a ser editado em homenagem a advogados que atuaram na defesa de acusados de crimes políticos".

Como se observa da fundamentação constante do acórdão deste Tribunal, foram afastados as alegações que poderiam sustentar o indeferimento de acesso às gravações com base no sigilo de sessões secretas, se o regramento do sigilo não fosse legal.

Em defesa do ato reclamado, o Presidente do Superior Tribunal Militar sustenta que:

> "apesar do então requerente ter feito menção às sessões públicas e secretas realizadas pelo STM durante a década de 1970, a Presidência deste Tribunal não pôde lhe autorizar acesso às ditas 'sessões secretas', haja vista o Ato Normativo n. 244, de 12.04.2007, do STM, em observância o Art. 5º, inciso X, da Constituição Federal, estabelecer que:
>
>> 'Art. 9º O acesso à documentação considerada sigilosa ou que contenha dados e informações restritos à administração do Tribunal, bem como aquela necessária ao resguardo da inviolabilidade, da vida privada, da intimidade, da honra e da imagem das pessoas, será permitido, se autorizado pelo Presidente, nos seguintes casos:
>>
>> I – ao agente público, no exercício do seu cargo, função ou atividade pública, que tenha necessidade conhecê-la;
>>
>> II – ao cidadão, no que diga respeito à sua pessoa, seja do seu interesse particular ou de interesse coletivo;
>>
>> III – ao cônjuge, ascendente ou descendente, com pedido acompanhado da certidão de óbito ou da

4

RCL 11949 / RJ

declaração de ausência".

O argumento não pode prosperar. Ainda que se indique que o ato é posterior à decisão desta Corte, no acórdão que julgou o recurso ordinário, o Supremo Tribunal Federal expressamente exigiu que a negativa de acesso, com base no interesse público, fosse fundada em norma legal expressa.

Ademais, é preciso registrar que, posteriormente ao julgamento, foi promulgada a Lei 12.527, de 18 de novembro de 2011, lei de acesso à informação, que, na linha do que já havia decidido este Tribunal, regula os prazos de acesso aos documentos tidos por sigilosos. A própria lei desautoriza a exegese sustenta pela autoridade reclamada, ao estabelecer, no art. 24, § 1º, o prazo máximo de 25 (vinte e cinco) anos para o acesso às informações de interesse público. Assim, também por essa razão, nítida a ofensa à autoridade do julgamento proferido pelo Supremo Tribunal Federal.

Ante o exposto, acompanho a Ministra Relatora para julgar procedente a presente reclamação, a fim de assegurar ao reclamante o acesso integral aos registros de áudio de todas as sessões realizadas pelo Superior Tribunal Militar na década de 1970, independentemente da anterior classificação em registros públicos e secretos.

É como voto.

Supremo Tribunal Federal

16/03/2017 — PLENÁRIO

RECLAMAÇÃO 11.949 RIO DE JANEIRO

VOTO

O SENHOR MINISTRO LUÍS ROBERTO BARROSO - Presidente, também eu penso assim. Já vai longe o tempo em que civis eram julgados por crimes políticos, perante a Justiça Militar, em sessões secretas. Portanto, 30 anos depois da redemocratização, negar acesso às gravações dessas sessões de julgamento não faz nenhum sentido, além de claramente descumprir precedentes firmado por este Tribunal, como bem demonstrou Vossa Excelência.

Portanto, apenas sintetizar, porque sempre faço isso nos meus votos, a minha tese de julgamento que acompanha a de Vossa Excelência, é:

A publicidade dos atos processuais prevista no artigo 5º, LX, da Constituição garante o acesso dos interessados às gravações de sessões de julgamento do Superior Tribunal Militar, realizados na época da ditadura, independentemente de sua classificação pretérita.

Como voto, Presidente.

16/03/2017   PLENÁRIO

RECLAMAÇÃO 11.949 RIO DE JANEIRO

VOTO

A SENHORA MINISTRA ROSA WEBER - Senhora Presidente, saudando a todos, eu também me alinho aos Colegas que me antecederam para acompanhar o belíssimo voto de Vossa Excelência numa questão tão sensível e tão essencial à democracia, sobretudo porque entendo que um dos pilares do nosso Estado Democrático de Direito é justamente esse direito e o acesso à informação.

Então, nessa linha, acompanhando Vossa Excelência. Apenas me permito registrar que um dos últimos atos que pratiquei como Presidente do Tribunal Regional do Trabalho da 4ª Região, em 2003 ainda, foi a criação do memorial da Justiça do Trabalho do Rio Grande do Sul, que tem prestado serviços belíssimos e oportunizado um material extremamente rico para as pesquisas acadêmicas no que diz respeito a reconstituição da nossa História, a história do trabalho no âmbito da nossa sociedade. E sempre tendo em mira e tendo a compreensão de que o presente só pode ser entendido em um futuro melhor construído se nós conhecermos e revisitarmos o passado.

Acompanho Vossa Excelência.

16/03/2017 PLENÁRIO

RECLAMAÇÃO 11.949 RIO DE JANEIRO

VOTO

O SENHOR MINISTRO LUIZ FUX - Senhora Presidente, eu também tenho o prazer e a honra de acompanhar o voto de Vossa Excelência, que, no caso concreto, conjura exatamente uma desobediência judicial perpetrada pelo Superior Tribunal Militar, tanto assim, que o ato reclamado autorizou apenas o acesso às sessões públicas realizadas, apontadas do pedido protocolado no ano de 1977, condicionado à disponibilidade de horário, a critério da Secretaria do Pleno, ao passo que a decisão do Supremo Tribunal Federal não estabelecia nenhum condicionamento.

Trago aqui alguns excertos que têm íntima vinculação com o voto de Vossa Excelência. Cito Dvorkin; uma passagem muito interessante de Conrad Ress, no sentido de que o equivalente necessário para liberdade e manifestação da opinião e da opinião é a liberdade de informação com base na formação da opinião democrática; porquanto a liberdade de informação é pressuposto da publicidade democrática. E somente o cidadão informado está em condições de formar um juízo próprio e de cooperar na forma intentada pela lei no processo democrático. Em suma, é a velha expressão de Thomas Jefferson no sentido de que a liberdade de falar e escrever guarda nossas outras liberdades.

Relembro, por fim, que a Constituição de 1988 dispõe que todos os julgamentos dos órgãos do Poder Judiciário serão públicos, o que torna absolutamente incompatível essa postura pretérita do Superior Tribunal Militar.

Razão pela qual, eu acompanho integralmente o voto de Vossa Excelência, parabenizando pela profundidade com que versou sobre o tema.

16/03/2017 PLENÁRIO

RECLAMAÇÃO 11.949 RIO DE JANEIRO

VOTO

O SENHOR MINISTRO RICARDO LEWANDOWSKI - Senhora Presidente, começo parabenizando Vossa Excelência pelo voto que profere, denso, logicamente bem-encadeado e, por todos os títulos, histórico.

Observo que, como corolário do Estado Democrático de Direito em que nós vivemos, existem dois dispositivos da Constituição absolutamente fundamentais para concretização desse Estado, quais sejam, já foi acentuado, não só por Vossa Excelência, mas por todos aqueles que me precederam – o direito de informação ou de acesso à informação. São, em nossa Carta Magna, assegurados em dois pontos, pelo menos: o artigo 5º, XIV, que garante o acesso à informação, resguardado apenas o sigilo da fonte, quando necessário, ao exercício profissional; portanto, não há nenhum tipo de embaraço ao acesso à informação; outro que me parece muito importante, aplicável diretamente ao caso sob análise, é o disposto também no artigo 5º, no inciso XXXIII, que estabelece o seguinte:

> "XXXIII - todos têm direito a receber dos órgãos públicos informações de seu interesse particular, ou de interesse coletivo ou geral, que serão prestadas no prazo da lei, sob pena de responsabilidade, ressalvadas aquelas cujo sigilo seja imprescindível à segurança da sociedade e do Estado;"

Que não é o caso; não há nenhum perigo para a segurança da sociedade e do Estado.

E outro aspecto digno de nota, que foi ressaltado pelo Ministro Luiz Fux, a partir do advento da Constituição de 88. Diz o artigo 93, que se insere no capítulo que rege o Poder Judiciário, mais especificamente o inciso IX, sempre invocado por todos nós, estabelece o seguinte:

> "IX todos os julgamentos dos órgãos do Poder Judiciário serão públicos, e fundamentadas todas as decisões, sob pena de

RCL 11949 / RJ

nulidade..."
Por essas razões, acompanho integralmente Vossa Excelência.

16/03/2017   PLENÁRIO

RECLAMAÇÃO 11.949 RIO DE JANEIRO

V O T O

O SENHOR MINISTRO GILMAR MENDES - Presidente, saudando Vossa Excelência, cumprimentando-a, acompanho o voto brilhante que Vossa Excelência proferiu.

16/03/2017 PLENÁRIO

RECLAMAÇÃO 11.949 RIO DE JANEIRO

O SENHOR MINISTRO MARCO AURÉLIO – Presidente, a matéria de fundo, relativa ao acesso a dados no Superior Tribunal Militar, já foi julgada. Vale dizer, o puxão de orelha ocorreu, no que provido o recurso ordinário constitucional interposto contra o indeferimento da segurança.

Tive dúvida quanto à legitimidade para a reclamação. Mas constatei, pedindo a folha da consulta processual, que o reclamante foi parte na relação jurídica do mandado de segurança. Foi o recorrente, presente o recurso ordinário.

No mais, verificado o desrespeito ao pronunciamento do Supremo, cabe acolher o pleito formalizado na reclamação.

Acompanho Vossa Excelência.

16/03/2017   PLENÁRIO

RECLAMAÇÃO 11.949 RIO DE JANEIRO

V O T O

O SENHOR MINISTRO CELSO DE MELLO:

Os estatutos do poder, em uma República fundada em bases democráticas, não podem privilegiar o mistério nem legitimar o culto ao sigilo

É preciso sempre recordar que a experiência concreta **a que se submeteu** o Brasil no período de vigência do regime de exceção (1964/1985) **constitui**, *para esta e para as próximas gerações*, **marcante advertência** *que não pode ser ignorada*: **as intervenções pretorianas ou militares** no domínio político-institucional **têm representado** *momentos de grave inflexão* no processo de desenvolvimento **e** de consolidação das liberdades fundamentais. **Pronunciamentos militares**, *quando efetivados* **e** *tornados vitoriosos*, **tendem**, *necessariamente*, **na lógica autocrática** *do regime supressor das liberdades que se lhes segue*, **a diminuir** (quando não a eliminar) o espaço institucional **reservado** ao dissenso, **limitando**, *por isso*, **com danos irreversíveis** ao sistema democrático, **a possibilidade** de livre expansão da atividade política e da prática da cidadania.

Com o movimento de 1964, *sobreveio a ruptura da ordem jurídica* plasmada no texto constitucional de 1946.

É **importante salientar**, *neste ponto*, **que o modelo de governo** instaurado em nosso País em 1964 **mostrou-se fortemente estimulado** pelo "*perigoso fascínio do absoluto*" (Pe. JOSEPH COMBLIN, "A Ideologia da Segurança Nacional – O Poder Militar na América Latina",

RCL 11949 / RJ

p. 225, 3ª ed., 1980, trad. de A. Veiga Fialho, Civilização Brasileira), **pois privilegiou e cultivou o sigilo**, transformando-o em *"praxis"* governamental institucionalizada, **ofendendo**, frontalmente, **o princípio democrático**.

Com a violenta ruptura da ordem jurídica consagrada na Constituição de 1946, **os novos** curadores do *regime* **vieram a forjar**, em momento posterior, **o sistema** *de atos estatais reservados*, **como os decretos reservados** (art. 31 do Decreto nº 79.099/77) **e as portarias reservadas** – estas mencionadas **no** § 3º do art. 8º do Ato das Disposições Constitucionais Transitórias –, **numa inqualificável subversão** dos princípios estruturadores *da gestão democrática e republicana do poder estatal*, **que impõe** aos que o exercem **a plena submissão** às exigências indisponíveis da publicidade.

Ao assim proceder, esse regime autoritário, **que prevaleceu** no Brasil durante **largo** período, **apoiou** a condução **e** a direção dos negócios de Estado em concepção teórica – **de que resultou** a formulação da doutrina da segurança nacional – **que deu suporte** *a um sistema claramente inconvivente* com a prática das liberdades públicas.

Desprezou-se, desse modo, *como convém a regimes autocráticos*, **a advertência** feita por NORBERTO BOBBIO, **cuja lição magistral** sobre o tema ("O Futuro da Democracia", 1986, Paz e Terra) **assinala** – com especial ênfase – **não haver** nos modelos políticos **que consagram** a democracia *espaço possível reservado ao mistério*.

Não constitui demasia rememorar, aqui, **na linha** da decisão **proferida pelo Plenário** do Supremo Tribunal Federal no julgamento do **MI 284/DF**, Red. p/ o acórdão Min. CELSO DE MELLO (**RTJ** 139/712-732), **que o novo** estatuto político brasileiro – **que rejeita** o poder que oculta **e que não tolera** o poder que se oculta – **consagrou a publicidade** dos atos e das atividades estatais **como valor constitucional** a ser observado,

RCL 11949 / RJ

inscrevendo-a, em face de sua alta significação, **na declaração** de direitos e garantias fundamentais **reconhecidos e assegurados** pela Constituição da República aos cidadãos em geral.

Na realidade, **os estatutos do poder**, *numa República fundada em bases democráticas*, como o Brasil, **não podem privilegiar o mistério, porque a supressão** *do regime visível de governo* – que tem **na transparência** a condição de legitimidade de seus próprios atos – **sempre coincide com os tempos sombrios** em que declinam as liberdades **e** os direitos dos cidadãos.

Cabe referir, *por relevante*, Senhores Ministros, **a propósito** do tema ora em exame, **o autorizado** magistério da Senhora Presidente desta Corte **e** eminente Professora CÁRMEN LÚCIA ANTUNES ROCHA ("**Princípios Constitucionais da Administração Pública**", p. 242/243 e 249, itens ns. 1 e 3.2, 1994, Del Rey):

> "**A** *Democracia moderna*, e, em especial, aquela idealizada no Estado Contemporâneo, **estabelece** como princípio fundamental **o da transparência**, pois a relação política somente pode ser justificada pelo respeito ao outro e a todos, solapada como foi a tese e a prática de supremacia da vontade do governante sobre os governados.
>
> ....
>
> **Tendo adotado o princípio democrático e, ainda, o republicano, não se poderia pensar** no afastamento do princípio da publicidade administrativa no Direito brasileiro. **A Constituição** não deixou que o princípio emergisse daqueles outros e o fez expresso. Não o restringiu a princípio concernente à atividade administrativa, **mas a todas as funções e atividades estatais** (arts. 5º, incisos XXXIII, LX, LXXII, 37, 93, IX, dentre outros). **Tornou-o assegurado aos indivíduos**, que o têm como direito fundamental **dotado de garantia específica** constitucionalmente instituída.
>
> ....

RCL 11949 / RJ

Informação é poder. Quando a informação é do Estado, detentor de poder soberano na sociedade política, a publicidade dos comportamentos públicos e o seu conhecimento pelos cidadãos passam a ser direito fundamental do indivíduo.

É a natureza da atividade, os fins por ela buscados pelo Estado e os meios para tanto adotados e empregados que tornam a publicidade princípio fundamental a ser observado.

....

Cada vez mais a publicidade se espraia e se torna princípio informador do Direito, pois não se exige que a Democracia, definida como regime político no sistema constitucional, tenha ocorrência apenas nos palácios, mas que ela seja de toda a sociedade.

....

Por outro lado, não se há desconhecer que não se pretende mais aceitar, como legítima, a democracia da ignorância, aquela na qual todos são iguais no desconhecimento do que se passa no exercício do Poder usurpado e silenciosamente desempenhado." **(grifei)**

Com efeito, a **Carta Federal**, ao proclamar os direitos e deveres individuais e coletivos (**art. 5º**), enunciou preceitos básicos, cuja compreensão é essencial à caracterização da ordem democrática *como um regime do poder visível*, ou, na lição expressiva de BOBBIO ("*op. cit.*", p. 86), **como** "*um modelo ideal do governo público em público*".

A Assembleia Nacional Constituinte, em momento de **feliz** inspiração, repudiou o compromisso do Estado **com o mistério e com o sigilo**, que fora tão fortemente realçado **sob a égide autoritária** do regime político anterior no desempenho de sua prática governamental.

Ao dessacralizar o segredo, a Assembleia Constituinte restaurou velho dogma republicano e expôs o Estado, **em plenitude**, ao princípio democrático da publicidade, convertido, *em sua expressão concreta*, **em**

4

RCL 11949 / RJ

fator de legitimação das decisões, das práticas e dos atos governamentais.

Tenho por inquestionável, *por isso mesmo*, que a exigência de publicidade dos atos formados no âmbito do aparelho de Estado traduz consequência que resulta de um princípio essencial em face do qual a nova ordem jurídico-constitucional vigente em nosso País não permaneceu indiferente.

Impende assinalar, ainda, que o direito de acesso *às informações de interesse coletivo ou geral* – a que fazem jus os cidadãos e, também, os meios de comunicação social – qualifica-se como instrumento viabilizador *do exercício da* fiscalização social *a que estão sujeitos permanentemente os atos do poder público.*

Não se pode impor óbice *à busca da verdade* e *à preservação da memória histórica* em torno *dos fatos ocorridos* no período *em que o país,* o nosso País*, foi* dominado *pelo regime militar.*

Não foi por outra razão que o Plenário *do Supremo Tribunal Federal,* ao analisar *recurso no qual se buscava acesso a processos criminais* junto *ao Superior Tribunal Militar,* garantiu *aos recorrentes,* que eram *pesquisadores* (um dos quais *o ora reclamante), "o direito de acesso (possibilidade de consulta) e de cópia dos autos e das respectivas gravações requisitadas à autoridade coatora,* e*, ainda,* a devolução *das fitas apreendidas (...)",* em julgamento que restou consubstanciado em acórdão assim ementado:

> "RECURSO EM MANDADO DE SEGURANÇA. SUPERIOR TRIBUNAL MILITAR. CÓPIA DE PROCESSOS E DOS ÁUDIOS DE SESSÕES. FONTE HISTÓRICA PARA OBRA LITERÁRIA. ÂMBITO DE PROTEÇÃO DO DIREITO À INFORMAÇÃO (ART. 5º, XIV, DA CONSTITUIÇÃO FEDERAL).

RCL 11949 / RJ

1. Não se cogita da violação de direitos previstos no Estatuto da Ordem dos Advogados do Brasil (art. 7º, XIII, XIV e XV, da L. 8.906/96), **uma vez que os impetrantes não requisitaram** acesso às fontes documentais e fonográficas no exercício da função advocaticia, **mas como pesquisadores**.

2. A publicidade e o direito à informação não podem ser restringidos com base em atos de natureza discricionária, salvo quando justificados, em casos excepcionais, para a defesa da honra, da imagem e da intimidade de terceiros **ou** quando a medida for essencial para a proteção do interesse público.

3. A coleta de dados históricos a partir de documentos públicos e registros fonográficos, **mesmo** que para fins particulares, **constitui-se em motivação legítima**, a garantir o acesso a tais informações.

4. No caso, tratava-se da busca por fontes a subsidiar elaboração de livro (em homenagem a advogados defensores de acusados de crimes políticos durante determinada época) **a partir** dos registros documentais e fonográficos de sessões de julgamento público.

5. Não configuração de situação excepcional a limitar a incidência da publicidade dos documentos públicos (arts. 23 e 24 da L. 8.159/91) e do direito à informação.

Recurso ordinário provido."

(**RMS 23.036/RJ**, Red. p/ o acórdão Min. NELSON JOBIM – **grifei**)

Vê-se, portanto, **que assiste** a toda a sociedade **o direito** de ver esclarecidos os fatos ocorridos em período **tão** obscuro de nossa história, **direito esse que**, para ser exercido em plenitude, **não pode sofrer** o obstáculo que se lhe opôs **com a recusa** emanada do eminente Senhor Presidente do E. Superior Tribunal Militar, **pois** o ato de que ora se reclama **constituiu óbice injusto** à recuperação da memória histórica **e ao conhecimento da verdade**.

Finalmente, e apenas para efeito de mero registro, reconheço a plena **legitimidade** da utilização, no caso, do instrumento processual da

6

RCL 11949 / RJ

reclamação, **eis que ajuizada** com o objetivo **de fazer prevalecer** a autoridade de decisão do Supremo Tribunal Federal, **tal como enfatiza** o magistério da doutrina (JOSÉ FREDERICO MARQUES, "**Manual de Direito Processual Civil**", vol. 3/199-200, item n. 653, 9ª ed., 1987, Saraiva, *v.g.*) **e acentua** a jurisprudência desta Corte Suprema (**RTJ** 134/1033 – **RTJ** 169/383-384 – **RTJ** 183/1173-1174 – **RTJ** 187/150-152, *v.g.*):

> "**A DESOBEDIÊNCIA À AUTORIDADE DECISÓRIA DOS JULGADOS PROFERIDOS PELO SUPREMO TRIBUNAL FEDERAL IMPORTA NA INVALIDAÇÃO DO ATO QUE A HOUVER PRATICADO.**
> – **A procedência** da reclamação, *quando* promovida *com o* **objetivo** *de fazer prevalecer* o '*imperium*' *inerente aos julgados proferidos pelo Supremo Tribunal Federal*, **importará em desconstituição** *do ato que houver desrespeitado* a autoridade da decisão emanada da Suprema Corte."
> (**Rcl 2.010/MG**, Rel. Min. CELSO DE MELLO, **Pleno**)

Sendo assim, *em face das razões expostas* **e com essas** considerações, **conheço** da presente reclamação, **para julgá-la procedente**, **acompanhando**, *integralmente*, **o douto** voto **proferido** por Vossa Excelência, Senhora Presidente.

É o meu voto.

Supremo Tribunal Federal

PLENÁRIO

EXTRATO DE ATA

RECLAMAÇÃO 11.949
PROCED. : RIO DE JANEIRO
RELATORA : MIN. CÁRMEN LÚCIA
RECLTE.(S) : FERNANDO AUGUSTO HENRIQUES FERNANDES
ADV.(A/S) : FERNANDO TRISTÃO FERNANDES (49344/RJ)
RECLDO.(A/S) : SUPERIOR TRIBUNAL MILITAR
ADV.(A/S) : ADVOGADO-GERAL DA UNIÃO

Decisão: O Tribunal, por unanimidade e nos termos do voto da Relatora, Ministra Cármen Lúcia (Presidente), julgou procedente a Reclamação para determinar à autoridade Reclamada dê fiel e integral cumprimento à ordem concedida no julgamento do Recurso Ordinário em Mandado de Segurança 23.036. Ausente o Ministro Dias Toffoli, participando da solenidade de abertura do 110º Encontro do Conselho dos Tribunais de Justiça, na cidade de São Paulo. Falaram, pelo *amicus curiae* Ordem dos Advogados do Brasil, o Dr. Oswaldo Pinheiro Ribeiro Júnior, e, pela Procuradoria-Geral da República, o Vice-Procurador-Geral da República, Dr. José Bonifácio Borges de Andrada. Plenário, 16.3.2017.

Presidência da Senhora Ministra Cármen Lúcia. Presentes à sessão os Senhores Ministros Celso de Mello, Marco Aurélio, Gilmar Mendes, Ricardo Lewandowski, Luiz Fux, Rosa Weber, Roberto Barroso e Edson Fachin.

Vice-Procurador-Geral da República, Dr. José Bonifácio Borges de Andrada.

p/ Doralúcia das Neves Santos
Assessora-Chefe do Plenário

GEOPOLÍTICA DA INTERVENÇÃO
A verdadeira história da Lava Jato

A Operação Lava Jato desvendou um grande esquema de corrupção, ajudou a recuperar bilhões em dinheiro desviado dos cofres públicos e aplicou penas severas aos autores desses crimes. Por trás do encantamento que produziu na sociedade, sempre houve rumores a respeito das reais motivações dos investigadores, especialmente sobre um suposto conluio entre o governo americano e a Lava Jato. O autor, Fernando Augusto Fernandes, rejeitou as especulações e foi atrás de fatos e provas para contar essa história, sob sua ótica privilegiada, de quem viveu alguns de seus episódios decisivos como advogado. Este livro apresenta um relato objetivo, ilustrado com vários documentos e passagens que mostram com clareza os interesses ocultos dos Estados Unidos na Lava Jato. Não se trata de uma história colhida na superfície, mas sim de um trabalho de fundo, para localizar e encaixar as peças de um quebra-cabeças que retrata um Brasil emergente como liderança regional, os cobiçados poços de petróleo do pré-sal e o ataque a um dos líderes de esquerda mais populares e bem avaliados da história do país, em meio a ligações familiares e religiosas que vão sustentar as controvertidas ações do Judiciário. O livro é leitura obrigatória para compreensão de um dos episódios mais marcantes da história do Brasil.

LEIA TAMBÉM

PODER & SABER
Campo jurídico e ideologia

Esta obra tem como objetivo identificar as ideologias jurídico-políticas formadoras da cultura jurídica que foi um dos sustentáculos do poder no regime militar de 1964. Uma abordagem dessas ideias que, muitas vezes, passaram sob disfarces nos fundamentos escritos do campo jurídico, tornou-se possível graças à abertura de um material nunca antes consultado: as gravações em áudio dos julgamentos de presos políticos, em suas sessões públicas (debates entre acusação e defesa) e secretas (votos dos ministros) no Supremo Tribunal Militar. O ineditismo da fonte se deve à decisão do Supremo Tribunal Federal no Recurso de Mandado de Segurança (RMS) 23026. Ela garantiu, ao autor, o direito de acesso às gravações de todos os julgamentos de presos políticos ocorridos durante a década de 1970.

GOSTOU DO LIVRO QUE TERMINOU DE LER? APONTE A CÂMERA DE SEU CELULAR PARA O QR CODE E DESCUBRA UM MUNDO PARA EXPLORAR.

Impressão e Acabamento | Gráfica Viena
Todo papel desta obra possui certificação FSC® do fabricante.
Produzido conforme melhores práticas de gestão ambiental (ISO 14001)
www.graficaviena.com.br